TOUT CE QUE J'AIMAIS

DU MÊME AUTEUR

LES YEUX BANDÉS, Actes Sud, 1993 ; Babel n° 196.

L'ENVOÛTEMENT DE LILY DAHL, Actes Sud, 1996 ; Babel n° 380.

YONDER, Actes Sud, 1999 ; Babel n° 774.

TOUT CE QUE J'AIMAIS, Actes Sud, 2003 ; Babel n° 686.

LES MYSTÈRES DU RECTANGLE. ESSAIS SUR LA PEINTURE, Actes Sud, 2006.

ÉLÉGIE POUR UN AMÉRICAIN, Actes Sud, 2008 ; Babel n° 1006.

PLAIDOYER POUR ÉROS, Actes Sud, 2009 ; Babel n° 1520.

LA FEMME QUI TREMBLE. UNE HISTOIRE DE MES NERFS, Actes Sud, 2010 ; Babel n° 1151.

UN ÉTÉ SANS LES HOMMES, Actes Sud, 2011 ; Babel n° 1176.

AU PAYS DES MILLE ET UNE NUITS, photographies de Reza, Actes Sud, 2011.

VIVRE, PENSER, REGARDER, Actes Sud, 2013 ; Babel n° 1295.

UN MONDE FLAMBOYANT, Actes Sud, 2014 ; Babel n° 1393.

LES MIRAGES DE LA CERTITUDE, Actes Sud, 2018.

UNE FEMME REGARDE LES HOMMES REGARDER LES FEMMES, Actes Sud, 2019.

SOUVENIRS DE L'AVENIR, Actes Sud, 2019 (prix *Transfuge* du meilleur roman américain).

Titre original :
What I Loved
Éditeur original :
Henry Holt and Compagny Inc., New York

ISBN 978-2-330-02646-2

SIRI HUSTVEDT

TOUT CE QUE J'AIMAIS

roman traduit de l'anglais (États-Unis)
par Christine Le Bœuf

BABEL

à Paul Auster

1

Hier, j'ai trouvé les lettres de Violet à Bill. Elles étaient cachées entre les pages d'un livre, d'où elles ont glissé et sont tombées par terre. Il y avait des années que je connaissais l'existence de ces lettres mais ni Bill, ni Violet ne m'avaient jamais dit ce qu'elles contenaient. Ce qu'ils m'avaient dit, c'est que, quelques minutes après avoir lu la cinquième et dernière d'entre elles, Bill avait changé d'avis quant à son mariage avec Lucille, qu'il était sorti de l'immeuble de Greene Street et s'était dirigé droit vers l'appartement de Violet dans l'East Village. Quand je les ai tenues entre mes mains, il m'a semblé que ces lettres avaient le poids mystérieux des objets enchantés par des histoires dites et redites, et puis redites encore. Ma vue est mauvaise, à présent, et il m'a fallu longtemps pour les lire, mais à la fin j'ai réussi à en déchiffrer chaque mot. Quand je les ai posées, je savais que je commencerais dès aujourd'hui à écrire ce livre.

"Couchée par terre dans l'atelier, écrivait-elle dans la quatrième lettre, je te regardais me peindre. Je regardais tes bras et tes épaules et surtout tes mains pendant que tu travaillais sur la toile. J'aurais voulu que tu te retournes, que tu viennes près de moi et que tu me frottes la peau de la même façon que tu frottais ton tableau. J'aurais voulu que tu appuies fort ton pouce sur moi comme tu l'appuyais sur le tableau et je pensais que si tu ne le faisais pas j'allais devenir folle, mais je ne suis pas devenue folle, et tu ne m'as pas touchée alors, pas une seule fois. Tu ne m'as même pas serré la main."

Le tableau dont parlait Violet dans cette lettre, je l'ai vu pour la première fois il y a vingt-cinq ans dans une galerie de Prince Street, à SoHo. Je ne connaissais ni Bill, ni Violet à cette époque. La plupart des toiles composant cette exposition collective étaient de minces œuvres minimalistes qui ne m'intéressaient pas. Le tableau de Bill occupait seul un mur. C'était un grand tableau, à peu près un mètre quatre-vingts sur deux mètres quarante, qui représentait une jeune femme couchée par terre dans une pièce nue. Elle était appuyée sur un coude et paraissait regarder quelque chose hors du cadre du tableau. Un flot de vive lumière entrait dans la pièce de ce côté, illuminant son visage et son torse. Sa main droite reposait sur son mont de Vénus et, en m'approchant, je vis qu'elle tenait dans cette main un petit taxi – une version miniature de l'omniprésent taxi jaune qui circule dans les rues de New York.

Il me fallut une minute environ pour comprendre qu'il y avait en réalité trois personnes dans le tableau. Tout à fait à ma droite, du côté sombre de la toile, je remarquai qu'une femme sortait de l'image. Seuls son pied et sa cheville restaient visibles à l'intérieur du cadre, mais le mocassin qu'elle portait était peint avec un soin minutieux et, une fois que je l'eus aperçu, je ne cessai de revenir à lui. La femme invisible devenait aussi importante que celle qui dominait la toile. La troisième personne n'était qu'une ombre. Pendant un instant, je pris cette ombre pour la mienne, et puis je compris que l'artiste l'avait incluse dans l'œuvre. De l'extérieur du tableau, quelqu'un regardait cette belle jeune femme vêtue seulement d'un t-shirt d'homme, un spectateur qui semblait se tenir juste à l'endroit où je me tenais quand j'avais remarqué l'ombre qui s'étendait sur son ventre et ses cuisses.

A droite de la toile, je lus la petite carte dactylographiée : William Wechsler, *Autoportrait*. Je pensai d'abord que l'artiste plaisantait, et puis je changeai d'avis. Ce titre à côté d'un nom d'homme évoquait-il la part féminine de celui-ci ou un trio d'identités ? Peut-être la description suggérée, "deux femmes et un voyeur", faisait-elle directement allusion à l'artiste, ou peut-être le titre ne désignait-il pas du tout l'image, mais sa forme. La main qui l'avait peinte se cachait dans certaines parties du tableau et se faisait connaître dans d'autres. Elle disparaissait dans l'illusion photographique du visage de la femme, dans la lumière en provenance de la fenêtre invisible et dans l'hyperréalisme du mocassin. La longue chevelure de la femme, par contre, était un fouillis de peinture compacte en touches vigoureuses de rouge, de vert et de bleu. Autour de la chaussure et de la cheville au-dessus d'elle, je remarquai d'épaisses rayures noires, grises et blanches qui pouvaient avoir été appliquées au couteau, et sur ces denses bandes de pigments je vis les empreintes d'un pouce d'homme. Son geste semblait avoir été soudain, violent même.

Ce tableau est ici, avec moi, dans cette pièce. En tournant la tête, je peux le voir, bien que lui aussi soit modifié par ma vue défaillante. Je l'ai acheté au galeriste au prix de deux mille cinq cents dollars une semaine après l'avoir vu. La première fois qu'elle a regardé la toile, Erica se tenait à quelques pas de l'endroit où je suis assis en ce moment. Elle l'a examinée avec calme, et elle a dit : "C'est comme si on regardait le rêve de quelqu'un d'autre, tu ne trouves pas ?"

Quand je me suis retourné vers le tableau après cette réflexion d'Erica, j'ai vu que le mélange des styles et les déplacements du point de vue me rappelaient en effet les distorsions propres aux rêves. La femme avait la bouche entrouverte et les deux dents de devant légèrement proéminentes. L'artiste les avait faites d'un blanc étincelant et un peu trop longues, pareilles à celles d'un animal. C'est alors que je remarquai une ecchymose juste au-dessous de son genou. Je l'avais déjà vue, mais à cet instant son empreinte violacée, d'un jaune verdâtre sur l'un des côtés, m'attirait l'œil comme si cette petite meurtrissure avait été le véritable sujet du tableau. Je fis quelques pas, posai le doigt sur la toile et traçai les contours de l'ecchymose. Ce geste m'excita. Je me retournai vers Erica. C'était une chaude journée de septembre et elle avait les bras nus. Je me penchai vers elle et embrassai les taches de rousseur sur son épaule et puis, soulevant les cheveux de sa nuque, j'embrassai la peau douce au-dessous. Agenouillé devant elle, je retroussai le tissu de sa jupe, promenai mes doigts le long de ses cuisses, et y allai de la langue. Ses genoux se plièrent légèrement vers moi. Elle ôta sa petite culotte, la lança en souriant sur le canapé et me poussa en douceur, dos sur le plancher. Elle s'installa à califourchon sur moi et ses cheveux tombèrent en avant sur mon visage quand elle m'embrassa. Ensuite elle se redressa, ôta son t-shirt et enleva son soutien-gorge. J'adorais cette vision de ma femme. Je lui touchai les seins et laissai mon doigt souligner le cercle parfait d'un grain de beauté sur son sein gauche, avant qu'elle se penche à nouveau sur moi. Elle m'embrassa le front et les joues et le menton et puis se mit à manipuler la fermeture éclair de mon pantalon.

Nous vivions en ce temps-là, Erica et moi, dans un état quasi permanent d'excitation sexuelle. N'importe quoi ou presque pouvait déclencher une séance d'étreintes folles sur le lit, sur le sol et, une fois, sur la table de la salle à manger. Depuis l'école secondaire, les petites amies étaient allées et venues dans ma vie. J'avais eu de brèves aventures et de plus longues, mais toujours il y avait eu entre elles des temps morts – de douloureuses périodes sans femme ni sexe. Erica prétendait que souffrir m'avait rendu meilleur amant – que je ne considérais plus le corps d'une femme comme une chose allant de soi. Cet après-midi-là, en tout cas, nous avons fait l'amour à cause du tableau. Je me suis souvent demandé par la suite pourquoi l'image d'une meurtrissure sur un corps de femme m'avait paru érotique. Plus tard, Erica m'a dit qu'à son avis ma réaction était liée à un désir de laisser une marque sur le corps d'une autre personne. “La peau est tendre, expliquait-elle. Nous nous coupons ou nous meurtrissons facilement. Ce n'est pas comme si cette femme avait l'air battue, ni rien. Ce n'est qu'un petit bleu très ordinaire, mais la façon dont l'artiste l'a peint le fait ressortir. On dirait qu'il a adoré faire ça, qu'il avait envie de faire une petite blessure qui durerait toujours.”

Erica avait alors trente-quatre ans. J'en avais onze de plus et il y avait un an que nous étions mariés. Nous étions littéralement entrés en collision dans la bibliothèque Butler, à Columbia. C'était en fin de matinée, un samedi d'octobre, et il n'y avait presque personne entre les rayons. Je l'avais entendue marcher et j'avais senti sa présence derrière la rangée de livres indistincts, éclairés par une minuterie qui ronflait légèrement. Ayant trouvé le livre que je cherchais, je me dirigeai vers l'ascenseur. A part la lampe, je n'entendais rien. Je tournai le coin et trébuchai sur Erica, qui s'était assise par terre au bout du rayonnage. Je réussis à ne pas tomber mais mes lunettes s'envolèrent de mon nez. Erica les ramassa et, comme je me penchais pour les prendre, elle commença à se relever et sa tête me heurta le menton. Quand elle me regarda, elle souriait. “Encore deux ou trois comme ça, et on pourrait arriver à quelque chose – un vrai numéro de *slapstick*.”

J'avais trébuché sur une jolie femme. Elle avait une bouche généreuse et une épaisse chevelure noire coupée au niveau du menton. Notre collision avait fait remonter en haut de ses jambes la jupe étroite qu'elle portait et j'aperçus ses cuisses pendant qu'elle tirait sur l'ourlet. Après s'être rajustée, elle releva les yeux et sourit de nouveau. Le temps de ce deuxième sourire, sa lèvre inférieure frémit un instant et j'interprétai ce signe ténu de nervosité ou de gêne comme indiquant qu'elle ne refuserait pas une invitation. Sans lui, je suis certain que je me serais excusé encore une fois et que je serais parti. Mais ce tremblement momentané de sa lèvre, aussitôt disparu, révélait la tendresse de sa personnalité et me donnait un bref aperçu d'une sensualité que je devinai prudemment réservée. Je lui proposai de prendre un café avec moi. Le café se prolongea en déjeuner, le déjeuner en dîner et, le lendemain matin, je me retrouvai au lit auprès d'Erica Stein dans mon vieil appartement de Riverside Drive. Elle dormait encore. La lumière qui entrait par la fenêtre illuminait son visage et ses cheveux. Très doucement, je posai ma main sur sa tête. Je l'y laissai plusieurs minutes, pendant lesquelles je la regardai en espérant qu'elle resterait.

A ce moment-là, nous avions passé des heures à parler. Il se trouvait que nous étions issus du même monde, Erica et moi. Ses parents étaient des Juifs allemands qui avaient quitté Berlin en 1933, encore adolescents. Son père était devenu un psychanalyste éminent et sa mère avait enseigné le chant à Juilliard. Les Stein étaient morts tous les deux. Ils étaient morts à quelques mois d'intervalle l'année avant notre rencontre, c'est-à-dire la même année que ma mère, en 1973. J'étais né à Berlin, où j'avais vécu jusqu'à cinq ans. Mes souvenirs de cette ville sont fragmentaires et il se peut que certains d'entre eux soient de faux souvenirs, des images et des histoires fabriquées à partir de ce que ma mère me racontait de ma petite enfance. Erica était née dans l'Upper West Side, où j'étais arrivé après trois ans passés à Londres, dans un appartement de Hampstead. C'est Erica qui m'a poussé à quitter le West Side et mon confortable appartement de Columbia. Avant notre mariage, elle m'a dit qu'elle avait envie d'"émigrer". Quand je lui ai demandé ce qu'elle entendait par là, elle m'a expliqué qu'il était temps pour elle de vendre l'appartement de ses parents, 82e Rue Ouest, et de faire le long voyage en métro jusqu'au centre-ville. "Je sens une odeur de mort, là-haut, m'a-t-elle dit, une odeur d'antiseptiques, d'hôpital et de *Sachertorte* rassise. Il faut que je déménage." Nous avons donc, elle et moi, abandonné le territoire familier de nos enfances pour nous établir plus au sud, dans celui des artistes et de la bohème. Grâce à l'argent que nous avions hérité de nos parents, nous nous sommes installés dans un loft, Greene Street, entre Canal et Grand.

Avec ses rues désertes, ses immeubles peu élevés et ses jeunes locataires ce nouveau quartier me libéra de liens que je n'avais jamais ressentis comme des contraintes. Mon père était mort en 1947, âgé de quarante-trois ans seulement, mais ma mère lui avait survécu. J'étais leur seul enfant et, après la disparition de mon père, nous partageâmes son fantôme, ma mère et moi. Ma mère se fit vieille et percluse d'arthrite tandis que mon père restait jeune, brillant et plein de promesses – un médecin qui aurait pu faire n'importe quoi. Ce n'importe quoi devint tout pour ma mère. Pendant vingt-six ans, elle demeura dans le même appartement de la 84e Rue, entre Broadway et Riverside, en compagnie de l'avenir évanoui de mon père. Quand j'ai commencé à enseigner, il est arrivé plus d'une fois qu'un étudiant m'appelât "docteur Hertzberg" au lieu de "professeur" et, inévitablement, je pensais à mon père. Habiter SoHo n'effaça pas mon passé, ne suscita pas l'oubli, mais lorsque je tournais un coin ou traversais une rue, il n'y avait plus rien qui me rappelât mon enfance et ma jeunesse d'immigré. Nous étions tous deux, Erica et moi, les enfants d'exilés venus d'un monde disparu. Nos parents étaient des bourgeois juifs assimilés pour qui le judaïsme était une religion qu'avaient pratiquée leurs grands-parents. Avant 1933, ils s'étaient considérés comme des "Allemands juifs", expression qui n'existe plus dans aucune langue.

Quand nous nous sommes rencontrés, Erica était maître assistante en anglais à Rutgers, et j'enseignais depuis douze ans au département d'histoire de l'art de

Columbia. Mon diplôme venait de Harvard, le sien de Columbia, ce qui explique pourquoi elle se promenait ce samedi matin dans la bibliothèque avec une carte d'ancienne étudiante. J'avais déjà été amoureux mais, presque chaque fois, j'avais atteint un moment de fatigue et d'ennui. Erica ne m'a jamais ennuyé. Elle m'a parfois irrité, parfois exaspéré, mais elle ne m'a jamais ennuyé. Le commentaire d'Erica à propos du tableau de Bill était caractéristique : simple, direct et pénétrant. Jamais je n'ai eu pour elle de condescendance.

J'étais passé bien souvent devant le 89, Bowery sans prendre le temps d'un regard. Cette vieille baraque en brique de trois étages, entre les rues Hester et Canal, n'avait jamais été plus que l'humble siège d'un commerce de gros, mais cette époque de modeste respectabilité était passée depuis longtemps lorsque je vins rendre visite à William Wechsler. On avait recouvert de planches ce qui avait jadis été une vitrine, et la lourde porte métallique du rez-de-chaussée était bosselée et défoncée, comme si on l'avait attaquée à coups de marteau. Un homme barbu, avec une bouteille dans un sac en papier, était vautré sur le seuil. Il répondit par un grognement quand je lui demandai de se déplacer et puis, mi-glissant, mi-roulant, il me dégagea un passage.

Mes premières impressions des gens sont souvent estompées par ce que je découvre d'eux ensuite mais, dans le cas de Bill, un aspect au moins de ces premières secondes est demeuré vivace pendant tout le temps de notre amitié. Bill avait du charme – cet attrait mystérieux qui séduit les inconnus. Quand il m'ouvrit sa porte, il avait l'air presque aussi débraillé que le type sur le seuil. Il avait une barbe de deux jours. Son épaisse tignasse noire se dressait sur le sommet et les côtés de sa tête et ses vêtements étaient couverts de poussière autant que de peinture. Et pourtant, quand il me regarda, je me sentis attiré par lui.

Il avait le teint foncé pour un Blanc, et des yeux d'un vert limpide fendus presque à l'orientale. Il avait la mâchoire et le menton carrés, les épaules larges et les bras puissants. Il me dominait du haut de son mètre quatre-vingt-huit, bien que je ne dusse guère mesurer que quelques centimètres de moins que lui. Je décidai plus tard que ses yeux étaient pour quelque chose dans cette force d'attraction quasi magique. Le regard qu'il posait sur moi était franc et direct mais, en même temps, j'étais conscient de son intériorité, de sa distraction. Bien que sa curiosité à mon égard parût authentique, je sentais aussi qu'il n'attendait rien de moi. Bill donnait une impression d'autonomie si complète qu'elle en était irrésistible.

"Je l'ai pris à cause de la lumière", me dit-il pendant que nous franchissions la porte du vaste local au dernier étage. En face de nous, trois grandes fenêtres étaient illuminées par le soleil de l'après-midi. L'immeuble donnait de la bande, et le sol de la pièce était nettement plus bas au fond qu'à l'entrée. Le plancher s'était voilé, aussi, et, en regardant du côté des fenêtres, je remarquai des boursouflures dans les planches, telles des vaguelettes sur un lac. La partie haute du loft n'était occupée que par un tabouret, une table faite d'une vieille porte sur deux tréteaux et une installation stéréo qu'entouraient des centaines de disques et de cassettes rangés dans des cageots en plastique. Des toiles étaient empilées en rangs contre le mur. Il régnait une forte odeur de peinture, de térébenthine et de moisi.

Tous les objets nécessaires à la vie quotidienne se trouvaient accumulés dans la partie basse. Une table calée contre une vieille baignoire à pieds. Un grand lit placé près d'une autre table, non loin d'un évier, et un poêle surgissant d'une ouverture dans une immense bibliothèque bourrée de livres. Il y avait aussi des tas de livres empilés par terre à côté des étagères et des quantités encore sur un fauteuil où personne ne semblait s'être assis depuis des années. Le chaos de la partie habitée du loft révélait non seulement la pauvreté de Bill mais aussi son indifférence à l'égard des objets de la vie domestique. Avec le temps, il allait devenir riche, mais son manque d'intérêt pour les choses matérielles ne changerait jamais. Il resterait curieusement peu attaché aux lieux où il vivrait et aveugle aux détails de leurs aménagements.

Dès ce premier jour, je fus sensible à l'ascétisme de Bill, à son désir presque brutal de pureté et à son refus des compromis. Cela venait à la fois de ce qu'il disait et de sa présence physique. Il était calme, parlait doucement, faisait des gestes mesurés et pourtant l'intense détermination qui émanait de lui paraissait remplir la chambre. Contrairement à d'autres fortes personnalités, Bill n'était ni bruyant, ni arrogant, ni particulièrement charmeur. Néanmoins, lorsque je me trouvai debout à côté de lui, en train de regarder les tableaux, je me sentis comme un nain qu'on viendrait de présenter à un géant. Cette impression donna à mes commentaires de l'acuité et de la profondeur. Je défendais mon espace vital.

Il me montra six tableaux cet après-midi-là. Trois étaient terminés. Les trois autres semblaient à peine commencés – lignes ébauchées et grandes plages de couleur. Le mien faisait partie de la même série, consacrée à la même jeune femme aux cheveux noirs mais, d'une toile à l'autre, la taille de la femme variait. Dans la première, elle était obèse, montagne de chair pâle en short de nylon moulant et en t-shirt – image de gloutonnerie et d'abandon, si énorme que son corps donnait l'impression d'être coincé à l'intérieur du cadre. Elle serrait dans son poing gras un hochet de bébé. L'ombre allongée d'un homme s'étendait sur son sein droit et sur son gros ventre, pour se réduire à une simple ligne sur sa hanche. La femme du deuxième tableau était beaucoup plus maigre. Couchée sur un matelas, en sous-vêtements, elle contemplait son propre corps avec une expression qui semblait à la fois autoérotique et autocritique.

Elle tenait à la main un grand stylo à plume, à peu près deux fois de la taille d'un stylo normal. Dans le troisième tableau, la femme avait grossi de quelques kilos sans être, néanmoins, aussi ronde que celle du tableau que j'avais acheté. Vêtue d'une chemise de nuit de flanelle élimée, elle était assise au bord du lit, les cuisses négligemment écartées. Une paire de longues chaussettes écarlates gisait à ses pieds. En regardant ses jambes, je remarquai, juste sous les genoux, les légères traces rouges laissées par les élastiques des chaussettes.

"Ça me fait penser au tableau de Jan Steen qui représente une femme à sa toilette, en train d'enlever ses bas, dis-je. Le petit tableau qui est au Rijksmuseum."

Bill me sourit pour la première fois.

"J'ai vu ce tableau à Amsterdam quand j'avais vingt-trois ans, et il m'a fait réfléchir à la peau. Je ne m'intéresse guère aux nus, ils sont trop affectés, mais la peau m'intéresse vraiment."

Pendant un moment, nous discutâmes de la peau en peinture. Je rappelai le beau stigmate rouge sur la main du saint François de Zurbarán. Bill évoqua la couleur de la peau du Christ mort de Grünewald et la teinte rosée de celle des nus de Boucher, qu'il appelait les *soft porn ladies*. Il fut question des conventions changeantes en matière de crucifixions, pietà et dépositions. Je dis que le maniérisme de Pontormo m'avait toujours intéressé et Bill parla de Robert Crumb. "J'adore sa crudité, dit-il. Le hideux courage de son travail." Je lui demandai ce qu'il pensait de George Grosz, et Bill hocha la tête.

"Un parent, dit-il. Ces deux-là sont indiscutablement parents en art. Avez-vous vu la série de Crumb : *Contes du pays des Genitalia* ? Des pénis bottés qui courent en tous sens ?

— Comme le nez de Gogol", suggérai-je.

Bill me montra alors des dessins médicaux, un domaine auquel je ne connaissais pas grand-chose. Il tira de ses étagères des quantités de livres contenant des illustrations de différentes époques – diagrammes d'humeurs médiévales, figures anatomiques du XVIIIe siècle, une image du XIXe représentant une tête d'homme avec les bosses phrénologiques, et une autre, à peu près de la même époque, montrant les organes sexuels féminins. C'était un dessin étrange décrivant l'entrecuisse déployé d'une femme. Debout l'un près de l'autre, nous contemplions la représentation détaillée de la vulve, du clitoris et des lèvres, et le petit trou obscur de l'orifice vaginal. Le trait était dur et méticuleux.

"On dirait le schéma d'une machine, observai-je.

— Oui, dit-il. Je n'y avais jamais pensé." Il regarda l'image. "C'est un dessin pervers. Tout est à sa place, mais c'est une méchante caricature. Bien entendu, le dessinateur pensait qu'il s'agissait de science.

— Je crois qu'il ne s'agit jamais seulement de science", fis-je.

Bill hocha la tête.

"C'est ça le problème, avec la vision des choses. Rien n'est clair. Les sentiments, les idées façonnent ce qu'on a sous les yeux. Cézanne voulait le monde nu, mais le monde n'est jamais nu. Dans mon œuvre, ajouta-t-il, je veux susciter le doute." Il se tut et me sourit. "Parce que c'est la seule chose dont nous soyons sûrs.

— C'est pour ça que cette femme est grosse, maigre et entre les deux ?

— A vrai dire, c'était plus une envie qu'une idée.

— Et le mélange des styles ?" demandai-je.

Bill s'approcha de la fenêtre et alluma une cigarette. Il inspira et laissa la cendre tomber par terre. Il me regarda. Ses grands yeux étaient si pénétrants que je faillis me détourner, mais je ne le fis pas.

"J'ai trente et un ans, et vous êtes le premier qui m'ait jamais acheté un tableau, sauf si on compte ma mère. Il y a dix ans que je travaille. Les marchands ont refusé ce que je fais des centaines de fois.

— De Kooning n'a eu sa première exposition qu'à quarante ans, fis-je.

— Vous ne m'avez pas compris, dit-il lentement. Je ne demande pas qu'on s'intéresse. Pourquoi s'intéresserait-on ? Je me demande pourquoi vous êtes intéressé."

Je le lui expliquai. Nous nous assîmes par terre, avec les tableaux devant nous, et je lui expliquai que j'aimais l'ambiguïté, que j'aimais ne pas savoir quoi regarder dans ses toiles, que souvent la peinture figurative moderne m'ennuyait, mais pas la sienne. Nous parlâmes de De Kooning et, en particulier, d'un petit tableau que Bill trouvait inspirant, *Autoportrait avec frère imaginaire*. Nous parlâmes de l'étrangeté de Hopper, et de Duchamp. Bill appela ce dernier "le couteau qui a mis l'art en pièces". Je pensais qu'il disait cela dans un sens négatif, mais il ajouta : "C'était un grand mystificateur. Je l'adore."

Quand j'attirai son attention sur les poils rasés en train de repousser qu'il avait peints sur les jambes de la femme maigre, il me dit que lorsqu'il se trouvait en présence de quelqu'un il avait souvent le regard attiré par un détail – une dent cassée, un sparadrap sur un doigt, une veine, une coupure, une rougeur, un grain de beauté – et que, pendant un instant, cet élément isolé dominait sa vision ; et qu'il souhaitait reproduire dans son œuvre de tels instants. "La vision est un flux", dit-il. Je mentionnai les récits cachés dans ses tableaux et il répondit que, pour lui, les histoires étaient comme le sang irriguant un corps : les voies d'une vie. C'était une métaphore révélatrice, et je ne l'oubliai jamais. En tant qu'artiste, Bill traquait l'invisible dans le visible. Le paradoxe, c'était son choix de représenter ce mouvement invisible au moyen d'une peinture figurative, qui n'est rien d'autre qu'une apparition figée – une surface.

Bill me raconta qu'il était né dans un faubourg du New Jersey, où son père avait créé une cartonnerie qu'il avait réussi à rendre prospère. Sa mère travaillait comme bénévole pour des associations caritatives juives, était cheftaine de louveteaux et avait fini par décrocher une licence d'agent immobilier.

Ni l'un ni l'autre de ses parents n'avait fait d'études et il y avait peu de livres chez eux. J'imaginai les pelouses vertes et les maisons paisibles de South Orange – les bicyclettes dans les allées, les panneaux indiquant le nom des rues, les garages pour deux voitures. "J'étais bon en dessin, me dit-il, mais le base-ball a longtemps compté pour moi beaucoup plus que l'art."

Je lui racontai que j'avais souffert à l'école à cause du sport. J'étais maigre et myope, et je restais planté sur le terrain en espérant que personne ne lancerait la balle vers moi. "Le moindre sport nécessitant un ustensile m'était impossible. Je courais et je nageais bien, mais, si on me mettait quoi que ce fût dans la main, je le lâchais."

C'est à l'école secondaire que Bill avait commencé ses pèlerinages au Met, au MoMA, au musée Frick, aux galeries et, comme il disait, "à la rue". "J'aimais la rue autant que les musées, et j'ai passé des heures à me promener en ville dans les odeurs de poubelles." Quand il était en troisième année, ses parents avaient divorcé. Cette année-là, il avait abandonné l'équipe de cross-country, l'équipe de basket et l'équipe de base-ball. "J'ai arrêté la musculation, racontait-il. Je suis devenu maigre." Il était allé au collège* à Yale où il avait fait les Beaux-Arts et suivi des cours d'histoire de l'art et de littérature. C'est alors qu'il avait rencontré Lucille Alcott, dont le père était professeur à la faculté de droit. "On s'est mariés il y a trois ans", dit-il. Je me surpris à chercher du regard les traces d'une présence féminine dans le loft, mais je n'en vis aucune.

"Elle est au travail ? demandai-je.

— Elle est poète. Elle loue une petite pièce à quelques rues d'ici. C'est là qu'elle écrit. Elle travaille aussi en free-lance pour des éditeurs. Comme correctrice. Moi, je fais le peintre et le plâtrier pour des entrepreneurs. On s'en sort."

* "Collège" à l'américaine, c'est-à-dire établissement universitaire de premier cycle. *(N.d.T.)*

Un médecin compréhensif lui avait épargné le Viêtnam. Tout au long de son enfance et de sa jeunesse, il avait souffert de graves allergies. En cas de crise, son visage enflait et il éternuait si fort que ça lui provoquait des douleurs dans le cou. Avant qu'il ne se présente au conseil de révision, à Newark, le médecin avait ajouté au mot "allergies" l'expression "avec une tendance à l'asthme". Quelques années plus tard, une tendance n'aurait sans doute pas valu à Bill d'être réformé mais cela se passait en 1966 et la résistance à la guerre du Viêtnam n'avait pas encore pris toute son ampleur. Après le collège, il avait passé un an dans le New Jersey à travailler comme barman. Il habitait chez sa mère, économisait tout ce qu'il gagnait, et il était parti ensuite pour deux ans en Europe. Il avait voyagé : Rome, Amsterdam, Paris. Pour subvenir à ses besoins, il avait fait toutes sortes de petits boulots : réceptionniste pour un magazine anglais à Amsterdam, guide touristique dans les catacombes à Rome, lecteur de romans anglais pour un vieux monsieur à Paris. "Quand je lui faisais la lecture, je devais m'allonger sur le canapé. Il attachait une grande importance à ma position. Je devais enlever mes souliers. Il tenait beaucoup à bien voir mes chaussettes. La paie était bonne, et j'ai tenu le coup pendant une semaine. Et puis je l'ai quitté. J'ai pris mes trois cents francs et je suis parti. C'était tout l'argent que je possédais. Je suis sorti dans la rue. Il était dans les onze heures du soir, et j'ai vu ce pauvre vieux tout décrépit planté sur le trottoir, la main tendue. Je lui ai donné l'argent.

— Pourquoi ?" demandai-je.

Bill se tourna vers moi. "Je ne sais pas. Une inspiration. C'était idiot, mais je ne l'ai jamais regretté. Ça m'a donné un sentiment de liberté. Je n'ai pas mangé pendant deux jours.

— Un geste de bravade", suggérai-je.

Il me regarda et dit : "D'indépendance.

— Où était Lucille ?

— Elle vivait à New Haven chez ses parents. Elle n'allait pas très bien, à cette époque. On s'écrivait."

Je ne l'interrogeai pas sur la maladie de Lucille. En l'évoquant, il avait détourné les yeux et je les avais vus s'étrécir en une expression douloureuse. Je changeai de sujet.

"Pourquoi avez-vous intitulé *Autoportrait* le tableau que j'ai acheté ?

— Ce sont tous des autoportraits, dit-il. En travaillant avec Violet, je me suis rendu compte que j'étais en train de dresser la carte d'un territoire intérieur que je n'avais encore jamais aperçu en moi, ou peut-être d'un territoire situé entre elle et moi. Le titre m'est venu à l'esprit, et je l'ai adopté. *Autoportrait* me semblait approprié.

— Qui est-ce ? demandai-je.

— Violet Blom. Elle fait un doctorat à NYU*. C'est elle qui m'a donné ce dessin que je vous ai montré – celui qui a l'air d'un schéma de machine.

— Qu'est-ce qu'elle étudie ?

— L'histoire. Elle fait une thèse sur l'hystérie en France au tournant du siècle." Bill alluma une nouvelle cigarette et lança un coup d'œil au plafond. "C'est une fille très intelligente – pas ordinaire." Il souffla la fumée en l'air et je regardai ses cercles ténus se combiner avec les grains de poussière dans la clarté de la fenêtre.

"Il me semble que peu d'hommes feraient leur propre portrait sous la forme d'une femme. Vous l'avez empruntée pour vous montrer, vous. Qu'en pense-t-elle ?"

Il eut un rire bref avant de répondre :

"Ça lui plaît. Elle dit que c'est subversif, d'autant plus que j'aime les femmes, pas les hommes.

— Et les ombres ?

— Les miennes, elles aussi.

— Dommage. J'ai cru que c'était mon ombre."

Bill me regarda. "C'est peut-être la vôtre également." Il m'empoigna l'avant-bras et le serra. Ce geste soudain de camaraderie, d'affection, même,

* New York University. *(N.d.T.)*

me remplit d'un bonheur inhabituel. J'y ai souvent réfléchi, parce que ce bref échange à propos des ombres a modifié le cours de mon existence. Il marque l'instant où une conversation décousue entre deux hommes a pris un virage irrévocable vers l'amitié.

"Elle planait parmi les danseurs, me dit Bill une semaine plus tard en prenant un café. Elle ne paraissait pas savoir combien elle était jolie. Je lui ai couru après pendant des années. Ça marchait, ça ne marchait plus. Quelque chose me poussait toujours à revenir." Il ne fit plus allusion à la maladie de Lucille pendant les semaines qui suivirent, mais sa façon de parler d'elle me donnait à penser qu'elle était fragile, qu'elle avait besoin d'être protégée de quelque chose dont il préférait ne rien dire.

La première fois que je vis Lucille Alcott, elle se tenait sur le seuil de l'atelier du Bowery et je pensai qu'elle ressemblait à un personnage de la peinture flamande. Elle avait le teint pâle, des cheveux châtains tirés en arrière et de grands yeux bleus presque dépourvus de cils. Nous avions été invités à dîner dans le Bowery, Erica et moi. Il pleuvait, ce soir de novembre, et tout en mangeant nous entendions la pluie sur le toit au-dessus de nous. En l'honneur de notre visite, quelqu'un avait débarrassé le plancher de la poussière, des cendres et des mégots ; quelqu'un avait aussi couvert d'une grande nappe blanche la table de travail de Bill et posé dessus huit bougies. Lucille revendiqua la préparation du repas, une mixture brunâtre et insipide composée de légumes non identifiables. Quand Erica s'enquit poliment du nom de ce plat, Lucille contempla son assiette et répondit dans un français impeccable : "Flageolets avec des légumes." Elle se tut, releva les yeux et sourit. "Mais les flageolets m'ont l'air de voyager incognito." Elle se tut encore un instant puis reprit : "J'aimerais être une cuisinière plus attentive.

Il aurait fallu du persil.” Elle examina son assiette. “J'ai négligé le persil. Bill préférerait de la viande. Il mangeait beaucoup de viande dans le temps, mais il sait que je ne sers pas de viande parce que j'ai acquis la conviction que ce n'est pas bon pour la santé. Je ne comprends pas ce qui ne va pas, avec les recettes. Je suis très minutieuse quand j'écris. Je me fais toujours du souci à cause des verbes.

— Ses verbes sont formidables”, dit Bill, en resservant du vin à Erica.

Lucille regarda son mari avec un sourire un peu crispé. Je ne comprenais pas cette crispation parce que la remarque de Bill m'avait semblé dépourvue d'ironie. Il m'avait parlé plus d'une fois de son admiration pour ses poèmes et m'avait promis de m'en donner des exemplaires.

Derrière Lucille, j'apercevais le portrait obèse de Violet Blom et je me demandai si l'envie de viande qu'avait Bill s'était exprimée dans cet énorme corps féminin, mais j'ai constaté par la suite la fausseté de cette théorie. Quand nous déjeunions ensemble, j'ai souvent vu Bill dévorer avec allégresse des sandwichs au corned-beef, des hamburgers et des BLT's*.

“Je m'impose des règles, expliquait Lucille, parlant de ses poèmes. Pas les règles de métrique habituelles, mais une forme que je choisis, et puis que je dissèque. Les nombres sont utiles. Ils sont nets, irréfutables. Certains vers sont numérotés.” Tout ce que disait Lucille était caractérisé par une même brusquerie guindée. Elle ne faisait aucune concession aux convenances de la conversation ou des propos de table. En même temps, presque chacune de ses affirmations me paraissait sous-tendue par une sorte d'humour. Elle parlait comme si elle observait ses propres phrases, en les considérant avec un certain recul, en évaluant leur forme et leur sonorité à l'instant même où elle les prononçait. Chacune de ses paroles rendait un son d'honnêteté et pourtant ce

* Sandwichs : bacon, laitue, tomate. *(N.d.T.)*

sérieux s'accompagnait d'ironie. Lucille s'amusait à occuper deux positions simultanées : elle était à la fois le sujet et l'objet de ses propositions.

Je ne crois pas qu'Erica avait entendu Lucille parler des règles. Elle discutait romans avec Bill. Je ne peux pas imaginer que Bill l'avait entendue, lui non plus mais, au cours de leur conversation, il fut de nouveau question de règles. Erica se pencha vers Bill en souriant : "Alors, vous en convenez, le roman est un sac qui peut contenir n'importe quoi ?

— *Tristram Shandy*, chapitre 4, sur l'*Ob ovo* d'Horace", fit Bill, un doigt pointé au plafond. Il se mit à réciter, comme s'il entendait quelque part à sa droite une voix inaudible : "Horace, je le sais, ne recommande pas pleinement cette pratique ; mais ce monsieur ne parle que d'un poème épique ou d'une tragédie… (j'ai oublié lequel des deux)… et d'ailleurs, s'il en était autrement, j'implorerais le pardon de M. Horace… car en écrivant ce que j'ai entrepris, je ne me plierai ni à ses règles, ni aux règles d'aucun homme qui vécut jamais." La voix de Bill s'enfla sur la proposition finale et Erica rit, la tête rejetée en arrière. Tandis qu'ils parlaient à bâtons rompus, évoquant Henry James, Samuel Beckett, Louis-Ferdinand Céline, Erica découvrait en Bill un grand dévoreur de romans. Cela fit naître entre eux une amitié qui n'avait pas grand-chose à voir avec moi. Lorsque arriva le dessert – une salade de fruits à l'aspect déprimé –, Erica invitait Bill à venir à Rutgers parler à ses élèves. Il commença par hésiter et puis accepta.

Erica était trop bien élevée pour ignorer Lucille, qui était assise à côté d'elle, et, un moment après avoir demandé à Bill de venir à l'un de ses cours, elle concentra son attention sur la jeune femme. Elle l'écoutait avec des hochements de tête et, quand elle parlait, son visage semblait une illustration d'émotions et de pensées successives. Par contraste, le visage impassible de Lucille n'exprimait guère de sentiments. Au cours de la soirée, ses étranges interventions acquirent une sorte de rythme philosophique, le ton heurté d'une logique tourmentée, qui me rappelait un peu la lecture du *Tractatus* de Wittgenstein. Quand Erica lui dit qu'elle avait entendu parler de son père, Lucille répondit : "Oui, il a très bonne réputation comme professeur de droit." Un peu plus tard, elle ajouta : "J'aurais aimé étudier le droit, mais je n'ai pas pu. J'essayais de lire les livres de droit de mon père dans sa bibliothèque. J'avais onze ans. Je savais que chaque phrase en amenait une autre mais, le temps d'arriver à la phrase suivante, j'avais oublié la première et puis, en lisant la troisième, j'oubliais la deuxième.

— Vous n'aviez que onze ans, observa Erica.

— Non, fit Lucille. Ce n'était pas une question d'âge. J'oublie encore.

— L'oubli, dis-je, fait sans doute partie de notre vie autant que le souvenir. Nous sommes tous amnésiques.

— Mais quand nous avons oublié, dit Lucille en se tournant vers moi, nous ne nous rappelons pas toujours que nous avons oublié ; par conséquent, se rappeler qu'on a oublié, ce n'est pas vraiment oublier, n'est-ce pas ?"

En souriant, je lui répondis :

"Je me réjouis de lire vos poèmes. Bill m'en a parlé avec beaucoup d'admiration."

Bill leva son verre. "A nos travaux, lança-t-il d'une voix sonore. Aux lettres et à l'art." Il s'était laissé aller et je me rendais compte qu'il était un peu ivre. Sa voix se brisa sur le mot *art*. Je trouvais sa bonne humeur attachante mais, lorsque je tournai vers Lucille mon verre levé à sa santé, elle avait de nouveau ce sourire tendu, forcé. Je n'aurais pu dire si son mari avait provoqué cette expression ou si c'était seulement le résultat de sa propre inhibition.

Au moment où nous partions, Lucille me donna deux petites revues dans lesquelles elle avait été publiée. Quand je lui dis au revoir, elle me tendit une main molle. Je la serrai, et elle n'en parut pas incommodée. Bill me prit dans ses bras, il étreignit et embrassa Erica. Le vin lui donnait les yeux brillants et il sentait la cigarette. Sur le seuil, il entoura de son bras les épaules de Lucille et l'attira contre lui. Près de son mari, elle paraissait très menue et très guindée.

Il pleuvait encore quand nous sortîmes dans le Bowery. Après que j'eus ouvert notre parapluie, Erica se tourna vers moi.

"Tu as remarqué qu'elle portait les mocassins ? demanda-t-elle.

— De quoi parles-tu ?

— Lucille portait les chaussures, ou plutôt la chaussure qui est dans notre tableau. C'est elle, la femme qui s'en va."

Je la dévisageai pendant que j'assimilais ce qu'elle venait de me dire.

"Je crois que je n'ai pas observé ses pieds.

— Tu m'étonnes. Tu l'as observée assez attentivement à part ça."

Erica souriait, et je compris qu'elle me taquinait. "Tu ne trouves pas ça évocateur, ce soulier, Leo ? Et puis il y a l'autre femme. Chaque fois que je levais les yeux, je la voyais : cette fille maigre en train de regarder sa petite culotte avec une excitation un peu avide. Elle avait l'air si vivant. J'avais l'impression qu'on aurait dû lui faire une place à table."

De ma main libre, j'attirai Erica contre moi et, en tenant le parapluie au-dessus de nous, je l'embrassai. Après le baiser, elle m'entoura la taille de son bras et nous marchâmes vers Canal Street. "Eh bien, dit-elle, je me demande à quoi ressemble ce qu'elle écrit."

Les trois poèmes que Lucille avait publiés étaient semblables – des œuvres d'une minutie obsessive, analytique, hésitant quelque part entre le comique et la tristesse. Je ne me souviens que de quelques vers de ces poèmes, parce qu'ils avaient un caractère particulièrement poignant et que je me les suis répétés : "Une femme est assise près de la fenêtre. Elle pense / et, en pensant, elle se désespère / elle se désespère d'être qui elle est / et non quelqu'un d'autre."

Les médecins me disent que cela n'ira pas jusqu'à la cécité. Je suis atteint de ce qu'on appelle une dégénérescence maculaire – des nuages dans les yeux. Je suis myope depuis l'âge de huit ans. Le flou n'est pas une nouveauté pour moi, mais, autrefois, avec des lunettes, j'avais une vue parfaite. Aujourd'hui, si je conserve ma vision périphérique, j'ai toujours juste devant moi une tache grise irrégulière, et elle grossit. Mes images du passé restent vives. C'est le présent qui est affecté et les gens venus du passé que je vois encore sont devenus des êtres estompés par les nuages. Cette vérité m'étonnait au début, mais j'ai appris de personnes atteintes du même mal et de mes médecins que ce qui m'arrive est tout à fait normal. Lazlo Finkelman, par exemple, qui vient plusieurs fois par semaine me faire la lecture, n'est plus tout à fait précis et ni les souvenirs que j'ai de lui avant que ma vue se détériore, ni ma vision périphérique ne suffisent à maintenir une image nette. Je peux décrire Lazlo, parce que je me souviens des mots que j'utilisais pour me le décrire à moi-même : visage étroit et pâle, buisson de cheveux blonds dressés au garde-à-vous, lunettes noires à monture épaisse sur de petits yeux gris. Mais quand je le regarde en face, maintenant, son visage n'est pas au point et mes mots d'autrefois restent en suspens.

Même si mes yeux ont joué dans mon travail un rôle capital, une mauvaise vue me paraît préférable à la sénilité. Je ne vois plus assez bien pour me promener dans les galeries ou retourner dans les musées contempler des œuvres que je connais par cœur. Néanmoins, je conserve en mémoire un catalogue de tableaux que je peux feuilleter et où je retrouve habituellement l'œuvre dont j'ai besoin. En cours, j'ai renoncé à me servir d'une baguette lorsque je fais passer des diapositives, et je décris les détails au lieu de les désigner. Mon remède contre l'insomnie, ces temps-ci, consiste à rechercher les images mentales d'un tableau et à m'efforcer de le revoir aussi clairement que possible. Depuis peu, j'évoque Piero della Francesca. Il y a plus de quarante ans que j'ai rédigé ma thèse sur son *De prospectiva pingendi* et, en me concentrant sur les géométries rigoureuses de ses tableaux analysés jadis avec tant de soin, je repousse d'autres images surgies pour me tourmenter et me tenir éveillé. Je me protège des bruits de la rue et de l'intrus dont j'imagine la présence menaçante sur l'échelle de secours, devant la fenêtre de ma chambre. La technique est efficace. La nuit dernière, les panneaux d'Urbino se sont fondus aux rêves de mon demi-sommeil et, peu après, j'ai perdu conscience.

Depuis quelque temps, je dois m'efforcer de chasser la peur lorsque je suis couché, solitaire, à chercher le sommeil. Mon esprit est vaste, mais mon corps me semble plus petit qu'autrefois, comme si je rétrécissais régulièrement. Ce fantasme de réduction est sans doute lié au vieillissement et à un sentiment accru de vulnérabilité. Le cercle de ma vie commence à se refermer et je pense de plus en plus souvent à ma petite enfance – aux souvenirs que j'ai pu garder de Mommsenstrasse 11, à Berlin. Ce n'est pas que je me rappelle dans tous ses détails l'appartement que nous habitions, mais je peux encore en pensée monter les deux volées de marches jusqu'à notre porte en passant devant la fenêtre aux vitres gravées. Une fois entré, je sais que le bureau de mon père est à gauche et que les salons se trouvent devant moi. Bien que je ne revoie que peu d'éléments du mobilier et des objets, je conserve un souvenir d'ensemble des espaces – les grandes pièces, les plafonds hauts, les lumières changeantes. Ma chambre était au bout d'un petit corridor près de la plus grande pièce de l'appartement. Dans celle-là, mon père jouait du violoncelle le troisième jeudi de chaque mois avec trois autres médecins mélomanes, et je me rappelle que ma mère ouvrait la porte de ma chambre pour que je puisse les entendre de mon lit. Je peux encore franchir le seuil de ma chambre et grimper sur l'appui de la fenêtre. Je grimpe, parce que dans mon souvenir je ne suis pas plus grand qu'alors. En bas, je vois la cour dans la nuit, je devine les lignes des pavés et la masse sombre des buissons. Quand je fais cette promenade, l'appartement est toujours vide. Je m'y déplace à la façon d'un fantôme, et j'en suis venu à me demander ce qui se passe en réalité dans notre cerveau quand nous retournons à des lieux à demi oubliés. Quelle est la perspective de la mémoire ? L'homme révise-t-il la vision de l'enfant ou l'empreinte est-elle relativement statique, vestige d'un intime savoir originel ?

L'orateur de Cicéron parcourait les vastes pièces bien éclairées de sa mémoire et laissait des mots sur les tables et les chaises, où il pouvait les retrouver sans peine. Nul doute que j'ai attribué un vocabulaire à l'architecture de mes cinq premières années – un vocabulaire qui a évolué dans la conscience de l'homme au courant des horreurs perpétrées après que ce petit garçon avait quitté l'appartement. Pendant la dernière année que nous avons passée à Berlin, ma mère laissait une lumière allumée dans le couloir afin que je me calme avant de m'endormir. Je faisais des cauchemars et je m'éveillais étranglé de peur, au son de mes propres hurlements. *Nervos*, disait mon père. *Das Kind ist nervos*. Mes parents ne me parlaient pas des nazis, seulement de nos préparatifs de départ, et on peut difficilement savoir à quel point mes terreurs enfantines étaient liées à la peur que devaient ressentir à l'époque tous les Juifs d'Allemagne. A en croire ce qu'elle racontait, ma mère avait été prise de court. Un parti dont les opinions semblaient absurdes et méprisables s'était soudain, de façon inexplicable, imposé au pays. Elle et mon père étaient patriotes et, lorsqu'ils vivaient encore à Berlin, ils considéraient le national-socialisme comme quelque chose de pas du tout allemand.

Le 13 août 1935, nous sommes partis pour Paris, mes parents et moi, et de là nous avons gagné Londres. Ma mère avait emballé des sandwichs pour le train – du pain gris avec de la saucisse. Je me souviens du sandwich sur mes genoux parce que juste à côté, sur un carré froissé de papier huilé, se trouvait une *Mohrenkopf* – une petite boule de biscuit fourrée de vanille et enrobée de chocolat. Je n'ai pas le souvenir de l'avoir mangée, mais je me rappelle distinctement mon ravissement à l'idée qu'elle serait bientôt pour moi. La *Mohrenkopf* est très nette. Je la vois à la lumière de la fenêtre du train. Je vois mes genoux nus et l'ourlet de ma culotte courte bleu marine. C'est tout ce qui reste de notre exode. Autour de la *Mohrenkopf*, il y a le vide, un vide qui peut être rempli par les histoires d'autres personnes, par des récits historiques, par des chiffres et des faits. Ce n'est qu'après mes six ans que j'ai commencé à avoir une mémoire tant soit peu continue et, à cet âge-là, je vivais à Hampstead. Quelques semaines après ce voyage en train, les lois de Nuremberg furent imposées. Les Juifs n'étaient plus citoyens du Reich et les possibilités de partir étaient réduites. Ma grand-mère, mon oncle et ma tante et leurs deux filles jumelles, Anna et Ruth, ne partirent jamais. Nous vivions à New York quand mon père a appris que toute sa famille avait été embarquée dans un train pour Auschwitz en 1944. Ils ont tous été assassinés. Je possède encore leurs photographies dans un tiroir – ma grand-mère coiffée d'un élégant chapeau à plume, debout au côté de mon grand-père, qui allait mourir en Flandres en 1917. J'ai le portrait officiel du mariage de mon oncle David et de ma tante Marta et une photo des jumelles vêtues de manteaux courts en laine, avec des rubans dans les cheveux. Sous chaque fillette, dans le bord blanc de la photo, Marta avait inscrit leurs noms, pour éviter de les confondre. Anna à gauche, Ruth à droite. Les images en noir et blanc des photographies ont dû me tenir lieu de mémoire et, pourtant, j'ai toujours eu le sentiment que leurs tombes anonymes faisaient partie de ce que je suis. Ce qui alors est resté non écrit est inscrit dans ce que j'appelle moi. Plus ma vie se prolonge, plus je suis convaincu que lorsque je dis "je", en réalité, je dis "nous".

Le dernier portrait d'elle que Bill avait achevé montrait Violet Blom nue et famélique. Elle était tout entière obscurcie par l'ombre géante d'un personnage invisible dressé au-dessus d'elle. En m'approchant de la toile, je remarquai que certaines parties de son corps étaient couvertes d'un léger duvet. Bill appelait celui-ci *lanugo* et m'expliqua qu'un duvet de protection apparaissait parfois sur les corps affamés. Il dit que, pour le représenter avec exactitude, il avait passé des heures à étudier des photographies médicales et documentaires. La jeune femme squelettique faisait peine à voir et ses grands yeux brillaient comme sous l'effet de la fièvre. Bill avait peint en couleurs son corps émacié, d'abord avec un réalisme scrupuleux et puis, à grands coups de brosse expressionnistes, en posant des touches de bleu, de rouge et de vert sur les cuisses et le cou. L'arrière-plan en noir et blanc ressemblait à une photographie ancienne, dans le genre de celles que je conserve dans mon tiroir. Sur le plancher, derrière Violet, se trouvaient plusieurs paires de chaussures, des chaussures d'homme, de femme et d'enfant, peintes dans des tons de gris. Quand je demandai à Bill si ce portrait faisait allusion aux camps de la mort, il répondit que oui et nous parlâmes d'Adorno pendant plus d'une heure. Le philosophe avait dit qu'il ne pourrait plus y avoir d'art après les camps.

J'avais fait la connaissance de Bernie Weeks par l'intermédiaire d'un collègue de Columbia, Jack Newman. La galerie Weeks, dans West Broadway, était florissante parce que Bernie avait le don de flairer les nouveaux artistes, et qu'il avait des relations. Il était de ces gens, à New York, qui sont réputés "connaître tout le monde". "Connaître tout le monde" est une expression qui ne signifie pas qu'on est très lié avec beaucoup de gens mais qu'on l'est avec quelques personnes généralement considérées comme notables et puissantes. Quand je le présentai à Bill,

Bernie devait avoir environ quarante-cinq ans mais sa présence juvénile démarquait son âge. Il portait des complets immaculés à la pointe de la mode avec des baskets de couleur vive. Les chaussures de sport lui donnaient une apparence de légère excentricité toujours bienvenue dans les milieux artistiques et renforçaient aussi ce que j'appelais le ressort de Bernie. Il était sans cesse en mouvement. Il montait les escaliers en courant, sautait dans les ascenseurs, se balançait sur ses talons lorsqu'il examinait une œuvre d'art et ses genoux tressautaient pendant la plupart des conversations. En attirant l'attention des gens sur ses pieds, il soulignait son ardeur infatigable dans sa quête incessante de nouveauté. Son énergie s'assortissait d'un débit haletant et ses propos, s'ils étaient parfois décousus, n'étaient jamais sots. Je poussai Bernie à aller voir la peinture de Bill et persuadai aussi Jack de faire signe à Bernie. Jack était déjà venu à l'atelier de Bill et c'était un adepte de ce qu'il appelait "les Violet fluctuantes".

Je n'étais pas présent au Bowery lorsque Bernie vint voir les tableaux, mais cela se termina comme je l'avais espéré. Les tableaux furent exposés l'automne suivant. "Ils sont glauques, me dit Bernie. Glauques au bon sens du terme. Je crois que l'approche grosse/maigre va faire un malheur. Tout le monde est au régime, bon Dieu de bois ! Et le truc de l'autoportrait. C'est bon. C'est un peu risqué d'exposer du néofiguratif en ce moment, mais, là, il y a quelque chose. Et les citations me plaisent. Vermeer, De Kooning, Guston après sa révolution."

A l'époque où s'ouvrit l'exposition, Violet Blom était partie à Paris. Je l'avais rencontrée une seule fois avant son départ, dans l'escalier du 89, Bowery. J'arrivais. Elle s'en allait. Je la reconnus et me présentai, et elle s'arrêta sur une marche. Violet était plus belle que sur les tableaux de Bill. Elle avait de grands yeux verts avec de longs cils noirs qui dominaient son visage arrondi. Ses cheveux bruns bouclés lui tombaient sur les épaules et, bien que son corps fût dissimulé par un long manteau, j'arrivai à la conclusion qu'elle n'était pas maigre mais qu'on ne pouvait pas non plus la qualifier de grosse. Elle me serra la main avec chaleur, me dit qu'elle savait tout de moi et ajouta : "J'adore la boulotte avec le taxi." Et puis elle s'excusa de devoir filer et descendit l'escalier en courant. Comme je continuais mon ascension, je l'entendis m'appeler par mon nom. En me retournant, je vis qu'elle se tenait déjà devant la porte, dans la rue. "Ça ne vous ennuie pas que je vous appelle Leo, dites ?" Je fis non de la tête.

Elle remonta en hâte, s'arrêta à quelques marches au-dessous de moi et dit : "Bill vous aime vraiment beaucoup." Elle hésita. "Je m'en vais, voyez-vous. J'aimerais pouvoir me dire que vous êtes là, pour lui."

J'acquiesçai. Elle monta encore deux marches, tendit le bras vers mon épaule et la serra, comme pour confirmer qu'elle pensait réellement ce qu'elle venait de dire. Et puis, en restant tout à fait immobile, elle me dévisagea pendant quelques secondes. "Vous avez un beau visage, déclara-t-elle. Surtout votre nez. Votre nez est très beau." Avant que j'aie pu réagir à ce compliment, elle avait fait demi-tour et redescendait quatre à quatre. Je regardai la porte claquer derrière elle.

En me brossant les dents, ce soir-là, et puis de nombreux autres soirs, j'examinai mon nez dans le miroir. Je tournais la tête d'un côté puis de l'autre pour tenter d'apercevoir mon profil. Je n'avais encore jamais consacré autant de temps à mon nez, je l'avais plutôt dédaigné qu'admiré et je ne peux pas dire que je trouvais particulièrement séduisant l'appendice que je voyais dans le miroir, mais cet élément central de mon visage était néanmoins transformé à jamais, métamorphosé par les paroles d'une belle jeune femme dont je voyais tous les jours l'image sur mon mur.

Bill me demanda d'écrire un texte pour son exposition. Je n'avais jamais écrit sur un artiste vivant, et personne n'avait encore écrit sur Bill. Le petit ouvrage que j'ai intitulé *Le Moi multiple* a été aujourd'hui réédité et traduit en plusieurs langues, mais à l'époque je considérais ces douze pages comme un témoignage d'admiration et d'amitié. Il n'y avait pas de catalogue. On distribua lors du vernissage les feuillets de mon essai simplement agrafés. J'avais mis trois mois à l'écrire, entre des corrections de devoirs, des réunions de comité et des conférences d'étudiants, en notant les pensées qui me venaient après les cours et dans le métro. Bernie savait que Bill aurait besoin d'un soutien critique pour imposer son travail en un temps où le minimalisme régnait dans la plupart des galeries. Ma thèse était que l'œuvre de Bill faisait référence à l'histoire de l'art occidental mais en prenant ses propositions à rebours, et qu'il se comportait d'une façon tout à fait différente de celle des modernistes antérieurs. En incluant une ombre dans chaque toile, Bill attirait l'attention sur l'espace intermédiaire entre celui qui regarde et ce qui est regardé, espace où se joue toute l'action véritable de toute œuvre d'art – un tableau ne devient ce qu'il est que dans l'instant où il est vu. Mais l'espace qu'occupe le spectateur appartient aussi au peintre. Le spectateur se tient à la place du peintre et regarde un autoportrait, et pourtant ce qu'il voit n'est pas l'image de l'homme qui a signé le tableau dans le coin inférieur droit, c'est quelqu'un d'autre : une femme. La représentation des femmes dans la peinture relève d'une convention érotique établie qui, pour l'essentiel, transforme le spectateur en mâle rêvant de conquêtes sexuelles. Toutes sortes de grands artistes ont peint des images féminines qui subvertissent les fantasmes – Giorgione, Rubens, Vermeer, Manet – mais, pour autant que je sache, aucun homme n'a jamais déclaré au public que la femme qu'il avait peinte était lui. C'est Erica qui avait, un soir, développé cette théorie : "La vérité, avait-elle dit, c'est que nous avons tous en nous un homme et une femme. Nous sommes le produit d'un père et d'une mère, après tout. Quand je regarde une belle femme sexy dans un tableau, je suis toujours à la fois elle et celui qui la regarde. L'érotisme provient de ce que je peux imaginer que je suis lui en train de me regarder, moi. Il faut être les deux à la fois, sinon il ne se passe rien."

Quand elle fit cette déclaration, Erica était assise au lit, plongée dans l'œuvre indéchiffrable de Jacques Lacan. Elle était vêtue d'une chemise de nuit décolletée et sans manches et ses cheveux noués en arrière dégageaient ses oreilles aux lobes délicats. "Merci, professeur Stein", dis-je. Je posai la main sur son ventre. "Il y a vraiment quelqu'un là-dedans ?" Erica posa son livre et me donna un baiser sur le front. Elle était enceinte depuis près de trois mois et c'était encore notre secret. La fatigue et les nausées des deux premiers mois s'étaient dissipées, mais Erica avait changé. Il y avait des jours où elle resplendissait de bonheur et d'autres où elle paraissait sans cesse au bord des larmes. Erica n'avait jamais été très stable, mais ses humeurs devenaient à présent plus capricieuses encore. Un matin, au petit-déjeuner, elle pleurait à chaudes larmes à cause d'un article sur le placement familial racontant le cas d'un gamin de quatre ans nommé Joe qui avait été chassé d'une famille d'accueil après l'autre. Une nuit elle s'éveilla en sanglots après avoir rêvé qu'elle avait laissé son nouveau-né sur un bateau qui avait pris la mer tandis qu'elle restait sur le quai. Un autre jour, je la trouvai assise sur le canapé, les joues inondées de larmes. Quand je lui demandai ce qui n'allait pas, elle me répondit en reniflant : "La vie est triste, Leo. J'étais assise, là, et je me disais que tout est tellement triste."

Physiques ou émotionnels, ces désordres de mon épouse affectèrent mon essai sur Bill. Le corps de Violet, qui grossissait et rétrécissait d'une toile à l'autre, faisait plus qu'allusion à la fertilité et à ses transformations. L'un des fantasmes entre le spectateur/peintre et l'objet féminin devait être la fécondation. Après tout, la conception est plurielle – deux en un –

mâle et femelle. Après avoir lu mon texte, Bill sourit. Il secoua la tête en palpant son menton mal rasé avant de prononcer le moindre mot. Malgré ma confiance en moi, une vague d'angoisse m'envahit. "C'est bon, dit-il enfin, c'est très bon. Bien entendu, la moitié de tout ça ne m'est jamais passé par la tête." Il se tut pendant une minute environ. Il hésitait, paraissait sur le point de parler et puis se taisait à nouveau. Pour finir, il m'annonça : "Nous n'avons encore rien dit à personne, mais Lucille est enceinte. Il y a plus d'un an qu'on essayait. Pendant tout le temps où j'ai travaillé avec Violet, nous avons espéré faire un enfant." Je le mis au courant pour Erica, et puis il reprit : "J'ai toujours voulu des gosses, Leo, des tas de gosses. Pendant des années, je me suis vu faisant le tour du monde et peuplant la terre. J'aime bien m'imaginer en père de centaines de milliers d'enfants." Je ris quand il dit cela, mais je n'ai jamais oublié ce fantasme extravagant de virilité et de multiplication. Bill rêvait de couvrir la terre d'images de lui-même.

A peu près à la moitié de son propre vernissage, Bill disparut. Il me raconta plus tard qu'il était allé prendre un scotch chez Fanelli. Depuis le début, planté sous la pancarte *No smoking*, en train de fumer une cigarette dont il faisait tomber la cendre dans la poche d'un veston trop petit pour lui, il m'avait paru plutôt malheureux. Il y avait toujours foule chez Bernie. Les invités circulaient dans le vaste espace blanc, un verre de vin à la main, en parlant fort. Mon texte se trouvait en pile sur le bureau. J'avais rédigé des articles pour des colloques et des séminaires, j'en avais publié dans des journaux et des revues, mais aucun n'avait encore été distribué sous cette forme sommaire. La nouveauté me plaisait, et j'observais les réactions des gens. Une jolie rouquine en prit un exemplaire et lut les premières phrases. Je ressentis un plaisir particulier à la voir remuer les lèvres en lisant. Cela paraissait suggérer un intérêt spécial. On avait affiché les feuillets sur un mur et quelques personnes y jetaient un coup d'œil. Un jeune homme en pantalon de cuir les lut apparemment d'un bout à l'autre. Jack Newman fit son apparition et parcourut la galerie d'un pas traînant, un sourcil levé, avec une expression d'ironie étonnée. Erica le présenta à Lucille, qu'il retint dans un coin pendant une bonne demi-heure. Chaque fois que je levais les yeux, je le voyais, penché sur elle, un peu plus près qu'il n'eût fallu. Jack avait été deux fois marié et divorcé. Son peu de succès avec ses épouses ne l'avait pas empêché de rechercher des rencontres moins permanentes et son esprit compensait largement le manque de charme de son physique. Jack se sentait à l'aise avec ses bajoues, son gros ventre et ses jambes courtes, et il mettait les femmes à l'aise, elles aussi, en sa présence. Je l'avais vu bien des fois s'attaquer aux plus improbables et réussir. Il les séduisait par le tour heureux de ses compliments. J'observais sa bouche pendant qu'il parlait à Lucille en me demandant à quelles piques baroques il la soumettait ce soir-là. Quand il s'approcha de moi pour me dire au revoir, Jack se frotta le menton, me regarda droit dans les yeux et me demanda : "Alors, la femme de Wechsler ? A ton avis, elle fond au plumard ou elle reste de glace ?

— Aucune idée, dis-je. Mais j'espère que tu n'as pas de visées de ce côté. Ce n'est pas une de tes nymphettes d'étudiantes, et elle est enceinte, bon Dieu !"

Jack leva les mains, les paumes vers moi, et me lança un regard faussement horrifié. "Le ciel m'en préserve ! dit-il. Cette idée ne m'a pas effleuré."

Avant de s'enfuir chez Fanelli, Bill m'avait présenté ses parents. Regina Wechsler, Regina Cohen depuis son remariage, était une grande et belle femme au buste imposant et à l'épaisse chevelure noire qui portait une quantité considérable de bijoux en or et parlait d'une voix douce et chantante. Tandis qu'elle bavardait avec moi, elle penchait la tête de côté et me regardait par-dessous ses longs cils. En ondulant des épaules, elle qualifia la soirée de “merveilleuse” et, lorsqu'elle voulut se rendre aux toilettes, elle demanda où on pouvait “se poudrer le nez”. Et pourtant Regina n'était pas qu'artifice. Elle apprécia d'un coup d'œil la foule sobrement vêtue et, désignant son tailleur rouge, elle déclara : “J'ai l'impression d'être un camion de pompiers.” Un rire profond lui échappa soudain et son humour transperça sa pose. Son mari, Al, était un type au teint rose, avec une mâchoire carrée et une voix de basse, qui paraissait éprouver pour l'œuvre de Bill un intérêt réel. “Ça surprend, hein ?” dit-il des tableaux, et je dus en convenir.

Comme elle allait partir, je vis Regina donner une lettre à Bill. Je me tenais juste à côté d'elle et je suppose qu'elle pensa me devoir une explication. “C'est de son frère, Dan, qui n'a pas pu venir ce soir.” Un instant plus tard, elle se tourna vers Bill pour lui dire : “Voilà ton père. Je vais aller lui dire bonjour avant que nous partions.”

Je la vis s'approcher d'un homme de haute taille qui venait de sortir de l'ascenseur. La ressemblance entre père et fils était frappante. Sy Wechsler avait un visage plus étroit que celui de Bill, mais ses yeux et sa peau sombres, ses épaules larges et ses membres vigoureux étaient si pareils à ceux de son fils que, vus de dos, on aurait pu les confondre, chose dont je me souvins plus tard quand Bill entreprit une série de portraits de son père. Pendant que Regina lui parlait, Sy hochait la tête et répondait, mais son expression demeurait vague. Je pensai que la rencontre le gênait et qu'il adoptait en conséquence vis-à-vis de son ancienne épouse une attitude polie quoique distante, mais à aucun moment il ne changea d'expression. Il vint vers Bill, lui tendit la main et Bill la serra. Il remercia son père d'être venu et me présenta. En lui serrant la main, je regardai Sy dans les yeux et il me retourna mon regard, mais son visage n'exprimait pas grand-chose. Il me fit un signe de tête, dit : "Félicitations et bonne chance" et puis, se tournant vers sa belle-fille enceinte, répéta exactement les mêmes mots. Il n'eut pas une parole pour son futur descendant, qui formait alors une petite bosse sous la robe de Lucille. Il examina rapidement les tableaux, comme s'il s'était agi de l'œuvre d'un inconnu, et ressortit de la galerie. Je ne sais pas si la soudaineté de l'arrivée et du départ de son père avait déconcerté Bill au point de le pousser à s'en aller ou si c'était seulement la tension due au fait de se sentir l'objet de l'attention d'un milieu artistique par lequel il craignait d'être rejeté.

En réalité, il devait être à la fois rejeté et accepté par la critique. Cette première exposition donna le ton pour tout le reste de la carrière de Bill. Il aurait toujours des défenseurs passionnés et des détracteurs violents, mais si douloureuse ou si agréable que puissent avoir été pour Bill la haine des uns et l'adoration des autres, il devint bien plus important pour les critiques et les journalistes que ceux-ci ne le seraient jamais pour lui. A l'époque de sa première exposition, Bill était déjà trop âgé et trop têtu pour se laisser déstabiliser par les commentaires. Il était le type le plus discret que j'aie jamais connu et rares étaient les gens autorisés à pénétrer dans la chambre secrète de son imagination. Je trouve ironique et triste que l'occupant le plus important de cette chambre ait sans doute été, et dût rester à jamais, le père de Bill. De son vivant, Sy Wechsler était l'incarnation des aspirations inaccomplies de son fils. Il était de ces gens qui ne sont jamais tout à fait présents aux événements de leur propre vie. Il n'était là qu'en partie, et c'était par cette attitude absente de son père que Bill ne cessa jamais de se sentir obsédé – même après le décès de Sy.

Bill réapparut au dîner intime organisé dans le loft de Bernie après le vernissage, mais il resta très silencieux et nous rentrâmes tous tôt chez nous. Le lendemain, un samedi, j'allai le voir dans le Bowery.

Lucille était chez ses parents à New Haven et Bill me raconta l'histoire de son père. Les parents de Sy étaient des immigrants qui étaient partis tout enfants de Russie, pour aboutir dans le Lower East Side. Le grand-père de Bill avait abandonné son épouse et ses trois enfants quand Sy, l'aîné, avait dix ans. Selon l'histoire qui avait cours dans la famille, Moishe avait filé avec une femme au Canada, où il était devenu riche et père de trois autres enfants. Aux funérailles de sa grand-mère, Bill avait rencontré une certaine Esther Feurstein et, par elle, il avait appris ce dont aucun des siens ne parlait jamais : le lendemain du départ de son mari, Rachel Wechsler s'était enfermée dans la petite cuisine de leur logement de Rivington Street et s'était mis la tête dans le four. C'était Sy qui avait tambouriné sur la porte d'Esther, Sy qui avait aidé Esther à arracher au gaz une Rachel hurlante. En dépit de sa rencontre prématurée avec la mort, la grand-mère de Bill avait vécu jusqu'à quatre-vingt-neuf ans. La description qu'il donnait de la vieille dame était dépourvue de sentimentalisme. "Elle était cinglée, me dit-il. Elle me criait dessus en yiddish et, comme je ne comprenais pas, elle me frappait avec son sac à main."

"Mon père a toujours préféré Dan", racontait-il aussi. C'était dit sans amertume. Je savais déjà que Dan avait été un enfant instable aux nerfs fragiles et que peu après vingt ans il avait fait une crise de schizophrénie. Depuis lors, le frère cadet de Bill avait séjourné fréquemment dans des hôpitaux, des centres de réadaptation et des cliniques psychiatriques. Bill disait que son père se sentait touché par la faiblesse, qu'il éprouvait une attirance naturelle pour les gens qui avaient besoin d'une main secourable. L'un des cousins de Bill était trisomique et jamais Sy Wechsler n'oubliait son anniversaire, alors qu'il oubliait parfois celui de son fils aîné. "Je voudrais te faire lire la lettre que Dan m'a envoyée, me dit Bill. Ça te donnera une idée de ce qui se passe dans sa tête. Il est fou, mais il n'est pas bête. J'ai parfois l'impression qu'il a en lui la vie d'au moins cinq personnes." Il me tendait un papier chiffonné et froissé, avec un texte écrit à la main :

CHARGE BRO THE RS W. !
REACH THE ACHE !
HEAR THE BEAT
TO THE ROSE, THE COAT
THE CAR, THE RATS, THE BOAT,
TO BEER. TO WAR.
TO HERE. TO THERE.
TO HER.
WE WERE, ARE
HER.
LOVE, DAN (I) EL. (NO) DENIAL.*

"C'est une sorte d'acrostiche, dis-je après l'avoir lu.

— Il m'a fallu un moment pour m'y retrouver mais, si tu regardes bien, tous les mots du poèmes sont composés des lettres de la première ligne – sauf les derniers, quand il signe.

— Qui est «elle» ? Il a entendu parler de tes tableaux ?

— Par ma mère, peut-être. Il écrit des pièces de théâtre, aussi. Certaines en vers. La maladie de Dan, personne n'en est responsable. Je crois que ma mère a toujours senti que quelque chose n'allait pas, même quand il n'était encore qu'un bébé, mais, en même temps, le fait que mes parents n'étaient, disons, pas vraiment ensemble, n'a rien arrangé. Quand Dan est né, ma mère était assez déçue. Je crois qu'elle n'avait pas très bien su qui elle épousait. Quand elle s'en est rendu compte, il était trop tard."

Nous sommes tous, je le suppose, les produits des joies et des peines de nos parents. Leurs émotions

* Impossible de traduire un tel jeu sur les mots et les lettres ; on ne peut qu'en donner ici le sens approximatif, aussi littéral que possible : "EN AVANT, FRÈ RE S W. ! / ATTEIGNEZ LA DOULEUR ! / ENTENDEZ LE BATTEMENT / A LA ROSE, LE MANTEAU / LA VOITURE, LES RATS, LE BATEAU, / A LA BIÈRE, A LA GUERRE. / A ICI, A LÀ./ A ELLE. / NOUS ÉTIONS, SOMMES / ELLE./ AFFECTION, DAN (JE) EL. (NON) DÉNÉGATION." A vous, lecteur, d'en faire votre miel. *(N.d.T.)*

sont inscrites en nous, tout autant que les caractères provenant de leurs gènes. Cet après-midi-là, installé sur une chaise non loin de la baignoire tandis que Bill était assis par terre, je lui ai raconté la mort de mon père, une histoire que je n'avais confiée qu'à Erica. J'avais dix-sept ans quand mon père est mort. Il a eu trois attaques. La première lui avait paralysé le côté gauche, lui déformant le visage et affectant son élocution. Il n'arrivait plus à articuler. Il se plaignait d'avoir dans la tête une brume qui éloignait les mots de sa conscience, et passait des heures à taper des phrases à la machine à l'aide de sa bonne main, avec des pauses de plusieurs minutes pour rattraper une expression disparue. Je détestais voir mon père invalide. Je rêve encore que je me réveille avec un bras paralysé, ou une jambe, ou un membre qui s'est détaché de mon corps. Mon père était un homme orgueilleux et formaliste dont les relations avec moi consistaient surtout à répondre à mes questions, parfois plus en détail que je ne l'aurais souhaité. Une question de quelques secondes pouvait aisément entraîner une causerie d'une demi-heure. Mon père me parlait comme à un égal. Il avait toute confiance en mon intelligence mais la vérité c'est que ses discours sur le système nerveux ou le cœur ou le libéralisme ou Machiavel m'ennuyaient souvent. Et pourtant, je n'avais jamais envie qu'il cesse de parler. J'aimais sentir son regard sur moi, j'aimais être assis près de lui et j'attendais la marque d'affection qui suivait toujours ses explications – une brève caresse sur mon bras ou mon genou, ou le tendre frémissement de sa voix quand il concluait en prononçant mon nom.

A New York, mon père lisait l'*Aufbau*, un hebdomadaire destiné aux Juifs allemands en Amérique. Pendant la guerre, on y trouvait des listes de personnes disparues et mon père lisait tous les noms avant de lire quoi que ce fût d'autre dans le journal. Je craignais l'arrivée de l'*Aufbau*, je craignais l'absorption de mon père, ses épaules voûtées, l'expression absente de son visage quand il parcourait les listes.

La recherche de sa famille se faisait en silence. Il ne disait jamais : "Je regarde si leurs noms y figurent." Il ne disait rien. Ma mère et moi, nous nous sentions étouffés par son mutisme, mais nous ne l'interrompions jamais en parlant.

La troisième attaque le tua. Ma mère le trouva mort auprès d'elle, en s'éveillant. Je n'avais jamais vu ni entendu ma mère pleurer mais, ce matin-là, elle poussa un gémissement terrible qui me fit arriver en courant dans la chambre de mes parents. D'une voix inconnue et dure, elle me dit qu'Otto était mort, elle me chassa de la chambre et referma la porte sur elle. Planté sur le seuil, j'écoutai ses étranges cris gutturaux, ses sanglots étouffés et ses halètements rauques. Je n'ai jamais su combien de temps j'étais resté là, mais au bout d'un moment elle ouvrit la porte. Son visage était calme et elle se tenait inhabituellement droite. Elle m'invita à entrer et nous demeurâmes assis près du corps de mon père pendant plusieurs minutes avant qu'elle ne se lève pour aller téléphoner dans la chambre voisine. L'aspect de mon père n'avait rien d'affreux, mais le passage de la vie à la mort m'effrayait. Les stores étaient encore baissés devant les fenêtres et je remarquai à leur pied deux lignes étincelantes de soleil. Je les observai tandis que je restais assis là, dans cette chambre, seul avec mon père.

Quand Erica et Lucille étaient toutes les deux enceintes de cinq mois environ, j'ai pris une photo d'elles deux dans notre loft. Erica sourit à l'objectif et elle entoure d'un bras ferme les épaules de Lucille, qui a l'air petite et timide mais, en même temps, contente. Elle a la main gauche posée sur son ventre en un geste protecteur et elle regarde en l'air, avec le menton baissé. Un côté de sa bouche esquisse un sourire obligeant. La grossesse seyait à Lucille. Ça la rendait plus douce, et cette photo me rappelle qu'il y avait en elle une gentillesse plus souvent cachée qu'apparente.

Pendant son quatrième mois, Erica se mit à chantonner, et elle chantonna jusqu'à la naissance de notre fils. Elle chantonnait au petit-déjeuner. Elle chantonnait quand elle sortait de chez nous le matin. Elle chantonnait à sa table de travail en composant ses *Trois dialogues*, un essai consacré à Martin Buber, M. M. Bahktine et Jacques Lacan, qu'elle présenta à l'occasion d'un colloque à NYU deux mois et demi avant l'accouchement. Ce chantonnement me rendait cinglé, mais je m'efforçais d'être tolérant. Quand je lui demandais d'arrêter, elle me regardait toujours d'un air surpris en me demandant : "Je chantonnais ?"

Durant leur grossesse, Erica et Lucille étaient devenues amies. Elles comparaient les coups de pied internes et la rondeur de leur ventre. Elles faisaient emplettes de tenues minuscules et riaient comme deux conspiratrices de leur vessie comprimée, de leur nombril saillant et de la taille imposante de leurs soutiens-gorges. Erica riait le plus fort. Bien qu'elle ne se départît jamais de sa réserve, Lucille paraissait plus détendue en compagnie d'Erica qu'en aucune autre. Après la naissance des bébés, il y eut un changement dans l'attitude de Lucille envers Erica – un refroidissement à peine perceptible. Je ne le vis et ne le sentis pas avant qu'Erica me le fasse remarquer et, même alors, j'en doutai assez longtemps. En société, Lucille manquait de grâce. Ses manières avaient un tranchant brutal, peu civil, et par-dessus le marché elle était sans doute épuisée par les soins qu'exige un nouveau-né. Mes arguments réussissaient en général à convaincre Erica jusqu'à ce qu'elle le sente à nouveau : le coup d'épingle d'un rejet possible – toujours ambigu, toujours sujet à des interprétations multiples.

Quand je voyais Lucille, nous parlions de poésie. Elle continuait à me donner les petites revues qui la publiaient, et je prenais le temps de lire ses poèmes et de les commenter. Mes commentaires étaient d'habitude des questions – sur la forme, sur des choix qu'elle avait faits ou pas faits, et elle me parlait avec feu de son usage des virgules et des points et de sa préférence pour une diction simple. Elle avait, pour de tels détails, une faculté de concentration extraordinaire et je prenais plaisir à nos conversations. Erica n'aimait pas les poèmes de Lucille. Elle me confia un jour que, les lire, c'était comme "manger de la poussière". Peut-être Lucille avait-elle deviné le peu de goût d'Erica pour son œuvre et s'était-elle instinctivement soustraite à cette désapprobation, ou peut-être n'appréciait-elle pas qu'Erica embrassât avec enthousiasme les opinions littéraires de Bill et l'appelât parfois pour lui demander une référence ou simplement pour lui poser une question. Je ne sais pas, mais, avec le temps, je compris que les deux femmes avaient cessé d'être proches et que plus elle s'éloignait d'Erica, plus Lucille paraissait s'intéresser à moi.

Deux semaines environ après que j'avais pris cette photo d'Erica et de Lucille, Sy Wechsler mourut d'une crise cardiaque. Cela se produisit en début de soirée, après le travail, alors qu'il rentrait son courrier. Wechsler vivait seul et c'était son frère, Morris, qui l'avait trouvé le lendemain matin, couché par terre près de la table de la cuisine avec, à côté de lui, des factures, quelques lettres d'affaires et plusieurs catalogues. Personne ne s'attendait à sa mort. Wechsler ne fumait pas, ne buvait pas et courait trois miles par jour. Bill et son oncle Morris s'occupèrent des funérailles et le plus jeune frère de Sy arriva en avion de Californie avec sa femme et leurs deux enfants. Après l'enterrement, Bill et Morris vidèrent la grande maison de South Orange et, quand cette tâche fut accomplie, Bill se mit à dessiner. Il dessina des centaines de portraits de son père, les uns de mémoire et les autres d'après des photographies. Bill n'avait pas peint grand-chose depuis sa première exposition, non qu'il n'eût pas envie de travailler, mais parce qu'il devait gagner de l'argent. Deux des portraits de Violet avaient été vendus à des collectionneurs, mais le produit de ces ventes avait rapidement fondu.

Dès qu'il avait su que Lucille et lui allaient avoir un enfant, Bill avait accepté tous les boulots de plâtrier qu'on lui avait offerts et après avoir trimé tout le jour sur un chantier, il était souvent trop fatigué pour faire autre chose que dormir. Sy Wechsler laissait trois cent mille dollars à chacun de ses fils et, avec sa part de cet argent, Bill transforma sa vie.

Le loft au-dessus du nôtre au 27, Greene Street était à vendre. Bill et Lucille l'achetèrent et au début du mois d'août 1977 ils y avaient emménagé. Le loyer de l'atelier du Bowery était modique et Bill l'avait gardé. "L'argent, me dit-il, nous offrira le temps de travailler pour nous." Mais, cet été-là, Bill eut peu le loisir de peindre. Pendant des heures, jour après jour, il scia, cloua, perça et respira de la poussière. Il bâtit des murs en matériau léger pour créer des chambres dans cet espace nu. Il posa du carrelage dans la salle de bains après que le plombier eut installé les appareils. Il construisit des placards, brancha des éclairages, suspendit les armoires de cuisine et, le soir, il retrouvait au Bowery sa femme endormie et dessinait son père. C'était le chagrin fait énergie. Bill comprenait que la mort de son père lui avait donné un nouveau départ et que les travaux physiques gargantuesques de cet été étaient avant tout spirituels. Il travaillait au nom de son père pour son fils à naître.

Début août, quelques jours à peine avant la naissance de Matthew, Bernie Weeks vint avec moi dans le Bowery en fin d'après-midi voir les premiers projets de Bill pour une nouvelle série de tableaux issue des portraits de son père. Pendant qu'il examinait les dessins – Sy Wechsler assis, debout, en train de courir, en train de dormir –, Bernie s'immobilisa un instant et dit : "Vous savez, j'ai eu une bonne conversation avec votre père, un jour.

— Au vernissage, dit Bill sans manifester beaucoup d'intérêt.

— Non, une ou deux semaines plus tard. Il est revenu voir les tableaux. Je l'ai reconnu, et nous avons bavardé durant quelques minutes.

— Vous l'avez vu à la galerie ? demanda Bill d'une voix étonnée.

— Je pensais que vous le saviez, fit Bernie, désinvolte. Il est resté au moins une heure. Il a pris son temps, très lentement. Il regardait un tableau pendant un bon moment, et puis passait au suivant.

— Il y est retourné, murmura Bill. Il est retourné les voir."

Bill ne cessa jamais de penser à cette seconde visite de son père à la galerie Weeks. Elle devint pour lui le seul signe concret de l'affection paternelle. Avant cela, les longues journées que Sy consacrait à la cartonnerie, ses rares apparitions aux matchs de *Little League*, aux fêtes scolaires ou à un premier vernissage d'exposition avaient dû constituer des manifestations suffisantes de son sens du devoir et de sa bonne volonté. Le témoignage de Bernie ajoutait une dimension à l'image mentale que Bill gardait de son père. Il eut aussi pour effet irrationnel de renforcer sa loyauté envers la galerie Weeks. Bill confondait le messager et le message, mais peu importait. En voyant Bernie se balancer sur ses talons devant plusieurs montages réalisés à partir de dessins représentant Sy Wechsler et parcourir du bout des doigts les clés, papiers et débris divers que Bill avait l'intention d'incorporer aux toiles, je devinai son excitation. Bernie était partant pour le grand voyage.

On naît dans la violence, le sang et la douleur, et toute la rhétorique affirmant le contraire ne me convaincra pas que je me trompe. J'ai entendu des histoires de femmes qui s'accroupissent en plein champ, tranchent avec leurs dents le cordon ombilical, s'attachent leur nouveau-né sur le dos et reprennent la faux, mais je n'étais pas marié avec une de ces femmes-là. J'étais marié avec Erica. Nous avions assisté ensemble au cours Lamaze et avions écouté avec attention les conseils respiratoires de Jean Romer. Petite et trapue, en bermuda et chaussures de sport à semelles épaisses, Jean parlait de la naissance comme de la "grande aventure" et des participants à son cours comme des "mamans" et de leurs "entraîneurs". Nous avions vu des films où des femmes athlétiques et souriantes exécutaient pendant le travail de profondes flexions des genoux et expulsaient leurs bébés en respirant. Nous nous étions entraînés à haleter et à souffler tout en corrigeant en silence la grammaire de Jean lorsqu'elle nous engageait à nous "coucher plat au plancher". A quarante-sept ans, j'étais presque le doyen des futurs pères du cours. Le plus âgé était un robuste sexagénaire nommé Harry, qui avait des enfants adultes nés d'un premier mariage et préparait à présent la venue de son deuxième enfant par sa deuxième femme, laquelle avait l'air d'une adolescente mais devait avoir largement plus de vingt ans.

Matthew naquit le 12 août 1977 à l'hôpital Saint-Vincent. Je restai au côté d'Erica et vis son visage déformé par la souffrance, son corps torturé et ses poings contractés. De temps à autre, j'essayais de lui prendre la main, mais elle me repoussait en secouant la tête. Erica ne criait pas mais, un peu plus loin, dans une autre salle de travail, une femme hurlait et gémissait à pleins poumons, ne s'arrêtant que pour jurer en espagnol et en anglais. Elle devait avoir, elle aussi, son "entraîneur" à ses côtés car, après quelques secondes d'un silence surprenant, nous l'entendîmes crier : "Va te faire foutre, Johnny ! Va te faire foutre avec tes putains de respirations ! Tu respires, toi, merde ! Moi je crève !"

Vers la fin, une lueur sauvage et extatique s'alluma dans les yeux d'Erica. Quand on lui dit de pousser, elle serra les dents et gronda comme un animal. Debout près du médecin, dans ma tenue chirurgicale, je vis surgir entre les jambes d'Erica la tête noire, humide et sanglante de mon fils, aussitôt suivie de ses épaules et du reste de son corps. Je vis son petit pénis congestionné, je vis du sang et des fluides jaillir du vagin d'Erica en train de se refermer, j'entendis le Dr Figueira dire : “C’est un garçon”, et tout tourna autour de moi. Une infirmière me poussa sur une chaise, et l’instant d’après je tenais mon fils dans mes bras. Je contemplai son petit visage rouge et fripé, sa tête molle et informe, je murmurai : “Matthew Stein Hertzberg”, et il me regarda dans les yeux en faisant la grimace.

Cela m’arrivait sur le tard. J’étais le père grisonnant et bientôt ridé d’un fils tout neuf, mais j’adoptai cette paternité avec l’enthousiasme d’un homme qui a été longtemps privé. Matt était une petite créature étrange aux membres minces et rouges, au nombril saillant et violacé, avec un duvet noir sur une partie du crâne seulement. Nous passions beaucoup de temps, Erica et moi, à étudier ses particularités – les bruits de déglutition goulue qu’il faisait en tétant, ses selles couleur moutarde, l’agitation de ses bras et jambes et son regard fixe et absorbé suggérant une intelligence supérieure ou nulle, selon la façon dont on le considérait. Pendant près d’une semaine, Erica l’appela “notre étranger nu”, et puis il devint Matthew, Matt ou Matty Boy. Pendant ces premiers mois suivant sa naissance, Erica manifesta une compétence et une aisance que je ne lui avais jamais vues. Elle avait toujours été nerveuse et excitable, et quand elle était vraiment énervée sa voix prenait un timbre criard et angoissé, un registre qui m’affectait physiquement – comme si on m’avait frotté la peau avec une fourchette. Mais ça ne lui arriva guère au cours des débuts de Matt dans la vie. Elle était presque sereine. J’avais un peu l’impression d’être remarié avec quelqu’un de légèrement différent. Elle ne dormait pas assez et le manque de sommeil lui faisait des cernes noirs sous les yeux, mais je ne lui avais jamais vu les traits aussi doux. Quand elle allaitait Matt, elle me regardait avec une tendresse d’une intensité presque douloureuse. Souvent, je lisais encore au lit alors qu’Erica et Matt s’étaient endormis près de moi, le bébé au creux du bras de sa mère, la tête sur son sein. Même assoupie, elle restait consciente de sa présence et elle s'éveillait au moindre vagissement. Parfois, déposant mon livre, je les contemplais à la lumière de ma lampe de lecture. Je pense maintenant que j'avais de la chance de n'être plus jeune. Je savais ce que je n'aurais sans doute pas su auparavant : que mon bonheur était là. Je me recommandais même de fixer dans ma mémoire l'image de ma femme et de mon fils pendant que je les regardais dormir, et elle est encore là, image nette née de mon souhait conscient. Je vois le profil d'Erica sur l'oreiller, ses cheveux noirs contre sa joue et la petite tête de Matthew, grosse à peu près comme un pamplemousse, tournée vers le corps de sa mère.

Nous suivions le développement de Matt avec la précision et l'attention de scientifiques des Lumières, en prenant note de chaque phase de sa croissance comme si personne n'avait jamais souri, ri ou gigoté avant lui. Un jour, Erica m'appela à grands cris près de son berceau et, quand j'arrivai près d'elle, elle me montra notre fils du doigt en disant : “Leo, regarde ! Je crois qu'il sait que c'est son pied. Regarde comme il suce ses orteils. Il sait qu'ils sont à lui !” Que Matt ait ou n'ait pas effectivement découvert à cette époque le périmètre de son corps, la question reste sans réponse ; ce qui est sûr, c'est qu'il devenait un individu possédant une personnalité de plus en plus identifiable. Il n'était pas bruyant mais si, chaque fois que vous émettez un son à peine audible, l'un de vos parents arrive en courant, vous ne devenez pas bruyant. Pour un bébé, il semblait étrangement compatissant. Un soir, quand il avait environ neuf mois, Erica se préparait à le coucher. Tout en le tenant au bras, elle ouvrit la porte du frigo pour y prendre son biberon. Deux bocaux contenant de la confiture et de la moutarde tombèrent accidentellement et s'écrasèrent par terre. Erica avait alors repris le travail et son épuisement eut raison d'elle. En voyant le verre brisé, elle fondit en larmes. Elle cessa de pleurer en sentant la petite main de Matt qui lui caressait gentiment le bras. Notre fils aimait nous nourrir – de morceaux de banane mâchouillés, d'épinards hachés ou de purée de carottes. Il tendait vers moi son poing poisseux et m'en fourrait dans la bouche le peu appétissant contenu. Nous interprétions cela comme un signe de sa générosité. Dès qu'il put s'asseoir, Matt fit preuve d'une grande capacité de concentration et, quand je vis d'autres enfants de son âge, je me rendis compte que je n'avais pas exagéré ce caractère. Il pouvait rester attentif longtemps, mais il ne parlait pas. Il gazouillait, babillait et montrait du doigt, mais les mots ne venaient que très lentement.

Quand Erica avait repris le travail, nous avions engagé une *nanny* pour s'occuper de Matt. Grace Thelwell était une grande et grosse quinquagénaire originaire de la Jamaïque. Elle avait quatre enfants adultes, six petits-enfants et un port de reine. Elle se déplaçait sans bruit dans l'appartement, parlait d'une voix basse et musicale et manifestait devant toute espèce d'agitation un calme de bouddha. Son refrain tenait en peu de mots : "C'est pas grave." Si Matt pleurait, elle le prenait dans ses bras en chantonnant : "C'est pas grave." Si Erica, au retour de sa journée à Rutgers, se ruait dans la cuisine, les yeux fous et l'air tourmenté, Grace lui posait une main sur l'épaule en disant "C'est pas grave", avant de l'aider à ranger ses provisions. Quand Grace arrivait, sa philosophie pratique arrivait avec elle et nous apaisait, tous les trois – telle une tiède brise caribéenne soufflant dans notre loft. Elle était à jamais la fée marraine de Matt et, à force de la voir parmi nous, j'avais de plus en plus l'impression qu'elle n'était pas quelqu'un d'ordinaire mais un être doué de sensibilité et d'intelligence dont la capacité à distinguer l'important du trivial nous faisait souvent honte, à Erica et à moi. Quand nous sortions le soir et que Grace restait chez nous auprès de Matt, nous la trouvions en rentrant assise dans la chambre où il dormait. Les lumières étaient toujours éteintes. Grace ne lisait pas, ne tricotait pas, ne s'occupait à rien. Elle restait assise en silence sur sa chaise à le garder, satisfaite de la plénitude de ses propres pensées.

Mark Wechsler naquit le 27 août. Nous formions désormais deux familles, l'une au-dessus de l'autre. Malgré la proximité matérielle, qui facilitait les visites, je ne voyais guère Bill plus qu'avant. Nous nous prêtions des livres, nous nous communiquions des articles que nous avions lus, mais nos existences domestiques se passaient essentiellement à l'intérieur des murs de nos appartements respectifs. Les premiers bébés représentent toujours, à un degré ou à un autre, un choc pour leurs parents. Leurs exigences sont si impératives, leurs émotions si débordantes que les petites familles se referment sur elles-mêmes pour répondre à leurs demandes. Bill amenait parfois Mark quand il venait me rendre visite au retour d'une journée à l'atelier. "Lucille fait un somme, disait-il. Elle est épuisée", ou "Je lui ménage une trêve ; elle a besoin de silence". J'acceptais sans commentaire ces explications même si je percevais parfois dans la voix de Bill une tonalité soucieuse – de toute façon, il s'était toujours fait du souci pour Lucille. Il paraissait à l'aise avec son fils, un petit bonhomme aux yeux bleus qui semblait un modèle réduit de son père et qui m'avait l'air paisible, bien nourri et légèrement ahuri. Mon intérêt obsessionnel pour Matthew ne s'étendait pas à Mark mais le fait que l'affection de Bill pour son fils était au moins aussi passionnée que la mienne pour Matt renforçait mon impression que nos vies étaient parallèles – que, dans cette épreuve un peu désordonnée que constituaient les soins à donner à un bébé, ils avaient, Lucille et lui, comme Erica et moi, découvert entre eux des sources de joie nouvelles.

Mais la fatigue de Lucille différait de celle d'Erica. Elle avait un côté existentiel – comme si Lucille avait souffert d'autre chose que de nuits interrompues. Elle ne venait pas souvent me voir, peut-être une fois tous les deux mois, et elle téléphonait toujours plusieurs jours à l'avance pour fixer le rendez-vous. A l'heure prévue, j'ouvrais la porte et trouvais Lucille debout sur le palier, une liasse de poèmes à la main. Elle me semblait toujours pâle, tirée et raide. Ses cheveux pendaient autour de son visage, non peignés, souvent sales. La plupart du temps, elle portait des jeans avec des blouses démodées aux couleurs passées, et pourtant son apparence négligée ne dissimulait pas sa beauté et j'admirais son manque de vanité. J'étais toujours content de la voir, mais ses visites accentuaient l'impression d'Erica que Lucille l'avait oubliée. Lucille saluait toujours Erica avec politesse. Elle subissait les questions d'Erica à propos de Mark, y répondait en phrases courtes et précises et puis se tournait vers moi. Economes et néanmoins résonants, les poèmes qu'elle me montrait étaient rédigés dans une tonalité de détachement total. Ils contenaient inévitablement des références autobiographiques. Dans un poème, un homme et une femme sont au lit l'un près de l'autre, incapables de dormir, et aucun des deux n'adresse la parole à l'autre. C'est par égard l'un pour l'autre qu'ils ne se parlent pas mais, à la fin, la femme ressent la déférence de l'homme comme une présomption qu'il aurait de savoir ce qu'elle pense. Elle lui en veut et son agacement la tient éveillée longtemps après qu'il s'est endormi. Elle avait intitulé ce poème *Aware and Awake*, "Consciente et éveillée". Dans certains poèmes apparaissait un bébé, un personnage comique appelé "ça". "Ça" pleurait, s'accrochait, donnait des coups de pied, crachait, un peu comme un jouet mécanique qui se serait détraqué et qu'on ne pourrait plus contrôler. Lucille ne reconnaissait jamais d'aucune façon que ses poèmes étaient personnels. Elle les traitait comme des objets susceptibles d'être remaniés avec mon aide. Sa froideur me fascinait. De temps en temps, elle souriait pour elle-même en lisant un vers et je ne parvenais pas à discerner la source de son amusement. Lorsque j'étais assis auprès d'elle, j'avais toujours l'impression qu'elle se trouvait quelque part en avant et que je lui courais après. Je regardais le duvet blond sur ses bras minces en me demandant ce qui, en elle, me demeurait insaisissable.

Un soir, avant qu'elle me quitte pour remonter chez elle, je l'observai pendant qu'elle rassemblait ses papiers. J'avais appris à me détourner, sachant que si je la regardais elle se sentirait mal à l'aise et risquerait de laisser tomber son crayon ou sa gomme. Quand je lui dis au revoir en lui serrant la main, elle me remercia et ouvrit la porte. C'est pendant qu'elle passait le seuil qu'une étrange impression de ressemblance m'envahit, suivie de la certitude soudaine de ne pas me tromper. A cet instant, Lucille me rappelait Sy Wechsler. Le lien entre eux n'était ni physique ni spirituel. Leurs personnalités n'avaient guère de traits communs, sauf ce qui leur manquait à tous deux – la capacité ordinaire de communiquer avec autrui. Lucille ne se dérobait pas seulement à Bill, elle se dérobait à tous ceux qui la connaissaient. La vieille expression "il a épousé sa mère" devait être revue ; Bill avait épousé son père. N'avait-il pas dit : "Je lui ai couru après pendant des années" ? En écoutant le bruit de ses pas dans l'escalier, je me demandai s'il avait jamais cessé de la poursuivre.

Au cours du printemps précédant le deuxième anniversaire de Matt, je fus le témoin involontaire d'une dispute entre Bill et Lucille. Un samedi après-midi, j'étais assis dans mon fauteuil près de la fenêtre. J'avais un livre à la main, mais j'avais cessé de lire parce que je pensais à Matt. Erica l'avait emmené pour lui acheter de nouvelles chaussures et, juste avant leur départ, il avait prononcé ses premiers mots. Matt avait tendu le doigt vers sa mère, vers lui-même et puis vers les chaussures qu'il portait. Je lui avais dit que j'espérais que les nouvelles seraient très belles, et alors Matthew avait émis deux gazouillis – "bêê ssuuu" – que nous avions joyeusement interprétés, Erica et moi, comme "belles chaussures". L'enfant apprenait à parler. J'avais ouvert la fenêtre pour laisser entrer la brise tiède. On devait avoir ouvert les fenêtres, en haut aussi, car la voix tonnante de Bill interrompit ma rêverie autour des premiers pas langagiers de mon fils.

"Comment as-tu pu dire ça ? criait-il.

— Tu n'étais pas censé l'entendre. Elle n'aurait pas dû te le dire."

La voix de Lucille s'enflait à chaque mot. Sa colère m'étonna. Elle était toujours si maîtresse d'elle-même. Bill répliqua en grondant :

"Je ne te crois pas. Elle raconte tout à tout le monde. Tu le lui as dit parce que tu savais qu'elle me le répéterait, et que tu pourrais refuser la responsabilité de tes propres paroles. Tu nies l'avoir dit ? Non ! Alors… tu le pensais ?"

Il y eut un silence.

"Qu'est-ce que je fous ici ? cria Bill. Tu vas me le dire ?"

J'entendis un fracas violent. Bill devait avoir heurté ou frappé du pied quelque chose.

"Tu l'as cassé !" La voix de Lucille résonnait de rage, d'une rage tremblante, hystérique, et elle me transperça. Mark se mit à pleurer. "Tais-toi ! cria-t-elle. Tais-toi ! Tais-toi !"

J'allai fermer la fenêtre. La dernière chose que j'entendis fut Bill qui disait : "Mark, Mark, viens ici."

Le lendemain, Bill me téléphona de l'atelier et me dit qu'il était parti de Greene Street et s'était réinstallé dans le Bowery. Sa voix me semblait assourdie par le chagrin. "Tu veux que je vienne ?" demandai-je. Pendant quelques secondes, il ne répondit pas. Et puis il dit : "Oui, je crois que oui."

Bill ne fit pas allusion à la femme mystérieuse qui avait joué un rôle central dans la dispute que j'avais surprise la veille, et je ne pouvais pas m'informer sans avouer mon indiscrétion. Je le laissai parler même si, dans l'ensemble, ce qu'il disait n'expliquait pas grand-chose. Il me confia que, bien qu'elle ait dit et répété, avant la naissance de Mark, qu'elle se réjouissait de devenir mère, Lucille avait paru déçue après l'accouchement. "Elle est vraiment déprimée et irritable. Tout en moi paraît l'agacer. Je déglutis trop bruyamment quand je mange. Je me brosse les dents avec trop d'énergie. Je marche de long en large quand je réfléchis et ça la rend folle. Mes chaussettes sentent mauvais. Je la touche trop souvent. Je travaille trop. Je m'absente trop. Elle aime bien que je m'occupe de Mark, mais elle n'aime pas ma façon de le faire. Je ne devrais pas lui chanter des chansons de Lou Reed. Elles sont déplacées. Les jeux que je joue sont trop brutaux. Je bouscule ses horaires."

Les reproches de Lucille étaient banals – l'étoffe familière d'une intimité sans joie. J'ai toujours pensé que l'amour s'épanouit dans un certain éloignement, qu'il lui faut pour durer une distance respectueuse. Sans ce recul nécessaire, les particularités physiques de l'autre deviennent laides par leur grossissement. D'où je me trouvais, assis en face de Bill, je voyais en lui l'idéal byronien de la beauté masculine. Une boucle noire lui était tombée sur le front et il tirait sur sa cigarette en réfléchissant, les sourcils froncés. Derrière lui s'alignaient les sept portraits inachevés de son père qu'il avait décidé d'exposer. Cela faisait deux ans qu'il peignait Sy Wechsler. Il devait y avoir une cinquantaine de toiles le représentant dans quantité de positions, mais Bill avait choisi de n'en montrer que sept – toutes de son père vu de dos. Il avait intitulé la série *Les Absents*. La lumière de l'après-midi baissait dans les fenêtres, la grande pièce s'assombrissait, et nous passions des minutes entières sans parler. Pour la première fois, Bill m'inspirait de la pitié et une douleur m'étreignait la poitrine à l'idée de ce qu'il souffrait. Vers cinq heures, je lui dis que j'avais promis à Erica d'être rentré dix minutes plus tard.

"Tu sais, Leo, dit-il, depuis des années j'ai cru que Lucille était quelqu'un d'autre. Je me suis aveuglé.

Ce n'est pas sa faute. C'est la mienne. Et maintenant j'ai un fils."

Au lieu de lui répondre directement, je dis : "Ce n'est sans doute pas grand-chose, mais je suis là pour toi, si tu as besoin de moi." En prononçant ces mots, je me souvins de Violet remontant l'escalier en courant vers moi et me chargeant "d'être là" pour Bill. Pendant un instant, je me demandai si elle avait su quelque chose que j'ignorais à propos de Bill et de Lucille, et puis je l'oubliai pendant presque un an.

Lucille demeura dans le loft de Greene Street et Bill se réinstalla dans l'atelier. Mark faisait la navette entre ses deux parents – une moitié de la semaine chez Lucille, l'autre moitié chez Bill. Ils se téléphonaient tous les jours et jamais, ni pour l'un, ni pour l'autre, il n'était question de divorce. Des petits camions, des voitures de pompiers et des couches pour bébés apparurent dans l'atelier du Bowery et, dans le courant de juillet, Bill fabriqua pour son fils un lit superbe qui avait l'air d'un bateau. Il construisit un support qui permettait de le balancer comme un berceau géant, et il le peignit d'un bleu marine profond. Bill faisait la lecture à son fils, lui donnait à manger et l'encourageait à essayer, tout au moins, le petit pot en plastique qui se trouvait dans le cagibi des toilettes. Il se souciait de son appétit, s'inquiétait à l'idée qu'il pût tomber dans l'escalier et ramassait la plupart de ses jouets, malgré son manque de talent pour le ménage. L'atelier était plus crasseux que jamais parce que Bill ne se donnait jamais la peine de le nettoyer. L'évier avait pris des couleurs que je n'avais encore jamais vues à la porcelaine : une palette qui allait du gris pâle à un brun foncé boueux en passant par l'orange. Je ne disais rien de la saleté. A vrai dire, père et fils semblaient se trouver très bien dans cette grande pièce en désordre. Cela ne les dérangeait pas de vivre entre les tours de linge sale qui s'élevaient sur le sol poussiéreux semé de cendres.

Bill ne m'en dit pas beaucoup plus sur la dérive de son mariage. Il ne se plaignait jamais de Lucille et, quand il ne s'occupait pas de Mark, il accumulait les heures de travail et dormait peu. Mais, en vérité, quand Erica, Matt et moi, nous rendions visite à Bill et à Mark, cet été-là, je me suis souvent senti soulagé lorsque nous les quittions et nous retrouvions dehors dans la chaleur des rues. Une atmosphère oppressante, presque étouffante régnait dans l'atelier, comme si la tristesse de Bill avait imprégné les sièges, les livres, les jouets et les bouteilles vides empilées sous l'évier. Dans les tableaux représentant son père, le chagrin de Bill revêtait une beauté palpable qui était le fait d'une main rigoureuse et sûre, mais dans sa vie sa douleur était simplement déprimante.

Quand les portraits du père de Bill furent exposés en septembre, Lucille ne vint pas au vernissage. Comme je lui demandais si je l'y verrais, elle me répondit qu'elle corrigeait un manuscrit et devrait y passer la nuit. Sa réponse ressemblait à un faux-fuyant et je dois avoir eu l'air peu convaincu, car elle insista. "J'ai un délai à respecter, me dit-elle. Je n'y peux rien."

Tous les tableaux exposés furent vendus, mais pas à des Américains. Un Français nommé Jacques Dupin en acheta trois, les autres allèrent à un collectionneur allemand et à un Hollandais qui était dans l'industrie pharmaceutique. Après cette exposition, Bill fut accueilli par une galerie à Cologne, une à Paris et une autre à Tokyo. Chez les critiques américains, c'était la confusion – les attaques sauvages des uns neutralisant l'enthousiasme des autres. Il n'existait aucun consensus à propos de Bill parmi ceux qui gagnaient leur vie en écrivant sur l'art, et pourtant je remarquai des jeunes gens en quantité dans la galerie, non seulement au vernissage, mais aussi chaque fois que je m'y rendais pour revoir les tableaux. Bernie me confia qu'il n'avait jamais vu, à aucune exposition, un tel nombre d'artistes, de poètes et de romanciers de la génération des vingt ans.

“Les jeunes parlent tous de lui, me dit-il. Ça ne peut être que bon. Les vieux bonzes vont disparaître et ce sont eux qui prendront la relève.”

Il me fallut plusieurs visites à la galerie pour comprendre que l’homme dont le dos paraissait rester sensiblement le même d’un tableau à l’autre prenait de l’âge. Je remarquai que des rides se formaient dans sa nuque et que sa peau se transformait. Les grains de beauté se multipliaient. Sur le dernier des tableaux, il y avait un petit kyste sous l’oreille de Sy. Grâce à quelque miracle de l’art ou de la nature, ses cheveux restaient néanmoins noirs sur toutes les toiles. La façon dont Bill avait représenté son père, toujours vêtu d’un complet sombre, me rappelait la peinture hollandaise du XVIIe siècle, mais sans l’illusion de profondeur. L’image claire et lisse du dos de l’homme était éclairée de la gauche, et le moindre pli dans l’étoffe du costume, le moindre grain de poussière sur une épaule rembourrée, la moindre craquelure du cuir noir d’un soulier étaient rendus minutieusement. Mais ce qui fascinait les visiteurs, c’était tout ce que Bill avait superposé à cette image initiale et qui la dissimulait en partie – lettres, photographies, cartes postales, notes de service, reçus, clés de motels, tickets de cinéma, aspirines, préservatifs – transformant chaque tableau en un épais palimpseste de textes lisibles et illisibles en même temps qu’en un pot-pourri de ces multiples petits objets qui remplissent les fonds de tiroir de n’importe quelle maison. Coller des objets divers sur un tableau n’avait rien d’une innovation, mais l’effet était très différent des denses superpositions de Rauschenberg, par exemple, parce que les débris qui couvraient les toiles de Bill provenaient d’un seul homme et, lorsque je passais d’une toile à l’autre, je prenais plaisir à lire les messages. J’aimais spécialement une lettre écrite au crayon : “Cher oncle Sy, merci pour la joli voitur de course. Elle est tré joli. Bisou, Larry.” Je déchiffrais une invitation ainsi rédigée : “Venez célébrer le quinzième anniversaire de mariage de Regina et Sy. Eh oui, le temps passe !" Il y avait une note d'hôpital au nom de Daniel Wechsler, le programme de *Hello, Dolly* et un bout de papier déchiré et froissé sur lequel on avait noté un nom, Anita Himmelblatz, suivi d'un numéro de téléphone. Malgré ces aperçus momentanés d'une vie, ces toiles et ces matériaux avaient un caractère abstrait, une inexpressivité ultime qui suggérait la précarité de toute chose, l'idée que même si l'on pouvait sauver toutes les miettes d'une existence, en faire un tas géant et puis les passer soigneusement au crible afin d'en extraire tout le sens possible, le total n'en ferait pas une vie.

Par-dessus chaque toile, Bill avait posé un panneau de plexiglas qui séparait le public des deux strates inférieures. Le plexiglas transformait l'œuvre en mémorial. Sans lui, les objets et les papiers auraient été accessibles ; scellés derrière ce mur transparent, l'image de l'homme et les détritus de sa vie restaient hors d'atteinte.

Je retournai sept ou huit fois à West Broadway revoir l'exposition. La dernière, quelques jours avant la fermeture, je rencontrai Henry Hasseborg. Je l'avais déjà aperçu rôdant dans d'autres galeries et je le connaissais de vue. Jack, qui lui avait parlé en deux ou trois occasions, l'avait un jour appelé "l'homme en crapaud". Hasseborg était un romancier et critique d'art réputé pour sa prose hautaine et ses opinions cinglantes. Il était petit et chauve, toujours vêtu de noir et à la dernière mode. Il avait de petits yeux, un nez épaté et une bouche immense. Une rougeur qui pouvait être de l'eczéma lui couvrait un côté du visage jusqu'au sommet du crâne. Il vint à moi et se présenta. Il me dit qu'il connaissait mon œuvre et espérait que je travaillais à un nouveau livre. Il avait lu mon *Piero* et l'avait beaucoup aimé, de même que mon recueil d'essais. "Formidable" est le mot qu'il employa. Et puis, jetant un coup d'œil négligent vers une toile, il me demanda : "Ça vous plaît ?"

Je répondis que oui et commençai à m'en expliquer quand il m'interrompit : "Vous ne croyez pas qu'ils sont anachroniques ?"

Je commençai une autre phrase : "Non, je crois qu'il fait un usage différent des références historiques…"

Hasseborg me coupa de nouveau. Il mesurait presque un pied de moins que moi. En levant la tête pour me regarder en face, il s'approcha d'un pas et sa proximité me mit soudain mal à l'aise. "On dit qu'il s'est dégoté des galeries en Europe. Lesquelles ?

— Je ne sais pas, dis-je. Vous devriez interroger Bernie, si ça vous intéresse.

— Intéresse, le mot est peut-être un peu fort, répliqua-t-il en souriant. Wechsler est un peu trop cérébral pour moi.

— Ah, oui ? fis-je. Je sens beaucoup d'émotion dans son œuvre." Je fis une pause, surpris qu'il me laissât finir, et je repris : "Je crois me rappeler un article que vous avez consacré à Warhol. Si une œuvre incarne des idées, c'est bien celle de Warhol. Ça, c'est cérébral."

Hasseborg s'approcha encore de moi, le menton levé. "Andy, c'est une idole, déclara-t-il, comme si ça répondait à ma remarque. Il avait le doigt sur le pouls culturel, mon vieux. Il savait ce qui allait venir, et c'est venu. Votre ami Wechsler s'est engagé dans une voie secondaire…" Il n'acheva pas sa phrase. Il regarda sa montre et s'exclama : "Merde, je suis en retard. A un de ces jours, Leo."

Je le regardai se diriger lentement vers l'ascenseur en me demandant ce qui venait de se passer. Le ton de ses propos était passé de la flatterie la plus servile à une familiarité insultante. Je me rendis compte aussi que lorsqu'il s'était présenté il n'avait pas évoqué mon amitié avec Bill, mais qu'au fur et à mesure de la conversation, après avoir fait allusion à nos relations en m'interrogeant sur les galeries européennes, il avait fini par me parler de Bill comme de "votre ami Wechsler". Finalement, il avait conclu notre dialogue avorté par l'usage désinvolte de mon prénom, comme si nous étions de vieux amis. Je n'étais pas un naïf. Pour Hasseborg, manipuler autrui était un jeu raffiné dont il pouvait retirer des bénéfices : une information confidentielle, un potin du monde artistique, une citation de quelqu'un qui n'avait jamais eu l'intention que ses paroles deviennent publiques. C'était un homme sans scrupules, mais c'était aussi un homme intelligent et, à New York, cette combinaison pouvait mener loin. Henry Hasseborg avait voulu obtenir de moi quelque chose mais, sur ma vie, je n'aurais pu imaginer ce que c'était.

Il y avait alors plus de cinq ans que nous étions ensemble, Erica et moi, et je pensais souvent à notre mariage comme à une longue conversation. Nous parlions beaucoup et j'aimais l'écouter, surtout le soir quand elle évoquait Matt ou son travail. J'adorais sa voix quand elle était fatiguée. Son timbre perdait sa stridence et les phrases étaient interrompues par des bâillements ou de petits soupirs de soulagement que la longue journée s'achève. Un soir, nous étions au lit ensemble, encore en train de discuter plusieurs heures après que Matt s'était endormi. Erica avait la tête sur ma poitrine et je lui parlais de mon essai sur le maniérisme, sur le Pontormo principalement, qui commençait par une longue définition du mot "distorsion" – et du contexte nécessaire à la compréhension d'un tel mot. Elle promenait sa main sur mon ventre et je sentis soudain ses doigts s'enfoncer dans ma toison. "Tu sais, Leo, dit-elle, plus tu es intelligent, plus tu es sexy." Je n'ai jamais oublié cette équation. Pour Erica, les charmes de mon corps étaient liés à la vivacité de mon esprit et, à cette lumière, je jugeais sage de veiller à ce que cet organe supérieur restât bandé, souple et bien entraîné.

Matt était devenu un petit garçon mince et réfléchi qui s'exprimait par monosyllabes et se promenait dans l'appartement avec Lâ, son lion en peluche, en se chantant d'une voix aiguë des chansons dépourvues de mélodie. S'il ne parlait pas, il comprenait tout ce que nous lui disions. Nous lui faisions la lecture le soir, Erica ou moi, et en nous écoutant Matt restait immobile, allongé dans son nouveau lit de grand, ses yeux noisette écarquillés et concentrés comme s'il pouvait voir l'histoire se dérouler au plafond au-dessus de lui. Il se réveillait parfois au cours de la nuit mais il nous appelait rarement. Nous l'entendions, dans la chambre voisine, babiller avec ses animaux, ses voitures et ses cubes dans un langage volubile et personnel. Comme la plupart des enfants de deux ans, Matt courait souvent jusqu'à l'épuisement, pleurait à gros sanglots, nous donnait des ordres et se sentait frustré quand nous refusions d'obtempérer à ses commandements impériaux mais, au cœur de ce petit bonhomme, je devinais un noyau étrange, tumultueux et solitaire – une sorte d'immense sanctuaire intérieur où se déroulait une bonne part de sa vie.

Violet réapparut en juin 1981. Je me trouvais non loin de chez Bill, étant allé dans le Bowery acheter du saucisson dans une charcuterie italienne, et, mû par un esprit de liberté estivale – délivré des copies des étudiants, des étudiants eux-mêmes et des éternelles chicanes de mes collègues en réunions de comité –, je décidai de passer le voir. Je marchais dans Hester Street quand je les aperçus, Violet et lui, debout au coin de la rue devant le cinéma chinois. Je reconnus Violet immédiatement en dépit du fait que je la voyais de dos et qu'elle s'était fait couper les cheveux. Elle avait les bras serrés autour de la taille de Bill et la tête appuyée contre sa poitrine. Je le regardai soulever vers lui à deux mains le visage de Violet et l'embrasser. Elle se haussait sur la pointe des pieds pour l'atteindre et elle perdit un instant l'équilibre et puis Bill la rattrapa en riant et l'embrassa sur le front. Ni l'un ni l'autre ne m'avait vu, pétrifié, sur le trottoir d'en face. Violet embrassa encore Bill, le serra encore dans ses bras et puis s'éloigna dans la rue en courant. Je remarquai qu'elle courait bien, comme un garçon, mais elle se fatigua bientôt, ralentit et poursuivit son chemin d'un pas sautillant, en se retournant une fois pour envoyer un baiser à Bill. Je la suivis des yeux jusqu'à ce qu'elle tourne le coin. Je traversai la rue et, comme je venais vers lui, Bill me fit un signe de la main.

Quand je l'eus rejoint, il me dit : "Tu nous as vus.

— Oui, j'étais allé à la charcuterie, au bout de la rue, et…

— C'est pas grave. T'en fais pas.

— Elle est rentrée.

— Il y a un moment qu'elle est rentrée." Bill posa son bras sur mes épaules. "Viens, dit-il, allons là-haut."

Pendant qu'il me parlait de Violet, le regard de Bill était éclairé par cette même concentration calme que je me rappelais lui avoir vue l'année de notre rencontre. "Ça avait commencé avant, raconta-t-il, quand je la peignais. Il ne s'est rien passé entre nous. C'est-à-dire que nous n'avons pas eu d'aventure, mais le sentiment était là. Bon Dieu, que j'étais prudent ! Je me rappelle m'être dit que si je la frôlais seulement j'étais foutu. Bon, et puis elle est partie, et je ne cessais pas de penser à elle. Je pensais que je m'en remettrais, que c'était une attirance sexuelle et que ça passerait si je ne la revoyais plus. Quand elle m'a appelé, il y a un mois, j'espérais à moitié qu'après lui avoir jeté un coup d'œil je me dirais : Tu es resté pendant des années obsédé par cette nana ? Tu es cinglé ? Mais quand elle a passé la porte…" Bill se frotta le menton en hochant la tête. "Je me suis effondré à l'instant où je l'ai vue. Son corps…" Il n'acheva pas sa phrase. "Elle est si ardente, Leo. Je n'ai jamais rien connu de pareil. Ni de près, ni de loin."

Quand je lui demandai s'il avait parlé de Violet à Lucille, il secoua la tête. "Je tarde à le faire – non qu'elle souhaite me reprendre : elle ne veut plus de moi. Mais à cause de Mark." Il hésita. "C'est plus compliqué quand on a un enfant. Le pauvre gamin est déjà tellement perdu."

Nous discutâmes un moment de nos fils. Mark parlait bien, mais manquait de concentration. Matt ne disait presque rien, mais il pouvait s'amuser tout seul longtemps. Bill me demanda des nouvelles du Pontormo, je lui parlai pendant quelques minutes de l'élongation dans la *Déposition* et puis je lui dis que je devais partir.

"Avant que tu t'en ailles, je voudrais te montrer quelque chose. C'est un livre que Violet m'a prêté."

C'était un livre écrit par un Français, Georges Didi-Huberman, mais ce qui intéressait Bill, c'étaient les photographies. Toutes avaient été prises à l'hôpital de la Salpêtrière, à Paris, où le fameux neurologue Jean Martin Charcot avait réalisé des expériences sur des femmes atteintes d'hystérie. Bill m'expliqua qu'un certain nombre de malades avaient été hypnotisées avant qu'on les photographie. Certaines avaient pris des poses qui me faisaient penser à des contorsionnistes de cirque. D'autres fixaient sur l'objectif un regard vide en écartant leurs bras, que transperçaient des aiguilles grandes comme des aiguilles à tricoter. D'autres encore, agenouillées, avaient l'air de prier ou d'implorer l'aide de Dieu.

C'est de la photographie illustrant la couverture du livre que je me souviens le mieux. Une jolie jeune femme aux cheveux sombres était au lit, couverte d'un drap. Elle se tordait de côté et tirait la langue. Cette langue paraissait inhabituellement épaisse et longue, ce qui accentuait l'obscénité de son geste. Je croyais aussi apercevoir dans ses yeux une lueur de malice. Un éclairage étudié faisait ressortir les rondeurs de ses épaules et de son buste sous le drap. Je contemplai cette image un bon moment, ne sachant trop ce que je voyais.

"Elle s'appelait Augustine, me dit Bill. Violet éprouve pour elle un intérêt particulier. On l'a photographiée abondamment dans le service, et elle est devenue une espèce de star de l'hystérie. Elle était daltonienne. A ce qu'il paraît, beaucoup des hystériques ne voyaient les couleurs que sous hypnose. C'est presque trop parfait : la pin up incarnant une maladie aux premiers temps de la photographie voyait le monde en noir et blanc."

Violet n'avait alors que vingt-sept ans, et elle était encore plongée avec passion dans la rédaction de sa thèse sur des femmes mortes depuis longtemps dont la folie se traduisait par des crises violentes, des membres paralysés, des stigmates, d'irrépressibles besoins de se gratter, des poses lascives et des hallucinations. Elle appelait les hystériques "mes adorables folles" et les citait négligemment par leurs noms, comme si elle les avait rencontrées depuis peu dans le service et voyait en elles des amies ou, au moins, des relations intéressantes. Contrairement à la plupart des intellectuels, Violet ne faisait pas de distinction entre le cérébral et le physique. Sa pensée semblait circuler dans son être tout entier comme si réfléchir avait été une expérience sensuelle. Ses gestes suggéraient chaleur et langueur, un bien-être paisible dans son propre corps. Elle était toujours en train de s'installer plus confortablement. Elle se lovait dans les fauteuils, ajustant son cou, ses bras et ses épaules. Elle croisait les jambes ou en laissait une se balancer par-dessus le bord d'un canapé. Elle avait tendance à soupirer, à respirer profondément et à se mordiller la lèvre inférieure lorsqu'elle réfléchissait. Parfois, elle se caressait le bras avec douceur tout en parlant ou promenait son doigt sur ses lèvres pendant qu'elle écoutait. Souvent, tandis qu'elle me parlait, elle tendait le bras pour me toucher très légèrement la main. Avec Erica, elle se montrait ouvertement affectueuse. Elle lui caressait les cheveux ou lui posait avec abandon un bras sur les épaules.

A côté de Lucille, mon épouse avait paru ouverte et détendue. Près de Violet, la nervosité d'Erica et la relative tension de son corps semblaient la redéfinir comme un être réservé et prudent. Les deux femmes avaient immédiatement sympathisé, néanmoins, et leur amitié allait durer. Violet séduisait Erica avec ses récits de subversion féminine – des histoires de femmes qui échappaient avec audace aux hôpitaux, aux maris, aux pères et aux patrons. Elles se coupaient les cheveux et se déguisaient en hommes. Elles escaladaient des murs, sautaient par des fenêtres et bondissaient de toit en toit. Elles s'embarquaient sur des navires et prenaient la mer. Mais ce qu'Erica préférait, c'était les histoires d'animaux. Elle ouvrait de grands yeux et souriait en écoutant Violet lui raconter une explosion de miaulements parmi les jeunes élèves d'un couvent en France. A la même heure exactement, chaque après-midi, les fillettes se mettaient à quatre pattes et miaulaient à tue-tête pendant plusieurs heures jusqu'à faire résonner tout le quartier de leurs cris. Un autre incident avait trait à un comportement canin : Violet racontait qu'en 1855 toutes les femmes de la ville française de Josselin avaient été victimes d'une crise d'aboiements incontrôlables.

Violet captivait également Erica avec ses histoires personnelles, dont la plupart restaient pour moi un secret auquel il n'était fait qu'allusion, mais je devinais que Violet était passée par bien des lits durant sa jeune vie et que, dans ces lits, il n'y avait pas toujours un homme. Pour Erica, qui avait couché avec trois hommes en tout et pour tout au cours de ses trente-neuf années d'existence, les expériences érotiques de Violet représentaient plus que des anecdotes fascinantes. C'étaient d'enviables aventures d'audace et de liberté. Aux yeux de Violet, Erica incarnait la raison féminine, notion que presque toute l'histoire a réduite à un oxymoron. Erica avait la patience intellectuelle qui faisait défaut à Violet, une obstination tenace à pousser la réflexion jusqu'à la concrétisation, et il y avait des jours où Violet venait frapper à notre porte avec une question pour Erica, souvent sur la philosophie allemande – Hegel, Husserl ou Heidegger. Violet devenait alors l'élève d'Erica. Allongée sur le canapé, les yeux fixés sur le visage de son mentor, elle grimaçait, fronçait les sourcils et tiraillait des mèches de ses cheveux comme si ces gestes pouvaient l'aider à déchiffrer les tortueux mystères de l'être.

Je ne suis pas certain que nous nous serions attachés aussi rapidement à Violet s'il n'y avait pas eu Bill. Ce n'était pas seulement parce que, le connaissant, nous nous sentions bien disposés envers la femme dont il était tellement épris, c'était parce que nous aimions Bill et Violet ensemble. Ils étaient beaux, ces deux-là, et j'ai encore la tête pleine de souvenirs d'eux aux premiers temps de leurs amours : Violet avec la main dans les cheveux de Bill ou sur sa cuisse, ou Bill penché sur elle, lui grignotant l'oreille du bout des lèvres. Chaque fois que je les voyais, j'avais l'impression qu'ils venaient de coucher ensemble ou qu'ils étaient sur le point de le faire, qu'ils ne se quittaient pas des yeux. Les gens amoureux paraissent souvent ridicules au regard d'autrui. Leurs roucoulades, leurs caresses et leurs baisers incessants peuvent insupporter des amis qui ont dépassé ce stade, mais Bill et Violet ne suscitaient en moi aucune gêne. Malgré leur passion manifeste l'un pour l'autre, ils jouaient la réserve et se contenaient lorsque nous nous trouvions dans la pièce, Erica et moi, et je crois que ce que j'appréciais le plus, c'était cette tension qu'ils créaient entre eux. Il me semblait toujours qu'un fil invisible les reliait, tendu presque à se rompre.

Violet avait passé son enfance dans une ferme près de Dundas, Minnesota, un village de six cent vingt-trois âmes. Je ne savais quasiment rien de son coin du Middle West, avec ses champs de luzerne, ses vaches Holstein et ses robustes habitants portant des noms comme Harold Lundberg, Gladys Hrbek ou Lovey Munkemeyer, mais je me le figurais tout de même au moyen d'images d'un paysage plat sous un ciel immense volées à des films ou dans des livres. Elle avait fait ses études secondaires dans la ville voisine de Northfield et puis avait suivi les cours du collège Saint-Olaf, dans la même ville, avant de s'en aller vers l'est et l'université de New York. Ses arrière-grands-parents paternels et maternels avaient émigré de Norvège et traversé le pays pour fonder leurs fermes et s'affronter à la terre et aux intempéries. L'enfance rurale de Violet l'imprégnait encore. On la sentait non seulement dans les voyelles longues de son accent du Middle West et dans ses allusions à la traite mécanique ou à l'affenage des bestiaux, mais aussi dans son esprit de sérieux et de pondération. Violet avait du charme, mais ce charme n'était pas travaillé. Quand je parlais avec elle, j'avais l'impression que ses pensées avaient été nourries dans de grands espaces illimités où la parole était rare et le silence de règle.

Un après-midi de juillet, je me retrouvai seul avec elle. Erica avait remmené Matt et Mark à Greene Street, emportant aussi le premier chapitre de la thèse de Violet, qu'elle avait promis de lire. Bill était allé chez *Pearl Paint* s'acheter du matériel. La lumière faisait briller les cheveux bruns de Violet qui, assise en tailleur sur le sol devant une fenêtre, me racontait l'histoire d'Augustine et enchaînait avec le récit d'une expérience personnelle.

A Paris, Violet avait fouillé dans des documents, fichiers et études de cas intitulés *observations*, provenant de la Salpêtrière. A partir de ces comptes rendus, elle avait esquissé quelques biographies. “Son père et sa mère étaient en service, me raconta-t-elle. Peu après sa naissance, ils la confièrent à des parents. Elle vécut six ans chez ceux-ci, et puis ils l'envoyèrent dans un pensionnat religieux. C'était une enfant rebelle – indisciplinée, difficile. Les nonnes pensaient qu'elle était possédée et, pour la calmer, elles lui jetaient de l'eau bénite à la figure. Quand elle eut treize ans, elles la chassèrent et elle retourna chez sa mère, qui travaillait à Paris comme femme de chambre. Le dossier ne dit pas ce que son père était devenu. Ce qu'il dit, c'est qu'on engagea Augustine «sous prétexte» d'enseigner la couture et le chant aux enfants de la maison. En échange, elle était autorisée à dormir dans un petit cagibi. Il se trouve que sa mère avait une liaison avec le maître de maison, que les comptes rendus appellent simplement M. C. Peu après l'installation d'Augustine, M. C. se mit à lui faire des avances, qu'elle repoussa. Il la viola sous la menace d'un rasoir. Elle commença à souffrir de convulsions et de crises de paralysie. Elle avait des visions hallucinatoires de rats, de chiens et de grands yeux fixés sur elle. Sa mère finit par l'amener à la Salpêtrière, où on la déclara hystérique. Elle avait quinze ans.

— Beaucoup de gens deviendraient cinglés après ce genre de traitement, remarquai-je.

— Elle n'avait pas une chance. Tu serais étonné du nombre de jeunes filles et de femmes, dans ces rapports, qui viennent de ce genre de milieux. Des indigentes, pour la plupart. Beaucoup avaient été sans cesse renvoyées d'un parent à un autre. Toutes avaient été déracinées dans l'enfance. Plusieurs d'entre elles avaient également été molestées par un parent, un employeur ou Dieu sait qui."

Violet resta un moment silencieuse.

"Il y a encore des psychanalystes qui parlent de «personnalité hystérique», reprit-elle, mais, en général, ils ne considèrent même plus l'hystérie comme une maladie. La seule chose qui reste dans les livres, c'est «conversion hystérique» ou «conversion corporelle». Ça, c'est quand tu te réveilles un beau jour incapable de bouger tes bras ni tes jambes, sans aucune raison organique.

— Tu veux dire que l'hystérie était une création des médecins ? demandai-je.

— Non, ce serait trop simple. Le corps médical y était sûrement pour quelque chose, mais le fait que tant de femmes aient eu des crises d'hystérie, et pas seulement celles qui étaient hospitalisées pour cette raison, ça dépasse les médecins. Les pertes de connaissance, les convulsions, les crises de nerfs étaient beaucoup plus courantes au XIXe siècle. Ça n'arrive presque plus. Tu ne trouves pas que c'est étrange ? Je veux dire que la seule explication, c'est que l'hystérie était en réalité un phénomère culturel très répandu – une façon autorisée de s'en sortir.

— De se sortir de quoi ?

— De la maison de M. C., notamment.

— Tu penses qu'Augustine simulait ?

— Non. Je crois qu'elle souffrait vraiment. Si on l'avait hospitalisée aujourd'hui, on dirait qu'elle est schizophrène ou atteinte de dissociation, mais il faut reconnaître que ces termes sont assez vagues, eux aussi. Je crois que son mal avait pris cette forme-là parce que c'était dans l'air, ça circulait comme un virus – comme l'anorexie, de nos jours."

Pendant que je réfléchissais à ce qu'elle venait de dire, Violet reprit :

"Quand nous étions petites, ma sœur Alice et moi, nous étions tout le temps fourrées dans la grange. Un jour de l'été qui a suivi mes neuf ans et les six ans d'Alice, nous jouions à la poupée dans le fenil. Nous étions assises l'une en face de l'autre, en train de faire parler nos poupées, quand tout à coup le visage d'Alice a pris une expression étrange et elle m'a désigné la lucarne en disant : «Regarde, Violet, il y a un ange.» Je ne voyais rien, sauf un petit carré de lumière, mais j'ai eu la chair de poule et pendant une seconde j'ai cru qu'il y avait peut-être une silhouette – quelque chose de pâle, d'immatériel. Alice est tombée et a commencé à ruer et à s'étouffer. Je l'ai empoignée en essayant de la secouer. Je croyais d'abord qu'elle faisait le singe, et puis j'ai vu ses yeux qui se révulsaient et j'ai compris que c'était sérieux. Je me suis mise à appeler ma mère en hurlant, et je me suis étouffée avec ma salive. Je me roulais dans le foin et je gesticulais. Ma mère est arrivée de la maison en courant et a monté l'échelle pour nous rejoindre. J'étais complètement folle, Leo. Je criais si fort que je n'avais plus de voix. Ma mère a mis quelques minutes à comprendre laquelle de nous deux était vraiment souffrante. Quand elle a compris, elle a dû me pousser très fort pour se débarrasser de moi parce que j'étais accrochée aux genoux d'Alice et je ne voulais pas lâcher. Ma mère a pris Alice dans ses bras, elle a descendu l'échelle et elle l'a emmenée à l'hôpital."

Violet inspira profondément en frissonnant et reprit :

"Je suis restée à la maison avec mon père. J'étais malade de honte. J'avais paniqué. J'avais tout fait de travers. Je n'étais pas du tout courageuse mais, le pire, c'était que je savais plus ou moins que j'avais fait semblant de perdre la tête, que ce n'était vrai qu'en partie."

Ses yeux se remplirent de larmes.

"Je suis allée dans ma chambre et je me suis mise à compter. J'ai compté jusqu'à quatre mille et quelques, et puis mon père est entré dans ma chambre et m'a dit qu'Alice allait s'en remettre. Ma mère lui avait téléphoné de l'hôpital. J'ai pleuré contre lui pendant un bon moment."

Elle détourna la tête.

"Alice était atteinte du haut mal. Elle est épileptique.

— Tu ne devrais pas te sentir coupable d'avoir eu peur", lui dis-je.

Violet fixa sur moi un regard soudain sagace. "Tu sais comment Charcot a commencé à comprendre l'hystérie ? Il se trouve que les hystériques étaient logées juste à côté des épileptiques, à l'hôpital. Au bout de quelque temps, les hystériques ont commencé à avoir des crises d'épilepsie. Elles devenaient ce dont elles étaient proches."

En août, Erica et moi, nous louâmes une maison pour deux semaines à Martha's Vineyard. Nous célébrâmes le quatrième anniversaire de Matt dans cette petite maison blanche à moins de cinq cents mètres de la plage. Dès son réveil, ce matin-là, Matt se montra inhabituellement silencieux. Il s'installa à la table du petit-déjeuner en face d'Erica et de moi et considéra avec calme les cadeaux entassés devant lui. Derrière sa tête, je voyais par la fenêtre de la cuisine le vert de la petite pelouse et la rosée qui scintillait sur l'herbe. J'attendais de le voir déchirer les papiers d'emballage, et il ne bougeait pas. Il semblait sur le point de dire quelque chose. Matt faisait souvent une pause avant de parler, comme s'il rassemblait ses forces en vue de la phrase à venir. Ses capacités langagières s'étaient améliorées de façon spectaculaire en un an, mais elles restaient en retard par rapport à la plupart de ses amis.

"Tu n'as pas envie d'ouvrir tes cadeaux ?" lui demanda Erica.

Il hocha la tête, contempla la pile, et puis nous, et nous questionna d'une voix forte et claire :

"Comment le chiffre entre dans mon corps ?

— Le chiffre ? fis-je.

— Quatre."

L'interrogation élargissait ses yeux noisette.

Erica tendit le bras par-dessus la table et posa sa main sur le bras de Matt.

"Désolée, Matty, dit-elle, nous ne comprenons pas ce que tu veux dire.

— J'ai quatre ans", expliqua-t-il. Son ton était insistant.

"Ah, je vois, dis-je, lentement. Le chiffre n'entre pas en toi, Matt. On dit que tu as quatre ans, mais il n'arrive rien à ton corps." Il nous fallut un bon moment pour expliquer les chiffres à Matt, pour lui faire comprendre qu'ils ne se logeaient pas par magie au-dedans de nous les jours d'anniversaire, que c'étaient des symboles abstraits, une façon de compter les années, ou les tasses, ou les cacahuètes, tant qu'on y était. Je pensai de nouveau au "quatre" de Matthew ce soir-là en entendant la voix d'Erica dans la chambre. Elle lisait *Ali Baba et les Quarante Voleurs* et, chaque fois qu'elle prononçait "Sésame, ouvre-toi", Matt récitait avec elle la formule magique. Rien d'étrange à ce que l'expression "avoir quatre ans" l'eût arrêté. Son corps possédait, après tout, des propriétés miraculeuses. Il avait un intérieur invisible et une surface lisse avec des ouvertures et des passages. Les aliments y entraient. L'urine et les excréments en sortaient. Quand il pleurait, un liquide salé coulait de ses yeux. Comment eût-il pu savoir qu'avoir "quatre" ans, cela ne signifiait pas une autre transformation physique, une sorte de "sésame ouvre-toi" permettant à un chiffre flambant neuf de s'installer près de son cœur ou dans son estomac, ou même de se nicher dans sa tête ?

Cet été-là, j'avais commencé à prendre des notes pour le livre que j'avais l'intention d'écrire sur les variations des points de vue dans la peinture occidentale, une analyse des conventions relatives au regard. C'était un projet vaste et ambitieux, dangereux aussi. On a souvent confondu des signes avec d'autres signes, ainsi qu'avec les objets qui se trouvent au-delà des signes dans la réalité. Mais le fonctionnement des signes iconiques est différent de celui des mots et des nombres et il faut aborder le problème de la ressemblance sans tomber dans le piège du naturalisme. Pendant que je travaillais à mon livre, j'avais souvent en tête le "quatre" de Matt, comme un petit rappel d'avoir à éviter une forme très séduisante d'erreur philosophique.

Dans sa première lettre à Bill, datée du 15 octobre, Violet écrivait : "Cher Bill, il y a une heure que tu m'as quittée. Je ne m'attendais pas à te voir disparaître si brutalement de ma vie, partir sans un mot d'avertissement. Après t'avoir accompagné jusqu'au métro, après notre baiser d'adieu, je suis rentrée chez moi, je me suis assise sur le lit et j'ai regardé l'oreiller creusé par ta tête et les draps que ton corps avait froissés. Je me suis couchée sur le lit où tu étais couché quelques minutes auparavant, et je me suis rendu compte que je n'étais pas en colère et que je n'avais pas envie de pleurer. J'étais seulement étonnée. Quand tu m'as dit que tu devais reprendre ton ancienne vie à cause de Mark, tu l'as dit si simplement et d'un air si triste que je n'ai pas pu te contredire, ni te demander de changer d'avis. Je le comprenais, et je pense que ni les larmes ni les mots n'y auraient changé quelque chose.

Six mois, ce n'est pas bien long. C'est le temps qui s'est écoulé depuis que je suis venue chez toi en mai dernier mais, en réalité, il s'est passé beaucoup plus de temps que ça. Nous avons vécu pendant des années l'un en l'autre. Je t'ai aimé dès le premier instant où je t'ai vu, debout en haut de l'escalier, avec cet affreux t-shirt gris taché de peinture noire. Tu puais la transpiration, ce jour-là, et tu m'as toisée comme si j'étais un objet que tu envisageais d'acheter dans un magasin. Dieu sait pourquoi, ce regard froid et sévère m'a rendue folle de toi. Je ne t'en ai rien montré. J'étais trop fière."

"Je pense à tes cuisses, écrivait-elle dans la deuxième lettre, et à l'odeur chaude et humide de ta peau au petit matin, et à ce cil minuscule dans chaque coin de ton œil que je remarque toujours quand tu te roules sur le côté pour me regarder. Je ne sais pas pourquoi tu es meilleur et plus beau que tous les autres. Je ne sais pas pourquoi je ne peux pas m'empêcher de penser à ton corps, pourquoi j'aime tellement les petits creux et bosses de ton dos, ni pourquoi la blancheur de tes plantes de pied de citoyen du New Jersey qui a toujours porté des chaussures les rend plus poignants pour moi que n'importe quels autres pieds, mais c'est ainsi. Je pensais que j'aurais plus de temps pour relever la carte de ton corps, pour en reconnaître les pôles, les contours et les sols, les régions intérieures – les tempérées et les torrides –, toute une topographie de peau, de muscles et d'os. Je ne te l'ai pas dit, mais j'avais imaginé toute une vie consacrée à ta cartographie, des années d'exploration et de découvertes qui me feraient sans cesse changer la configuration de ma carte. Elle aurait toujours besoin d'être redessinée, remise à jour pour te rester conforme. Je suis sûre que j'ai laissé échapper des choses, Bill, ou que j'en ai oubliées, parce que la moitié du temps je me promenais autour de toi aveuglée par le bonheur. Il reste des endroits que je n'ai pas vus."

Dans la cinquième et dernière lettre, Violet écrivait : "Je voudrais que tu me reviennes mais, même si tu ne reviens pas, je suis en toi maintenant. Ça a commencé avec les tableaux où tu me peignais en disant qu'ils te représentaient. Nous nous sommes écrits et dessinés l'un dans l'autre. Fort. Tu sais à quel point. Quand je dors seule, je t'entends respirer avec moi et le plus drôle dans tout ça, c'est que je me sens bien toute seule, je suis heureuse seule, capable de vivre seule. Je ne meurs pas à cause de toi, Bill. J'ai seulement envie de toi, et si tu restes définitivement avec Lucille et Mark, je ne viendrai jamais te reprendre ce que je t'ai donné la nuit où nous avons entendu ce type qui chantait à la lune derrière les poubelles. Je t'aime, Violet."

La séparation de Bill et de Violet dura cinq jours. Le 15, il réemménagea au-dessus de chez nous et reprit la vie conjugale. Le 19, il quitta Lucille pour toujours. Bill et Violet nous avaient tous deux appelés, Erica et moi, afin de nous mettre au courant de ce qui s'était passé et ils n'avaient, ni l'un ni l'autre, manifesté la moindre émotion en nous communiquant cette information. Je ne vis Violet qu'une fois pendant cette période. Le matin du 16, je la rencontrai dans le vestibule, au pied de l'escalier. Erica avait tenté en vain de la joindre depuis qu'elle avait téléphoné la nouvelle. "A l'entendre, elle paraissait calme, m'avait dit Erica, mais elle doit être effondrée." Violet n'avait pas l'air effondré. Elle n'avait même pas l'air triste. Elle était vêtue d'une petite robe bleu marine très près du corps. Ses lèvres brillaient d'un rouge intense et elle avait les cheveux ébouriffés avec art. Ses chaussures à hauts talons semblaient neuves, et elle me lança quand elle me vit un sourire éclatant. Elle tenait une lettre à la main. Je lui demandai comment elle allait, et elle réagit à la sympathie que trahissait ma voix sur un ton froid et vif qui m'avertissait d'en faire disparaître toute trace de pitié. "Je vais bien, Leo, me dit-elle. J'apporte une lettre pour Bill. C'est plus rapide que la poste.

— La rapidité est importante ? demandai-je.

— Rapidité et stratégie, c'est ça qui compte maintenant", déclara-t-elle en me fixant, les yeux dans les yeux. En un geste emphatique, elle lança le pli sur le dessus de la boîte aux lettres. Ensuite, pivotant sur ses hauts talons, elle se dirigea vers la porte. J'eus la conviction que Violet était consciente de vivre un grand moment. Son port raide, son menton un peu levé, le claquement de ses talons sur le sol carrelé auraient été gaspillés sans public. Avant de sortir, elle se retourna et me lança un clin d'œil.

Bill ne m'avait jamais révélé qu'il envisageait de revenir à la vie conjugale ; je savais toutefois qu'après qu'il lui avait parlé de Violet Lucille s'était mise à l'appeler plus souvent. Je savais aussi qu'ils s'étaient vus plusieurs fois pour discuter de Mark. J'ignore ce que Lucille lui avait dit, mais ses paroles devaient avoir touché à la fois le sentiment de culpabilité de Bill et son sens des responsabilités. J'avais la certitude que s'il avait quitté Violet, c'était parce qu'il était convaincu que c'était la seule voie possible pour lui. Erica estimait que Bill avait perdu la tête, mais Erica était de parti pris. Non seulement elle aimait Violet, mais elle s'était aussi dressée contre Lucille. Je tentai de lui expliquer ce que j'avais depuis longtemps deviné en Bill : quelque chose de rigide dans sa personnalité qui le poussait parfois à prendre des positions absolues. Il m'avait un jour confié qu'à l'âge de sept ans il avait adopté un code sévère et personnel de moralité. Il reconnaissait, je crois, qu'il y avait une certaine arrogance à se fixer des standards plus élevés que ceux de la plupart des gens mais, de tout le temps que je l'ai connu, jamais il n'a renoncé à cette idée que son existence était soumise à des restrictions particulières. Je me disais que cela venait de sa confiance en ses talents. Enfant, Bill courait plus vite, frappait plus fort et lançait la balle mieux que n'importe quel gamin de son âge. Il était beau et bon élève, il dessinait comme un magicien et, contrairement à beaucoup d'enfants doués, il avait une conscience aiguë de sa supériorité. Pour lui, toutefois, l'héroïsme avait son prix. Il ne reprocherait jamais à autrui indécision, faiblesse morale ou pensée floue, mais il ne se les autoriserait pas. Confronté à la volonté de Lucille de redonner une chance à leur couple et au besoin qu'avait Mark d'un père à plein temps, il obéit à ses lois personnelles alors même qu'elles lui ordonnaient d'agir à l'encontre de ses sentiments pour Violet.

Bill et Violet aimaient l'histoire de leur brève rupture et de leurs retrouvailles. Ils la racontaient tous deux de la même façon, très simplement, comme un conte de fées, sans jamais faire allusion au contenu des lettres. Un matin, au réveil, Bill avait dit à Violet qu'il la quittait. Elle l'avait accompagné au métro et ils s'étaient embrassés. Et puis, pendant cinq jours d'affilée, Violet avait apporté une lettre au 27, Greene Street et, chaque jour, Bill était monté avec la lettre et l'avait lue. Le 19, après avoir lu la cinquième lettre, il avait dit à Lucille qu'entre eux la situation était désespérée, il était sorti de notre immeuble, avait marché jusqu'à l'appartement de Violet dans la 7e Rue Est et lui avait déclaré son inaltérable amour, sur quoi elle avait fondu en larmes et sangloté pendant vingt minutes.

J'en suis venu à considérer ces cinq jours de séparation comme une lutte entre deux volontés fortes et, à présent que j'ai lu ces lettres, la raison pour laquelle Violet l'a emporté me paraît évidente. Elle n'a jamais mis en question le droit qu'avait Bill de faire ce qu'il croyait devoir faire. Elle soutenait de façon très persuasive, l'air de rien et en ne mentionnant qu'une seule fois le nom de Lucille, qu'il devrait la choisir, elle, plutôt que sa femme. Elle savait que Lucille avait pour elle le temps, un fils et la légitimité, le tout consolidé par l'indéfectible sens des responsabilités de Bill, et jamais elle ne s'en était prise à son code moral. Elle était venue à bout de lui à l'aide de la seule vérité qu'elle eût à lui offrir, la ferveur de son amour, sachant que la passion était exactement ce qui manquait à Lucille. Plus tard, quand elle parlait de ces lettres, Violet insistait sur le soin avec lequel elle les avait rédigées. "Elles devaient être sincères, disait-elle, mais surtout pas geignardes. Elles devaient être bien écrites, sans une ombre d'apitoiement sur moi-même, et elles devaient être érotiques mais pas pornographiques. Sans vouloir me vanter, je crois qu'elles ont atteint leur but."

Lucille avait demandé à Bill de revenir, il ne me l'avait pas caché, mais je crois que, dès son retour, le désir qu'elle avait eu de lui avait commencé à s'affaiblir. Il m'a raconté qu'après quelques heures seulement elle critiquait tant sa façon de faire la vaisselle que le livre qu'il regardait avec Mark, un imagier. C'étaient la froideur de Lucille et son côté inaccessible qui avaient exercé sur Bill le plus grand attrait, d'autant qu'elle ne semblait pas consciente de leur pouvoir sur lui. Les récriminations, par contre, sont une stratégie d'impuissant et n'ont rien de mystérieux. Je pense que la cause de Violet, présentée dans ses lettres avec une éblouissante clarté d'intention, a été renforcée par le ton fastidieux des griefs domestiques de Lucille. Je n'ai jamais entendu Lucille parler de ces quelques jours, et je ne puis donc savoir au juste ce qu'elle ressentait mais je soupçonne que, consciemment ou non, quelque chose en elle voulait le départ de Bill – possibilité qui rend la victoire de Violet un petit peu moins remarquable qu'elle ne le supposait.

Violet s'installa avec Bill au 89, Bowery et, dès son arrivée, elle se mit à faire le ménage. Avec un zèle qui devait lui venir d'une longue lignée de protestants scandinaves, elle frotta, blanchit, aspergea et polit jusqu'à ce que le loft acquière une apparence étrangère, nue, presque aveuglante. Lucille resta notre voisine du dessus et, à quatre ans, le petit Mark reprit son existence partagée. Bill ne me parla jamais de son soulagement ni de sa joie. Il n'en avait pas besoin. Je remarquai qu'il avait recommencé à me donner des bourrades dans le dos et à m'empoigner le bras avec affection, et ce qu'il y avait d'étrange, c'est qu'avant qu'il se remette à le faire je n'avais pas remarqué qu'il avait arrêté.

Les jours se succédaient avec une régularité quasi liturgique, incantations de l'ordinaire et de l'intime. Matt chantonnait pour lui-même le matin de sa voix aiguë et sans timbre tout en s'habillant très, très lentement. Quatre jours par semaine, Erica prenait le large avec sa serviette sous le bras et un muffin à la main. J'accompagnais Matt à l'école et puis je prenais l'IRT en direction du nord. Dans le métro, je composais mentalement des paragraphes de mon chapitre centré sur l'*Histoire naturelle* de Pline, à peine conscient des visages et des silhouettes des autres usagers. Je sentais leurs corps serrés contre le mien, leur tabac, leur sueur et leurs parfums écœurants, leurs crèmes pharmaceutiques et leurs remèdes à base de plantes. Mon cours emmenait les garçons de Columbia et quelques filles de Harvard à la découverte de l'art occidental, avec l'espoir qu'ils conserveraient à jamais quelques souvenirs de ces images – les abstractions bleu et or d'un Cimabue, la beauté déconcertante de la *Madone au pré* de Giovanni Bellini ou la terreur qu'inspire le *Christ mort* d'Holbein. J'écoutais Jack déplorer la docilité des étudiants : "Je n'avais jamais imaginé que je me surprendrais à regretter ces types du SDS*."

* Students for a Democratic Society : organisation étudiante de gauche, à la fin des années 1960. *(N.d.T.)*

Après le travail, Erica et moi, nous retrouvions chez nous Matt et Grace. Matt était souvent, à cette heure-là, blotti sur les genoux de Grace, lieu qu'il avait baptisé "la maison douce". Nous lui donnions son repas et son bain et l'écoutions nous raconter les aventures de Gunna, un garçon sauvage aux cheveux roux qui venait d'un pays nommé "Lutit", quelque part "dans le Nord". Il se battait contre nous, aussi, surtout lorsqu'il se métamorphosait en Superman ou en Batman et que nous avions l'outrecuidance de mettre sa toute-puissance au défi en lui suggérant de se brosser les dents ou d'aller se coucher. Erica aidait Violet à relire sa thèse. Les idées volaient entre elles et elles s'excitaient mutuellement et parfois, le soir, je massais le dos d'Erica pour la débarrasser de la tension qui lui provoquait des maux de tête après ses longues conversations téléphoniques avec Violet à propos des contagions culturelles et de la question du sujet.

Quand il n'avait pas Mark chez lui, Bill travaillait tard dans la nuit à ses constructions sur l'hystérie. Violet s'endormait souvent avant qu'il s'arrête. Elle me racontait qu'il s'asseyait rarement pour manger et que, s'il le faisait, c'était devant son œuvre, une assiette sur les genoux, sans un mot. Nous n'avions guère de temps, lui et moi, pour des déjeuners ou des cafés, cette année-là, mais je savais en outre que Violet avait modifié les contours de notre amitié. Ce n'était pas que Bill me négligeât activement. Nous nous parlions au téléphone. Il souhaitait que j'écrive sur ses travaux inspirés par l'hystérie et, chaque fois que je le voyais, il m'apportait quelque chose à lire : un *Raw Comic**, un livre de photographies médicales ou un roman obscur. La vérité, c'était que Violet avait ouvert en Bill un passage qui l'avait mené plus avant dans sa solitude personnelle. Je ne pouvais que deviner ce qui se passait entre eux, mais je

* Collection de bandes dessinées réalisées par des artistes d'avant-garde, dirigée par Art Spiegelman. *(N.d.T.)*

pressentais parfois dans leur intimité un courage et une intensité dont j'avais toujours manqué, et la conscience de ce manque me mettait vaguement mal à l'aise. Cette sensation se logeait dans ma bouche, tel un goût de rassis, et j'éprouvais une insatisfaction que rien ne pouvait apaiser. Ce n'était ni la faim, ni la soif, ni même une envie de sexe. C'était le besoin vague mais irritant d'une chose innommée et inconnue, un besoin qui s'était emparé de moi de temps à autre depuis mon enfance. Il y eut quelques nuits, cette année-là, où je restai éveillé à côté de ma femme endormie avec ce goût de vide dans ma bouche, et j'allais alors au salon m'asseoir dans le fauteuil près de la fenêtre pour attendre le matin.

J'ai longtemps pensé à Dan Wechsler comme à un disparu de plus dans une famille de disparus. Moishe, le grand-père, était parti. Sy, le père, était resté mais avait fui les relations affectives. A la troisième génération, Dan avait été escamoté dans le New Jersey, hôte fantôme, en fonction de son état mental, d'un centre de réadaptation ou d'un hôpital. Cette année-là, Bill et Violet organisèrent au Bowery un petit dîner de Thanksgiving auquel ils avaient invité Dan. Pendant des jours et des jours, Dan avait téléphoné à Bill. Tantôt il annulait. Tantôt il se réinvitait. Le lendemain, il appelait de nouveau pour dire qu'il ne viendrait pas. A la dernière minute, il trouva pourtant le courage de prendre le bus jusqu'au terminal de Port Authority, où Bill alla le chercher. Nous étions sept en tout : Bill, Violet, Erica, Dan, Matthew, Mark et moi. Regina était allée passer la journée dans la famille de Al, et les Blom avaient estimé que le voyage à New York était trop long et trop cher. La folie de Dan était apparente. Il avait les ongles en deuil et la nuque couverte d'écailles de peau morte couleur cendre. Sa chemise était boutonnée de travers, ce qui donnait à tout son buste une apparence boiteuse. A table, je me trouvai assis à côté de lui. Alors que j'étais encore en train de déplier ma serviette pour l'étaler sur mes genoux, Dan avait déjà saisi sa cuiller à dessert et s'empiffrait de dinde et de farce à une allure surprenante. Ce gavage dura environ trente secondes. Allumant alors une cigarette, il aspira profondément, se tourna brusquement vers moi et me demanda d'une voix sonore et excitée :

"Leo, tu aimes manger ?

— Oui, répondis-je. En général, j'aime bien manger.

— Ah, bon", dit-il, mais il paraissait désappointé. De sa main libre, il se mit à se gratter énergiquement l'avant-bras. Ses ongles laissaient des traces rouges sur sa peau. Il ne parlait plus. Ses grands yeux, qui ressemblaient beaucoup à ceux de son frère sauf que leurs iris étaient plus foncés, se détournèrent soudain.

"Et toi, tu aimes manger ? demandai-je.

— Pas beaucoup."

Bill nous interrompit :

"Tu mangeais des biscuits quand je t'ai téléphoné hier, Dan."

Dan sourit. "C'est vrai. C'est vrai !" s'exclama-t-il d'un air ravi, après quoi il se leva de table et se mit à déambuler de long en large. Les épaules voûtées, la tête penchée vers le sol, il faisait en marchant un geste curieux de la main gauche : avec le pouce et l'index, il formait un O, et puis il serrait le poing et puis, après l'avoir tenu serré une seconde, il formait de nouveau son O.

Ignorant son frère, Bill poursuivait sa conversation avec Erica et Violet. Après être restés assis quelques minutes encore, Matt et Mark quittèrent la table et se mirent à courir en annonçant qu'ils étaient des "super-héros". Dan déambulait. Le plancher voilé craquait sous ses pas qui allaient et venaient, allaient et venaient. Tout en marchant, il se parlait en marmonnant et entrecoupait son monologue de brefs éclats de rire. Violet l'observait et puis regardait Bill, mais Bill, d'un signe de tête, lui déconseilla d'intervenir.

Après le dessert, je remarquai que Dan s'était retiré à l'autre bout de l'atelier et s'était assis sur un tabouret près de la table de travail de Bill. Je me levai et me dirigeai vers lui. En m'approchant, je l'entendis dire : "Ton frère ne te laissera pas retourner dans ce trou pourri. Maman est vieille maintenant. De toute façon, elle fait seulement semblant de t'aimer."

Je prononçai son nom.

Le son de ma voix dut l'étonner, car je vis son corps entier se mettre au garde-à-vous. "Désolé, dit-il. J'espère que ça va, d'être ici. Je devais réfléchir. J'ai bien réfléchi."

Je m'assis près de lui. Je sentais son odeur : il empestait la sueur et sa chemise avait de grandes taches humides sous les bras.

"A quoi réfléchis-tu ?

— *Mystery*", dit-il. Il saisit plusieurs poils sur son avant-bras et se mit à les tordre en un petit nœud. "J'en ai parlé à Bill. C'est drôle parce que ça a deux côtés : mâle et femelle.

— Ah oui ? fis-je. Comment ça ?

— Eh bien : ça peut être mister Ry ou miss Tery. Tu vois ce que je veux dire ?

— Oui, je vois.

— Ils sont le héros et l'héroïne de la pièce que j'écris." Il infligea une traction sévère aux poils de son bras, alluma une autre cigarette et contempla le plafond. Les yeux de Dan étaient cernés de noir, mais son profil maigre ressemblait à celui de Bill et pendant un instant je les imaginai, tous les deux, petits garçons debout sur un chemin. Dan sombra à nouveau dans ses pensées et le signe O réapparut, formé par les gestes impatients et rapides de ses doigts. Il se leva, et se remit à marcher. Violet nous interrompit.

"Voulez-vous venir à table prendre un cognac avec nous ? demanda-t-elle.

— Merci, Violet, répondit Dan poliment. Je préfère fumer en marchant."

Au bout de quelques minutes, Dan vint nous rejoindre à table. Il s'assit à côté de Bill et se mit à lui assener de vigoureuses claques sur l'épaule. "Mon grand frère, disait-il. Big Brother, Big Bill, mon vieux B. B..."

Bill l'arrêta en lui entourant les épaules de son bras. "Je suis content que tu te sois décidé à venir. C'est bien de t'avoir ici." Dan sourit jusqu'aux oreilles et but une petite gorgée dans le ballon qui se trouvait devant lui.

Une heure plus tard, la vaisselle était faite et rangée. Les deux garçons jouaient avec des cubes devant les fenêtres et Violet, Erica, Bill et moi, nous nous tenions debout à côté du matelas sur lequel Dan était tombé dans un sommeil profond. Roulé en boule serrée, il se tenait les genoux et ronflait doucement, la bouche ouverte. Une cigarette brisée et son briquet se trouvaient près de lui sur la couverture. "Je n'aurais sans doute pas dû le laisser boire ce cognac, dit Bill. Il y a dû y avoir interaction avec le lithium."

Dan ne venait pas souvent au Bowery mais je savais que Bill lui parlait régulièrement au téléphone, parfois tous les jours. Le pauvre Dan n'était que fêlure. Sa vie se passait en un combat quotidien pour éviter la crise qui le ramènerait à l'hôpital. Torturé par des accès de paranoïa, il téléphonait à Bill pour lui demander s'il l'aimait encore ou, pire, si Bill allait le tuer. Et pourtant, malgré sa maladie, Dan avait des traits communs avec son frère. Tous deux éprouvaient des émotions qui n'étaient pas faciles à maîtriser. Chez Bill, ce sentiment puissant s'extériorisait dans le travail. "Je travaille pour vivre", m'avait-il confié un jour et, après avoir rencontré Dan, je comprenais mieux ce qu'il avait voulu dire par là. L'art, la création lui étaient nécessaires pour garder un minimum d'équilibre, pour se maintenir en selle. Les pièces de théâtre et les poèmes de Dan, presque tous inachevés, étaient les lambeaux issus d'un cerveau qui tournait en rond sur lui-même sans parvenir jamais à s'évader. L'intelligence, le cran et l'histoire personnelle du frère aîné lui avaient donné la force de supporter les épreuves de la vie courante. Le plus jeune en était dépourvu.

J'entendais tous les jours Lucille circuler au-dessus de nous. Elle avait un pas caractéristique : léger et un peu traînant. Quand je la rencontrais dans l'escalier, elle m'adressait toujours un sourire embarrassé avant que nous commencions à bavarder. Elle ne parlait jamais de Bill ni de Violet et, si je lui demandais toujours des nouvelles de son travail, elle ne me proposa plus de lire ses poèmes. A mon instigation, Erica l'invita ainsi que Mark à dîner ce printemps-là. Elle s'habilla, pour l'occasion, d'une étrange robe sac beige très peu flatteuse. Bien qu'elle dissimulât son corps, cette robe mal choisie me toucha. J'y vis un signe de plus de son détachement des choses de ce monde et, loin de me repousser, sa laideur me parut émouvante. Assis à table en face d'elle, ce soir-là, je fus frappé par l'impassibilité de son visage ovale et pâle. Sa réserve lui conférait une aura quasi inanimée, comme si, par quelque coïncidence surnaturelle, elle avait été un portrait d'elle-même peint des siècles avant sa naissance.

Ce soir-là, Matt et Mark ressortirent leurs déguisements d'Halloween et vinrent tourner à grand bruit autour de nous. Mark portait un costume de squelette en fin nylon avec des os blancs imprimés sur fond noir, et Matt était un mini-Superman, tout maigre dans son pyjama bleu avec un S de feutrine rouge cousu sur le devant et une cape du même tissu. Matt se mit à appeler Mark “Homme Squelette” et “Tête d'os”. Au bout de quelques minutes, les surnoms étaient devenus une bruyante mélopée : “Os, os, mort, couché !” Les deux petits garçons marchaient pesamment en rond devant la fenêtre de notre loft. Tels deux fossoyeurs fous, ils répétaient sans se lasser leur psalmodie : “Os ! Os ! Mort !

Couché !" Erica les observait et je tournai la tête plusieurs fois pour m'assurer qu'ils n'étaient pas en train de se mettre dans un état de frénésie qui ne pourrait se terminer que dans les larmes ; Lucille, elle, ne semblait ni remarquer son fils, ni entendre la chanson que Matt avait inventée pour leur jeu.

Elle nous raconta qu'elle envisageait d'accepter un poste à Rice University, à Houston, où on lui proposait de donner des cours d'écriture. "Je ne suis jamais allée au Texas, nous dit-elle. J'espère que si je prends ce poste je rencontrerai un cow-boy ou deux. Je n'ai jamais rencontré de cow-boys." Lucille entrecoupait ses propos de petits silences, comme si elle avait pris le temps de peser chaque mot, un léger tic que je n'avais jamais remarqué avant ce dîner. "Les cow-boys m'intéressent depuis que je suis toute petite, ajouta-t-elle, pas les vrais, bien sûr, mais ceux que je m'inventais. La réalité risque de me décevoir terriblement."

Lucille accepta ce poste et partit au Texas avec Mark au début d'août. Il y avait alors deux mois qu'elle et Bill avaient divorcé. Cinq jours après l'arrêt définitif du divorce, Bill et Violet s'étaient mariés. Le mariage eut lieu dans l'atelier du Bowery le 16 juin, date à laquelle l'Ulysse juif de Joyce a erré dans Dublin. Quelques minutes avant l'échange des vœux, je remarquai que le nom de famille de Violet, Blom, n'avait qu'un *o* de différence avec Bloom, et ce lien dépourvu de signification m'amena à réfléchir au nom de Bill, Wechsler, qui comporte la racine germanique de changement, changer et faire changer. *Bloom* et *change*, pensai-je, épanouissement et changement.

Bill et Violet avaient souhaité se marier à Paris, loin de la famille et des amis. C'était l'intention qu'ils avaient annoncée à Regina ainsi qu'aux parents de Violet, mais leur caprice romantique se heurta au dédale des lois françaises et ils se marièrent rapidement avant de partir pour la France. Les seuls témoins de l'événement furent Matt, Dan, Erica et moi. Mark et Lucille se trouvaient à Cape Cod dans la famille de Lucille. Regina et Al faisaient une croisière je ne sais où et les Blom projetaient d'organiser une réception en l'honneur du couple dans le Minnesota vers la fin de l'année.

Il faisait près de quarante degrés et nous étouffions, tous les six. Le ventilateur du plafond faisait tourner en rond l'air suffocant, accompagnant de ses grincements la brève cérémonie dirigée par un petit homme chauve appartenant à la Ethical Culture Society. Après avoir dit quelques mots et lu un poème de John Donne, *The Good Morrow*, il déclara Bill et Violet mari et femme. Quelques minutes plus tard, le vent se leva et s'engouffra par les fenêtres, et il se mit à pleuvoir. Il plut à verse et le tonnerre gronda pendant que nous dansions sur des enregistrement des Supremes et buvions du champagne. Nous dansions tous. Dan dansa avec Violet et Erica, avec Matt, et avec moi. Il tapait des pieds sur le sol en laissant régulièrement échapper un long rire bas et sourd, jusqu'au moment où il céda au désir d'aller déambuler et fumer seul dans un coin. Erica avait habillé Matt en blazer, nœud papillon et pantalon gris, mais il dansait pieds nus, vêtu seulement de sa chemise blanche et de son caleçon. Il agitait les mains au-dessus de sa tête en se balançant d'avant en arrière au rythme de la musique. Les mariés dansaient, eux aussi. Violet se trémoussait, gambillait, se cambrait, et Bill suivait le mouvement. Tout à coup, il la souleva dans ses bras, l'emmena sur le palier à l'extérieur du loft et puis repassa la porte avec elle.

“Qu'est-ce qu'oncle Bill fait à Violet ? me demanda Matt.

— Il lui fait franchir le seuil.”

Je m'accroupis près de lui pour lui expliquer le symbolisme du seuil. Matt me fixa avec de grands yeux et voulut savoir si j'avais fait la même chose avec sa maman. Je ne l'avais pas fait et, en voyant son visage, je sentis que ma virilité pâlissait un peu à côté de celle du vigoureux oncle Bill.

Bill ne voulait pas que Lucille s'en aille de New York avec Mark mais, plus il insistait pour qu'elle reste, plus elle faisait preuve d'obstination et Bill perdit ainsi sa première bataille concernant son fils. Il garda le loft acquis grâce à son héritage. Son break, son compte d'épargne, les meubles que Lucille et lui avaient achetés ensemble et trois portraits de Mark disparurent dans l'opération. Lorsque Bill et Violet revinrent de France, Lucille et Mark étaient partis au Texas et dans le loft vide au-dessus de chez nous ne demeuraient que les livres de Bill. Violet nettoya avec énergie et ils emménagèrent. Fin septembre, quelques semaines à peine après son installation au Texas, Lucille téléphona à Bill pour lui dire qu'elle se sentait incapable de s'occuper de Mark tout en donnant ses cours. Elle mit Mark dans un avion et le renvoya chez son père. Mark se retrouva donc avec Bill et Violet dans l'appartement de Greene Street où il avait habité avec sa mère pendant deux ans. L'endroit devait lui paraître bien différent. Lucille était une piètre ménagère. Sans être aussi négligente que Bill, elle vivait avec des livres empilés par terre, des jouets qui traînaient sous les pieds et tout un troupeau de moutons de poussière. Violet s'empara de ce nouveau logis avec son zèle caractéristique. Récurées avec vigueur, les pièces en grande partie vides resplendissaient. La première fois que je les vis dans leur récente incarnation, un vase en verre incolore était posé sur une table neuve fabriquée par Bill et peinte par Violet en un bleu turquoise intense. Dans le vase, il y avait vingt tulipes d'un rouge lumineux.

A l'époque où les œuvres inspirées à Bill par l'hystérie furent exposées, à la fin d'octobre 1983, le SoHo où nous étions venus nous installer en 1975, Erica et moi, avait disparu. Ses rues en majorité désertes et paisiblement décrépites avaient revêtu un éclat nouveau. Des galeries s'ouvraient, l'une après l'autre

– portes décapées et peintes de frais. Des boutiques de mode apparaissaient, qui présentaient dans d'immenses pièces pâles sept ou huit robes, jupes ou pull-overs, comme si ces vêtements aussi étaient des œuvres d'art. Bernie avait fait réaménager sa vaste galerie blanche à l'étage sur West Broadway en une galerie plus lisse, plus vaste et plus blanche au même étage et, avec l'accroissement du chiffre de ses ventes, Bernie courait plus vite et avec plus de ressort que jamais. Chaque fois que je tombais sur lui au coin d'une rue ou dans un café, il se balançait, sautillait, parlait intarissablement de tel ou tel nouvel artiste et évoquait avec un sourire épanoui des prix en hausse et des expositions où tout était vendu. Quand il s'agissait d'argent, Bernie ne faisait pas le délicat. Il le ramassait avec une exubérance et une impudeur que je ne pouvais m'empêcher d'admirer. Vaches grasses et vaches maigres doivent s'être succédé en cadence à New York, mais jamais je ne me suis senti aussi proche de sommes considérables qu'à cette époque. Ces dollars attiraient dans les parages des masses de gens inhabituels. Des cars s'arrêtaient sur West Broadway pour y décharger des touristes, femmes pour la plupart et, pour la plupart, d'âge mûr. Ces femmes se trimballaient en groupe dans le quartier et visitaient une galerie après l'autre. Elles étaient vêtues en général de tenues de jogging, mode qui avait l'effet déplorable de leur donner l'air de vieux bébés. De jeunes Européens arrivaient et s'achetaient des lofts. Après avoir décoré leurs nouvelles pénates selon les règles minimalistes alors en vogue, ils mettaient le cap sur les rues, restaurants et galeries où ils passaient des heures à traînailler, aussi désœuvrés qu'élégamment vêtus.

L'art est mystérieux et le commerce de l'art, peut-être, plus mystérieux encore. Un objet est acheté et vendu, il passe d'une personne à une autre, et pourtant des facteurs innombrables interviennent dans la transaction. Pour prendre de la valeur, une œuvre d'art a besoin d'un climat psychologique particulier.

A cette époque-là, SoHo dispensait le degré idéal de chaleur mentale pour que l'art prospère et que les prix grimpent. Quelle que soit leur période d'origine, les œuvres coûteuses doivent être imprégnées de l'intangible – la notion de valeur. Cette notion a l'effet paradoxal de détacher de l'objet le nom de l'artiste, faisant du nom le produit acheté et vendu. L'objet vient à la remorque du nom, en guise de preuve matérielle. Bien entendu, l'artiste en personne n'a pas grand-chose à voir avec tout cela. Mais durant ces années-là, chaque fois que j'allais à l'épicerie ou que je faisais la queue au bureau de poste, j'entendais les noms. Schnabel, Salle, Fischl, Sherman étaient alors des mots magiques, comme ceux des contes de fées que je lisais à Matt chaque soir. Ils ouvraient des portes scellées et remplissaient d'or des bourses vides. Le nom de Wechsler ne paraissait pas destiné à une telle transmutation mais, après l'exposition chez Bernie, on se mit à le chuchoter çà et là et je sentis que Bill pourrait, lui aussi, abandonner son nom au climat étrange qui allait régner sur SoHo plusieurs années durant jusqu'à son revirement brutal, un autre jour d'octobre, en 1987.

Au mois d'août, nous fûmes conviés, Erica et moi, à venir voir au Bowery trois des œuvres achevées de la série sur l'hystérie. Des quantités d'œuvres plus petites sur le même thème, peintures, dessins et constructions, restaient à terminer. En entrant dans l'atelier, je vis trois énormes caisses plates – hautes de trois mètres, larges de deux mètres et profondes de trente-cinq centimètres environ – dressées au milieu de la pièce. On avait tendu de la toile sur leurs cadres et le tissu, éclairé par des ampoules électriques installées à l'intérieur des caisses, paraissait lumineux. Au début, je ne remarquai que leurs surfaces : vestibules, escaliers, fenêtres et portes y étaient peints dans des teintes sourdes de brun, d'ocre, de vert foncé et de bleu. Des marches montaient jusqu'au plafond sans accès à un autre étage. Des fenêtres s'ouvraient sur des murs de briques.

Des portes étaient couchées sur le flanc ou inclinées à des angles impossibles. Une échelle de secours semblait s'insinuer par un trou d'un dehors peint à un dedans peint, entraînant avec elle un long fouillis de lierre.

Une pellicule qui me faisait penser à du "film fraîcheur" était tendue étroitement sur le devant des trois caisses peintes. Des textes et des images avaient été imprimés dans le plastique, laissant une empreinte mais pas de couleur. L'effet de ces mots et de ces images était plus subliminal qu'autre chose car on ne les distinguait qu'avec difficulté. Près du coin inférieur droit de la troisième caisse se tenait un homme en trois dimensions, haut d'une vingtaine de centimètres, en haut-de-forme et pardessus long. Il poussait une porte qui semblait entrouverte. En regardant de plus près, je m'aperçus que c'était une vraie porte. Elle s'ouvrait sur une charnière et, par la fente, je vis une rue qui ressemblait à la nôtre : Greene Street, entre Canal et Grand.

Erica découvrit une porte dans la première caisse et l'ouvrit. En me serrant contre elle, je plongeai le regard dans une petite pièce inondée d'une lumière crue tombant d'un plafonnier miniature sur une vieille photographie en noir et blanc collée au mur du fond. C'étaient la tête et le torse d'une femme vue de dos. Le mot *SATAN* était écrit en grosses lettres sur sa peau, entre les omoplates. Devant la photo se trouvait l'image d'une autre femme agenouillée sur le sol. Elle avait été peinte sur une toile épaisse et puis découpée. Pour son dos et ses bras exposés, Bill avait utilisé des tons nacrés de peau idéalisée rappelant Titien. La chemise de nuit qu'elle avait retroussée sur ses épaules était d'un bleu très pâle. Le troisième occupant de la pièce était un homme, une figurine de cire. Dressé près de la femme découpée, il tenait à la main une baguette pareille à celles dont on se sert en classe de géographie, et semblait tracer quelque chose sur sa peau : un paysage grossier composé d'un arbre, d'une maison et d'un nuage.

Erica releva la tête. “Dermographisme”, dit-elle à Violet.

“Oui, on écrivait sur elles, me dit Bill. Les médecins frottaient sur leur peau avec une pointe émoussée et les mots ou images apparaissaient. Ensuite ils les photographiaient.”

Bill ouvrit une autre porte et je vis l’intérieur d’une deuxième pièce dans la même caisse. Le mur du fond était occupé par la figure peinte d’une femme en train de regarder par une fenêtre. Ses longs cheveux noirs ramenés d’un côté lui dénudaient les épaules. Le style de la peinture venait tout droit du XVIIe siècle hollandais, mais Bill avait compliqué l’image en dessinant par-dessus à légers traits noirs. Le dessin représentait la même femme, dans un style différent, et le croquis superposé à la peinture me donna l’impression que la femme se trouvait là en compagnie de son propre fantôme. Sur son bras, deux inscriptions, l’une à la peinture rouge, l’autre au crayon noir : “T. Barthélémy.” Les lettres avaient l’air de saigner.

“Didi-Huberman parle de Barthélémy, dit Violet. C’était un médecin, quelque part en France, qui avait écrit son nom sur une femme en lui ordonnant de saigner l’après-midi même, à quatre heures. Elle a saigné et, selon le compte rendu, le nom est resté visible pendant trois mois.”

Je continuai à regarder à l’intérieur de la petite pièce éclairée. Sur le sol, devant le portrait d’Augustine, on voyait de minuscules vêtements : un jupon, un corset miniature, des bas et de petites bottines.

Violet ouvrit une troisième porte. Cette pièce toute blanche était éclairée du dessus par un petit lustre électrique. Un tableau dans un cadre doré était appuyé au mur du fond. La toile représentait un homme vêtu de pied en cap et une femme nue dans ce qui ressemblait à un corridor. On ne voyait pas le visage de la femme, mais son corps me fit penser à Violet. Elle était allongée par terre et le jeune homme se tenait à califourchon sur son dos. A l’aide d’un grand stylo serré dans sa main gauche, il semblait écrire avec vigueur sur l'une des fesses de sa compagne.

Dans la caisse centrale, il y avait deux portes. Derrière la première, on découvrait une petite poupée qui me rappela Boucles d'Or – longues boucles blondes, robe à carreaux et tablier blanc. Elle semblait en proie à une crise de nerfs. Les paupières serrées, la bouche grande ouverte en un cri silencieux, elle agrippait des deux bras un pilier qui divisait la pièce en deux. Sous l'effet de la crise, elle s'était tordue de côté de sorte que sa robe s'était entortillée autour de sa taille et, quand j'examinai de plus près son visage, je vis sur l'une de ses joues une longue griffure sanglante. Sur les murs autour d'elle, Bill avait peint en noir et blanc dix vagues silhouettes d'hommes. Chacun d'eux tenait un livre et avait tourné ses yeux gris vers la fillette hurlante.

La seconde porte de la boîte centrale s'ouvrait sur une peinture en noir et blanc qui ressemblait aux photographies prises à la Salpêtrière. Bill s'était servi de l'une des photographies d'une femme en posture de crucifiée pour représenter sa version de Geneviève, une jeune femme dont les affres médicales avaient reproduit les souffrances des saints : paralysie, crises nerveuses et stigmates. Quatre poupées Barbie étaient étendues dos à plat sur le sol devant la peinture-photo. Elles avaient les yeux bandés et du ruban adhésif sur la bouche. En les examinant, je remarquai qu'on avait écrit sur les bâillons de trois d'entre elles : HYSTÉRIE, ANOREXIE NERVEUSE et MUTILATION EXQUISE. Il n'y avait rien sur celui de la quatrième.

La troisième caisse, avec sa silhouette solitaire, dans le bas, en train de pousser un battant, comportait deux portes bien cachées. Je trouvai la première, dont la poignée était dissimulée parmi une douzaine d'autres peintes en trompe-l'œil. Je découvris une pièce brillamment éclairée, beaucoup plus petite que les autres. Sur le sol était posé un cercueil en bois miniature. C'était tout. Erica ouvrit la dernière porte, révélant une autre pièce presque vide. Il n'y avait dedans qu'un bout de papier déchiré et sale sur lequel le mot *clé* était écrit d'une petite écriture cursive.

Erica se pencha pour examiner la statuette de l'homme au haut-de-forme qui sortait par notre porte dans Greene Street. "C'est un personnage réel, lui aussi ? demanda-t-elle.

— Elle, corrigea Violet. Regarde bien."

Je m'accroupis à côté d'Erica. On voyait les seins de la figurine sous sa veste. Le costume paraissait trop grand. Il faisait des plis aux chevilles.

"Augustine, expliqua Violet. C'est la fin de son histoire – la toute dernière des *observations* qui la concernent : «9 septembre – X... se sauve de la Salpêtrière déguisée en homme.»"

— X ? repris-je.

— Oui, les médecins protégeaient l'identité de leurs patients en utilisant des lettres et des codes. Mais il s'agit d'Augustine, sans aucun doute. J'ai tout reconstitué. Le 9 septembre 1880, elle s'est enfuie de la Salpêtrière en habits d'homme."

Le soir tombait. Nous étions tous deux arrivés en sortant du travail, Erica et moi. La faim et la fatigue commençaient à me peser. Je pensais à Matt, chez nous avec Grace et, tout en regardant Bill entourer de son bras Violet, qui parlait encore avec Erica, je me demandais ce que j'allais écrire sur ces caisses. "On transformait des êtres vivants en objets, disait Violet. Charcot appelait les femmes hypnotisées des «hystériques artificielles». C'est son expression. Le dermographisme renforce l'idée. Des médecins comme Barthélémy signaient des corps de femmes comme s'il s'était agi d'œuvres d'art.

— Ça fleure la supercherie, observai-je. Des noms qui saignent. Un simple frôlement de la peau, et un dessin apparaît.

— Ce n'était pas simulé, Leo. C'est vrai que la scène dans son ensemble est assez théâtrale. Charcot avait fait aménager son cabinet tout en noir. Il était fasciné par des récits historiques de démonisme, de sorcellerie et de guérisons par la foi. Je suppose qu'il pensait pouvoir tout expliquer grâce à la science, mais le dermographisme était réel. Même moi, je peux le faire."

Violet s'assit par terre. "Ça prend un petit moment, dit-elle. Soyez patients." Elle ferma les yeux et commença à respirer profondément. Ses épaules s'affaissèrent. Ses lèvres s'entrouvrirent. Bill la regarda, hocha la tête et sourit. Violet ouvrit les yeux et regarda droit devant elle. Elle tendit un avant-bras et y passa légèrement l'index de sa main libre. Les mots VIOLET BLOM apparurent, telle une pâle inscription sur sa peau, d'abord d'un rose tendre et puis un peu plus foncé. Elle referma les yeux, respira de nouveau et, un instant plus tard, elle nous regardait. "C'est de la magie, dit-elle. De la vraie magie."

Violet frotta les lettres arrondies avec ses doigts en tendant son bras pour que nous l'examinions. Pendant que j'observais les mots inscrits sur la peau rougie de l'intérieur de son bras, la distance entre moi et les médecins de la Salpêtrière s'effaça. La médecine avait rendu licite un fantasme auquel les hommes n'ont jamais renoncé, une version confuse de ce qu'avait désiré Pygmalion : quelque chose entre une femme réelle et un bel objet. Violet souriait. Elle laissa retomber son bras et je pensai au Pygmalion d'Ovide qui embrasse et habille la créature qu'il a sculptée dans l'ivoire. Quand son souhait se réalise, il touche la peau devenue tiède et ses doigts y laissent une marque. Le nom inscrit sur le bras de Violet était encore visible ; elle restait assise en tailleur sur le plancher, les bras entre les genoux. Les femmes mises sous hypnose avaient obéi à tous les ordres : penche-toi, agenouille-toi, lève les bras, rampe. Elles avaient laissé glisser leurs blouses de leurs épaules et tourné leurs dos nus vers la baguette magique du praticien. Un simple effleurement suffisait pour que les mots qu'il avait en tête deviennent des mots de chair. Rêves omnipotents.

Nous en avons tous, mais ils ne vivent d'ordinaire que dans des histoires et des fantaisies éveillées où ils ont le droit de vagabonder. Je pensai à l'un des petits tableaux que je venais de voir, à présent caché derrière une porte fermée – le jeune homme appuyant la plume de son stylo sur la fesse tendre de la femme allongée. S'il m'avait paru comique à première vue, son souvenir provoquait en moi une sensation de chaleur qui prit fin avec la voix de Bill. "Eh bien, Leo, disait-il. Qu'est-ce que tu en penses ?"

Je lui répondis, mais sans parler du bras de Violet, de Pygmalion ni de la plume érotique.

En abandonnant les deux dimensions de la peinture, Bill s'était lancé dans un nouveau territoire. En même temps, il continuait à jouer avec l'idée de la peinture en opposant des images planes aux espaces et aux figurines en trois dimensions. Il continuait à travailler dans des styles contrastés, à se référer à l'histoire de la peinture et aux images culturelles en général – y compris celles de la publicité. Je m'aperçus que sur la "peau" de plastique tendue sur les caisses étaient imprimées quantités de réclames anciennes et récentes pour toutes sortes de choses, des corsets au café. Parmi les réclames se trouvaient des poèmes – Dickinson, Hölderlin, Hopkins, Artaud et Celan : les poètes solitaires. Il y avait aussi des citations de Shakespeare et de Dickens, surtout de celles qui sont entrées dans le langage courant, telles que "All the world's a stage*" ou "The Law is a Ass**". Au-dessus de l'une des portes, je trouvai le poème de Dan, *Charge Brothers W.* et, à proximité du poème, je déchiffrai le titre d'une autre œuvre que je reconnus : *Mystery : comédie coupée en deux*, par Daniel Wechsler.

* Shakespeare : "Le monde entier est un théâtre", *Comme il vous plaira. (N.d.T.)*
** Dickens : "La loi est un âne", *Oliver Twist. (N.d.T.)*

Pendant plusieurs semaines, j'abandonnai mon livre pour écrire un bref essai de sept pages. Mon texte fut de nouveau photocopié et disposé sur une table à la galerie Weeks, accompagné cette fois de reproductions au format carte postale des caisses et de certaines œuvres de moindres dimensions. Bill était content de mon essai. J'avais fait tout ce que je pouvais raisonnablement espérer compte tenu des circonstances, mais en vérité il m'aurait fallu des années et non pas un mois pour débrouiller les réflexions que m'inspiraient ces œuvres. A l'époque, je ne les comprenais pas comme aujourd'hui. Les caisses représentaient trois rêves tangibles rêvés par Bill alors que sa vie se scindait entre Lucille et Violet. Qu'il le sût ou non, le petit personnage de la femme déguisée en homme était encore un autoportrait. Augustine était l'enfant fictif que Violet et lui avaient fait ensemble. Son évasion dans cette rue familière figurait aussi celle de Bill, et je n'ai jamais cessé de penser à ce qu'Augustine laissait derrière elle dans les pièces de cette même caisse – un cercueil miniature et le mot *clé*. Bill aurait pu aisément mettre une vraie clé dans cette pièce blanche, mais il en avait décidé autrement.

Nous nous demandions, Erica et moi, si nous n'avions pas eu tort d'emmener Matt à la galerie pour voir les caisses de Bill. Après une première visite, il nous supplia de l'emmener de nouveau "à la maison de Bernie". Une coupe de chocolats en papillotes posée sur le bureau d'accueil jouait sûrement son rôle dans la fascination que la galerie exerçait sur Matt, mais il appréciait aussi la façon dont Bernie lui parlait. Bernie ne modulait pas sa voix, ne prenait pas ce ton condescendant que les adultes adoptent d'habitude lorsqu'ils s'adressent à des enfants. "Salut, Matt, disait-il par exemple, j'ai quelque chose dans la réserve qui pourrait te plaire. C'est une chouette sculpture d'un gant de base-ball dont sort un truc velu.” Après une telle invitation, Matt se redressait et suivait Bernie en marchant d’un pas lent et digne. Il n’avait que six ans, et déjà des prétentions. Mais plus que quiconque ou que n’importe quoi dans la galerie Weeks, Matt aimait la petite fille monstrueuse de la deuxième *Hysteria Piece*. J’ai bien dû le soulever cent fois pour qu’il puisse ouvrir la porte et contempler la fillette en train de hurler.

“Qu’est-ce qu’elle a qui te plaît tellement, cette petite poupée, Matt ? finis-je par lui demander un après-midi après l’avoir déposé par terre.

— J’aime voir sa petite culotte, répondit-il, réaliste.

— Il est à vous ?” interrogea une voix.

En me redressant, je vis Henry Hasseborg. Il portait un pull-over noir sur un pantalon noir, avec une écharpe rouge jetée autour de son cou et sur une épaule tombante, à la manière d’un étudiant français. Cette manifestation de coquetterie me le fit prendre un instant en pitié. En fronçant les paupières, il dévisagea Matt, et puis moi. “Je ne fais qu’un tour, m’expliqua-t-il d’une voix inutilement forte. J’ai raté le vernissage, mais j’en ai entendu parler, ça oui. Une rumeur pesante parmi les initiés. Bien écrit, le commentaire, à propos, ajouta-t-il négligemment. Bien sûr, vous êtes l’homme qu’il faut pour cela, avec toute votre expérience des vieux maîtres.” Il prononça les deux derniers mots d’une voix traînante, en esquissant des guillements avec ses doigts.

“Merci, Henry, répondis-je. Je regrette de ne pas pouvoir continuer la conversation, nous allions partir, Matthew et moi.”

Nous laissâmes Hasseborg, son nez rouge enfoncé dans l’une des portes de Bill.

“Il est drôle, ce monsieur, me dit Matt dans la rue en me prenant la main.

— Oui, dis-je. Il a une drôle d’allure mais, tu sais, il n’y peut rien.

— Mais il parle drôlement aussi, papa.” Matt s’arrêta de marcher et j’attendis. Je voyais qu’il réfléchissait intensément. Mon fils réfléchissait avec son visage, en ce temps-là. Ses yeux s'étrécissaient. Il fronçait le nez et crispait sa bouche. Après quelques secondes, il reprit : "Il parle comme moi quand je fais semblant – il prit une voix basse – comme ça : *Je suis Spiderman !*"

Je le regardai fixement. "Ma foi, tu as raison, Matt, dis-je. Il fait semblant.

— Il fait semblant d'être qui ? demanda Matt.

— Lui-même."

Matt rit et déclara : "Ça, c'est pas malin", et puis il se mit à chanter. "Ah, ah, chantait-il, je m'appelle Rumplestiltskin, rumple rumple rumple rumple, je m'appelle Rumplestiltskin !"

Depuis l'âge de trois ans, Matt dessinait tous les jours. Ses bonshommes en forme d'œuf avec des bras surgis d'une tête gigantesque avaient bientôt acquis des corps et puis des arrière-plans. A cinq ans, il dessinait des gens de profil en train de marcher dans la rue. Avec leurs nez disproportionnés et leur démarche raide, il faisait ses piétons de toutes tailles et de toutes formes. Il y en avait des gros et des maigres, des noirs, des ocre, des bruns et des roses, et il les habillait de costumes, de robes et de tenues de motocyclistes qu'il devait avoir vues dans Christopher Street. Des poubelles débordaient d'ordures et de boîtes de boissons gazeuses aux coins de ses rues. Des mouches voletaient au-dessus des détritus et il dessinait des fêlures dans les trottoirs. Ses chiens rondouillards pissaient et chiaient pendant que leurs propriétaires se tenaient prêts, un journal à la main. Miss Langenweiler, la maîtresse de Matt au jardin d'enfants, déclara que, de toutes ses années de métier, elle n'avait jamais vu autant de détails dans des dessins d'enfants. Devant les lettres et les chiffres, par contre, Matthew regimbait. Si je lui montrais un *b* ou un *t* dans le journal, il filait en courant. Erica achetait des abécédaires savamment illustrés, avec de grandes lettres colorées. "Ballon", disait-elle en montrant l'image d'un ballon de plage. "B-A-L-L..." Mais Matt ne voulait rien savoir des ballons ni des B. "Lis *Les Sept Corbeaux*, maman", demandait-il, et Erica déposait l'ennuyeux abécédaire et reprenait notre exemplaire fatigué des *Contes* de Grimm.

Je me disais parfois que Matt voyait trop de choses, que ses yeux et son cerveau étaient si encombrés par l'étonnante spécificité du monde que le même don qui le rendait sensible aux habitudes des mouches, aux fêlures du ciment et à la façon dont les ceintures se bouclaient lui rendait difficile l'apprentissage de la lecture. Mon fils mit très longtemps à comprendre que les mots de notre langue allaient de gauche à droite sur une page et qu'un espace entre deux groupes de lettres signifiait un intervalle entre deux mots.

Mark et Matthew jouaient ensemble chaque après-midi après l'école, et Grace leur distribuait des bâtonnets de carottes et des morceaux de pommes, leur lisait des histoires et apaisait les disputes éventuelles. Cette routine quotidienne fut interrompue en février. Bill m'expliqua que Mark avait paru "très secoué" après la venue de sa mère à Noël et que Lucille et lui étaient convenus que Mark serait mieux avec elle au Texas. Je n'insistai pas pour avoir des détails. Dans les rares occasions où Bill me parlait de son fils, sa voix douce se crispait et ses yeux se fixaient quelque part au-delà de moi – sur un mur, un livre ou une fenêtre. Bill se rendit trois fois à Houston, ce printemps-là. Pendant ces longs week-ends, lui et Mark se réfugiaient dans un motel, regardaient des dessins animés, se promenaient, jouaient avec des figurines représentant des personnages de *La Guerre des étoiles* et lisaient *Hänsel et Gretel*. "C'est tout ce qu'il veut entendre – et il n'en a jamais assez, me confia Bill. Je connais le conte par cœur." Bill avait dû laisser Mark chez sa mère, mais il avait emporté l'histoire et il se mit au travail sur une série de constructions qui allaient devenir sa version personnelle du conte. Lorsque la série *Hänsel et Gretel* fut achevée, Lucille et Mark habitaient de nouveau à New York. On avait offert à Lucille d'enseigner encore un an à Rice, mais elle avait refusé.

Peu après le départ de Mark pour le Texas, Gunna mourut. La mort de ce garçon imaginaire, après deux ans d'existence, fut suivie par l'arrivée d'un nouveau personnage que Matt appelait "le garçon fantôme". Quand Erica demanda à Matt comment Gunna était mort, il répondit : "Il était devenu trop vieux, il ne pouvait plus vivre."

Un soir, après la lecture, Erica et moi étions assis au bout du lit de Matt. "J'ai la sensation du garçon fantôme, dit-il.

— Qui est le garçon fantôme ?" demanda Erica. Elle se pencha vers lui et posa les lèvres sur son front.

"C'est un garçon qui est dans mes rêves.

— Tu rêves souvent de lui ?" demandai-je.

Matt fit signe que oui. "Il n'a pas de visage et il ne peut pas parler, mais il peut voler. Pas comme Peter Pan, juste un peu au-dessus du sol, et puis il retombe. Parfois, il est là, mais, d'autres fois, non.

— Où va-t-il ? demanda Erica.

— Je ne sais pas. Je n'y suis jamais allé.

— Est-ce qu'il a un nom, fis-je, à part garçon fantôme ?

— Oui, mais il ne peut pas parler, papa, alors il ne peut pas me le dire !

— Ah oui, j'avais oublié.

— Il ne te fait pas peur, dis, Matt ? s'enquit Erica.

— Non, maman. Il est comme à l'intérieur de moi, tu vois. A moitié dedans, à moitié dehors, et je sais qu'il n'est pas vraiment vrai."

Acceptant cette explication énigmatique, nous l'embrassâmes et lui souhaitâmes bonne nuit. Le garçon fantôme vint et repartit pendant des années. Au bout d'un certain temps, il devint pour Matt un souvenir, un personnage dont il parlait au passé. Erica et moi avions fini par comprendre que le garçon était une créature handicapée, quelqu'un qu'il fallait prendre en pitié. Matthew hochait la tête en évoquant les faibles tentatives que le garçon faisait pour voler, et qui ne l'élevaient qu'à quelques centimètres au-dessus du sol. Il parlait d'un ton étrangement supérieur. Comme si lui, Matthew Hertzberg, à la différence de la créature de son imagination, survolait régulièrement New York, porté par une paire d'ailes immenses et d'une grande efficacité.

Le garçon fantôme était encore en activité quand Violet soutint sa thèse en mai. Elle et Erica passèrent des heures à discuter de la tenue que Violet devrait porter pour l'occasion. Quand je les interrompais en disant que les jurys de thèse ne regardaient jamais les vêtements des candidats, Erica me coupait : "Tu n'es pas une femme, qu'est-ce que tu y connais ?" Violet opta pour le classicisme d'une jupe avec chemisier et de chaussures à talons plats, mais elle avait mis en dessous un corset baleiné qu'elle avait loué chez un costumier du Village. Avant de partir pour sa soutenance, elle apparut sur notre seuil pour se montrer. "Le corset, c'est un porte-bonheur, expliqua-t-elle en tournant sur elle-même devant Erica et moi. Il me fait sentir plus proche de mes hystériques et, aussi, il m'écrabouille aux bons endroits." Elle baissa les yeux vers son ventre. "J'ai un peu grossi à force de rester tout ce temps assise sur mon cul.

— Tu n'es pas grosse, Violet, dit Erica, tu es voluptueuse.

— Je suis grasse, et tu le sais." Violet embrassa Erica, et puis elle m'embrassa. Cinq heures plus tard, elle revenait triomphante. "Ça doit être bon à quelque chose, disait-elle de son doctorat. Je sais qu'il n'y a pas de boulot par ici. La semaine dernière, une amie m'a appris qu'il n'y a que trois postes en histoire de France dans tout le pays. Je suis destinée au chômage. Je vais peut-être devenir l'un de ces chauffeurs de taxi super éduqués, qui s'expriment comme des dieux et foncent d'un quartier à l'autre en chantant des arias de Puccini ou en citant Voltaire à leurs passagers de la banquette arrière, lesquels se contentent de prier pour qu'ils la bouclent et regardent où ils vont."

Violet ne devint pas chauffeur de taxi, et elle ne devint pas professeur. Un an plus tard, les Presses de l'Université du Minnesota publièrent *Hystérie et suggestion : soumission, rébellion et maladie à la Salpêtrière*. Les postes d'enseignant que Violet aurait pu obtenir se trouvaient dans des coins aussi éloignés que le Nebraska ou la Géorgie, et elle ne voulait pas quitter New York. Un musée d'art contemporain en Espagne avait acheté les trois grandes pièces de Bill sur l'hystérie, et beaucoup des plus petites avaient été vendues à des collectionneurs. Il était débarrassé des soucis d'argent, au moins pour quelque temps. Mais, bien avant la parution de son premier livre, Violet avait entrepris des recherches en vue d'un deuxième, consacré à une autre épidémie culturelle. Elle avait décidé d'écrire sur les désordres de la nutrition. Bien qu'elle exagérât son embonpoint, il était devenu vrai que ses courbes généreuses rappelaient les rondeurs des reines de l'écran de ma jeunesse. Elle savait que son corps n'était pas à la mode, surtout à Manhattan où la minceur constituait un impératif du chic véritable. Le travail de Violet tournait nécessairement autour de ses passions et la table était l'une d'elles. Elle cuisinait bien et mangeait avec enthousiasme – pas toujours très proprement. Presque chaque fois qu'Erica et moi partagions un repas avec Bill et Violet, ça se terminait avec Bill, serviette à la main, en train d'ôter délicatement du visage de Violet des parcelles de nourriture égarées ou des éclaboussures de sauce.

Il allait falloir des années à Violet pour écrire son livre, et ce serait bien plus qu'une froide étude académique. Violet s'était donné pour mission de dévoiler les affections qu'elle appelait des "hystéries inversées". "De nos jours, disait-elle, les filles *créent* des limites. Les hystériques voulaient les faire exploser. Les anorexiques les édifient." Elle se plongea dans des documents historiques. Elle étudia les saints qui se privaient de nourritures terrestres afin de goûter l'aliment divin que constituait le corps du Christ dans leurs visions – son sang, le pus de ses plaies, jusqu'à son prépuce perdu. Elle dénicha des comptes rendus médicaux parlant de jeunes filles réputées ne rien manger pendant des mois entiers, de femmes qui se sustentaient en respirant l'odeur des fleurs ou en regardant les autres manger. Elle explora les vies des artistes de la faim qui s'étaient produits dans des villes un peu partout en Europe et en Amérique au XIXe siècle et pendant une bonne partie du XXe. Elle me raconta l'histoire d'un nommé Sacco, à Londres, qui jeûnait en public dans une boîte de verre tandis que des centaines de visiteurs défilaient devant son corps émacié. Elle visita des cliniques et des hôpitaux. Elle interviewa des femmes et des jeunes filles atteintes d'anorexie nerveuse, de boulimie et d'obésité. Elle eut des entretiens avec des médecins, des thérapeutes, des psychanalystes et des rédacteurs de magazines féminins. Là-haut, dans son petit cabinet de travail, Violet accumulait des heures et des heures d'enregistrements destinés à son livre et, chaque fois qu'on la voyait, elle avait affublé celui-ci d'un nouveau titre facétieux : *Des bouées et des os*, *Les Bouches monstrueuses* et, mon préféré : *Poulettes replètes et fins fétus*.

Bill m'invita trois ou quatre fois dans son atelier pendant qu'il travaillait sur *Hänsel et Gretel*. Pendant ma troisième visite, je me rendis compte tout à coup que le conte de fées choisi par Bill avait, lui aussi, la nourriture pour thème. Tout au long de l'histoire il était question de manger, de ne pas manger ou d'être mangé. Bill racontait *Hänsel et Gretel* en neuf tableaux successifs. Au cours du récit, les personnages et les images grandissaient progressivement, n'atteignant l'échelle humaine que dans le dernier épisode. Hänsel et Gretel étaient des enfants sous-alimentés, des victimes de la famine dont les membres frêles et les yeux immenses rappelaient les centaines de photographies qui rendent compte de la misère au XXe siècle ; Bill les avait habillés de sweat-shirts, jeans et baskets éculées.

Le premier tableau consistait en une caisse carrée d'environ soixante-dix centimètres de côté qui ressemblait à une maison de poupée dont on aurait enlevé un mur pour voir à l'intérieur. On y voyait les silhouettes découpées de Hänsel et Gretel en haut d'un escalier. Au-dessous d'eux se trouvaient deux autres découpages représentant un homme et une femme assis sur un canapé face à une télévision dont la lumière tremblotante provenait d'une petite ampoule cachée derrière la toile. On voyait mal le visage de l'homme. L'ombre atténuait ses traits mais le visage de la femme, qu'elle tournait vers son mari, ressemblait à un masque tendu et dur. Les quatre personnages avaient été dessinés à l'encre noire (dans un style qui me rappelait un peu les bandes dessinées de Dick Tracy) et puis installés à l'intérieur de la maison, qui était peint en couleurs.

Les trois tableaux suivants étaient peints sur toile. Chacun d'eux était entouré d'un cadre lourd et doré comme on en voit dans les musées, et chacun était un peu plus grand que le précédent. Les couleurs et la manière de ces peintures me fit d'abord penser à Friedrich, et puis je me rendis compte qu'elles ressemblaient plus aux paysages américains romantiques de Rider. La première représentait, vus de très loin, dans la forêt, les enfants s'apercevant à leur réveil que leurs parents sont partis. Les petites figurines se tenaient enlacées sous une lune haute et mystérieuse dont la lumière froide faisait scintiller les cailloux de Hänsel. Bill faisait suivre ce tableau d'un autre paysage forestier. Sur le sol, une longue traînée de miettes de pain luisait comme de pâles tubercules sous un ciel bleu-noir. On apercevait à peine, dans ce tableau, les enfants endormis : de vagues ombres couchées par terre l'une près de l'autre. Sur la troisième toile, Bill avait peint les oiseaux fondant du ciel sur les bouts de pain tandis qu'un faible soleil doré se levait entre les arbres. On ne voyait nulle part Hänsel et Gretel.

Pour représenter la maisonnette en bonbons, Bill avait abandonné les toiles encadrées pour une toile plus grande, découpée en forme de maison. Les enfants étaient des découpages distincts, fixés sur le toit. Bill avait peint maison et enfants à grands coups de pinceau sauvages, avec des couleurs beaucoup plus vives que toutes celles des scènes précédentes. Vautrés sur la maison, les deux enfants affamés et abandonnés s'empiffraient. Une paume plaquée contre sa bouche, Hänsel se bourrait de chocolats. Gretel, les yeux brillants de plaisir, mordait dans un Tootsie Pop. Tous les bonbons constituant la maison étaient reconnaissables. Les uns étaient peints, les autres, des boîtes et sachets de bonbons véritables, que Bill avait collés sur la surface de la maison – Chuckles et Hershey Bars, Sweethearts, Jujubes, Kit Kats et Almond Joys.

La sorcière n'apparaissait qu'au sixième tableau. A l'intérieur d'une autre toile en forme de maison, peinte dans des teintes plus sourdes que la précédente, une vieille femme se tenait debout à côté du garçon et de la fille endormis, qui avaient l'expression béate et repue de gloutons rassasiés. Près des trois personnages, on voyait une table couverte de vaisselle sale. Bill avait peint des miettes de pain, des débris de hamburger et jusqu'aux traces rouges laissées sur les assiettes par le ketchup. L'intérieur de la pièce, aussi morne et banal que n'importe quel intérieur américain, était dépeint avec une énergie qui me rappelait Manet. Bill y avait de nouveau inclus une télévision, sur l'écran de laquelle il avait peint une publicité pour du beurre de cacahuète. La sorcière était vêtue d'un soutien-gorge sale et d'un collant couleur chair à travers lequel on apercevait sa touffe aplatie et un ventre mou et enflé. Ses seins flétris dans le soutien-gorge et les deux minces rouleaux de chair autour de sa taille étaient déplaisants à voir, mais le plus monstrueux, c'était son visage. La colère déformait ses yeux exorbités derrière le verre épais de ses lunettes. Sa bouche béante paraissait énorme avec ses dents dénudées révélant des plombages étincelants. Dans la sorcière de Bill, l'horreur du conte de fées pris à la lettre se manifestait. Cette femme était cannibale.

Pour le septième tableau, Bill avait de nouveau changé de format. Dans une vraie cage en fer, il avait placé un Hänsel peint à plat sur toile et découpé. Le garçon se tenait à quatre pattes et, en regardant entre les barreaux, je vis qu'il était beaucoup plus gros que dans ses incarnations précédentes. Ses vieux vêtements ne lui allaient plus et son ventre pendait au-dessus de son jean déboutonné. Sur le fond de la cage, il y avait un véritable petit os de poulet – un "os à souhait" nu, sec et blanc. Dans le huitième tableau, on voyait Gretel debout devant un fourneau. Découpée dans un papier épais, elle ressemblait aux premiers dessins la représentant, en beaucoup plus dodue. Bill l'avait peinte sur les deux faces, recto et verso, car on devait pouvoir la regarder de part et d'autre. Le fourneau devant elle était un vrai fourneau, avec la porte du four grande ouverte. Dans le four, il n'y avait pas de cadavre brûlé. Bill avait enlevé le fond du poêle et on n'apercevait derrière que le mur nu.

Le dernier tableau représentait deux enfants bien nourris sortant par une porte découpée dans une grande toile rectangulaire longue de trois mètres et haute de deux. La structure n'était plus une maison de bonbons mais un ranch classique, emprunté aux paysages de centaines de banlieues américaines, peint de manière à ressembler à une photographie aux couleurs passées. Bill avait entouré l'image d'une mince bande blanche, comme on en voit sur les vieux instantanés. De leurs mains sans relief, les enfants agrippaient une vraie corde. A quelques pas devant eux se trouvait une statue d'homme grandeur nature, en trois dimensions. Agenouillé sur le sol, il tenait l'autre bout de la corde et semblait en train de hâler les enfants vers lui et hors de l'histoire. A ses pieds gisait une vraie hache. La figure paternelle était entièrement peinte en bleu. Sur le bleu, en lettres blanches recouvrant le corps du père, on pouvait lire l'histoire complète de Hänsel et Gretel : "A l'orée d'une grande forêt vivait un pauvre bûcheron avec sa femme et ses deux enfants. Le garçon se nommait Hänsel et la fillette Gretel."

Paroles de sauvetage, me suis-je dit en voyant le texte écrit sur le corps de l'homme. Ce que j'entendais par là, au juste, je l'ignorais, mais c'est néanmoins ce que j'ai pensé. La nuit après avoir vu les *Hänsel et Gretel* achevés, je rêvai qu'en levant le bras je découvrais des mots tracés sur ma peau. Je ne comprenais pas comment ils étaient arrivés là et je ne pouvais pas les lire, mais je reconnaissais les noms car ils commençaient par une majuscule. J'essayais d'effacer les lettres, qui refusaient de disparaître. Quand je m'éveillai de ce rêve, je supposai qu'il m'avait été inspiré par la figure paternelle de Bill, et puis je me souvins de l'image de la femme à l'inscription sanglante et des faibles marques que Violet avait tracées sur sa peau. *Hänsel et Gretel* est une histoire de festin, de famine et de terreurs enfantines, mais le travail de Bill, avec ces enfants squelettiques, avait fait resurgir aussi dans mon cerveau endormi une association enfouie – les noms en capitales de mon premier langage s'étaient assimilés aux numéros tatoués sur le bras des gens à leur arrivée dans les camps de la mort nazis. Mon oncle David avait été le seul membre de ma famille à vivre assez vieux pour être ainsi marqué d'un numéro. Longtemps, je restai éveillé à écouter la respiration d'Erica. Après une heure environ, je me levai doucement, j'allai dans mon bureau et retrouvai au fond du tiroir de ma table de travail la photo de mariage de David et Marta. A quatre heures du matin, Greene Street était remarquablement silencieuse. J'entendis quelques camions passer en grondant dans Canal Street. J'étudiais l'élégante robe à longueur de chevilles de Marta et le complet de mon oncle. David était plus beau que mon père, mais je voyais la ressemblance entre eux, surtout au niveau de la mâchoire et du front. Je n'ai qu'un souvenir de mon oncle. Je marche avec mon père à sa rencontre. Nous nous trouvons dans un parc et le soleil qui brille entre les arbres pose sur l'herbe des dessins de lumière et d'ombre. Je regarde l'herbe avec attention, et soudain l'oncle David est là et il m'a saisi par la taille et soulevé en l'air au-dessus de sa tête. Je me rappelle le plaisir de cet envol, et aussi que j'admirais sa force et son assurance. Mon père voulait qu'il parte d'Allemagne avec nous. Je n'ai pas le souvenir qu'ils se soient querellés ce jour-là, mais je sais qu'il y a eu de nombreuses disputes entre eux et que David refusait obstinément de quitter le pays qu'il aimait.

L'exposition des *Hänsel et Gretel* fit grand bruit. L'homme qui se trouvait derrière ce tapage était Henry Hasseborg, qui avait écrit pour *DASH* – le *Downtown Arts Scene Herald* – un article intitulé : "La vision misogyne du *glamour boy*." Hasseborg commençait par accuser Bill d'adopter "le look macho négligé des expressionnistes abstraits afin de complaire aux collectionneurs européens". Après quoi, il démolissait l'œuvre, qu'il qualifiait "d'illustration facile" et appelait ensuite "la plus flagrante expression artistique de la haine des femmes dans la mémoire récente". En trois colonnes d'une typographie compacte, Hasseborg fulminait, bouillait et crachait son venin. L'article était illustré d'une grande photographie de Bill avec des lunettes noires et une allure de star de cinéma. Bill fut stupéfait. Violet pleura. Erica parlait de l'article comme d'un exemple de "haine narcissique" et Jack gloussait : "Imaginez ce petit salopard sous le masque d'un féministe. Il peut parler de complaisance !"

Mon sentiment, c'était que Hasseborg avait attendu son heure. A l'époque où son article parut, Bill avait été l'objet d'une attention suffisante pour exciter des rancunes profondes. L'envie et la méchanceté accompagnent inévitablement la gloire, si mince cette gloire soit-elle. Peu importe le lieu où elle naît : une cour d'école, une salle du conseil, les corridors d'une université ou les murs blancs d'une galerie. Dans le vaste monde, le nom de William Wechsler ne signifiait pas grand-chose mais, dans le cercle incestueux des collectionneurs et des musées new-yorkais, la réputation de Bill commençait à monter en température, et même une faible lueur avait le pouvoir de brûler un Henry Hasseborg.

Au cours des années, Bill a régulièrement inspiré de la haine à des gens qui ne le connaissaient pas et, chaque fois que c'est arrivé, il s'est senti blessé et surpris. La beauté de son visage jouait contre lui, mais le plus dommageable, c'était le fait que des inconnus, en général des journalistes, devinaient confusément son code d'honneur, cette certitude exaspérante qui n'acceptait aucun compromis. Aux yeux des uns, le plus souvent européens, cela faisait de lui une figure romantique – un génie fascinant et mystérieux. Aux autres, le plus souvent américains, la rigueur des convictions de Bill faisait l'effet d'une gifle, d'un aveu formel que ce n'était pas “un type régulier”. La vérité, c'était qu'une grande partie de ce que Bill produisait demeurait caché. Ses expositions étaient le résultat de purges sévères au cours desquelles il réduisait son œuvre à ce qu'il considérait comme essentiel. Le reste, il le gardait. Il considérait certaines pièces comme ratées, d'autres comme redondantes et d'autres encore comme uniques et isolées, ce qui signifiait qu'elles ne pouvaient pas être exposées en tant que parties d'un ensemble. Bien que Bernie vendît certaines des œuvres non exposées à des habitués de son arrière-boutique, Bill en conservait beaucoup chez lui. Il n'avait pas besoin d'argent, me confiait-il, et il aimait bien avoir autour de lui ses tableaux, ses caisses et ses petites sculptures, “tels de vieux amis”. Sachant cela, l'accusation de Hasseborg selon laquelle Bill affectait un style supposé plaire aux collectionneurs paraissait dérisoire, mais elle était née d'un désir ardent. Pour

Henry Hasseborg, admettre l'existence d'artistes qu'aucune vanité complaisante ne poussait à promouvoir leur carrière, c'eût représenté son propre anéantissement. L'enjeu était gros, et le ton de l'article reflétait le désespoir de son auteur.

Après la parution de cet article, je demandai à Bernie de m'en dire plus sur Hasseborg. Il me révéla qu'avant de devenir écrivain Hasseborg avait été peintre. Selon Bernie, il avait produit des toiles fangeuses, à demi abstraites, dont personne ne voulait et, après des années de lutte, il avait fini par renoncer à cette vocation et par se lancer dans la critique d'art et le roman. Au début des années 1970, il avait publié un livre dans lequel un dealer du Lower East Side, entre deux transactions, méditait sur l'état du monde. L'ouvrage avait eu un certain succès critique mais, au cours des dix années écoulées depuis sa publication, Hasseborg n'avait pas réussi à en écrire un autre. Il avait rédigé de nombreuses critiques, néanmoins, et Bill n'était pas sa première victime. Au cours des années 1970, Bernie avait exposé une artiste qui s'appelait Alicia Cupp. Ses sculptures délicates de corps fragmentés et de bouts de dentelle s'étaient très bien vendues à la galerie Weeks. A l'automne 1979, Hasseborg démolit son œuvre dans un article pour *Art in America*. “Alicia avait toujours été assez fragile, me raconta Bernie, mais cet article l'a fait basculer complètement. Elle a passé quelque temps à Bellevue et puis elle a fait ses bagages et elle est partie vivre dans le Maine. Aux dernières nouvelles, elle était terrée dans une petite cabane en compagnie de trente chats. Je l'ai un jour appelée pour lui demander si elle ne voulait pas vendre quelque chose par mon intermédiaire. Je lui ai dit qu'elle n'aurait pas besoin de venir à New York. Vous savez ce qu'elle m'a répondu ? Je ne fais plus ça, maintenant, Bernie. J'ai arrêté.”

Le tour inattendu de l'histoire, c'est que le spleen de Hasseborg inspira trois autres articles sur *Hänsel et Gretel* – l'un également hostile et deux très louangeurs.

L'un des articles positifs parut dans *Art Forum*, une revue plus importante que *DASH*, et le différend attira de plus en plus de monde à la galerie. On venait voir la sorcière. C'était manifestement la sorcière de Bill qui avait provoqué la fureur de Hasseborg. Le collant l'avait offensé au point qu'il lui avait consacré un paragraphe entier, ainsi qu'aux poils pubiens qu'on voyait dessous. L'auteur de l'article pour *Art Forum*, une femme, reprenait le discours sur le collant dans trois paragraphes où elle défendait l'usage que Bill avait fait de ce vêtement. Après cela, plusieurs artistes que Bill n'avait jamais rencontrés lui téléphonèrent pour l'assurer de leur sympathie et le complimenter sur son œuvre. Telle n'avait pas été l'intention de Hasseborg, mais il avait amené la sorcière de Bill au grand jour et elle, à son tour, avait jeté un sort au monde des beaux-arts par la magie de la controverse.

La sorcière réapparut dans la conversation un samedi après-midi d'avril. Quand Violet frappa, j'étais assis à mon bureau en train de regarder une grande reproduction d'un Giorgione – une porte peinte représentant Judith debout, un pied sur la tête coupée d'Holopherne. Après avoir posé sur ma table un livre emprunté, Violet mit une main sur mon épaule et se pencha par-dessus pour mieux voir l'image. Un pied nu sur la tête de l'homme qu'elle vient de décapiter, Judith paraît sourire, très légèrement. La tête est presque souriante, elle aussi, comme si la femme et la tête sans corps partageaient un secret.

“On dirait que ça a plu à Holopherne d'être tué, remarqua Violet. L'image ne donne pas la moindre impression de violence, hein ?

— Non, dis-je. Je la trouve érotique. Elle suggère le calme après l'amour, le silence de la satisfaction.”

Violet déplaça sa main sur mon bras. Ce geste intime lui était naturel, mais j'eus soudain conscience de sentir ses doigts à travers ma chemise. “Tu as raison, Leo. Bien sûr, tu as raison.”

Elle alla se mettre sur le côté de la table et se pencha. "Judith avait jeûné, n'est-ce pas ?" Elle parcourut du bout de son doigt le long corps de Judith. "C'est comme s'ils étaient mêlés, tu ne trouves pas ? Mélangés l'un à l'autre. Je suppose que c'est ça, le sexe." Violet tourna la tête. "Erica n'est pas là ?

— Elle fait des courses avec Matt."

Violet tira une chaise et s'assit en face de moi. Elle prit le livre et dirigea l'image vers elle. "Oui, on dirait qu'il a saisi ça. C'est très mystérieux, cette idée de mélange.

— C'est une nouvelle idée ?

— Pas vraiment, dit-elle. Elle m'est venue parce que je cherchais comment parler de la menace que représente le dehors pour les anorexiques. Ces filles se sont surmélangées, si tu vois ce que je veux dire. Elles trouvent difficile de séparer les besoins et désirs des autres de ceux qui leur sont propres. Au bout d'un certain temps, elles se révoltent en se renfermant. Elles voudraient bloquer toutes leurs ouvertures pour que rien ni personne ne puisse entrer. Mais le mélange, c'est ainsi que va le monde. Le monde nous traverse – les aliments, les livres, les images, les gens." Violet s'accouda au bureau et fronça les sourcils. "Quand on est jeune, je crois qu'il est plus difficile de savoir ce qu'on veut, à quel point on est prêt à absorber les autres. Quand je vivais à Paris, j'essayais mes visions de moi-même comme des robes. Je réinventais tout le temps ce que j'étais. A force de rechercher les histoires de ces femmes hospitalisées, je me sentais énervée et inquiète. Je traînais dans les rues en fin d'après-midi, en m'arrêtant ici et là pour prendre un café. Un jour, dans un café, j'ai rencontré un jeune homme qui s'appelait Jules. Il m'a raconté qu'il venait de sortir de prison – le jour même. Il avait fait huit mois pour une affaire d'extorsion de fonds. J'ai trouvé ça très intéressant et je l'ai interrogé sur la prison, comment c'était. Il m'a dit que c'était terrible, mais qu'il avait beaucoup lu dans sa cellule. C'était un très beau gars, avec de grands yeux bruns et des lèvres douces, tu sais, le genre un peu tuméfié, comme si elles embrassaient tout le temps. En tout cas, j'avais le béguin pour lui. Il avait cette idée que moi, Violet Blom, j'étais une jeune sauvage américaine, une *femme fatale** du XXe siècle lâchée dans Paris. C'était un peu bête, mais ça me plaisait. Tout le temps que j'étais avec lui, je me regardais comme si j'étais un personnage dans un film."

Violet leva une main au-dessus de mon bureau et fit un geste vers sa droite. "Regarde. La voilà dans un café avec lui. La scène est bien éclairée mais un peu floue, pour la rendre plus jolie. On entend de la musique douce dans le fond. Elle le regarde de cet air – ironique, distant, inconnaissable…" Elle frappa dans ses mains. "Coupez !" Elle se tourna vers l'autre côté de la pièce et tendit un doigt. "La revoilà. Elle se teint les cheveux dans son lavabo. Elle se retourne. Violet a disparu. C'est V. Platinée. V. sort dans la nuit pour retrouver Jules.

— Tu t'es teinte en blond ? fis-je.

— Oui, et tu sais ce que Jules m'a dit quand il a vu ma nouvelle chevelure ?

— Non.

— Il a dit : Tu as l'air d'une fille qui a besoin de leçons de piano."

Je ris.

"Bon, tu peux rire, Leo, mais c'est comme ça que ça a commencé. Jules m'a recommandé un professeur.

— Tu veux dire que tu y es vraiment allée rien que parce qu'il t'avait dit que tu avais besoin de leçons de piano ?

— Question d'humeur. C'était un défi et un ordre en même temps – très sexy. Et pourquoi pas des leçons de piano ? Je suis allée à cet appartement dans le Marais. Le type s'appelait Renasse. Il avait des masses de plantes, des grands arbres, des petits

* En français dans le texte. *(N.d.T.)*

cactus piquants, des fougères – une vraie jungle. Dès que je suis entrée là, j'ai eu l'impression qu'il se passait quelque chose, mais je n'aurais pas pu dire ce que c'était. M. Renasse était raide et bien élevé. Nous avons commencé du début. Je devais être l'un des seuls enfants d'Amérique qui n'avait jamais fait de piano. Je jouais de la batterie. Quoi qu'il en soit, je suis allée chez M. Renasse tous les mardis pendant un mois. J'ai appris des petits morceaux. Il était toujours très correct, c'en était ennuyeux, et pourtant quand je m'asseyais à côté de lui, je me sentais si consciente de mon corps que j'aurais pu croire qu'il n'était pas à moi. Mes seins me paraissaient trop gros. Mon derrière sur la banquette occupait trop de place. Il me semblait que mes nouveaux cheveux blancs brûlaient. En jouant, je serrais les cuisses. Pendant la troisième leçon, il s'est montré un peu plus méchant et il m'a grondée deux fois. Mais c'est pendant la quatrième leçon qu'il s'est mis vraiment en colère. Il s'est arrêté tout à coup et a crié : *Vous êtes une femme incorrigible* !* Alors il a pris mon index, comme ceci." Violet se pencha par-dessus le bureau, me saisit la main, puis le doigt et le serra violemment. Elle se leva, en tenant toujours mon doigt, et se pencha sur moi. La bouche contre mon oreille, elle reprit : "Et alors, il a chuchoté, comme ça." D'une voix basse et rauque, Violet dit : "Jules."

Elle lâcha mon doigt et retourna sur sa chaise. "Je me suis sauvée de chez lui en courant. J'ai failli faire tomber un citronnier." Elle se tut un instant. "Tu sais, Leo, beaucoup d'hommes ont essayé de me séduire. J'en avais l'habitude, mais ça, c'était différent. Il me faisait peur, parce que tout ça c'était du mélange.

— Je ne suis pas certain de te comprendre, dis-je.

— Quand il a serré mon doigt, c'était comme si Jules le faisait, tu ne vois pas ? Jules et M. Renasse étaient complètement mêlés. J'avais peur, parce que ça me plaisait. Ça m'excitait.

* En français dans le texte. *(N.d.T.)*

— Mais peut-être que M. Renasse était attiré par toi, et toi par lui, et qu'il s'est simplement servi de Jules.

— Non, Leo, dit-elle. M. Renasse ne m'attirait pas du tout. Je savais que c'était Jules. Jules avait combiné tout ça et ce qui m'attirait, c'était l'idée de jouer un rôle dans un fantasme de Jules.

— Tu n'étais pas déjà la maîtresse de Jules ?

— Bien sûr mais, justement. Ça ne suffisait pas. Il voulait un troisième personnage dans le coup."

Je ne répondis pas. Je comprenais l'histoire mieux que Violet ne se le figurait et, quoi qu'il fût arrivé dans cet appartement plein de plantes, j'avais l'impression que l'histoire m'incluait, moi aussi, que la chaîne d'électricité érotique se poursuivait, ininterrompue.

"J'ai décidé que mélange est un mot clé. Mieux que suggestion, qui est unilatéral. Il explique ce dont on parle rarement, parce que nous nous définissons comme des corps isolés, clos, qui se heurtent les uns aux autres mais restent fermés. Descartes se trompait. Ce n'est pas : Je pense, donc je suis. C'est : Je suis parce que tu es. Ça, c'est Hegel, version brève.

— Un peu trop brève", dis-je.

D'un geste de la main, Violet écarta ma remarque. "Ce qui compte, c'est que nous nous mélangeons sans cesse aux autres. Parfois c'est normal et c'est bien, parfois c'est dangereux. La leçon de piano n'est qu'un exemple évident de ce qui me paraît dangereux. Bill se mêle à ses peintures. Les écrivains le font dans leurs livres. Nous le faisons tous, tout le temps. Pense à la sorcière.

— La sorcière de Bill ?

— Oui. L'histoire de *Hänsel et Gretel*, c'est le truc de Mark. C'est son conte de fées à lui, celui qui lui parle personnellement. Bill a peint ça à cause de Mark. Parfois, Mark me dit : Tu es ma vraie maman, et puis, deux minutes après, il se met en colère et il me dit : Tu n'es pas ma vraie maman, je te déteste.

Tout ce que je sais, c'est que, chaque fois que je suis avec lui, elle est là. Elle se pointe dans chacun des jeux que je joue avec lui. Elle chuchote dans mon dos chaque fois que je lui parle. Quand nous dessinons, elle est là. Quand nous jouons avec un jeu de construction, elle est là. Quand je le gronde, elle est là. Chaque fois que je lève le nez, elle est là.

— Tu veux dire qu'à ses yeux tu vas et viens constamment de la bonne mère à la sorcière ?

— Attends, je t'explique, dit-elle. Depuis plus d'un an, maintenant, nous jouons à un jeu, Mark et moi, après son bain. Il me laisse le voir nu, à présent. Avant, il ne voulait pas. Le jeu s'appelle Master Fremont. Ça se passe comme ça : Mark est Master Fremont et je suis sa servante. Je l'enroule dans son peignoir et je l'emporte de la salle de bains à son lit. Je le pose sur le lit et je me mets à étreindre et embrasser mon petit maître. Il fait semblant d'être très fâché et il me chasse. Je promets d'être sage et de ne plus jamais l'embrasser mais, je ne peux pas m'en empêcher, je me jette sur lui et je l'embrasse et l'étreins de nouveau. Il me chasse de nouveau. Je le supplie de me donner encore une chance. Je me mets à genoux. Je fais semblant de pleurer. Il se laisse convaincre et le jeu recommence. Il pourrait y jouer pendant des heures.

— Tu es trop obscure, Violet.

— C'est Lucille, tu ne vois pas ? C'est Lucille.

— Le jeu, fis-je, lentement.

— Oui, c'est un jeu de mélange. Il peut me repousser, me renvoyer et puis me reprendre, et recommencer à son gré. C'est lui qui a le pouvoir. Dans ce jeu, je suis Mark. Lui…

— Sa mère, dis-je.

— Oui, fit Violet. Lucille ne nous laissera jamais."

Un mois après cette conversation, je me trouvai seul avec Lucille. Nous n'avions eu aucun contact pendant son année à Houston, et depuis son retour en ville, à l'automne, nos rencontres s'étaient limitées à de simples “bonjour” ou à de brefs bavardages dans le vestibule quand elle venait chercher Mark. Les histoires de Violet à propos du “mélange” dans le tableau de Giorgione, dans la leçon de piano et dans le jeu de Master Fremont s'appliquent curieusement à ce qui s'est passé entre Lucille et moi. A la réflexion, je pense que même si nous étions, elle et moi, les seules personnes présentes dans la pièce ce soir-là, nous n'étions pas vraiment seuls.

Ça commença un samedi soir. Nous assistions, Erica et moi, à une réception organisée à Wooster Street pour les supporters d'un groupe théâtral du centre-ville. Quand je l'aperçus, Lucille était en grande conversation avec un très jeune homme – il devait avoir une vingtaine d'années. Elle s'était relevé les cheveux, mettant en valeur son cou élancé, et elle portait une robe grise beaucoup plus jolie que tout ce que je lui avais jamais vu porter. Je remarquai qu'en parlant à ce jeune homme elle lui empoignait de temps en temps l'avant-bras avec une énergie emphatique et surprenante. Je tentai d'attirer son attention, mais elle ne me vit pas. Il y avait foule, c'était une de ces réunions où la conversation est, au mieux, décousue et où règne une lumière insuffisante pour bien voir qui que ce soit. Au bout d'un moment, nous la perdîmes de vue.

Nous étions là depuis une demi-heure environ quand Erica me demanda : “Tu vois ce jeune type, là ?”

Je me retournai. De l'autre côté de la pièce, je vis un grand garçon maigre avec d'épaisses lunettes noires et une tignasse blonde dressée au sommet du crâne, coiffure qui ressemblait beaucoup à l'extrémité paillée d'un balai. Il tournait autour du buffet. Je vis sa main fondre sur un plat. Il rafla plusieurs tranches de pain et les fourra vivement dans les poches de son long imperméable – vêtement peu approprié par une tiède soirée d'été sans pluie. En quelques minutes, il avait fait disparaître des petits pains, des raisins, deux fromages entiers et au moins une demi-livre de jambon dans ses multiples poches. Apparemment satisfait de sa récolte, et l'air très bosselé, il prit la direction de la porte.

"Je vais lui parler, déclara Erica.

— Non, ne fais pas ça, tu vas l'embarrasser, dis-je.

— Je ne vais pas lui dire de remettre ce qu'il a pris. Je veux juste savoir qui c'est."

Peu après, Erica me présentait Lazlo Finkelman. Quand je lui serrai la main, il me salua d'un hochement de tête étranglé. Je remarquai que son manteau était boutonné jusque sous son menton et qu'il paraissait avoir emmagasiné un maximum de provisions au voisinage de son col. Lazlo ne s'attarda pas à bavarder. Nous le vîmes marcher pesamment vers la porte et disparaître.

"Ce garçon meurt de faim, Leo. Il n'a que vingt ans. Il habite Brooklyn – à Greenpoint. C'est un genre d'artiste. Il se nourrit en razziant les tables pendant les *happy hours* et les réceptions du genre de celle-ci. Je l'ai invité à dîner la semaine prochaine. J'ai envie de l'aider.

— Il devrait tenir un mois avec le butin qu'il s'est fait ce soir, observai-je.

— J'ai son numéro, dit Erica. Je l'appellerai pour être sûre qu'il vienne."

En nous dirigeant vers la porte, nous vîmes de nouveau Lucille. Elle était debout, toute seule, affalée contre un mur. Erica s'approcha d'elle.

"Lucille ? Ça va ?" demanda-t-elle.

Lucile releva la tête et regarda Erica, puis moi. "Leo", dit-elle. Ses yeux brillaient et son visage avait une douceur que je ne lui avais jamais vue. Les articulations de son corps habituellement si raide s'étaient détendues comme celles d'une marionnette et, alors que nous étions en face d'elle, ses genoux cédèrent et elle commença à glisser le long du mur. Erica la rattrapa.

"Où est Scott ? demanda Lucille.

— Je ne connais pas Scott", répondit Erica gentiment. Et puis, se tournant vers moi, elle dit : "Il doit l'avoir plantée là. On ne peut pas la laisser. Elle a beaucoup trop bu."

Erica rentra à pied à Greene Street pour libérer Grace de son baby-sitting. Je reconduisis Lucille chez elle en taxi, dans la 3e Rue, entre les avenues A et B. Au moment de chercher ses clés dans le fouillis de son sac, sur le seuil de son immeuble, Lucille avait un peu dessoûlé. Malgré ses gestes encore amortis, je voyais qu'un voile de présence d'esprit lui revenait tandis qu'elle s'efforçait de glisser la clé dans la serrure. Le petit appartement en enfilade au premier étage de l'immeuble était silencieux, à part un robinet invisible qui coulait goutte à goutte quelque part. Plusieurs vêtements traînaient sur le canapé, il y avait une pile de papiers sur un bureau et des jouets éparpillés par terre. Lucille se laissa tomber sur le canapé et leva les yeux vers moi. Ses cheveux décoiffés pendaient en longues mèches devant son visage congestionné.

"Mark est chez Bill, ce soir ? demandai-je.

— Oui."

Elle se passa une main dans les cheveux d'un air hésitant, comme si elle ne savait trop qu'en faire. "J'apprécie… dit-elle.

— Ça ira ? demandai-je. Tu veux que j'aille te chercher quelque chose ?"

D'un geste brusque, elle me saisit le poignet. "Reste un peu, dit-elle. Je t'en prie, reste."

Je n'avais guère envie de rester. Il était plus de minuit et le bruit de la réception m'avait fatigué, mais je m'assis auprès d'elle. "On ne s'est pas vraiment parlé depuis que tu es revenue du Texas, dis-je. Tu as rencontré des cow-boys ?"

Lucille me sourit. L'alcool lui allait bien, pensai-je, parce que, sous son effet, ses traits restaient détendus et le sourire qu'elle m'adressait paraissait bien moins inhibé que d'habitude. "Non, dit-elle. Ce que j'ai eu de plus proche, c'était Jesse. De temps en temps, il portait un chapeau de cow-boy.

— Et qui était Jesse ?

— Il était mon étudiant, mais aussi mon boyfriend. Ça a commencé quand j'ai corrigé ses poèmes. Mes suggestions ne lui plaisaient pas, et sa colère m'a intéressée.

— Donc tu es tombée amoureuse de ce Jesse ?"

Lucille me regarda droit dans les yeux. "Il m'inspirait un très grand intérêt. Une fois, je l'ai suivi pendant deux jours. Je voulais savoir ce qu'il faisait quand je n'étais pas avec lui. Je l'ai suivi sans qu'il le sache.

— Tu pensais le trouver avec une autre femme ?

— Non.

— Qu'est-ce qu'il faisait quand il n'était pas avec toi ?

— Il roulait à moto. Il lisait. Il bavardait avec sa logeuse, une blonde très maquillée. Il mangeait. Il regardait la télévision plus qu'il n'eût fallu. Une nuit, j'ai dormi dans son garage. Ça m'a plu de faire ça, parce qu'il ne l'a jamais su. Je suis arrivée chez lui, je l'ai regardé un moment par la fenêtre et puis j'ai dormi dans le garage et je suis repartie avant qu'il se lève le matin.

— Ça devait être inconfortable.

— Il y avait une bâche, dit-elle.

— Pour moi, ça ressemble à de l'amour, dis-je. Un peu obsessionnel, sans doute, mais de l'amour tout de même."

Les yeux mi-clos, Lucille continuait à me regarder. Son visage était pâle et des cernes sombres lui soulignaient les yeux. Elle secoua la tête. "Non, dit-elle. Je ne l'aimais *pas*, mais j'avais envie d'être près de lui. Une fois, au début, il m'a dit de partir, mais il ne pensait pas ce qu'il disait, il était en colère. Je suis partie. Il m'a couru après et on s'est remis ensemble. Et puis, quelques mois plus tard, il l'a dit de nouveau. Cette fois, il était calme, et je savais qu'il pensait ce qu'il disait, mais je suis restée jusqu'à ce qu'il me mette à la porte."

Je regardais Lucille en silence. Pourquoi me disait-elle tout ça ? S'était-elle empêtrée dans une énigme sémantique – que signifie l'amour ? – ou m'avouait-elle une absence de sentiment ? Pourquoi me décrivait-elle des histoires éminemment personnelles, voire humiliantes, comme s'il s'agissait d'exercices peu clairs dans un manuel de logique pour débutants ? En observant ses yeux bleu pâle, je trouvai leur fixité et leur froideur à la fois fascinantes et irritantes et, brusquement, j'eus envie de la gifler. Ou de l'embrasser. L'un ou l'autre geste aurait satisfait le désir qui me prenait, une envie intense de briser la fragile surface de son visage impassible. Je me penchai vers elle, et Lucille réagit aussitôt. Elle me prit par les épaules, m'attira vers elle et m'embrassa sur les lèvres. Quand je lui rendis son baiser, elle m'enfonça sa langue dans la bouche. Cette agression me surprit, ça ne lui ressemblait pas, mais je n'examinais plus ni ses motivations, ni les miennes. Pendant que je commençais à déboutonner sa robe dans son dos, elle vint promener ses lèvres sur mon cou et je sentis sa langue et puis ses dents qui me mordillaient. La morsure me parcourut le corps, tel un léger choc, et je perçus le sous-entendu de violence. Lucille n'avait pas envie de gentillesse, et elle devinait sans doute depuis le début que le désir que j'avais d'elle était, de toute façon, très proche de la colère. Je l'empoignai par les épaules, la jetai sur le canapé, l'entendis reprendre son souffle, et puis je regardai son visage. Lucille souriait. C'était une ombre de sourire, à peine perceptible, mais je le vis et je vis aussi dans ses yeux une expression de triomphe qui me sommait de continuer. Je retroussai sa robe autour de sa taille, tirai sur son collant et son slip. Elle m'aida à les enlever et puis envoya le tout par terre d'un coup de pied. Je ne me déshabillai pas. Je baissai ma fermeture éclair, lui empoignai les genoux et les écartai. Quand je la pénétrai, Lucille poussa un petit gémissement rauque. Après cela, elle ne fit presque plus de bruit mais elle enfonçait ses doigts dans mon dos et lançait ses hanches contre les miennes avec sauvagerie. Pendant que je suais et grognais au-dessus d'elle, l'air me paraissait chaud et humide contre ma peau et je sentais son parfum ou son savon, une fragrance musquée qui se mêlait à l'odeur sèche de l'appartement poussiéreux. Je ne crois pas que ce fut bien long. Elle poussa un cri étouffé. Je jouis quelques secondes après, et puis nous nous retrouvâmes assis l'un près de l'autre sur le canapé.

Elle se leva et je la regardai quitter la pièce. Dès qu'elle fut sortie, le regret me tomba sur le cœur, telle une barre de fer. Quand elle revint et me tendit une serviette marron pour m'essuyer, mon corps me paraissait lourd comme jamais, lourd comme un tank en panne d'essence.

Dans la salle de bains de Lucille, je me lavai la verge au savon. Pendant que je me séchais avec une autre serviette marron, je sentais une faille se creuser entre moi et l'instant présent, comme si j'étais déjà parti de l'appartement. Quelques minutes auparavant, j'avais eu de Lucille un besoin furieux et réel. J'avais agi selon ce besoin et j'y avais pris plaisir mais déjà l'acte sexuel paraissait lointain, comme une apparition de lui-même. En remontant mon pantalon, je me rappelai Jack citant l'artiste Norman Bluhm : "Tous les hommes sont prisonniers de leur queue." Les mots surgirent dans mon esprit alors que je contemplais les crèmes de nuit de Lucille et une traînée de dentifrice bleu glacier durcie sur son lavabo.

Après m'être attardé dans la salle de bains, je retournai auprès de Lucille, assise sur le canapé dans sa robe à demi boutonnée. En la voyant, j'eus envie de lui présenter des excuses, mais je savais que c'eût été un manque de tact – l'aveu d'une erreur. Je m'assis près d'elle, lui pris la main, et commençai mentalement plusieurs phrases : J'aime Erica. Je ne sais pas ce qui m'a pris… Lucille, ce n'était pas… Je crois qu'on devrait parler… J'annulai tous ces clichés et préférai me taire.

Lucille se tourna vers moi. "Leo." Elle parlait lentement, en articulant chaque syllabe. "Je ne dirai rien à personne.” Ses yeux prirent la mesure des miens et, après avoir prononcé ces mots, sa bouche se crispa. Je commençai par me sentir soulagé, bien que je ne fusse pas allé jusqu’à penser qu’elle pourrait parler à quelqu’un de notre aventure. Une seconde plus tard, je me demandais pourquoi elle avait déclaré ça avant toute autre chose – qu’elle ne dirait rien. Pourquoi “quelqu’un” avait-il surgi entre nous comme un personnage de ce drame ? Je m’étais interrogé sur la manière de me dépêtrer de cette affaire sans lui faire de peine. Tout à coup, je sentis qu’elle m’avait de loin devancé, qu’elle ne voulait plus rien de moi. Elle avait voulu cette fois, et cette fois seulement.

Je le dis alors : “J’aime Erica profondément. Elle m’est plus chère que tout au monde. J’ai agi sans réfléchir…” Je me tus. Lucille me souriait de nouveau, d’un sourire plus large, qui n’exprimait ni satisfaction, ni sympathie. Elle semblait embarrassée. Elle avait rougi. “Je suis désolé”, bredouillai-je, laissant malgré moi échapper les mots d’excuse. Je me levai. “Je peux aller te chercher quelque chose ? demandai-je. Un verre d’eau ? Je pourrais faire du café.” Je remplissais l’atmosphère de paroles, je bavardais pour repousser son embarras.

“Non, Leo”, dit-elle. Elle me prit la main et l’examina, en tournant la paume vers elle. “Tu as de longs doigts, dit-elle, et une paume rectangulaire. Dans un livre que j’ai vu un jour, on disait que des mains comme les tiennes dénotent un don de télépathie.

— Dans mon cas, dis-je, je pense que le livre se trompait.”

Elle hocha la tête. “Bonne nuit, Leo.

— Bonne nuit.” Je me penchai en avant pour l’embrasser sur la joue. Je faisais un gros effort pour dominer ma gêne. Et puis, malgré l’envie que j’avais de m’enfuir de chez elle, je m’attardai, accablé par l’impression que les choses n’étaient pas terminées entre nous. Je regardai à mes pieds et vis un jouet sur le sol. Je reconnus l’objet noir et rouge parce que

Matt en avait plusieurs. Ce jouet, qu'on appelait un "transformeur", pouvait se changer de véhicule en créature robotique à l'aspect plus ou moins humain. Celui-ci était dans un état intermédiaire – mi-objet, mi-homme. Impulsivement, je le ramassai. Pour une raison que j'ignore, je ne pouvais pas le laisser tel quel. J'en tournai un côté vers le bas pour achever la métamorphose. Il devint entièrement robot : deux bras, deux jambes, une tête et un torse. Je sentais sur moi le regard de Lucille. "Un affreux jouet", dit-elle. J'acquiesçai et posai le "transformeur" sur la table. Nous nous redîmes bonsoir, et je partis.

Quand je me glissai dans notre lit au côté d'Erica, elle s'éveilla pendant quelques secondes. "Ça allait, Lucille ?" demanda-t-elle. Je répondis que oui. Ensuite j'expliquai qu'elle avait voulu bavarder et que j'étais resté un moment avec elle. Erica se détourna et se rendormit. Elle avait l'épaule et le bras au-dessus de la couverture et je contemplai la mince bretelle de sa chemise de nuit dans la pénombre de la chambre. Jamais Erica ne soupçonnerait ma trahison et sa confiance me mettait mal à l'aise. Eût-elle été femme à douter de ma loyauté, je me serais senti moins coupable. Le matin, je lui répétai mon mensonge sans broncher. Je mentis si bien que la nuit précédente me parut s'indurer, ce qui aurait dû se passer remplaçant ce qui s'était passé. "Je ne dirai rien à personne." La promesse de Lucille nous liait d'un lien qui contribuerait à effacer la réalité de notre coucherie. Assis à table avec Erica et Matt, ce dimanche matin, devant un panier rempli de *bagels*, j'écoutai Matt parler de Ling. Ling avait quitté l'épicerie du quartier pour aller travailler ailleurs. "Je ne le reverrai sans doute jamais", disait Matt, et pendant qu'il continuait à parler je me souvenais des dents de Lucille dans mon cou et je revoyais sa touffe châtain clair sur sa peau blanche. Lucille n'avait pas souhaité une liaison. J'en avais la certitude, mais elle avait attendu quelque chose de moi. Je dis *quelque chose* parce que, quoi que ce fût, cela avait seulement pris la forme d'un acte sexuel. Plus j'y pensais, plus cela me troublait, parce que je commençais à soupçonner que ce *quelque chose* avait à voir avec Bill.

Après cela, je ne revis plus Lucille pendant des mois. Ou bien je manquais ses allées et venues dans notre immeuble, ou bien elle ne venait plus que rarement chercher Mark parce qu'elle avait conclu avec Bill de nouveaux arrangements. Mais, quelques semaines à peine après avoir couché avec elle, j'interrogeai Bill sur la maladie de Lucille, celle à laquelle il avait fait allusion des années auparavant.

Sa réponse fut si directe que ma longue réticence me parut folie. "Elle a tenté de se suicider, me dit-il. Je l'ai trouvée dans sa chambre, à la résidence universitaire, avec les poignets tailladés qui saignaient sur le plancher." Bill se tut et ferma les yeux un instant. "Elle était assise par terre, les bras étendus devant elle, très calme, en train de se regarder saigner. Je l'ai empoignée, je lui ai enveloppé les poignets dans des serviettes et je me suis mis à appeler au secours. Après, les médecins ont dit que les coupures n'étaient pas très profondes et qu'elle n'avait sans doute pas eu l'intention de se tuer. Des années plus tard, elle m'a raconté que ça lui avait plu de voir le sang." Bill fit une pause. "Elle a dit une chose très étrange. Elle a dit : ça avait de l'authenticité. Elle est restée quelque temps à l'hôpital et puis elle a habité chez ses parents. Ils ne me permettaient pas de la voir. Ils pensaient que j'avais une mauvaise influence. Tu vois, quand elle a fait ça, elle savait que je n'étais pas loin. Elle savait que je viendrais la chercher. Je pense que ses parents se disaient qu'avec moi dans les parages elle risquait de recommencer." Bill fit la grimace et secoua la tête. "Je me sens toujours moche quand j'y pense.

— Mais ce n'était pas ta faute.

— Je sais. Je me sens moche parce que j'aimais en elle ce côté cinglé. Je trouvais ça émouvant. Elle était très belle en ce temps-là. Les gens disaient qu'elle ressemblait à Grace Kelly. C'est affreux à dire, mais une belle fille qui saigne est plus touchante qu'une laide. J'avais vingt ans, j'étais complètement idiot.

Et j'en ai cinquante-cinq, pensai-je, et je suis encore complètement idiot. Bill se leva et se mit à marcher. En le regardant aller et venir d'un bout à l'autre du plancher, je me rendis compte que si je n'y prenais pas garde le secret entre Lucille et moi risquait de s'infecter comme une plaie. Je savais aussi qu'il fallait le garder. Rien ne pouvait venir d'une confession, à part mon propre soulagement. "Lucille sera toujours avec nous", avait dit Violet. Peut-être était-ce exactement ce que Lucille voulait.

Après un mois d'atermoiements, Lazlo Finkelman vint enfin dîner chez nous. Une bonne partie du plaisir que prit Erica en sa compagnie ce soir-là consista à le voir manger. Il avala des montagnes de purée de pommes de terre, six morceaux de poulet et des quantités moindres mais appréciables de carottes et de brocolis. Après avoir dévoré trois parts de tarte aux pommes, il parut disposé à faire la conversation. Mais parler avec Lazlo, c'était comme escalader une pente abrupte. D'un laconisme quasi pervers, il répondait à nos questions par monosyllabes ou par des phrases qui se développaient avec une telle lenteur que l'ennui m'accablait avant qu'il parvienne à leur fin. Néanmoins, lorsque Lazlo repartit chez lui, nous avions appris qu'il était né à Indianapolis et qu'il était orphelin. Son père était mort alors qu'il avait neuf ans, et sa mère l'avait suivi sept ans plus tard. A seize ans, il avait été recueilli par un oncle et une tante qui, selon son expression, étaient "OK". A dix-huit ans, il les avait quittés pour venir à New York et "se consacrer à son art".

Lazlo avait accompli de nombreux petits boulots. Il avait été aide-serveur, employé dans une quincaillerie et coursier. Pendant une période particulièrement difficile, il avait récolté dans les rues les bouteilles vides consignées. A cette époque, il était caissier dans un magasin de Brooklyn à l'enseigne discutable de *La Bagel Delight*. Quand je l'interrogeai sur son art, il sortit immédiatement de son sac des diapositives. Le travail de ce garçon me rappela les jeux de Meccano que ma mère m'avait offerts peu après notre arrivée à New York. En examinant leurs structures biscornues, je m'aperçus que ces assemblages ressemblaient à des organes génitaux, tant masculins que féminins.

"Tout ce que tu fais a un thème sexuel ?" lui demanda Erica. Elle souriait en disant cela, mais Lazlo parut imperméable à son humour. Il étudia Erica à travers ses grosses lunettes et hocha sobrement la tête. Son balai blond accompagnait le mouvement. "C'est ça que je fais", dit-il.

C'est Erica qui mit Lazlo en contact avec Bill. Il y avait quelque temps que Bill parlait d'engager un assistant et Erica était convaincue que Lazlo serait "parfait". Je me sentais plus sceptique quant aux qualifications de l'intéressé, mais Bill ne put résister à Erica et Lazlo devint un élément permanent de nos existences. Il commença à travailler pour Bill au Bowery tous les après-midi. Erica le nourrissait une fois par mois et Matt l'adorait. Lazlo ne faisait rien pour plaire à Matthew. Il ne jouait pas avec lui et ne lui parlait guère plus qu'à nous. Mais la froideur apparente du jeune homme ne décourageait pas Matt le moins du monde. Il grimpait sur les genoux de Laz, touchait sa fascinante chevelure et lui tenait d'interminables discours sur sa passion naissante pour le base-ball ; de temps en temps, plaquant ses mains de part et d'autre du visage de Lazlo, il l'embrassait. Pendant ces assauts passionnés de Matt, Lazlo restait assis, impassible, sur sa chaise, parlait aussi peu que possible et gardait un air obstinément morose. Pourtant, un soir où je regardais Matt encercler de ses bras les jambes maigres de Finkelman au moment où elles allaient franchir le seuil pour venir dîner, je pensai soudain que le manque de résistance de Lazlo envers Matt était en soi une forme d'affection. C'était simplement ce qu'il pouvait faire de mieux à l'époque.

En janvier débuta la liaison de mon collègue Jack Newman avec Sara Wang, une thésarde qui avait été son étudiante. C'était une jolie jeune femme aux yeux bruns et aux longs cheveux noirs qui lui arrivaient au milieu du dos. Il y en avait eu d'autres avant elle – Jane, Delia et la grande Tina dont l'appétit sexuel semblait proportionné à son mètre quatre-vingt-cinq. Jack se sentait seul. Son livre, *Urinoirs et Campbell's Soup*, auquel il travaillait depuis cinq ans, ne suffisait pas à occuper ses longues soirées dans son appartement de Riverside Drive. Ses aventures ne duraient guère. Les chéries de Jack, si elles n'étaient pas nécessairement jolies, étaient toujours intelligentes. Il m'avait un jour confié avec une certaine tristesse qu'il n'avait jamais réussi à attirer une idiote dans son lit. Mais même les filles intelligentes se fatiguaient bientôt de Jack. Elles comprenaient, je suppose, qu'il n'était pas sérieux, qu'il aimait le jeu plus qu'il ne les aimait, elles. Peut-être, en se réveillant un matin et en voyant près d'elles dans le lit ce type à la calvitie débutante, se demandaient-elles où était passée la magie de la veille. Je ne sais pas, en tout cas il les perdait toutes. Un jour, en fin d'après-midi, je pris le couloir menant au bureau de Jack. M'étant attardé à corriger des devoirs, j'étais tombé sur un remarquable petit essai d'un jeune homme du nom de Fred Ciccio sur Fra Angelico et je voulais le montrer à Jack. En jetant un coup d'œil par la petite fenêtre de son bureau, j'aperçus Jack et Sara enlacés. Il avait la main droite enfouie dans le chemisier de Sara et bien que les mains de celle-ci fussent cachées quelque part sous le bureau, l'expression de Jack suggérait qu'elles n'étaient pas inactives. Sitôt que j'eus compris ce que je voyais, je fis demi-tour, j'appuyai ma tête contre la vitre de façon à boucher la vue et je fus victime d'une quinte de toux aussi violente que soudaine, après quoi je frappai. Sara, reboutonnée mais le visage rouge, s'enfuit dès que je passai la porte.

Je dis aussitôt son fait à Jack. Assis dans le fauteuil en face de lui, je lui assenai mon discours standard. Je l'avertis que son manque de discrétion risquait de tout bousiller pour lui dans le département. Le climat n'était pas favorable à la séduction des étudiantes. Il devait rompre ou se cacher. Jack soupira, me lança un regard sombre et dit :

"Je suis amoureux d'elle, Leo.

— Tu étais amoureux de toutes les autres, Jack", rétorquai-je.

Il secoua la tête. "Non. Sara, c'est différent. Ai-je jamais employé ce mot ?"

Je ne me rappelais pas si Jack avait dit qu'il aimait Tina, Delia ou Jane. Je pensai à Lucille et à la curieuse distinction qu'elle avait établie entre "un grand intérêt" et le fait d'être "amoureux".

"Je ne suis pas certain que l'amour excuse tout", déclarai-je.

Dans le métro, je réfléchissais à mes paroles. Elles m'étaient venues aux lèvres sans hésitation, en réaction instantanée à la confession de Jack, mais qu'avais-je voulu dire par là ? Les avais-je prononcées parce que je ne croyais pas à l'amour de Jack pour Sara ou parce que j'y croyais ? Pas une fois, durant toutes mes années de mariage, je ne m'étais demandé si j'aimais Erica. Pendant près d'un an après notre rencontre, je m'étais senti complètement bouleversé par elle. J'avais des battements de cœur. J'avais les nerfs si tendus de désir que je pouvais presque les entendre bourdonner. J'avais perdu l'appétit et je me sentais en manque dès que je n'étais pas auprès d'elle. Cette frénésie s'était apaisée peu à peu mais, en montant l'escalier à la sortie du métro, je me rendis compte que j'étais follement impatient de la voir. Chez nous, je trouvai Erica, Grace et Matthew dans la cuisine. Je saisis Erica, la cambrai en arrière sur mon bras et l'embrassai avec ardeur sur la bouche. Grace rit. Matt était bouche bée et Erica dit : “Recommence. Ça m'a plu.” Je recommençai. “A moi, maintenant, papa”, cria Matt. Je me baissai, inclinai Matt sur mon bras et lui donnai un baiser sur sa petite bouche tendue. Ces démonstrations amusaient tellement Grace qu'elle tira une chaise de cuisine, s'effondra dessus et rit pendant une bonne minute.

C'était un petit incident et pourtant j'y suis souvent revenu en esprit. Des années plus tard, j'ai commencé à imaginer l'épisode avec du recul, comme si l'homme qui avait passé cette porte faisait partie d'un film. Je le vois enlever son manteau et mettre ses clés et son portefeuille près du téléphone dans l'entrée. Je le vois poser sa serviette par terre et entrer à grands pas dans la cuisine. L'homme d'âge mûr aux tempes dégarnies, grisonnant quoique pas entièrement gris, empoigne une grande femme encore jeune aux cheveux brun foncé, avec un petit grain de beauté au-dessus de la lèvre, et l'embrasse. J'ai embrassé Erica impulsivement, ce jour-là, et pourtant je peux remonter la piste de mon désir soudain jusqu'au bureau de Jack, où il m'avait confié qu'il aimait Sara, et même, avant cela, jusqu'au canapé de Lucille où elle s'était emberlificotée dans des nœuds linguistiques à propos du même mot. Nul autre que moi ne pouvait retrouver cette piste. Sa trace était invisible, parcours confus d'interaction humaine culminant dans mon geste impétueux de réaffirmation. J'aime bien cette petite scène. Que ma mémoire soit tout à fait exacte ou non, elle est dotée d'une vivacité que rien de ce que je peux regarder aujourd'hui ne possède. Si je me concentre, je vois les paupières d'Erica se fermer et ses cils épais effleurer la peau délicate sous ses yeux. Je vois ses cheveux glisser de son front et je sens sur mon bras le poids de son corps. Je me souviens de ce qu'elle portait : un t-shirt rayé à manches longues. Son décolleté arrondi laissait voir ses clavicules et la pâleur égale de sa peau hivernale.

Ce mois d'août fut le premier de quatre que les deux familles passèrent ensemble dans le Vermont. Matt et Mark eurent huit, neuf, dix et enfin onze ans dans la vaste et vieille ferme que nous louions chaque année – une baraque déglinguée qui comptait sept chambres à coucher. A différents moments de ses cent cinquante années d'existence, des ajouts avaient agrandi et agrandi encore la maison afin d'y accueillir des familles de plus en plus nombreuses mais, quand nous l'avons connue, plus personne ne l'habitait pendant les autres mois de l'année. Une vieille femme l'avait léguée à ses huit petits-enfants, à présent âgés, eux aussi, et la maison languissait comme un bien quasi oublié. Elle se trouvait en haut d'une colline, que les gens du cru qualifiaient de montagne, non loin de Newfane – une bourgade assez jolie pour être abondamment photographiée en tant que village archétypal de la charmante Nouvelle-Angleterre. Ces journées d'été se sont amalgamées dans mon souvenir et je n'arrive pas toujours à séparer les unes des autres les années de vacances, mais les quatre mois que nous y avons passés sont frappés aujourd'hui d'une qualité que je ne peux appeler qu'imaginaire. Ce n'est pas que je doute de leur véracité. Ma mémoire est nette. Je me souviens de chacune des pièces comme si je m'y étais trouvé hier. Je retrouve la vue de la petite fenêtre devant laquelle je m'installais pour travailler à mon livre. J'entends les garçons qui jouent en bas et Erica qui chantonne non loin d'eux. Je sens l'odeur du maïs en train de bouillir. Non, c'est que le confort ordinaire et le plaisir que nous donnait cette maison ont été reconfigurés dans mon esprit par "le passé". Parce que ce qui était a disparu, cet *était* est devenu idyllique. S'il n'y avait eu qu'un seul été, jamais la verte montagne n'aurait possédé la magie qu'elle possède maintenant pour moi. C'est la répétition qui a fait l'enchantement : le trajet vers le nord dans notre voiture et le fourgon de Bill bourrés de livres, de fournitures pour artistes et de jouets, l'installation dans les chambres qui sentaient le moisi, le rituel du nettoyage dirigé par Violet, la cuisine, les repas, la lecture et les chansons à l'heure du coucher, les quatre adultes assis devant le poêle à bois à discuter tard dans la nuit. Il y avait des journées chaudes, quelques jours étouffants, et des périodes où la pluie refroidissait la maison et martelait les fenêtres. Il y avait des nuits où nous nous étendions sur des couvertures pour étudier les constellations qui brillaient avec la netteté et la clarté de points sur une carte du ciel. De nos lits, la nuit, nous entendions les ours noirs s'interpeller avec des voix qui ressemblaient au hululement des hiboux. Des biches venaient à la lisière du bois observer les lieux et, un jour, un grand héron bleu s'était posé à un pas de la maison et avait regardé Matt, à l'intérieur, debout près de la fenêtre. Matt ne savait pas ce que c'était et son visage était encore tout pâle quand il était venu m'expliquer ce qu'il avait vu, cette apparition subite d'un oiseau trop grand pour être vrai.

Bill, Violet, Erica et moi, nous travaillions pendant que les garçons se trouvaient dans un centre aéré, à Weston, jusqu'à deux heures de l'après-midi, heure à laquelle l'un des quatre parents faisait vingt minutes en voiture pour aller les y rechercher. Erica, Violet et moi, nous travaillions dans la maison. Bill s'était installé un atelier dans une dépendance de la propriété, une construction délabrée qu'il avait baptisée "Bowery II". Ces heures sans enfants pendant lesquelles chacun d'entre nous se consacrait à son œuvre me font penser aujourd'hui à un rêve collectif. J'entendais le léger bruit de la machine à écrire électrique d'Erica en train de rédiger le livre qu'elle a finalement publié sous l'intitulé : *Henry James et les ambiguïtés du dialogue*. De la chambre de Violet, montait le bourdonnement étouffé des voix de jeunes filles dans le magnétophone. Un jour, le premier été, en passant devant sa porte pour aller me chercher un verre d'eau, j'entendis une voix enfantine qui disait : "J'aime voir mes os.

J'aime les voir et les sentir. Quand il y a trop de graisse entre moi et mes os, je me sens loin de moi-même. Vous comprenez ?" De l'atelier de Bill venaient des bruits de coups de marteau, parfois des craquements ou autres fracas, et de faibles et lointains sons de musique – Charlie Mingus, Tom Waits, Lou Reed, les Talking Heads, des airs de Mozart et de Verdi, des lieder de Schubert. Bill construisait des caisses inspirées par des contes de fées. Chaque caisse contenait une histoire et, comme je savais en général sur quelle histoire il était en train de travailler, des images de cheveux d'une longueur invraisemblable, de châteaux envahis par la végétation et de piqûre au doigt flottaient parfois dans ma conscience pendant que je me penchais sur une reproduction d'une madone de Duccio. J'aime l'absence de relief et le mystère de la peinture du Moyen Age et de la Renaissance, et je m'appliquais à en interpréter les codes didactiques en termes de courant historique. Aux triptyques et panneaux de la Passion, de la vie de la Vierge et des vies des saints dans toute leur sanglante étrangeté se superposaient parfois les récits féeriques de Bill ou les filles sous-alimentées de Violet, ces jeunes femmes pour qui le déni de soi et la souffrance auto-infligée constituaient des vertus. Et parce que Erica me lisait presque chaque après-midi un passage de son livre, je trouvais que les phrases en demi-teintes de Henry James (avec leurs innombrables qualificatifs qui jettent inévitablement le doute sur le nom abstrait ou la phrase nominale qui les précèdent) envahissaient parfois ma prose et je devais revoir mes paragraphes afin de les débarrasser d'une influence littéraire que la voix d'Erica avait fait dériver sur ma page.

Revenus du centre aéré, les garçons jouaient autour de la maison. Ils creusaient des trous et les rebouchaient. Ils construisaient des forts à l'aide de branches mortes et de vieilles couvertures et attrapaient des tritons, des scarabées et, à plusieurs reprises, d'énormes hannetons. Ils grandissaient. Les deux petits garçons du premier été avaient peu en commun avec les gamins dégingandés du dernier. Matt jouait, riait et courait comme tous les enfants, mais je continuais à sentir dans sa personnalité une tension qui le séparait de ses pairs, un noyau passionné qui l'entraînait dans une direction à lui. Parce que Mark et lui se connaissaient depuis toujours, parce que leur relation était quasiment fraternelle, une tolérance mutuelle de leurs différences fondait leur amitié. Mark était plus facile à vivre que Matt. Dès l'âge de sept ans, c'était devenu un enfant particulièrement agréable. S'il avait subi bien des difficultés, son caractère semblait n'en avoir gardé aucune trace. Matt, pour sa part, vivait intensément. Il pleurait rarement pour des plaies ou des bosses, mais, s'il se sentait déconsidéré ou maltraité, ses larmes coulaient à flots. Sa conscience était sévère, voire cruelle, et Erica s'inquiétait à l'idée que nous avions sans le vouloir créé un enfant doué d'un ego monstrueux. Avant même qu'une réprimande m'ait échappé, Matt s'excusait : "Je regrette, papa, je regrette terriblement !" Il se punissait lui-même et nous finissions en général, Erica et moi, par le consoler au lieu de le gronder.

Matt apprenait à lire, lentement mais sûrement, avec l'aide d'un professeur particulier, et nous continuions à lui faire la lecture le soir. Les livres devenaient toujours plus longs et plus compliqués et, de même que les films, ils affectaient vivement son imagination. Il était orphelin, prisonnier. Il prenait la tête de mutineries ou faisait naufrage. Il explorait des galaxies inconnues. Pendant quelque temps, Mark et lui eurent une Table ronde dans le bois. Mais le fantasme dominant de Matt, c'était le base-ball. Il peaufinait ses attitudes et s'entraînait à lancer. Debout, en tenue, devant son miroir, il attrapait dans son gant des balles imaginaires. Il collectionnait les fiches, se plongeait chaque soir dans l'encyclopédie du base-ball et inventait dans sa tête des jeux qui se terminaient souvent par un "amorti suicide". Je regrettais pour lui qu'il ne fût pas meilleur joueur. A neuf ans, il commença à porter des lunettes et sa frappe s'améliora, mais les progrès qu'il faisait en *Little League* étaient le produit de sa volonté farouche et infatigable plutôt que d'un talent naturel. Quand je le regardais courir d'une base à l'autre – les nouvelles lunettes solidement attachées sur la tête, bras et jambes frénétiques –, je voyais bien que son style n'avait pas la grâce de celui de certains autres garçons et qu'en dépit de sa détermination il n'était pas si rapide que ça. Mais, enfin, il n'était pas le seul. Au moins pendant les premières années, la *Little League* est un festival d'erreurs, d'enfants qui rêvassent sur les bases et oublient les règles, qui ratent des balles dirigées droit vers leurs gants tendus ou trébuchent et tombent lorsqu'ils ont réussi à en attraper une. Matt accumulait toutes ces fautes, sauf le manque d'attention. "Il a la concentration d'un champion", disait Bill. Ce qui lui manquait, c'était le corps d'un champion.

Les subtilités du jeu renforcèrent les liens entre Bill et Matt. Tel un prêtre gnostique initiant un jeune disciple aux secrets de la secte, Bill abreuvait Matt d'obscurs *RBI* et *ERA*, lui apprenait à décoder les signes des entraîneurs – gesticulations diverses des bras, doigt sur le nez, oreille tirée – et lui lançait des balles dans le jardin jusqu'à ce que, le crépuscule tombant, elles devinssent pratiquement invisibles dans l'obscurité. Son propre fils ne s'intéressait que mollement au base-ball. Parfois, Mark se joignait aux deux fanatiques. D'autres fois, il s'en allait à la chasse aux insectes, qu'il collectionnait dans des bocaux, ou s'étendait dans l'herbe pour contempler le ciel. Je ne remarquai jamais chez Mark la moindre jalousie à l'égard de Matt. Il paraissait parfaitement satisfait de l'amitié croissante entre son père et son meilleur ami.

En un seul corps, Bill combinait les deux grandes passions de Matt : le base-ball et l'art, et je voyais l'affection que mon fils vouait à Bill se transformer lentement en idolâtrie. Durant nos deux derniers mois d'août dans le Vermont, Matt prit l'habitude d'attendre que Bill eût fini de travailler. Il restait patiemment assis sur l'escalier en bois de la baraque qui servait d'atelier, en général avec un dessin sur les genoux. Dès qu'il entendait des pas suivis du grincement de la porte grillagée, il se levait d'un bond et agitait sa feuille de papier. J'assistais souvent à cette scène de la cuisine, où je m'occupais de la tâche qui m'était assignée : l'épluchage des légumes. Sorti du petit bâtiment, Bill s'arrêtait sur le seuil. Quand il faisait chaud, il s'essuyait le front et les joues avec l'un des chiffons à peinture qu'il avait dans ses poches tandis que Matt montait vers lui le reste des marches. Bill prenait le dessin, souriait, hochait la tête et, souvent, tendait la main pour ébouriffer les cheveux de Matt. L'un de ces dessins était un cadeau pour Bill : un portrait aux crayons de couleur de Jackie Robinson sur le marbre. Matt y avait travaillé pendant plusieurs jours. Quand Bill retourna à New York en septembre, il le mit au mur de son studio, et le dessin y resta pendant des années.

Bien qu'il fût tout le temps en train d'esquisser des terrains de base-ball et des joueurs, Matt ne cessa jamais de dessiner et de peindre New York. Avec le temps, ses compositions devenaient de plus en plus complexes. Il peignait la ville ensoleillée ou sous des cieux gris et calmes. Il la peignait par vent violent, sous la pluie et dans les tourbillons de tempêtes de neige. Il dessinait la ville vue d'en haut, de côté ou d'en bas et en peuplait les rues de robustes hommes d'affaires, d'artistes fringants, de mannequins efflanqués, de clochards et de ces cinglés volubiles que nous rencontrions tous les jours sur le chemin de l'école. Il dessinait le pont de Brooklyn, la statue de la Liberté, le Chrysler Building et les Twin Towers. Quand il m'apportait l'une de ces scènes urbaines, je prenais toujours le temps de bien la regarder car je savais que seul un examen minutieux en révélerait tous les détails – un couple enlacé dans un parc, un enfant sanglotant à l'angle d'une rue près de sa mère impuissante, des touristes perdus, des voleurs à la tire et des joueurs de bonneteau.

L'été de ses neuf ans, Matt commença à inclure un personnage dans presque tous ses dessins de ville : un homme âgé et barbu. On l'apercevait en général par la fenêtre de son petit appartement et, tel un reclus de Hopper, il était toujours seul. On lui voyait parfois un chat gris, se promenant sur l'appui de la fenêtre ou roulé en boule à ses pieds, mais jamais de compagnie humaine. Sur l'un des dessins, je remarquai que l'homme était tassé dans un fauteuil, la tête dans les mains.

“Ce pauvre type revient tout le temps, observai-je.

— C'est Dave, dit Matt. Je l'appelle Dave.

— Pourquoi Dave ? demandai-je.

— Je ne sais pas, c'est son nom. Il est très solitaire et je pense souvent qu'il devrait rencontrer quelqu'un mais, quand je me mets à le dessiner, il est toujours seul.

— Il a l'air malheureux, dis-je.

— Je suis triste pour lui. Son seul ami, c'est Durango (il me montrait le chat). Et, tu sais, papa, les chats s'en fichent, dans le fond.

— Eh bien, suggérai-je, peut-être qu'il va se trouver un ami…

— Tu pourrais croire que je n'ai qu'à le faire, puisque je l'ai inventé, mais oncle Bill dit que ce n'est pas comme ça que ça se passe, on doit sentir ce qui est juste, et parfois ce qui est juste dans l'art est triste.”

Je regardai le visage sérieux de mon fils, et puis je regardai Dave. Matt lui avait dessiné des veines sur les mains. Il y avait à ses pieds une tasse à café et une assiette. C'était encore un dessin d'enfant. La perspective de Matt était approximative, son anatomie un peu incertaine, mais les lignes qui esquissaient le corps de cet homme solitaire m'impressionnaient profondément et je me mis à chercher Dave chaque fois que Matt me montrait l'un de ses paysages urbains.

En fin d'après-midi, nous nous promenions dans la montagne. Nous allions en voiture chez Dutton pour acheter des produits de la ferme et ramenions des tomates, des poivrons et des haricots pour le dîner. Quand il y avait du soleil, nous nagions dans l'étang, à quelques pas à peine de la maison. Bill nous accompagnait rarement. De nous tous, c'était lui qui s'imposait les plus longues journées de travail. Il ne faisait jamais la cuisine – il lavait la vaisselle. Mais, une ou deux fois chaque été, par des après-midi de canicule, il sortait de Bowery II et venait nous rejoindre dans l'eau. On le voyait arriver à travers le pré et se déshabiller au bord de l'étang, ne gardant que son caleçon. Bill paraissait sans âge, à cette époque. Je ne lui voyais pas un jour de plus qu'à notre rencontre. Il entrait lentement dans l'eau en poussant des exclamations tout en s'éloignant du bord en marchant. Il avait souvent entre le pouce et l'index une cigarette dont il élevait le mégot fumant au-dessus de la surface de l'étang. Des quatre étés que nous avons passés dans le Vermont, je ne l'ai vu qu'une seule fois plonger, se mouiller la tête et nager pour de bon. A cette occasion, j'ai remarqué que ses brasses étaient à la fois puissantes et rapides.

L'été suivant mon cinquante-sixième anniversaire, je m'aperçus soudain que mon corps avait changé. Cela se passa le jour où Bill avait nagé, et où j'avais écouté Matt et Mark l'applaudir pendant qu'il traversait l'étang. J'avais nagé, moi aussi, et j'étais assis au bord de l'eau, dans mon caleçon de bain noir. En baissant les yeux sur moi-même, je découvris que mes orteils étaient déformés et osseux. Une longue varice était apparue sur ma jambe gauche et la toison clairsemée de mon torse avait blanchi. Mes épaules et mon buste me semblaient étrangement diminués et ma peau, pâle par nature, était devenue rose et rêche. Mais ce qui m'étonna le plus, ce furent les bourrelets de graisse mous et blafards qui s'étaient installés autour de ma taille. J'avais toujours été svelte et, si j'avais bien remarqué que mon pantalon me serrait de façon suspecte lorsque je le fermais le matin, je ne m'en étais pas spécialement inquiété. La vérité, c'était que je m'étais perdu de vue. Je m'étais baladé avec une image de moi-même tout à fait obsolète. Après tout, quand était-ce que je me voyais réellement ? Quand je me rasais, je ne regardais que mon visage. De temps à autre, en ville, j'apercevais mon reflet en passant devant une vitrine ou une porte en verre. Sous la douche, je me récurais sans étudier mes défauts. J'étais devenu anachronique à mes propres yeux. Quand je demandai à Erica pourquoi elle ne m'avait pas signalé de si déplaisants changements, elle me pinça la chair près de la taille et déclara : "Ne t'en fais pas, mon cœur. Je t'aime vieux et gras." Pendant quelque temps, j'entretins l'espoir d'une métamorphose. J'achetai des haltères à l'occasion d'une sortie à Manchester et je tentai de manger plus des brocolis et moins du rosbif que je trouvais dans mon assiette, mais la résolution me manqua bientôt. Je n'avais pas assez de vanité pour endurer les privations.

Une semaine avant la fin de chaque mois d'août, Lazlo arrivait pour aider Bill à emballer ses affaires. Je le vois encore trimballant du matériel à travers pré, de Bowery II au camion de Bill, en pantalon rouge moulant et bottes de cuir, le visage sans expression. Ce n'était pas son visage mais sa coiffure qui donnait à Lazlo son caractère. La brosse blonde dressée sur son crâne suggérait l'existence d'accents d'humour cachés tout au fond du personnage Finkelman. Tel un accessoire d'un comédien muet, elle parlait pour lui – lui prêtant l'apparence d'un héros de fiction naïf et malchanceux, d'un Candide contemporain qui réagissait au monde avec un étonnement profond et incessant. En réalité, Lazlo était doux et timide. Lorsque Matt lui montrait une grenouille, il l'observait avec soin ; il se prononçait brièvement sur n'importe quel sujet si on l'interrogeait et essuyait la vaisselle avec lenteur et méthode quand on faisait appel à lui. C'était pour cette égalité d'humeur qu'Erica l'avait déclaré "gentil".

Erica commençait chaque mois d'août avec une migraine qui durait souvent trois ou quatre jours. Aux étoiles blanches ou roses qui flottaient à la périphérie de son œil gauche succédait une douleur si déchirante qu'elle se débattait et vomissait. Le mal de tête dépouillait son visage de ses couleurs et noircissait les cernes sous ses yeux. Elle dormait et s'éveillait. Elle ne mangeait presque rien et ne voulait personne auprès d'elle. Le moindre bruit lui faisait mal et, du début à la fin, elle s'accablait de reproches et me répétait en marmonnant qu'elle était désolée.

Le troisième été où Erica tomba malade, Violet intervint. Le jour où le mal de tête se déclara, il faisait moite et humide. Erica s'était enfermée dans notre chambre et, en début d'après-midi, j'allai voir comment elle allait. En ouvrant la porte, je trouvai les volets fermés. Assise sur le dos d'Erica, Violet lui pétrissait les épaules. Sans mot dire, je refermai la porte. Quand je revins, une heure plus tard, j'entendis à l'intérieur de la chambre la voix de Violet – un bruit à peine perceptible, mais régulier. J'ouvris la porte. Erica était allongée sur le lit, la tête sur le sein de Violet. En entendant la porte s'ouvrir, elle souleva la tête et me sourit. "Ça va mieux, Leo, dit-elle. Ça va mieux." Je ne sais pas si Violet possédait des pouvoirs miraculeux de guérisseuse ou si la migraine avait simplement suivi son cours mais, quoi qu'il en fût, Erica eut désormais recours à Violet. Dès que la douleur arrivait, pendant la première semaine de notre séjour, Violet accomplissait son rituel de chuchotements et de massage. Je n'ai jamais demandé ce qu'elle disait à Erica. L'affinité entre elles s'était renforcée en une relation qui me paraissait d'une ténébreuse féminité – entre ces deux femmes, une intimité de gamines, avec caresses, fous rires et secrets.

Il y avait d'autres intimités, aussi, dans la maison – tout à fait banales, pour la plupart. Je voyais Violet en pyjama, elle me voyait dans la même tenue. Je m'aperçus que des pinces à cheveux favorisaient le fouillis de sa chevelure. Je remarquai que, s'il se lavait toujours avant le dîner à l'aide de savon et de térébenthine, Bill prenait rarement des bains et qu'il était de mauvaise humeur avant sa tasse de café matinale. Erica et moi, nous entendions Violet se plaindre à Bill des travaux ménagers qu'il ne faisait pas et Bill maugréer contre les impossibles exigences domestiques de Violet. Bill et Violet entendaient Erica m'accuser d'oublier des commissions et de porter des pantalons que "j'aurais dû jeter depuis des années". Je ramassais en même temps que les affaires de Matt les chaussettes raides de crasse et les slips effrangés de Mark. Un soir, je vis des taches de sang sur le siège des toilettes ; je savais que ce n'était pas Erica qui avait ses règles. Je pris un bout de papier hygiénique, le mouillai et effaçai les traces. A ce moment-là, j'ignorais l'importance de ces taches mais, le soir même, nous entendîmes, Erica et moi, les sanglots de Violet dans la chambre au bout du couloir et, mêlée à eux, la voix basse de Bill.

"Elle pleure à cause du bébé, dit Erica.

— Quel bébé ?

— Celui qu'elle ne peut pas avoir."

Erica avait gardé le secret. Il y avait plus de deux ans que Violet espérait tomber enceinte. Les médecins n'avaient rien trouvé d'anormal, ni chez elle, ni chez Bill, mais elle avait entrepris des traitements de fertilité qui, jusqu'ici, n'avaient rien donné. "Elle a eu ses règles aujourd'hui", dit Erica.

Les pleurs de Violet s'apaisèrent et je me souvins de Bill disant qu'il avait toujours voulu des enfants – "des milliers d'enfants".

Il n'y avait pas de télévision dans la maison et cette absence nous fit retrouver des distractions d'un autre temps. Chaque soir, après le dîner, l'un des adultes lisait une histoire à haute voix, en général un conte de fées. Lorsque venait mon tour, je feuilletais l'un des nombreux albums que Bill avait apportés avec lui et je choisissais une histoire en prenant garde d'éviter celles qui commençaient avec un roi et une reine désolés de ne pas avoir d'enfant. De nous quatre, Bill était le meilleur lecteur. Il lisait tranquillement, avec des nuances, en changeant le tempo des phrases en fonction de leur sens. Il faisait des pauses, pour l'effet. Parfois, il adressait un clin d'œil aux deux garçons ou attirait Mark plus près de lui, en général penché sur son épaule. Bill ne se lassait jamais de ces récits. Toute la journée, il réinventait les contes dans son atelier, et le soir il était prêt à en lire encore. Quel qu'il fût, le projet de Bill devenait le fil obsessionnel de son existence et il le suivait, infatigable, jusqu'à la fin. Son enthousiasme était communicatif et aussi un rien fastidieux. Il me citait des articles savants, me passait des photocopies de dessins, discourait sur la signification du chiffre trois – trois fils, trois filles, trois souhaits. Il écoutait des chansons populaires en rapport lointain avec ses investigations et marquait d'un *x* au crayon les ouvrages qu'il souhaitait me faire lire. Je lui résistais rarement. Quand Bill s'amenait avec une nouvelle idée, il ne haussait jamais la voix et son corps ne manifestait pas son excitation. Tout se passait dans ses yeux. L'intuition qu'il venait d'avoir les faisait flamboyer et, quand il les tournait vers moi, je sentais que je n'avais pas le choix : il fallait écouter.

En cinq ans, Bill fabriqua plus de deux cents caisses. Il illustra un recueil de poésie écrit par un ami, il continua à peindre et à dessiner – souvent des portraits de Violet et de Mark – et il était en général lancé dans la construction de l'un ou l'autre objet ou véhicule pour les gamins. Ces jouets aux couleurs éclatantes roulaient, volaient ou tournoyaient comme des moulins à vent. Mark et Matt aimaient particulièrement un pantin à l'air ahuri qui exécutait un seul tour : si on actionnait un levier dans son dos, sa langue surgissait de sa bouche et son pantalon lui tombait sur les chevilles. La fabrication de jouets représentait pour Bill une récréation après son dur labeur sur les caisses des contes de fées. Celles-ci étaient toutes de la même grandeur : environ un mètre sur un mètre vingt. Il y plaçait des personnages en deux et en trois dimensions, combinait objets réels et objets peints et se servait d'images contemporaines pour raconter les vieilles histoires. Les caisses étaient partagées en sections qui ressemblaient à de petites chambres. "Ce sont des bandes dessinées sans les bulles", me disait-il. Mais cette description était trompeuse. Les proportions minuscules des casiers jouaient sur la fascination avec laquelle on regarde en général les maisons de poupées et sur le plaisir d'en découvrir les détails, mais le contenu des univers miniature de Bill s'écartait de ce qu'on en attendait et provoquait souvent une impression d'étrangeté. Bien que leurs formes et une partie de leur teneur magique rappelassent Joseph Cornell, les œuvres de Bill étaient plus grandes, plus rudes et bien moins lyriques. Par la tension qui leur était inhérente, elles me faisaient penser à des débats visuels. Dans les premières, Bill avait compté pour raconter ses histoires sur la connaissance qu'en avait son public. Sa Belle au bois dormant, noire de peau et de cheveux, gisait dans le coma sur le lit d'une chambre d'hôpital. Les tubulures d'une perfusion et les câbles d'un moniteur cardiaque s'y mêlaient à de complexes arrangements floraux, dons de sympathisants : glaïeuls gigantesques, œillets, roses, oiseaux de paradis et fougères, qui étouffaient la pièce. Sortant d'un panier rose, un lierre se faufilait dans les cheveux de la belle et se nouait au récepteur du téléphone posé sur une table à son chevet. Dans une scène ultérieure, la silhouette découpée d'un homme nu planait au-dessus du lit où elle dormait. Il tenait à la main une grande paire de ciseaux. Dans l'image finale, on voyait la jeune fille assise sur son lit, les yeux ouverts. L'homme avait disparu mais les fleurs, les tubes et les câbles avaient tous été coupés et traînaient sur le sol en un fouillis à hauteur de genoux.

Par la suite, Bill adapta pour ses caisses des histoires moins connues, y compris un récit que nous avions lu ensemble dans *The Violet Fairy Book* d'Andrew Lang : "La fille qui se fit passer pour un garçon." Une princesse se déguise en jeune homme afin de sauver le royaume de son père. Après de multiples aventures, dont le sauvetage d'une princesse prisonnière, les épreuves de l'héroïne la transforment en héros. La dernière des neuf images carrées montrait la protagoniste du conte debout devant un miroir, en complet et cravate. Au creux de son pantalon, on ne pouvait que reconnaître le renflement de sa virilité.

Pendant notre dernier été dans la maison, Bill termina une composition intitulée *L'Enfant des fées*. Elle reste ma préférée de cette série. C'était aussi la préférée de Jack, mais dans son esprit elle avait pour sujet l'art contemporain : un jeu sur les identités, les reproductions et le pastiche. Plus proche de Bill que lui, je ne pouvais m'empêcher de penser qu'avec ses sept cases cette œuvre était une sorte de parabole inspirée à mon ami par sa propre vie intérieure.

Dans la première case, une petite sculpture représentait un garçonnet debout en pyjama devant une fenêtre, les mains posées sur son rebord. Il semblait avoir à peu près le même âge que Matt et Mark à cette époque : dix ou onze ans. Au-dehors, la nuit était tombée et trois fenêtres d'un immeuble voisin étaient éclairées à l'électricité. Dans chaque fenêtre, Bill avait peint une scène : un homme en train de parler au téléphone, une vieille femme avec un chien et deux amants couchés nus sur un lit, à plat sur le dos. La chambre du petit garçon était en désordre, semée de vêtements et de jouets. Certains de ceux-ci étaient peints sur le sol, d'autres étaient de minuscules sculptures. En m'approchant très près de la caisse, je vis que l'enfant tenait dans sa main droite une aiguille et une bobine de fil. Dans la deuxième case, il s'était endormi. A sa droite, une poupée de papier représentait une femme en train d'entrer dans la chambre par la fenêtre. La créature dessinée frappait par ce qu'elle avait de rudimentaire. Avec sa grosse tête, ses bras courts et ses genoux pliés à des angles impossibles, on aurait dit un dessin d'enfant. L'une de ses jambes s'était introduite dans l'ouverture et je remarquai tout de suite, attaché au pied de papier, un mocassin miniature.

Dans la troisième scène, cette étrange petite bonne femme avait soulevé de son lit l'enfant encore endormi. La case suivante n'était pas une chambre mais un panneau plat et peint, fixé sur le devant de la caisse. On y voyait la femme en train de porter l'enfant dans une rue de Manhattan, qui semblait située quelque part dans le Diamond District. Sur la toile, la femme en deux dimensions des cases précédentes avait acquis un relief illusoire. Elle n'avait plus l'air d'une poupée de papier mais paraissait avoir trois dimensions, comme l'enfant qu'elle portait. Elle courbait le dos et ses genoux cédaient tandis qu'elle marchait en le tenant dans ses bras. Seul son visage restait le même : deux points pour les yeux, un trait vertical pour le nez et un autre, horizontal, pour la bouche. Dans la cinquième case, la femme était devenue une statuette, avec le même visage primitif peint sur sa tête ovale. Penchée au-dessus du garçon, elle le regardait dormir dans une boîte en verre, la main toujours serrée sur son fil et son aiguille. A côté d'elle se tenait, les yeux fermés, un autre garçon – personnage identique en tout point à l'enfant couché dans le cercueil transparent. Le sixième panneau était une copie exacte du quatrième – la femme courbée, l'enfant endormi, le Diamond District. La première fois que je vis cette œuvre, j'examinai attentivement cette seconde peinture, à la recherche d'un trait distinctif, d'un soupçon de différence, mais il n'y avait rien. La scène finale occupait tout le bas de la caisse. La femme avait disparu. L'un des garçons, sans doute le second, était assis sur le lit dans sa chambre. Il souriait et s'étirait, les bras étendus, dans la chambre bien éclairée. C'était manifestement le matin.

J'ai vu cette caisse pour la première fois dans Bowery II, par une journée pluvieuse de la fin d'août. Nous étions seuls, Bill et moi. La lumière qui entrait par les fenêtres cet après-midi-là était grise et faible. Quand je demandai à Bill où il avait trouvé cette histoire inhabituelle, il me dit qu'il l'avait inventée. “Il existe tout un folklore au sujet de ces enfants échangés par les fées, me dit-il. Elles volent un bébé, le remplacent par une copie conforme et personne ne voit la différence. Ce n'est qu'une version de plus des innombrables mythes de dédoublement qu'on trouve un peu partout, des statues animées de Dédale et de Pygmalion au vieux fonds légendaire anglais, en passant par les récits des Indiens d'Amérique. Jumeaux, doubles, miroirs. Je ne t'ai jamais raconté cette histoire, à propos de Descartes ? J'ai lu quelque part, ou bien on me l'a raconté, qu'il voyageait toujours avec un automate représentant sa nièce bien-aimée, qui s'était noyée.

— Ça ne peut pas être vrai, protestai-je.

— Ça ne l'est pas, mais c'est une belle histoire. Ce sont les hystériques qui m'ont mis là-dessus. Sous hypnose, les patientes de Charcot devenaient quelque chose d'analogue à ces enfants volés. Elles restaient dans leur propre corps, mais comme des copies d'elles-mêmes. Et pense à toutes ces histoires d'ovnis, où des gens sont habités par des extraterrestres. Tout ça, c'est du même ordre d'idée : l'imposteur, le moi factice, le réceptacle vide qui naît à la vie ou l'individu vivant transformé en chose morte...”

Je me penchai et désignai le mocassin.

“Le soulier aussi, c'est un double ? demandai-je. De celui qui se trouve dans le portrait de Violet ?”

Pendant un instant, Bill me parut troublé. “C’est vrai, fit-il lentement. J’ai utilisé le soulier de Lucille pour ce tableau. J’avais oublié.

— Je pensais que ça pouvait être intentionnel.

— Non.” Bill se détourna de la caisse et saisit un tournevis qui traînait sur sa table de travail. Il le tourna et le retourna entre ses mains. “Elle va épouser ce type avec qui elle sort, dit-il.

— Ah, oui ? Qui est-ce ?

— Un écrivain. Il a écrit ce roman, *Egg Parade*. Il enseigne à Princeton.

— Comment il s’appelle ?

— Philip Richman.

— Ça ne me dit rien.”

Bill frottait le manche de son tournevis. “Tu sais, j’ai peine à croire, maintenant, que nous avons été mariés. Je me demande souvent ce que je foutais avec elle. Je ne lui plaisais pas, même sans parler d’amour. Je ne l’attirais même pas.

— Comment peux-tu dire ça, Bill ?

— Elle me l’a dit.

— C’est le genre de choses qu’on dit quand on est fâché. Si elle t’a dit ça, je suis sûr que c’était juste pour te faire mal. C’est ridicule.

— Elle ne me l’a jamais dit en face. Elle l’a dit à quelqu’un qui me l’a répété.”

Je me rappelai les voix de Lucille et de Bill par la fenêtre, en ce lointain après-midi de printemps.

“N’importe, repris-je, ça ne peut pas être vrai. Enfin, pourquoi t’aurait-elle épousé ? Sûrement pas pour ton argent. Tu n’avais rien, à cette époque.

— Lucille n’est pas une menteuse. Ça, il faut le lui reconnaître. Elle l’a dit à une amie commune – une femme qui est réputée pour son habitude de téléphoner aux gens afin de leur communiquer des commérages malfaisants et puis compatir avec eux. L’ironie, c’est que, cette fois-là, ma propre femme était à l’origine du commérage.

— Pourquoi ne te l’a-t-elle pas dit elle-même ?

— Elle n’a pas pu, je suppose.” Bill fit une pause. “Ce n’est qu’en vivant avec Violet que j’ai vu à quel point ma vie avec Lucille avait été bizarre. Violet est si présente, si tonique. Elle m'empoigne tout le temps pour me dire qu'elle m'aime. Lucille n'a jamais dit ça." Il se tut. "Pas une fois." Il releva les yeux de son tournevis. "Pendant des années, jour après jour, j'ai vécu avec un personnage de fiction, quelqu'un que j'avais inventé.

— Ça n'explique pas pourquoi elle t'a épousé.

— J'ai insisté, Leo. Elle était faible.

— Non, Bill. On est responsable de ce qu'on fait. Elle a choisi de t'épouser."

Bill abaissa à nouveau le regard sur son tournevis. "Elle est enceinte, dit-il. Elle m'a dit que c'était un accident, mais il va l'épouser. Elle avait l'air heureuse. Elle ira habiter Princeton.

— Est-ce qu'elle veut que Mark y parte avec elle ?

— Je ne suis pas sûr. J'ai appris que si j'insiste pour le garder, elle exige de l'avoir. Si je n'insiste pas, ça l'intéresse moins. Je crois qu'elle est disposée à laisser Mark choisir. Violet se fait du souci à l'idée que Lucille va nous enlever Mark, qu'il va se passer quelque chose. Elle est… elle est presque superstitieuse quand il s'agit de Lucille.

— Superstitieuse ?

— Oui, je crois que c'est le mot juste. Elle a l'air de croire que Lucille possède un vague pouvoir sur nous – pas seulement en ce qui concerne Mark, d'autres façons aussi…"

Je ne poussai pas la conversation en ce sens. Je me dis que Lucille méritait le bonheur, un nouveau mariage, un autre enfant. Elle allait enfin s'échapper de cet appartement maussade de la 3e Rue Est. Et cependant, sous mes bons vœux rôdait, turbulente, la conscience que Lucille était quelqu'un que je ne comprenais pas.

Au cours de notre toute dernière nuit dans le Vermont, je m'éveillai et vis Erica assise au bord du lit. Supposant qu'elle allait à la salle de bains, je me retournai avec l'intention de me rendormir mais, dans mon demi-sommeil, j'entendis ses pas dans le couloir.

Elle avait dépassé la salle de bains. Je la suivis et l'aperçus, debout devant la chambre de Matt et Mark. Elle avait les yeux ouverts ; elle effleura de ses doigts la poignée de la porte. Elle ne l'ouvrit pas. Elle retira ses mains et puis agita les doigts au-dessus de la poignée, comme le ferait un magicien avant d'accomplir un tour. Quand je m'approchai d'elle, elle me regarda. Les garçons avaient une veilleuse dont la lumière filtrait sous la porte, éclairant d'en bas le visage d'Erica. Je me rendis compte alors qu'elle n'était pas consciente et, me rappelant qu'on recommande toujours de ne pas réveiller les somnambules, je lui saisis le bras avec douceur pour la ramener à son lit. Au contact de ma main, elle cria d'une voix forte et emphatique : *"Mutti !"* L'exclamation me fit sursauter. Je lâchai son bras et, se retournant vers la poignée, elle la toucha une fois du bout de son index, qu'elle retira immédiatement, comme si le métal était brûlant. Je me mis à chuchoter : "C'est moi, Erica. C'est Leo. Je vais te ramener au lit." Elle me regarda de nouveau en face et dit : "Ah, Leo, c'est toi. Où étais-tu ?" Posant un bras sur ses épaules, je la guidai dans le couloir et la forçai doucement à se recoucher. Pendant au moins une heure, je restai éveillé, une main sur son dos, guettant ses mouvements, mais Erica ne bougea plus.

Moi aussi, j'avais appelé ma mère *Mutti* et le mot découvrait en moi un abîme. Je songeais à ma mère, non dans ses vieux jours mais dans son jeune âge, et, pendant un moment, couché dans mon lit, je retrouvai son odeur quand elle se penchait sur moi – poudre et parfum léger – et je sentis son haleine sur ma joue et ses doigts dans mes cheveux quand elle me caressait la tête. *Du musst schlafen, Liebling. Du musst schlafen.* Ma chambre, à Londres, n'avait pas de fenêtre. Je détachais des lambeaux du papier peint d'arabesques de lierre, exposant une bande longue et étroite de mur nu et jaune.

Quand la galerie Weeks exposa les *Contes de fées* de Bill, en septembre de cette année-là, la crise qui devait secouer Wall Street moins d'un mois plus tard et à quelques rues à peine plus au sud paraissait aussi lointaine et improbable que la fin du monde. Deux cents personnes ou plus se pressèrent dans la galerie lors du vernissage et, quand je les regardais, elles me semblaient se fondre en une vaste masse confuse – un être polycéphale aux pattes innombrables, animé par une volonté propre. Je me sentis bousculé, ce soir-là, heurté, arrosé par des verres renversés, coudoyé, poussé dans des coins. Dans le brouhaha, j'entendais citer des prix – non seulement pour les caisses de Bill mais aussi pour les œuvres d'autres artistes qui avaient "crevé le plafond", expression qui évoquait pour moi des dollars flottant au-dessus des toits. Je savais très bien que la femme qui prétendait connaître le prix de vente d'un *Conte de fées* en grossissait le montant de plusieurs milliers de dollars. Les prix n'étaient pas un secret. Bernie en tenait la liste dans son bureau à la disposition de toute personne intéressée. L'exagération de cette femme n'était sans doute pas intentionnelle. Sa phrase commençait par "On m'a dit"… Les on-dit valaient bien la vérité, après tout. Comme à la Bourse, la rumeur engendrait le réel. Et pourtant, peu de gens auraient fait le rapprochement entre les peintures, sculptures, installations et objets conceptuels qui s'épanouissaient alors dans le bas Manhattan et les obligations à risque, les chiffres gonflés et les cloches qui sonnaient à Wall Street.

Les derniers arrivés furent les premiers à partir. De petites galeries de l'East Village disparurent et furent aussitôt remplacées par des boutiques qui vendaient des vêtements de cuir et des ceintures cloutées. SoHo se mit à décliner. Les galeries établies tinrent le coup mais durent réduire leurs frais. Bernie resta ouvert mais il dut renoncer à soutenir financièrement de jeunes artistes et vendit discrètement dans son arrière-salle sa collection personnelle de dessins de maîtres. Quand un collectionneur anglais fit le ménage, dans les années quatre-vingt, en bradant les œuvres de plusieurs artistes en vogue, leur réputation dégringola instantanément et, en quelques mois, leurs noms furent relégués dans un passé nostalgique et précédés le plus souvent des mots : souvenez-vous. D'autres furent oubliés. Les plus renommés survécurent mais parfois sans maison à Quogue ou à Bridgehampton.

La cote de Bill baissa mais ses collectionneurs ne l'abandonnèrent pas. Beaucoup de ses œuvres se trouvaient, de toute façon, en Europe, où il avait acquis une réputation singulière parce que son œuvre attirait des jeunes qui, normalement, ne s'intéressaient pas à l'art. En France, sa galerie faisait de bonnes affaires grâce à des posters représentant les *Contes de fées* et un livre de reproductions était en fabrication. Pendant leur période faste, Violet avait acheté quelques vêtements à la mode et des meubles pour leur loft, mais le manque d'intérêt de Bill pour la consommation ne s'était jamais démenti. “Il ne désire rien, m'avait confié Violet. J'ai acheté une petite table pour le salon et il lui a fallu une semaine pour la remarquer. Il posait un livre ou un verre dessus, mais ce n'est qu'au bout de plusieurs jours qu'il m'a tout à coup demandé si c'était nouveau.” Bill réchappa de la crise parce qu'il avait de l'argent en banque, et il avait de l'argent en banque parce qu'il vivait dans la crainte de son passé – de la misère noire qui l'avait contraint à faire le peintre en bâtiment. Il était alors marié avec Lucille et je remarquais que, plus le temps passait, plus Bill parlait avec tristesse de cette période de son existence, comme si elle était devenue dans sa mémoire plus sombre et plus douloureuse qu'elle ne l'avait été à l'époque. Comme tout le monde, Bill récrivait sa vie. Les souvenirs d'un homme mûr sont différents de ceux d'un jeune homme. Ce que l'on trouvait vital à quarante ans, on peut le trouver moins significatif à soixante-dix. Nous fabriquons des histoires, après tout, à partir des matériaux sensoriels fugaces qui nous bombardent à chaque instant, suite fragmentée d'images, de conversations, d'odeurs, et le contact des objets et des gens. Nous en effaçons la plus grande partie afin de vivre dans un semblant d'ordre, et ce remaniement de la mémoire se poursuit jusqu'à notre mort.

Cet automne-là, j'achevai mon livre. Un manuscrit de six cents pages, que j'intitulai *Une brève histoire du regard dans la peinture occidentale*. Au départ, j'avais espéré que la rigueur épistémologique me porterait d'un bout à l'autre, que le livre constituerait une approche synthétique de la vision artistique et de ses supports philosophiques et idéologiques mais, en cours de route, mon travail s'étira, devint plus libre, plus spéculatif et, je crois, plus honnête. Des ambiguïtés surgirent, qui n'entraient dans aucun schéma, et je les laissai là en tant que questions. Erica, ma première lectrice et conseillère, influença aussi bien ma prose que certains éclaircissements, et je l'en remerciai, mais je dédiai l'ouvrage à Bill. Ce n'était pas seulement un geste d'amitié, mais aussi un acte d'humilité. Inévitablement, les grandes œuvres d'art possèdent cette qualité que j'appelle "excès" ou "pléthore", qui échappe à l'œil de l'interprète.

Le 7 novembre, Erica eut quarante-six ans. Cet anniversaire, qui faisait soudain apercevoir la cinquantaine à l'horizon, parut la stimuler. Elle se mit à suivre un cours de yoga. Elle se fendait, respirait, se tenait sur la tête et se nouait sur elle-même sur le sol du living-room, et affirmait que ces tortures lui procuraient un bien-être "merveilleux". Elle fit sensation au MLA* avec son article intitulé "Sous la Coupe d'or" et publia dans des journaux trois de ses chapitres terminés ; le département d'anglais de Berkeley lui proposa un emploi beaucoup mieux rémunéré, qu'elle refusa. Mais ce régime régulier de yoga, de publication et de flatterie lui convenait. Ses nerfs

* Modern Language Association, association savante américaine. *(N.d.T.)*

s'apaisèrent et je remarquai que, lorsqu'elle était au repos, son front ne paraissait plus ridé en permanence. Sa libido était débordante. Elle m'attrapait par les hanches pendant que je me lavais les dents. Elle me mordillait le dos ou glissait sa main dans mon pantalon en plein couloir. Elle se déshabillait au milieu de la chambre pendant que je lisais et puis s'avançait, nue, vers le lit et me grimpait dessus. J'accueillais ces assauts avec joie et m'apercevais au matin que ces ébats nocturnes avaient laissé des traces. Il y eut bien des jours, cette année-là, où je sortis de chez nous en sifflotant.

A en croire Matt, la classe de cinquième de Mrs Rankleham bouillonnait d'intrigues. La popularité s'imposait comme une obligation majeure pour ces gosses de dix et onze ans. La classe s'était scindée en factions hiérarchisées qui se combattaient ouvertement ou se livraient à des formes plus subtiles de cruauté rappelant la cour de France. Je comprenais que certains garçons et certaines filles "étaient ensemble" – expression vague désignant n'importe quoi, du partage d'un morceau de pizza à des pelotages furtifs. A ma connaissance, ces couples changeaient d'une semaine à l'autre mais Matt ne se trouvait jamais au nombre des élus. Quel que fût son désir d'un statut mieux intégré, je sentais qu'il n'était pas prêt à le rechercher. Un jour d'octobre où j'étais allé l'attendre à la sortie de l'école à cause d'un rendez-vous chez le dentiste, je compris pourquoi. Je reconnus plusieurs des gamines de la classe de Matt que je connaissais depuis des années, des filles qui jouaient un rôle capital dans les drames que Matt nous racontait à table. On aurait dit des femmes. Nettement plus grandes que la dernière fois que je les avais vues, elles avaient de la poitrine et leurs hanches s'étaient élargies. Sur certaines bouches, je vis scintiller du rouge à lèvres. Je les regardai passer, légères, devant Matt et plusieurs autres gringalets qui se lançaient à la tête des petits biscuits en forme de poissons. Pour tenter d'approcher l'une d'elles, il fallait un grand courage ou une stupidité monumentale. Ni l'un ni l'autre n'était apparemment le fait de Matt.

Il jouait après la classe avec Mark et deux autres amis. Il consacrait toute son énergie au base-ball, au dessin et à la course aux bonnes notes. Il s'appliquait à comprendre les énigmes de l'arithmétique et de la science, composait de petits essais avec un soin extrême et une orthographe épouvantable et fignolait avec zèle ses entreprises personnelles : un collage inspiré par une de ses lectures, un galion espagnol en pâte à modeler qui fondit dans le four et – mémorable et interminable aventure – un système solaire en papier mâché. Pendant une semaine, Matt, Erica et moi avons manipulé, enroulé et collé des petits morceaux de journal gluants et mesuré les dimensions de Vénus, de Mars, d'Uranus et de la Lune. Trois fois, l'anneau de Saturne s'affaissa et il fallut le refaire. Quand l'ensemble quasi terminé fut suspendu à de minces fils argentés, Matt se tourna vers moi pour me dire : "C'est la Terre que je préfère", et c'était vrai. Sa Terre était très belle.

Les samedis où Mark partait chez sa mère, qui habitait désormais avec son nouveau mari à Cranbury, dans le New Jersey, Matt allait souvent voir Bill à l'atelier. Nous le laissions marcher seul jusqu'au Bowery et attendions dans l'angoisse qu'il nous téléphone à son arrivée. Un de ces samedis, Matt passa six heures en tête à tête avec Bill. Quand je lui demandai ce qu'ils avaient fait pendant tout ce temps, il me répondit : "On a discuté et travaillé." J'espérais des détails, mais cette réponse était sans appel. A deux reprises, ce printemps-là, Matt explosa de colère envers moi et Erica pour des broutilles. Quand ça n'allait vraiment pas, il affichait sur sa porte l'inscription NE PAS DÉRANGER. Sans ce panneau, nous aurions pu ignorer les rêveries cafardeuses dont sa chambre était le théâtre, mais le message attirait l'attention sur sa réclusion et, chaque fois que je passais devant, il me semblait que la solitude défensive de

Matt me pénétrait jusqu'à la moelle, tel un souvenir physique de ma propre adolescence. Les angoisses hormonales de Matt ne duraient guère, cependant. Il finissait par sortir de sa chambre, en général d'excellente humeur, et nous avions tous trois pendant le repas des conversations animées – dont les sujets allaient de la garde-robe audacieuse d'une certaine Tanya Farley, âgée de douze ans, à la politique étrangère des Etats-Unis pendant la Seconde Guerre mondiale. Nous avions adopté, Erica et moi, une stratégie de laisser-faire et nous commentions rarement les sautes d'humeur de Matt. Il ne nous paraissait pas raisonnable de lui reprocher des hauts et des bas que lui-même ne comprenait pas.

A travers Matt, je retrouvais mes propres jours de crainte et de secret. Je me rappelais le fluide tiède sur mes cuisses et mon ventre, bientôt refroidi après le rêve, les rouleaux de papier hygiénique que je cachais sous mon lit en vue de séances vespérales de masturbation et mes expéditions clandestines à la salle de bains pour jeter les feuilles souillées dans les toilettes, un pas à la fois, en retenant mon souffle, comme si ces émissions de mon corps étaient des denrées volées. Le temps a transformé mon jeune corps en un objet dérisoire, mais il n'était pas comique en ce temps-là. Je tâtais les trois poils apparus pendant la nuit sur mon bas-ventre et j'en cherchais chaque matin sous mes aisselles. Je frissonnais d'excitation et puis me retirais dans la solitude douloureuse de ma peau tendre. Miss Reed, à qui je n'avais plus pensé depuis des années, me revint à l'esprit, elle aussi. Mon professeur de danse avait l'haleine mentholée et un décolleté semé de taches de rousseur. Elle portait des robes à jupes amples, avec de fines bretelles sur ses épaules rondes et blanches, et de temps à autre, pendant le fox-trot ou le tango, une bretelle tombait. Matt passera par tout cela, me disais-je, et il n'y a pas moyen de lui raconter l'histoire pour que ce soit plus facile. Le corps qui se développe a son langage à lui, et la solitude est son premier maître. Plusieurs fois, au cours de ce printemps, je trouvai Matt planté devant l'*Autoportrait* accroché depuis treize ans à notre mur. Il parcourait des yeux la jeune Violet potelée et le petit taxi posé près de son mont de Vénus, et je revis la toile comme la première fois – dans toute sa puissance érotique.

Ce tableau des débuts et les autres de la même série prenaient l'allure d'oracles – comme si Bill avait su longtemps à l'avance que Violet trimballerait un jour en elle les corps de gens qui se rendaient énormes à force de manger ou s'affamaient jusqu'à se réduire à presque rien. Cette année-là, Violet allait régulièrement voir une jeune femme qui pesait plus de deux cents kilos. Angie Knott ne sortait jamais de la maison de Flushing où elle habitait avec sa mère, qui était obèse, elle aussi, mais pas autant que sa fille. Mrs Knott avait dans le quartier une petite entreprise de fabrication de rideaux. Angie s'occupait de la comptabilité. "Après avoir quitté l'école, à seize ans, elle est devenue de plus en plus grosse, racontait Violet. Mais elle avait été un gros bébé et une petite fille dodue, et sa mère l'a dès le début gavée de nourriture. C'est une bouche sur pattes, un dépôt pour gâteaux, caramels, caisses de bretzels et montagnes de céréales sucrées. C'est de graisse qu'il s'agit, poursuivit Violet après m'avoir montré la photo d'Angie. Elle a fait de son corps une caverne où elle peut se cacher, et ce qu'il y a d'étrange, c'est que je la comprends, Leo. Je veux dire que, de son point de vue, tout ce qui se trouve en dehors d'elle est dangereux. Elle se sent en sécurité au milieu de tout ce capitonnage, malgré le danger d'attraper le diabète ou des problèmes cardiaques. Elle échappe au marché sexuel. Personne ne peut franchir cette masse de chair, et c'est ça qu'elle veut."

Certains jours, laissant Angie, Violet allait voir Cathy, qui était en traitement au New York Hospital. Violet l'appelait sainte Catherine, comme Catherine Benincasa, la dominicaine de Sienne qui avait jeûné jusqu'à en mourir. "Un monstre de pureté, disait-elle, plus farouche et plus attachée à la vertu qu'une nonne. Son intelligence fonctionne par des chenaux étroits, mais elle s'y trouve bien et elle développe en faveur du jeûne des arguments dignes d'un érudit hermétiste médiéval. Si elle mange une demi-biscotte, elle se sent souillée et coupable. Elle est affreuse à voir, et pourtant ses yeux brillent d'orgueil. Ses parents ont attendu bien trop longtemps. Ils ont laissé courir. Elle a toujours été tellement sage, ils ne comprennent pas ce qui lui est arrivé. Elle est la face pile d'Angie, protégée non par la graisse mais par une armure virginale. On craint pour son équilibre hydro-électrolytique. Elle risque de mourir." Violet mit Angie et Cathy dans son livre, de même qu'une foule d'autres. Elle changea leurs noms et analysa leurs pathologies comme provenant à la fois de leurs histoires personnelles et de "l'hystérie" américaine en matière d'alimentation, qu'elle qualifiait de "virus sociologique". Elle m'expliqua qu'elle utilisait le mot virus parce qu'un virus n'est ni vivant ni mort. Son activation dépend de son hôte. J'ignore si les jeunes femmes de Violet avaient trouvé le moyen de s'introduire dans l'œuvre récente de Bill ou s'il avait simplement repris un thème ancien ; en tout cas, en le voyant poursuivre son travail sur sa dernière création, je remarquai que la faim avait de nouveau sa place dans son art.

Le Voyage de O s'organisait autour de l'alphabet. Erica fut la première à parler de ces vingt-six boîtes comme du "grand roman américain de Bill". L'expression plut à l'intéressé qui se mit à l'utiliser, en disant que l'œuvre serait aussi longue à terminer qu'un gros roman. Chaque boîte était un petit cube de verre indépendant d'une trentaine de centimètres de côté, que le spectateur pouvait regarder sous toutes ses faces. Les personnages à l'intérieur étaient identifiés par de grandes lettres cousues ou peintes sur leur torse – à la façon de Hester Prynne. O, le jeune peintre qui était le héros du "roman", ressemblait à Lazlo de manière frappante sauf qu'il avait les cheveux roux au lieu de blonds et un long nez où je voyais une référence à Pinocchio. Bill se perdait dans ces cubes. L'atelier était encombré de dessins, de petites peintures, de bouts de tissu pour les vêtements miniature, de carnets remplis de citations et des méditations personnelles de Bill. Je trouvai sur une même page une réflexion du linguiste Roman Jakobson, une référence à la kabbale et une note de Bill à lui-même au sujet d'un dessin animé où figurait Daffy Duck. D'un dessin à l'autre, O était plus ou moins grand, selon les circonstances. Sur l'un de mes croquis favoris, un O émacié, couché sur un lit étroit, tournait sa tête affaiblie vers un de ses tableaux représentant un rôti de bœuf.

Je me rendais régulièrement à l'atelier, cette année-là. Bill m'avait donné un jeu de clés afin que je puisse entrer sans le déranger. Un après-midi, je le trouvai étendu par terre, en train de contempler fixement le plafond. Quatre cubes vides et plusieurs petites poupées étaient éparpillés autour de lui. En m'entendant, Bill ne bougea pas. Je pris une chaise à quelques pas de lui et j'attendis. Au bout de cinq minutes environ, il s'assit. “Merci, Leo, dit-il. J'avais un problème à résoudre à propos de B. Ça ne pouvait pas attendre.” A d'autres occasions, je le trouvais assis en tailleur sur le plancher, occupé à coudre à la main de petits vêtements ou des personnages entiers et, sans lever les yeux de son travail, il me saluait avec chaleur et se mettait à parler : “Leo, je suis content que tu sois là. Je te présente la mère de O.” Il élevait vers moi une grande et mince figurine en plastique avec des yeux roses. “Voici la pauvre mère de O, patiente, gentille, mais un rien poivrote. Je l'appelle X. Y est le père de O. Il n'apparaîtra jamais en chair et en os, tu vois. Ce n'est qu'une lettre qui plane dans le lointain ou au-dessus de la tête de O, une pensée, une idée. Néanmoins, X et Y ont engendré O. Logique, tu ne trouves pas ? X comme ce qui n'est plus*,

* En anglais, *x* se prononce ex. *(N.d.T.)*

par exemple une ex-épouse, ou X pour marquer un endroit et aussi X comme un baiser en bas d'une lettre. Tu vois, elle l'aime. Et puis il y a Y, le grand absent, Y comme dans W-H-Y (pourquoi) ?" Bill rit. Son intonation et son visage me firent penser à Dan et, de but en blanc, je demandai à Bill des nouvelles de son frère. "Toujours pareil", me dit Bill. Son regard se voila un instant. "Toujours pareil."

A chacune de mes visites, je trouvais de nouveaux personnages gisant sur la table ou sur le sol. Un après-midi de mars, je ramassai une figurine en deux dimensions dont la silhouette en fil de fer était habillée d'une mince mousseline, qui avait l'air d'une peau transparente plus que d'une robe. Elle était à genoux, les bras levés en un geste de supplication. En voyant le C épinglé sur son torse, je pensai à sainte Catherine. "C'est une des petites amies de O, me dit Bill. Elle se laisse mourir de faim." L'instant d'après, je remarquai deux petites poupées de tissu enlacées. Je saisis la double figurine et vis que les deux petits garçons – cheveux bruns pour l'un, noirs pour l'autre – étaient attachés par la taille et qu'ils avaient chacun un M cousu à la poitrine. La référence flagrante à Matthew et à Mark me déconcerta un moment. J'examinai les deux visages peints afin de reconnaître leurs traits, mais les deux enfants étaient identiques.

"Tu y mets les garçons ?" demandai-je.

Bill releva la tête et sourit. "Une version des garçons, dit-il. Ce sont les petits frères de O."

Je les reposai soigneusement à leur place sur le cube de verre devant moi.

"Tu as vu le petit frère de Mark ?"

Bill plissa les yeux. "C'est une association libre, ou tu prêtes un sens caché à mes M ?

— Je me demandais simplement.

— Non. Je n'ai vu qu'une photo d'un nouveau-né rouge et chiffonné avec une grande bouche."

Bien que *Le Voyage de O* ne reflétât l'existence de Bill en aucun de ses détails, je commençai à considérer les lettres personnifiées et leurs déplacements d'un cube à l'autre comme une autobiographie fictive – une sorte de traduction du langage de la réalité extérieure dans les hiéroglyphes de la vie intérieure. Bill me racontait qu'à la fin O disparaîtrait – il ne mourrait pas, il disparaîtrait simplement. Dès l'avant-dernier cube, il ne serait plus qu'à moitié visible – son propre spectre. Dans le cube final, O aurait disparu mais, dans sa chambre, on verrait une toile à demi terminée. Ce que Bill avait l'intention de peindre sur cette toile, je l'ignorais, et je pense qu'il l'ignorait, lui aussi.

Dans le courant du mois de décembre de cette année se produisit une disparition réelle. Pas grand-chose et, pourtant, un mystère. Pour son onzième anniversaire, j'avais offert à Matt un couteau de l'armée suisse sur lequel j'avais fait graver ses initiales. Le couteau était accompagné d'un bref sermon sur la responsabilité, et Matt avait accepté toutes les restrictions imposées. La plus importante était qu'il ne pouvait pas l'emporter à l'école. Matt adorait ce couteau. Il l'attachait à une petite chaîne et le laissait pendre à sa ceinture. "J'aime bien l'avoir sous la main, disait-il. Il est si utile." L'utilité du couteau passait sans doute après son symbolisme. Il arborait ce couteau, tels certains concierges leurs clés, comme un symbole d'orgueil viril. Quand il n'était pas en train de s'assurer que son arme n'était pas tombée, elle se balançait à sa ceinture comme un appendice supplémentaire. Avant de s'endormir, il le déposait révérencieusement sur sa table de chevet. Et puis, un après-midi, il ne le retrouva pas. Erica, Mark et Grace fouillèrent avec lui son placard et ses tiroirs de fond en comble et regardèrent sous le lit. Quand je rentrai du travail, Matt était en larmes et Grace avait défait le lit pour voir si le couteau n'était pas tombé entre les draps pendant la nuit. Etait-il certain de l'avoir posé sur la table de nuit ? Avait-il vu le couteau ce matin-là ? Matt pensait que oui, mais plus il y pensait, moins il se sentait sûr. Nous cherchâmes pendant des jours, mais le couteau ne réapparut pas. Je dis à Matt que s'il regrettait toujours son couteau quand son douzième anniversaire serait proche je lui en offrirais un autre.

Cette année-là, Matt et Mark décidèrent qu'ils avaient envie de partir ensemble dans un "vrai" camp de vacances. Fin janvier, Bill, Violet, Erica et moi, nous consultâmes un épais catalogue de camps. En février, nous avions précisé notre choix et disséquions la documentation reçue de sept d'entre eux. Nous appliquâmes à ces brochures et polycopiés innocents tous nos talents herméneutiques. Quel était le sens réel de "philosophie non compétitive" ? L'expression suggérait-elle une saine absence de la mentalité selon laquelle seule compte la victoire, ou servait-elle d'excuse à une attitude laxiste ? Bill scrutait les photographies, à la recherche d'indices. Un style trop brillant et artificiel éveillait ses soupçons. J'exclus deux camps parce que leurs prospectus étaient émaillés d'erreurs grammaticales, et Erica doutait de la qualification des moniteurs. A la fin, un camp dénommé Green Hill, en Pennsylvanie, emporta nos suffrages. La photo de couverture de la brochure plaisait aux enfants – sous une voûte d'arbres feuillus, une vingtaine de garçons et filles arborant des t-shirts "Green Hill" adressaient à l'objectif des sourires épanouis. Le camp proposait tout ce que nous souhaitions : base-ball, basket-ball, natation, voile, canoë et un programme artistique comprenant peinture, danse, musique et théâtre. La décision était prise. Nous envoyâmes nos chèques.

En avril, peu avant la fin du semestre à Columbia, Bill, Mark, Matthew et moi nous rendîmes un vendredi soir au Shea Stadium pour assister à un match des Mets. Rattrapant son retard, notre équipe remonta et parvint à emporter la victoire dans la neuvième reprise. Matt observait attentivement toutes les actions. Après avoir énuméré à mi-voix les statistiques concernant chacun des joueurs, il exposait son analyse de ce qu'on pouvait attendre d'eux sur le marbre.

Pendant tout le cours du match, il tempêta, souffrit et se réjouit en fonction du sort momentané des Mets, et l'intensité de ses émotions était telle que, à la fin, je me retrouvai à la fois épuisé et soulagé.

Il était tard quand j'entrai ce soir-là dans la chambre de Matt avec un verre d'eau à poser sur sa table de nuit. Je me penchai et lui embrassai la joue, mais il ne me rendit pas mon baiser. Il fixa le plafond pendant quelques instants, sourcils froncés, et puis me dit : “Tu sais, papa, je pense toujours au nombre de gens qu'il y a sur la Terre. J'y réfléchissais entre les reprises, pendant le match, et j'ai eu cette bizarre impression, tu sais, que tout le monde pense en même temps, des milliards de pensées.

— Oui, dis-je. Un flot de pensées que nous n'entendons pas.

— Ouais. Et puis j'ai eu cette idée dingue, que tous ces gens différents voient ce qu'ils voient de façon juste un peu différente de celle des autres.

— Tu veux dire que chacun a une façon différente de voir le monde ?

— Non, papa, je veux dire vraiment, en réalité. Je veux dire que, parce que nous étions assis là où nous étions, ce soir, nous avons vu un match juste un peu différent de celui que voyaient ces gens qui buvaient de la bière à côté de nous. C'était le même match, mais j'ai peut-être remarqué certaines choses et eux pas. Et puis je me suis dit que si j'étais assis par là, je verrais autre chose. Et pas seulement le match. Je veux dire qu'ils me voyaient et je les voyais, mais je ne me voyais pas et eux ne se voyaient pas. Tu comprends ce que je veux dire ?

— Je comprends très bien. J'ai beaucoup réfléchi à ça, Matt. L'endroit où je me trouve échappe à ma vue. C'est pareil pour tout le monde. On ne se voit pas dans le tableau, hein ? C'est comme un trou.

— Et quand je réfléchis à ça en même temps qu'à tous ces gens en train de penser leurs milliards de pensées – là, en ce moment, ça ne cesse jamais – j'ai l'impression que tout flotte.” Il fit une pause. “En revenant, dans la voiture, quand on se taisait tous, je réfléchissais à la façon dont les pensées de tout le monde changent sans arrêt. Les pensées des gens pendant le match s'étaient transformées depuis que nous étions dans la voiture. Ça, c'était alors, mais ceci, c'est maintenant, et puis ce maintenant disparaît et un nouveau le remplace. Juste maintenant, je dis juste maintenant, mais c'est passé avant que j'aie fini de le dire.

— D'une certaine façon, lui dis-je, ce *maintenant* dont tu parles existe à peine. On le sent, mais il est impossible à mesurer. Le passé est toujours en train de manger le présent." Je lui caressai les cheveux et repris, après un silence : "Je crois que c'est pour ça que j'ai toujours aimé la peinture. Quelqu'un peint un tableau dans le temps, mais, une fois qu'il est peint, le tableau reste au présent. Ça te paraît sensé ?

— Oui, approuva-t-il. Tout à fait. J'aime que les choses durent très, très longtemps." Matthew me regarda. Et puis il prit une profonde inspiration. "Je suis décidé, papa. Je veux devenir un artiste. Quand j'étais petit, je croyais que j'essaierais d'arriver en *Major League*. Je jouerai toujours, mais ce ne sera pas mon boulot. J'aurai un atelier ici, dans ce quartier, et un appartement tout près, comme ça je pourrai venir vous voir, maman et toi, quand je voudrai." Il ferma les yeux. "Parfois, il me semble que je ferai de grands tableaux et, d'autres fois, que j'en ferai de très petits. Je ne sais pas encore.

— Tu as le temps d'en décider", dis-je. Matthew se tourna sur le ventre et empoigna sa couverture. Je me penchai, et l'embrassai sur le front.

En sortant de la chambre de Matthew, ce soir-là, je m'arrêtai dans le couloir et restai quelques minutes adossé au mur. Je me sentais fier de mon fils. Telle une bouffée d'air dans mes poumons, la sensation se renforça et puis je me demandai si ma fierté ne tenait pas d'une sorte de projection vaniteuse. Les réflexions de Matthew faisaient écho aux miennes et, ce soir-là, en l'écoutant, je m'étais entendu, moi, mais, en même temps, je savais que j'admirais aussi en lui une qualité que je ne possédais pas. A onze ans, il était plus hardi et plus assuré que je ne l'avais jamais été. Quand je parlai à Erica de notre conversation, elle me dit : "Nous avons de la chance. Nous avons de la chance de l'avoir. C'est le plus merveilleux gamin au monde." Et sur cette déclaration hyperbolique, elle se tourna de côté et s'endormit.

Le 27 juin, nous nous sommes entassés tous les six dans un minibus de location, en route pour la Pennsylvanie. Bill et moi, nous avons porté les deux lourds sacs de toile dans une cabane que Matt et Mark allaient partager avec sept autres garçons et nous avons salué leurs moniteurs, Jim et Jason. Ces deux-là me faisaient penser à une version adolescente de Laurel et Hardy – l'un maigre et l'autre rond –, tout sourire, l'un et l'autre. Nous avons brièvement rencontré le directeur du camp, un type velu à la poignée de main énergique et à la voix rauque. Nous nous sommes promenés aux alentours, avons admiré le réfectoire, l'étang, les courts de tennis et le théâtre. Nous avons fait durer les adieux. Matt s'est jeté dans mes bras pour m'embrasser. Je n'étais plus que le soir l'objet d'un traitement aussi affectueux, mais il avait manifestement fait exception pour cet au revoir. Je sentais ses côtes sous son t-shirt pendant qu'il se serrait contre moi et j'ai regardé son visage. "Je t'aime, papa", m'a-t-il dit d'une voix contenue et je lui ai répondu, comme je le faisais toujours : "Je t'aime aussi, Matt. Je t'aime." Je l'ai observé pendant qu'il embrassait Erica et j'ai remarqué qu'il avait un peu de peine à s'éloigner de sa mère. Erica lui a enlevé sa casquette des Mets et a repoussé les cheveux qu'il avait sur le front.

"Matty, a-t-elle dit, je t'embarrasserai tous les jours avec mes lettres.

— C'est pas embarrassant, ça, maman", á-t-il dit. Il l'a serrée dans ses bras, la joue collée au creux de son cou. Et puis, relevant le menton, il a souri. "C'est ceci qui est embarrassant."

Erica et Violet ont retardé notre départ avec leurs recommandations futiles : que Matt et Mark se brossent les dents, qu'ils se lavent, qu'ils dorment assez. En arrivant à la voiture, je me suis retourné pour regarder nos fils. Ils étaient debout sur la vaste pelouse tondue, devant le bâtiment principal du camp. Un grand chêne étalait ses branches au-dessus d'eux et, derrière eux, le soleil de l'après-midi brillait sur l'étang où sa lumière s'accrochait aux crêtes des vagues à la surface de l'eau. Bill a conduit pendant la première partie du trajet de retour et, après m'être installé à l'arrière près de Violet, je me suis retourné de nouveau pour voir disparaître les deux silhouettes tandis que le minibus roulait vers la route sur le long chemin d'accès. Matthew avait levé la main pour nous faire signe. A cette distance, il avait l'air d'un très petit garçon vêtu d'habits trop grands pour lui. J'ai remarqué la maigreur de ses jambes sous son ample short et la minceur de son cou au-dessus du t-shirt gonflé par le vent. Il tenait encore sa casquette à la main, et j'ai vu une mèche de ses cheveux s'envoler, dégageant son visage.

2

Huit jours plus tard, Matt est mort. Le 5 juillet, vers trois heures de l'après-midi, il est allé faire du canoë sur le Delaware avec trois moniteurs et six autres gamins. Son canoë a heurté un rocher et s'est renversé. Matt a été catapulté, sa tête a heurté un autre rocher et il a perdu connaissance. Il s'est noyé dans cette eau peu profonde avant qu'on parvienne à le repêcher. Pendant des mois, Erica et moi, nous avons reconstitué la succession des événements, à la recherche du coupable. Nous en avons d'abord voulu à Jason, qui était à la barre, parce que ce n'était qu'une question de centimètres. Si Jason avait barré quelques centimètres plus à droite, il n'y aurait pas eu d'accident. Un rien plus à gauche, la collision se serait produite, mais Matt n'aurait pas heurté le rocher dans l'eau. Nous en avons voulu aussi à un certain Rusty. Quelques secondes avant le choc, ce garçon s'est levé de son siège au milieu du canoë pour tortiller son cul devant Jason. Pendant ces secondes-là, le moniteur a perdu de vue les rapides à fleur d'eau devant lui. Centimètres et secondes. Quand Jim et un garçon nommé Cyrus ont sorti Matthew de l'eau, ils ne savaient pas qu'il était mort. Jim lui a fait du bouche-à-bouche, aspirant et soufflant de l'air dans le corps immobile de Matt. Ils ont arrêté une voiture sur la route et le conducteur, un Mr Hodenfield, a foncé jusqu'à l'hôpital le plus proche, de l'autre côté de la frontière, à Callicoon, New York – le Groover M. Herman Community Hospital. Pas un instant Jim n'a cessé de pratiquer la respiration artificielle. Obstinément, il appuyait sur la poitrine de Matt, lui insufflait de l'air et recommençait, mais à l'hôpital Matthew fut déclaré mort. Etrange, ce mot "déclaré". Il était déjà mort mais, dans la salle des urgences, on prononça le mot et ce fut fini. La déclaration rendait la mort réelle.

C'est Erica qui prit le téléphone en fin d'après-midi. Je me tenais à quelques pas d'elle, dans la cuisine. Je vis son visage changer, je la vis se cramponner au comptoir et j'entendis son "non !" étranglé. En dépit de la chaleur, nous n'avions pas mis la climatisation en marche. Je transpirais. En la regardant, je me mis à transpirer de plus belle. Erica griffonna quelques mots sur un bloc-notes. Sa main tremblait. Tout en écoutant la voix, elle cherchait à reprendre son souffle. Je savais qu'il s'agissait de Matthew. Erica avait répété le mot "accident", et puis elle avait noté le nom de l'hôpital. J'étais prêt à partir. Une bouffée d'adrénaline m'avait envahi. Je courus chercher mon portefeuille et les clés de la voiture. Quand je revins au salon, les clés à la main, Erica me dit : "Leo, ce type, au téléphone. Ce type m'a dit que Matthew est mort." Je cessai de respirer, fermai les yeux et me répétai ce qu'Erica avait dit à haute voix. Je dis non. J'avais la nausée. Mes genoux cédaient, et je dus me retenir à la table. J'entendis tinter les clés quand ma main heurta le plateau de bois. Je m'assis. Erica avait agrippé l'autre bord de la table. Je regardai ses articulations blanchies et puis levai les yeux vers son visage convulsé. "Il faut qu'on y aille", dit-elle.

Je pris le volant. Les lignes blanches et jaunes sur la route noire devant moi occupaient toute mon attention. Je me concentrais sur elles et les regardais disparaître sous les roues. Le soleil flamboyait devant le pare-brise et je clignais des yeux malgré mes lunettes noires. A côté de moi était assise une femme que je reconnaissais à peine – pâle, immobile, muette. Je sais que nous l'avons vu à l'hôpital, Erica et moi, et qu'il nous a paru maigre. Ses jambes étaient bronzées mais son visage avait changé de couleur. Ses lèvres étaient bleues et ses joues grises. C'était Matthew et ce n'était pas Matthew. Nous avons parcouru des couloirs, Erica et moi, parlé au médecin qui l'avait examiné et pris des dispositions dans l'atmosphère déférente et feutrée dont on entoure les gens qui viennent d'être plongés dans le malheur mais, en vérité, le monde ne semblait plus être le monde et quand je repense à cette semaine, aux funérailles, au cimetière et aux gens qui sont venus, tout cela est sans profondeur, comme si ma vision avait changé et comme si tout ce que je voyais avait été dépouillé de son épaisseur.

Je suppose que cette absence de profondeur venait de l'incrédulité. Savoir la vérité ne suffit pas. Tout mon être contestait la mort de Matt, et je m'attendais sans cesse à le voir passer la porte. Je l'entendais bouger dans sa chambre et monter l'escalier. Un jour, je l'entendis dire : "Papa." Sa voix était aussi distincte que s'il s'était trouvé à un pas de moi. Ce n'est que très lentement que viendrait la conviction, et elle viendrait peu à peu, par instants qui foreraient des trous dans l'étrange décor qui avait remplacé le monde autour de moi. Deux jours après l'enterrement, j'errais dans l'appartement et j'entendis du bruit dans la chambre de Matthew. En entrouvrant la porte, je vis Erica couchée dans le lit de Matt. Elle s'était pelotonnée sous ses draps et roulait sur elle-même, d'avant en arrière, en mordant dans l'oreiller qu'elle agrippait entre ses bras. J'entrai et vins m'asseoir près d'elle au bord du lit. Elle continua son balancement. La taie d'oreiller était trempée de taches confuses de salive et de larmes. Je posai la main sur son épaule, mais elle se détourna violemment vers le mur et se mit à hurler. Ses cris montaient du tréfonds de sa gorge – rauques et gutturaux. "Je veux mon bébé ! Va-t'en ! Je veux mon bébé !" Je retirai ma main. Elle frappait le mur à coups de poing, elle battait le lit. Elle sanglotait en vociférant sans cesse les mêmes mots. Je sentais ses cris me perforer les poumons et j'arrêtais de respirer chaque fois qu'ils surgissaient. Tandis que je restais là, assis, à écouter Erica, la peur me prit, non de son chagrin mais du mien. Je laissai ses cris me déchirer et me racler de part en part. Oui, me disais-je. Voilà la vérité. Ces bruits sont réels. Je regardai le plancher et m'imaginai couché dessus. Arrêter, pensais-je, arrêter, c'est tout. Je me sentais sec. C'était ça, le problème. J'étais sec comme un vieil os – et j'enviais à Erica ses cris et ses gesticulations. Je ne trouvais pas ça en moi et je la laissais faire à ma place. Elle finit par poser la tête sur mes genoux et je regardai son visage tuméfié, son nez rouge et ses yeux enflés. Je mis quatre doigts sur sa joue et la parcourus jusqu'au menton. "Matthew", lui dis-je. Et puis je le répétai : "Matthew."

Erica leva les yeux vers moi. Ses lèvres tremblaient. "Leo, demanda-t-elle, comment allons-nous vivre ?"

Les jours étaient longs. Je dois avoir pensé mais je ne m'en souviens pas. La plupart du temps, je restais assis. Je ne lisais pas, je ne pleurais pas, je ne me balançais pas, je ne bougeais pas. Je restais assis dans le fauteuil où je suis souvent assis maintenant, et je regardais par la fenêtre. Je regardais le flot des voitures et les piétons chargés de leurs emplettes. J'examinais les taxis jaunes, les touristes en short et en t-shirt et puis, après des heures d'immobilité, j'allais dans la chambre de Matt toucher ses affaires. Je ne prenais jamais rien. Je promenais mes doigts sur sa collection de pierres. Je touchais ses t-shirts dans son tiroir. Je posais les mains sur son sac à dos encore plein de ses vêtements sales du camp. Je palpais son lit défait. Nous ne refîmes pas son lit de tout l'été et nous ne déplaçâmes pas un objet dans sa chambre. Quand venait le matin, Erica avait souvent retrouvé le chemin du lit de Matthew. Parfois elle se rappelait de s'y glisser au milieu de la nuit. D'autres fois, non.

Elle avait de nouveau des crises de somnambulisme, pas toutes les nuits, mais deux fois par semaine environ. Pendant ces transes, Erica cherchait toujours quelque chose. Elle ouvrait avec brutalité des tiroirs dans la cuisine et farfouillait au fond des placards. Elle ôtait les livres de l'étagère dans son bureau et interrogeait du regard le bois nu sur lequel ils s'étaient trouvés. Une nuit, je la trouvai plantée au milieu du vestibule. Sa main faisait tourner une poignée invisible, et elle ouvrit à la volée une porte invisible et se mit à saisir et à attraper le vide. Je la laissai faire car j'avais peur de la perturber. Endormie, elle possédait une détermination qu'elle avait perdue à l'état de veille et, quand je la sentais remuer près de moi et s'asseoir dans le lit, je me secouais et me levais consciencieusement afin de la suivre dans l'appartement jusqu'à ce que s'achève la quête rituelle. Je devins un spectateur nocturne, le vigilant second des errances inconscientes d'Erica. Certaines nuits, je me tenais debout devant la porte qui donnait sur le palier, craignant qu'elle ne sorte pour aller poursuivre sa quête dans les rues, mais, quel que fût l'objet de ses recherches, cette chose était perdue dans l'appartement. Parfois, elle marmonnait : “Je sais que je l'ai mis quelque part. C'était là.” Mais jamais elle ne disait ce que c'était. Au bout d'un moment, elle renonçait, allait dans la chambre de Matt, se glissait dans son lit et s'endormait. Pendant les premières semaines, je lui parlai de son somnambulisme mais, après quelque temps, je ne le fis plus. Il n'y avait rien de plus à lui dire et mes descriptions de ses fouilles aveugles n'auraient pu que la faire souffrir davantage.

Nous ne savions pas comment renoncer à lui, comment exister. Nous ne retrouvions pas les rythmes de la vie normale. La simple affaire de s'éveiller, d'aller ramasser le journal à la porte et de s'asseoir pour prendre le petit-déjeuner devenait une pantomime cruelle du quotidien exécutée en l'absence béante de notre fils. Et bien qu'elle s'attablât devant son bol de céréales, Erica ne pouvait pas manger. Jamais grosse mangeuse, elle avait toujours été mince, mais à la fin de l'été elle avait perdu près de sept kilos. Ses joues s'étaient creusées et quand j'étais assis en face d'elle, je voyais son crâne. J'insistais pour qu'elle mange, mais mes encouragements manquaient de conviction car rien de ce qui se trouvait dans mon assiette n'avait de goût, pour moi non plus, et je devais me forcer à avaler les aliments. Ce fut Violet qui nous nourrit. Elle commença à préparer le dîner pour Erica et moi le lendemain de la mort de Matt et n'arrêta que bien avant dans l'automne. Au début, elle frappait avant d'entrer. Ensuite, nous lui laissions la porte ouverte. Chaque jour, j'entendais ses pas dans l'escalier et je la voyais arriver, apportant des plats recouverts de papier d'aluminium. Violet ne nous disait jamais grand-chose pendant les premiers temps après la mort de Matt, et son silence nous soulageait. Elle annonçait les noms des plats : "Lasagnes et salade", ou bien "Emincé de poulet avec haricots verts et riz", et puis elle les posait sur la table, les découvrait et nous servait. A partir du mois d'août, elle resta là pour encourager Erica à manger. Elle lui coupait ses aliments et, pendant qu'Erica prenait quelques bouchées avec hésitation, Violet lui massait les épaules ou lui caressait le dos. Elle me touchait aussi, mais de façon différente. Elle me prenait l'avant-bras et le serrait fort – pour me calmer ou pour me secouer – je ne sais pas.

Nous étions dépendants d'elle et quand j'y repense aujourd'hui je me rends compte de l'énergie qu'elle y consacrait. Si Bill et elle sortaient pour le dîner, elle nous préparait néanmoins le nôtre et nous l'apportait. Quand ils prirent deux semaines de vacances en août, elle arriva avec des repas à mettre dans notre congélateur, étiquetés pour tous les jours de la semaine. Elle nous téléphonait du Connecticut chaque matin à dix heures pour prendre de nos nouvelles et terminait sa conversation en disant : "Sortez mercredi tout de suite, ce sera décongelé à l'heure du dîner."

Bill venait nous voir seul. Ni Violet ni lui n'en dirent jamais rien, mais je pense qu'ils accomplissaient ce devoir séparément plutôt qu'ensemble afin que nous ayons plus longtemps de la compagnie, Erica et moi. Une quinzaine de jours après l'enterrement, Bill nous apporta une aquarelle que Matt avait peinte pendant une de ses visites à l'atelier. C'était encore un paysage urbain. En le voyant, Erica dit à Bill : "Je crois que je le regarderai plus tard, si tu veux bien. Maintenant je ne peux pas. Je ne peux pas…" Elle nous laissa, s'éloigna dans le couloir et j'entendis la porte de notre chambre se refermer derrière elle. Bill tira un fauteuil près du mien, posa l'aquarelle sur la table basse devant nous et se mit à parler. "Tu vois le vent ?" demanda-t-il.

Je regardai la scène.

"Regarde ces arbres pliés par le vent, et les immeubles. Toute la ville en est secouée. L'image tremble. Onze ans, Leo, et il a fait ça." Bill promena un doigt d'un détail à l'autre. "Regarde cette femme qui ramasse des boîtes de conserve, et la petite fille en tutu, avec sa mère. Regarde le corps de cet homme, là, sa façon de marcher, en luttant contre le vent. Et voilà Dave en train de donner à manger à Durango…"

Par une fenêtre, je voyais le vieil homme. Il était penché vers le sol, un bol entre les mains. A cause de sa position penchée, sa barbe pendait à l'écart de son corps.

"Oui, dis-je. Dave est toujours là, quelque part.

— C'est pour toi qu'il a fait ce dessin, dit Bill. Il est pour toi."

Il prit l'aquarelle et la mit sur mes genoux. Je la saisis avec précaution et j'examinai la rue et ses occupants. Un sac en plastique et un journal volaient dans le vent près de la chaussée et puis, en regardant le haut du dessin, je remarquai une petite silhouette sur le toit de l'immeuble de Dave. La silhouette d'un garçonnet.

Bill désigna l'enfant. "Il n'a pas de visage. Matt m'a dit que c'est comme ça qu'il le voulait…"

Je rapprochai le papier de mes yeux. "Et ses pieds ne touchent pas le sol", dis-je lentement. L'enfant sans visage tenait quelque chose dans sa main

– un couteau à lames multiples, déployées comme les pointes d'une étoile. “C'est le garçon fantôme, dis-je, avec le couteau perdu de Matt.

— C'est pour toi”, répéta Bill. Sur le moment, j'acceptai cette affirmation mais, à présent, je me demande si Bill n'avait pas inventé l'histoire du cadeau. Il posa une main sur mon épaule. J'avais craint cela. Je ne voulais pas qu'on me touche, et je restai rigide. Mais quand je me tournai vers l'homme qui se tenait auprès de moi, je vis qu'il pleurait. Ses joues étaient inondées de larmes, et puis il se mit à sangloter bruyamment.

Après cela, Bill vint tous les jours s'asseoir avec moi près de la fenêtre. Il rentrait de son atelier plus tôt que d'habitude, toujours à la même heure, cinq heures du soir. Souvent, il posait une main sur le bras de mon fauteuil et l'y laissait jusqu'à son départ, une heure plus tard. Il me racontait des histoires de son enfance avec Dan et des histoires du temps où, jeune artiste vagabond, il découvrait l'Italie. Il me décrivit son premier boulot de peintre en bâtiment à New York – dans un bordel dont la plupart des clients étaient des Juifs hassidiques. Il me lisait des articles d'*Art Forum*. Il me parlait de la conversion de Philip Guston, du *Maus* d'Art Spiegelman et des poèmes de Paul Celan. Je l'interrompais rarement et il n'attendait pas de réponse. Il n'évitait pas le sujet de Matthew. Parfois, il me rapportait des conversations qu'ils avaient eues à l'atelier. “Il m'interrogeait sur la ligne, Leo. Je veux dire, d'un point de vue métaphysique, sur les contours des choses quand on les regarde, il voulait savoir si les blocs de couleurs ont des lignes, si la peinture est supérieure au dessin. Il m'a raconté qu'il avait rêvé plusieurs fois qu'il marchait dans le soleil et qu'il ne voyait rien. La lumière l'aveuglait.”

Bill gardait toujours le silence après avoir parlé de Matt. Quand Erica se sentait assez forte pour rester en notre compagnie, elle s'étendait sur le canapé, à quelques pas de nous. Je savais qu'elle écoutait parce que, de temps à autre, elle levait la tête et disait : “Continue, Bill.” Il reprenait toujours son monologue, alors. J’entendais tout ce qu’il disait, mais ses paroles me paraissaient étouffées, comme s’il avait parlé à travers un mouchoir. Avant de s’en aller, il ôtait sa main du fauteuil, me serrait le bras avec fermeté et disait : “Je suis là, Leo. Nous sommes là.” Pendant un an, Bill vint tous les jours où il se trouvait à New York. Lorsqu’il était en voyage, il m’appelait à peu près à la même heure. Sans Bill, je pense que je me serais desséché complètement, le vent m’aurait emporté.

Grace resta avec nous jusqu’à la fin de la première semaine de septembre. La mort de Matt l’avait rendue silencieuse, mais chaque fois qu’elle parlait de lui elle l’appelait “mon petit garçon”. Son chagrin paraissait logé dans sa poitrine, dans sa façon de respirer. Ses seins généreux montaient et retombaient, et elle hochait la tête. “On ne peut pas comprendre ça, me disait-elle. C’est au-delà de nos capacités.” Elle trouva du travail chez une autre famille du quartier et, le jour où elle nous quitta, je me surpris à examiner son corps. Matt avait toujours aimé la plénitude de Grace. Il avait un jour dit à Erica que, quand il était assis sur les genoux de Grace, il n’y avait aucun os pointu susceptible de gêner son confort. Mais cette plénitude était aussi spirituelle que physique. Grace a fini par aller s’installer à Sunrise, en Floride, où elle vit désormais avec Mr Thelwell dans un condominium. Erica correspond encore avec elle après toutes ces années et elle me dit que Grace a gardé une photographie de Matt dans son living-room à côté de celles de ses six petits-enfants.

Juste avant que nous reprenions le travail, Erica et moi, à l’automne, Lazlo vint nous rendre visite. Nous ne l’avions pas revu depuis l’enterrement. Il passa la porte, chargé d’une boîte en carton, nous salua d’un hochement de tête et posa son carton sur le sol. Il se mit alors à déballer l’objet qui se trouvait dedans et le posa sur la table basse. Les bâtonnets bleus de la petite sculpture n'avaient rien à voir avec les créations anatomiques que j'avais vues auparavant. De frêles rectangles ouverts se dressaient sur un panneau bleu et plat. L'ensemble avait l'air d'une ville en cure-dents. A son socle était collé un titre : *A la mémoire de Matthew Hertzberg*. Lazlo paraissait incapable de nous regarder. "Faut que j'y aille", marmonna-t-il, mais, avant qu'il ait pu faire un pas, Erica lui tendit les bras. Le saisissant par sa taille maigre, elle l'étreignit. Les bras de Lazlo s'écartèrent. Il resta un moment immobile, les bras tendus à ses côtés, comme s'il hésitait à s'enfuir ou non, puis il les referma dans le dos d'Erica. Ses doigts reposèrent là légèrement pendant quelques secondes et, alors, il posa le menton sur sa tête. Un spasme passager lui parcourut le visage, une contraction autour de la bouche, aussitôt disparue. Je serrai la main de Lazlo et, en sentant ses doigts chauds serrer les miens, je déglutis fortement et déglutis encore, et le bruit que cela faisait résonnait à mes oreilles comme de lointains coups de feu.

Après le départ de Lazlo, Erica se tourna vers moi. "Tu ne pleures pas, Leo. Tu n'as pas pleuré du tout, pas une fois."

Je regardai les yeux rouges d'Erica, son nez humide et sa bouche tremblante. Elle m'écœurait. "Non, dis-je, en effet." Elle entendit dans ma voix ma fureur rentrée et resta bouche bée. Je tournai les talons et partis à grands pas dans le couloir. J'entrai dans la chambre de Matthew et m'arrêtai près de son lit. Et j'envoyai mon poing contre le mur. La cloison céda sous le choc et la douleur me transperça la main. La douleur faisait du bien – non, mieux que du bien. Pendant un instant, je me sentis envahi par un soulagement intense, mais ça ne dura pas. Je sentis dans mon dos le regard d'Erica, debout sur le seuil. Quand je me retournai pour lui faire face, elle me demanda : "Qu'est-ce que tu as fait ? Qu'est-ce que tu as fait au mur de Matt ?"

Nous nous remîmes au travail avec énergie, Erica et moi, mais nos obligations inchangées et familières nous donnaient l'impression de nous répéter plutôt que de poursuivre nos anciennes existences. Je me souvenais parfaitement du Leo Hertzberg qui avait enseigné au département d'histoire de l'art avant la mort de Matthew, et je m'apercevais que je pouvais jouer son rôle sans accroc. Après tout, ce n'était pas de moi que mes étudiants avaient besoin. C'était de lui : de cet homme qui faisait cours, corrigeait des copies et respectait des heures de bureau. Si différence il y avait, c'était que je me montrais plus consciencieux qu'avant. Tant que je n'arrêtais pas de travailler, je ne pouvais être pris en faute et je découvris bientôt que, parce qu'ils savaient que mon fils était mort, mes collègues et mes étudiants me protégeaient derrière leurs propres murs de respect silencieux. Je voyais qu'Erica avait adopté une attitude similaire. Pendant près d'une heure après son retour à la maison, elle avait des gestes saccadés et mécaniques. Elle s'obstinait à veiller tard le soir pour corriger des copies. Quand elle parlait avec ses collègues au téléphone, sa voix était celle d'une parodie cinématographique de la secrétaire efficace. Dans son visage fermé et résolu, je me reconnaissais, mais je n'aimais pas ce reflet et, plus je le regardais, plus je le trouvais laid.

La différence entre nous, c'était que la pose d'Erica s'effondrait quotidiennement. Dès la fin de l'été, ses crises de somnambulisme disparurent. Elle allait dans la chambre de Matt pleurer sur son lit jusqu'à ce que la fatigue l'empêche de pleurer davantage. Le chagrin d'Erica était capricieux. Pendant des mois, j'allai m'asseoir à ses côtés sur le lit de Matt, sans savoir à quoi m'attendre. Il y avait des nuits où elle s'accrochait à moi en m'embrassant les mains, le visage et la poitrine, et des nuits où elle me frappait les bras et me martelait le torse. Il y avait des nuits où elle me suppliait de la serrer dans mes bras et quand je la tenais enlacée elle me repoussait. Au bout de quelque temps, je me rendis compte que mes réactions envers elle étaient celles d'un robot. J'accomplissais mes devoirs en la tenant dans mes bras ou, si elle ne me voulait pas auprès d'elle, en restant assis en silence dans un fauteuil à quelques pas d'elle, mais les gestes et les mots qui passaient entre nous semblaient s'évaporer aussitôt, ne laissant rien derrière eux. Quand Erica évoquait Rusty ou Jason, je souhaitais devenir sourd. Quand elle m'accusait d'être "catatonique", je fermais les yeux. Nous ne dormions plus dans le même lit. Nous ne faisions plus l'amour, et je ne me touchais pas. J'étais tenté de me masturber, mais il me semblait que le soulagement espéré me menaçait aussi de désintégration.

En décembre, Erica alla consulter un médecin au sujet de son poids, et il lui conseilla un autre médecin qui était aussi psychanalyste. Chaque vendredi, Erica rendait visite au Dr Trimble dans son cabinet de Central Park West. Le Dr Trimble demanda à me voir, mais je refusai d'y aller. La dernière chose dont j'avais besoin, c'était qu'une inconnue me palpe la conscience à la recherche de traumatismes enfantins ou m'inflige un questionnaire sur mes parents. J'aurais dû y aller, pourtant. Je le vois à présent. J'aurais dû y aller parce que Erica souhaitait que j'y aille. Mon refus devint le signe que je m'éloignais d'elle sans espoir de retour. Pendant qu'Erica parlait avec le Dr Trimble, je restais assis à la maison, j'écoutais Bill pendant une heure et, après son départ, je regardais par la fenêtre. Tout mon corps me faisait mal. La douleur s'était installée dans mes bras et mes jambes et je souffrais d'une raideur chronique des muscles. Ma main droite, celle qui avait défoncé le mur, mit longtemps à guérir. Je m'étais cassé le majeur et je gardai de cette collision une grosse bosse près de l'articulation. Cette légère défiguration et mon corps douloureux étaient mes seules satisfactions et je frottais souvent mon doigt bosselé quand j'étais dans mon fauteuil.

Erica buvait des boîtes d'un aliment liquide appelé Ensure. Le soir, elle prenait un somnifère. Au bout de quelques mois, elle devint plus gentille envers moi mais cette nouvelle sollicitude avait quelque chose d'impersonnel, comme si elle s'était occupée d'un SDF et non de son mari. Elle cessa de dormir dans le lit de Matt et revint dans le nôtre. Je l'y rejoignais rarement, préférant dormir dans mon fauteuil. Une nuit, en février, je m'éveillai pour découvrir qu'Erica m'enveloppait d'une couverture. Plutôt que d'ouvrir les yeux, je feignis d'être encore endormi. Quand elle posa ses lèvres sur mon front, je m'imaginai la tirant à moi et lui embrassant le cou et les épaules, mais je ne le fis pas. A cette époque, j'étais comme un homme engoncé dans une lourde armure et, à l'intérieur de cette forteresse corporelle, je vivais avec une obsession : *je ne veux pas qu'on me console*. Si pervers qu'il fût, ce désir me semblait vital, la seule parcelle de vérité qui me restât. Je suis tout à fait certain qu'Erica savait ce que je ressentais ; en mars, elle m'annonça du nouveau :

"J'ai décidé d'accepter ce poste à Berkeley, Leo. Ils veulent encore de moi."

Nous étions en train de manger un repas chinois dans des cartons. Je relevai les yeux du poulet et des brocolis pour scruter son visage. "C'est ta façon de me dire que tu veux divorcer ?" Le mot divorcer faisait un effet bizarre. Je me rendis compte que l'idée ne m'en était jamais venue.

Erica fit non de la tête et regarda la table. "Non, je ne veux pas divorcer. Je ne sais pas si je resterai là-bas. Tout ce que je sais, c'est que je ne peux plus vivre à l'endroit où vivait Matt, et que je ne peux pas rester ici avec toi parce que..." Elle fit une pause. "Tu es mort, toi aussi, Leo. J'y suis pour quelque chose. J'ai été tellement cinglée, si longtemps, j'ai été méchante.

— Non, dis-je. Tu n'as pas été méchante." Je ne pouvais pas supporter de la regarder et, tournant la tête, je m'adressai au mur. "Tu es sûre que tu veux partir ? Changer de place aussi, c'est dur.

— Je sais", dit-elle.

Nous restâmes un moment silencieux, puis elle reprit :

“Je me rappelle ce que tu disais de ton père – ce qu'il est devenu après avoir découvert ce qui était arrivé à sa famille. Tu disais : il s'est figé.”

Je ne bougeai pas. Je ne quittai pas le mur des yeux. “Il a eu une attaque.

— Avant son attaque. Tu disais que ça s'était passé avant son attaque.”

Je revoyais mon père dans son fauteuil. Assis devant la cheminée, il me tournait le dos. Je hochai la tête et puis la tournai vers Erica. Quand nos regards se croisèrent, je vis qu'elle balançait entre sourire et larmes. “Je ne dis pas que tout est fini entre nous, Leo. J'aimerais venir te voir si tu veux bien. J'aimerais t'écrire pour te raconter ce que je fais.

— Oui.” Je me mis à hocher la tête indéfiniment, comme l'un de ces pantins dont la tête est fixée par un ressort. Je passai les mains sur ma barbe de deux jours et me frottai le visage, sans cesser de hocher la tête.

“Et aussi, dit-elle, nous devons nous occuper des affaires de Matthew. J'ai pensé que tu pourrais trier ses dessins. Il faudrait en encadrer quelques-uns et en ranger d'autres en portfolios. Je me charge de ses vêtements et de ses jouets. Certains pourraient aller à Mark…”

Cette besogne absorba nos soirées, et je m'aperçus que j'étais capable de l'accomplir. J'achetai des cartons à dessins et des boîtes d'archives et je me mis à organiser des centaines de dessins, de travaux artistiques scolaires, de cahiers et de lettres qui avaient appartenu à Matt. Erica pliait avec un soin extrême ses t-shirts, ses pantalons et ses shorts. Elle mit de côté son t-shirt *Art Now* et un pantalon de camouflage qu'il aimait particulièrement. Le reste, elle le mit dans des cartons pour Mark ou pour une organisation caritative. Elle rassembla ses jouets et sépara des autres ceux qui étaient en bon état. Pendant qu'Erica, entourée de cartons, était assise par terre dans la chambre de Matt je triais des dessins à sa table de travail. Nous travaillions avec lenteur. Erica s'attardait sur les vêtements de Matt – ses chemises, ses caleçons et ses chaussettes. Si étranges – à la fois terribles et banals. Un soir, je me mis à suivre du doigt les lignes de ses dessins – ses personnages, ses immeubles et ses animaux. Je retrouvais ainsi le mouvement de sa main vivante et, une fois que j'eus commencé, je ne parvins plus à m'arrêter. Un soir d'avril, Erica vint se planter derrière moi. Elle regarda ma main qui bougeait sur la page et puis, tendant le bras, elle posa un doigt sur Dave et traça les contours du corps du vieil homme. Elle pleura, alors, et je compris à quel point j'avais détesté ses larmes car, je ne sais pourquoi, je ne les détestais plus.

Le départ imminent d'Erica nous transforma. Savoir que nous serions bientôt séparés nous rendait tous deux plus indulgents, soulagés d'un fardeau que je suis encore incapable de nommer. Je n'avais pas envie qu'elle s'en aille et pourtant, le fait qu'elle s'en aille avait desserré un verrou dans les mécanismes de notre couple. A l'époque, c'était devenu une machine, un moteur éternellement en train de baratter le deuil.

Ce printemps-là, j'étais chargé d'un séminaire sur la nature morte pour douze étudiants et, en avril, je donnais l'un de mes derniers cours. Quand j'entrai dans la salle, ce jour-là, l'un des étudiants, Eduard Paperno, était en train d'ouvrir les fenêtres pour laisser entrer l'air tiède. Le soleil, la brise, le fait que le semestre fût presque terminé contribuaient à une atmosphère de langueur et de lassitude. En m'asseyant pour entamer la discussion, je bâillai et me couvris la bouche. Sur la table, devant moi, se trouvaient mes notes et une reproduction du *Verre d'eau avec une cafetière*, de Chardin. Mes étudiants avaient lu ce que Diderot, Proust et les frères Goncourt disaient de Chardin. Ils étaient allés au musée Frick pour étudier la nature morte qui fait partie de cette collection. Nous avions déjà parlé de plusieurs tableaux. Je commençai par attirer leur attention sur la simplicité de celui-ci : deux objets, trois têtes d'ail et un brin d'herbe aromatique. Je fis remarquer la lumière sur le bord et sur l'anse du pot, la blancheur de l'ail et les nuances argentées de l'eau. Et puis je restai à contempler fixement le verre d'eau du tableau. Je m'en rapprochai. Les çoups de pinceau étaient apparents. Je les voyais nettement. Un tremblement précis de la brosse avait créé la lumière. Je déglutis, respirai profondément et m'étouffai.

C'est Maria Livingston, je crois, qui me demanda : "Ça va, professeur Hertzberg ?"

Je toussotai, j'ôtai mes lunettes et m'essuyai les yeux. "L'eau, dis-je d'une voix sourde. Le verre d'eau m'émeut profondément." En relevant la tête, j'aperçus les visages étonnés de mes étudiants. "L'eau est signe de..." Je fis une pause. "L'eau me paraît être un signe d'absence."

Je me tus, mais je sentais la chaleur des larmes qui m'inondaient les joues. Mes étudiants continuaient à me dévisager. "Je crois que c'est tout pour aujourd'hui, leur dis-je d'une voix chevrotante. Sortez, profitez du beau temps."

Je regardai mes douze étudiants quitter la salle en silence et je remarquai non sans surprise que Letitia Reeves avait des jambes ravissantes, qui devaient avoir été jusqu'à ce jour cachées par des pantalons. J'entendis la porte se fermer. Dans le corridor, j'entendis les jeunes gens commencer une conversation à voix basse. Le soleil éclairait la classe vide, le vent se leva et vint par la fenêtre effleurer mon visage. Je m'efforçais de ne faire aucun bruit, mais je sais que j'en faisais. Je cherchais mon souffle, je m'étranglais, des bruits affreux montaient du fond de ma gorge et je sanglotai pendant un temps qui me parut très long.

Quelques semaines plus tard, je tombai sur mon calendrier 1989, le petit agenda dans lequel je notais les rendez-vous et les événements. Je le feuilletai, m'attardant sur les matchs de base-ball de Matt, les réunions avec ses professeurs, une exposition de peinture à son école. Arrivé à avril, je remarquai que j'avais écrit "match des Mets" en grosses lettres à la date du 14. Exactement un an après, jour pour jour, j'avais craqué pendant mon cours sur le tableau de Chardin. Je me rappelai ma conversation avec Matt, ce soir-là. Je me rappelais exactement où je m'étais assis sur son lit. Je me rappelais son visage pendant qu'il me parlait et la façon dont, presque tout le temps, il s'était adressé au plafond. Je me rappelais sa chambre, ses chaussettes sur le sol, le plaid en coton qu'il avait remonté sur sa poitrine, le t-shirt des Mets qu'il portait en guise de pyjama. Je me rappelais sa lampe de chevet au pied en forme de crayon, sa lumière sur la table de nuit et le verre d'eau posé en dessous – flanqué à gauche par son bracelet-montre. J'avais apporté des centaines de verres d'eau au chevet de Matt et, depuis sa mort, j'en avais encore bu beaucoup, puisque j'avais toujours un verre d'eau à portée de main pendant la nuit. Pas une fois un verre d'eau véritable ne m'avait rappelé mon fils mais l'image d'un verre d'eau représenté deux cent trente ans auparavant m'avait soudain catapulté, de façon irrévocable, dans la douloureuse conscience du fait que j'étais encore vivant.

Après cette journée en salle de cours, mon chagrin prit un nouveau tour. Il y avait des mois que je vivais dans un état de *rigor mortis* volontaire interrompu seulement par la comédie de mon travail, laquelle ne me dérangeait en rien dans le tombeau que je m'étais choisi, mais je savais, quelque part, que cela devait craquer tôt ou tard. Chardin devint l'instrument de la fêlure parce que le petit tableau m'avait pris par surprise. Je ne m'étais pas préparé à son assaut sur mes sens et je m'effondrai. La vérité, c'est que j'avais évité de revenir à la vie parce que je savais que ce serait atroce. Cet été-là, la lumière, le bruit, les couleurs, les odeurs, le plus léger mouvement de l'air m'écorchaient vif. Je portais constamment des lunettes noires. Le moindre changement de luminosité me blessait. Les klaxons des voitures me déchiraient les tympans. Les conversations des piétons, leurs rires, leurs cris, jusqu'à la chanson d'un solitaire dans la rue me faisaient l'effet d'agressions. Je ne supportais pas le rouge. Chandails et chemises rouges, la bouche rouge d'une jolie femme appelant un taxi me forçaient à détourner la tête. Une bousculade ordinaire sur un trottoir – un bras ou un coude m'effleurant au passage, le contact d'une épaule inconnue me provoquaient des frissons dans le dos. Le vent soufflait à travers moi plus que sur moi et je croyais sentir cliqueter mon squelette. Les ordures dans la chaleur des rues me donnaient la nausée et des vertiges, de même que les arômes issus des restaurants – hamburgers et poulets grillés, et les épices brûlantes des mets asiatiques. Mes narines absorbaient toutes les odeurs humaines, qu'elles fussent artificielles ou naturelles, eaux de Cologne, huiles, sueur et, âpres et sures, celles des haleines des gens. Je me sentais bombardé sans possibilité de m'échapper.

Mais le pire était que, pendant ces mois d'hypersensibilité, il m'arrivait d'oublier Matthew. Des minutes passaient sans que je pense à lui. De son vivant, je n'avais pas ressenti le besoin de penser à lui tout le temps. Je savais qu'il était là. L'oubli était normal. Après sa mort, j'avais fait de mon corps un mémorial – une tombe de pierre inerte. Etre réveillé signifiait qu'il y avait des instants d'amnésie et il me semblait que ces instants annihilaient Matthew une deuxième fois. Quand je l'oubliais, Matthew n'était nulle part – ni dans la réalité, ni dans mes pensées. Je crois que ma collection fut un moyen de répondre à ces blancs. Tandis que nous continuions, Erica et moi, à trier les affaires de Matthew, j'en choisi quelques-unes pour les joindre, au fond de mon tiroir, aux photographies de mes parents, de mes grands-parents, de ma tante, de mon oncle et des jumelles. Mon choix était une pure question d'instinct. Je gardai un caillou vert, la fiche de base-ball de Roberto Clemente que Bill avait offerte à Matt pour son anniversaire un été dans le Vermont, le programme que Matt avait dessiné pour la représentation, en quatrième année, de *Horton Hears a Who**, et un petit dessin qu'il avait fait de Dave en compagnie de Durango. Il y avait mis plus d'humour que dans de nombreux portraits de Dave. Le vieil homme dormait sur un canapé avec un journal sur la figure, et le chat léchait ses orteils nus.

Erica partit au début d'août, cinq jours avant l'anniversaire de Matt. Elle disait avoir besoin de plusieurs semaines pour s'installer dans son appartement à Berkeley. Je l'aidai à emballer ses livres et nous les envoyâmes à sa nouvelle adresse. Elle devait se séparer du Dr Trimble et j'avais parfois l'impression que cela l'effrayait plus que de quitter Rutgers, ou Bill et Violet, ou moi. Mais Erica avait noté le nom d'un autre médecin, à Berkeley, qu'elle commença à voir quelques jours à peine après son arrivée. Ce matin-là, je l'accompagnai en portant sa valise en bas des escaliers et dans la rue, pour trouver un taxi. Il faisait nuageux, mais l'éclat du soleil était violent et, bien que protégé par mes lunettes noires, je clignai des yeux à la lumière. Après avoir hélé le taxi, je demandai au chauffeur de mettre son compteur en marche et d'attendre un peu. Quand je me tournai pour lui dire au revoir, Erica se mit à trembler.

“Nous allions mieux, tu sais, dis-je. Ces derniers temps.”

Erica regarda ses pieds. Je remarquai que, bien qu'elle eût repris du poids, la jupe qu'elle portait lui pendait autour des hanches. “C'est parce que j'ai secoué les choses, Leo. Tu commençais à me détester. Maintenant, plus.” Elle releva le menton et me sourit. “Nous… nous… nous…” Sa voix se brisa et elle rit. “Je ne sais plus ce que je dis. Je t'appellerai dès mon arrivée.” Elle se laissa tomber contre moi, les bras

* Titre d'un livre du Dr Seuss, un écrivain pour enfants très renommé en Amérique. *(N.d.T.)*

autour de mon dos. Je sentais son corps contre le mien – ses seins menus, ses épaules. Son visage mouillé s'écrasait dans mon cou. Quand elle s'écarta de moi, elle sourit de nouveau. Les rides aux coins de ses yeux se froncèrent, et je regardai le point de beauté sur sa lèvre. Alors je me penchai en avant et l'embrassai. Elle devina que j'avais visé le point de beauté et sourit. “Ça m'a plu, dit-elle. Recommence.”

Je l'embrassai de nouveau.

Quand elle se glissa dans la voiture, je regardai ses jambes, qui étaient restées blanches tout l'été. Je fus pris d'une folle envie de glisser ma main entre ses cuisses pour en sentir la peau. Ce chaud débordement sexuel me secoua intérieurement. J'écoutai le claquement de la portière qui se fermait et restai immobile sur le trottoir pendant que le taxi filait dans Greene Street et tournait à gauche. Maintenant tu la désires – après tant de mois, me dis-je et, comme je me retournais pour rentrer dans l'immeuble, je compris à quel point Erica me connaissait bien.

L'appartement n'avait pas l'air très différent. Il y avait quelques vides dans les bibliothèques. Davantage de place dans le placard de notre chambre. Tout compte fait, Erica avait emporté peu de choses. Pourtant, lorsque, en errant dans l'appartement j'observai les espaces inoccupés sur les étagères, les cintres vacants, le sol nu là où les chaussures d'Erica s'alignaient encore la veille, je me surpris à manquer de souffle. Depuis des mois, je me préparais au moment de son départ, mais je n'avais pas imaginé que je ressentirais ce que je ressentais – une peur glacée, qui me serrait le cœur. J'en saisissais la justesse, le châtiment était mérité. Je passai d'une pièce à l'autre, les poumons tordus d'angoisse. J'allumai la télévision pour entendre des voix. Je l'éteignis pour m'en débarrasser. Une heure passa, et puis une autre. Vers quatre heures, j'étais épuisé à force de fuir d'un bout à l'autre de l'appartement, tel un oiseau terrifié. Je continuai à marcher d'une pièce à l'autre, mais je me mis au pas, m'obligeai à plus de lenteur.

Dans la salle de bains, j'ouvris l'armoire à pharmacie et contemplai une vieille brosse à dents d'Erica et un tube de rouge à lèvres. Je pris le rouge à lèvres sur l'étagère et l'ouvris. Je le fis remonter de tout en bas en examinant sa teinte d'un rouge brunâtre. Après l'avoir redescendu et avoir remis le capuchon, j'allai à mon bureau, j'ouvris mon tiroir et je mis le rouge à lèvres dedans. Je choisis deux autres objets à garder là : une paire de petites chaussettes noires et deux barrettes qui étaient restées sur la table de nuit. L'absurdité de cette thésaurisation me semblait évidente mais peu m'importait. Le geste de refermer le tiroir sur ces objets qui avaient appartenu à Erica m'apaisa. Quand Bill arriva, j'étais calme. Il resta plus longtemps que d'habitude, néanmoins, et je suis certain qu'il le fit parce qu'il sentait la panique enfouie sous mon équilibre apparent.

Erica téléphona ce soir-là. Sa voix me parut aiguë et un peu criarde. "Quand j'ai mis la clé dans la serrure, j'étais contente, me dit-elle. Mais une fois entrée, lorsque je me suis assise et que j'ai regardé autour de moi, j'ai pensé que j'étais devenue complètement folle. J'ai regardé la télé, Leo, je ne regarde jamais la télé.

— Tu me manques, dis-je.

— Oui."

Telle fut sa réaction. Elle ne dit pas que je lui manquais, moi aussi. "Je vais t'écrire. Je n'aime pas le téléphone."

La première lettre arriva à la fin de la semaine. Elle était longue et bourrée de détails domestiques : la plante verte qu'elle avait achetée pour son appartement, la pluie fine de cette journée, son expédition à la librairie Cody, ses projets de cours. Elle expliquait sa préférence pour les lettres. "Je ne veux pas que les mots soient nus comme dans un fax ou sur un ordinateur. Je veux qu'ils soient protégés par une enveloppe que tu dois déchirer pour les trouver. Je veux qu'il y ait un temps d'attente – une pause entre l'écriture et la lecture. Je veux que nous fassions attention à ce que nous nous disons, l'un à l'autre. Je veux que les miles qui nous séparent soient réels et longs. Ce sera notre loi : décrire notre quotidien et nos souffrances très, très soigneusement. Dans mes lettres, je ne peux que te parler de ma violence. La violence elle-même n'y est pas, et je *suis* violente et sauvage à propos de Matt. Une lettre ne peut pas hurler. Le téléphone, si. En rentrant de chez Cody, tout à l'heure, j'ai posé les livres sur la table et je suis passée à la salle de bains, où je me suis fourré un gant de toilette dans la bouche, et puis je suis allée dans la chambre pour pouvoir me coucher sur le lit et hurler sans faire trop de bruit. Mais je commence à le revoir, non pas mort, mais vivant. Pendant toute une année, je ne l'ai vu que mort sur ce chariot. De très loin, et avec seulement des lettres entre nous, nous commencerons peut-être à retrouver le chemin l'un de l'autre. Je t'aime, Erica."

Je répondis le soir même et nous nous embarquâmes, Erica et moi, dans le chapitre épistolaire de notre mariage. Je restai fidèle à notre accord et ne lui téléphonai pas, mais j'écrivais beaucoup, longuement. Je la tenais au courant de mon travail et de l'état de l'appartement. Je lui racontai que mon collègue Ron Bellinger essayait pour sa narcolepsie un nouveau remède qui lui donnait un peu l'air d'un hibou mais diminuait sa propension à s'endormir au cours des réunions de comité, et que Jack Newman était encore avec Sara. Je lui racontai qu'Olga, la femme de ménage que j'avais engagée, avait récuré la cuisinière avec tant de férocité que les mots AVANT et ARRIÈRE imprimés pour identifier les brûleurs avaient disparu dans sa petite boule de laine de fer, et je lui racontai que je m'étais senti perdu quand j'avais compris qu'elle était partie, vraiment partie. Elle me répondait, et ainsi de suite. Ce que nous ne pouvions savoir, ni l'un, ni l'autre, c'était ce que l'autre taisait. Toute correspondance est semée de perforations invisibles, les petits trous de ce qui n'est pas écrit mais qui est pensé et, le temps passant, j'espérai avec ferveur que ce n'était pas un homme qui était absent de ces pages que je recevais chaque semaine.

A d'innombrables reprises, au cours des mois suivants, je me retrouvai dans l'escalier en train de monter dîner chez Bill et Violet. Violet m'appelait en début de soirée pour me demander si elle devait mettre un couvert de plus, et je répondais oui. J'aurais eu du mal à affirmer avec conviction que je préférais manger en bas des œufs brouillés ou des corn-flakes. Je laissais Bill et Violet s'occuper de moi et, pendant qu'ils s'occupaient de moi, je me surprenais à les examiner d'un œil neuf. Tel un homme qui serait sorti d'un donjon après des années de ténèbres, je me sentais un peu choqué par leur vitalité. Violet m'embrassait sur les joues et me touchait les bras, les mains, les épaules. Son rire avait un timbre rauque et parfois, en mangeant, elle poussait des petits grognements de plaisir. Mais je remarquais aussi en elle des failles qui ne m'étaient pas apparues auparavant – cinq ou six secondes, ici ou là, pendant lesquelles elle se renfermait en elle-même pour réfléchir à quelqu'un ou à quelque chose de triste. Si elle tournait une sauce, sa main s'arrêtait, ses sourcils se fronçaient et elle posait sur la cuisinière un regard vide jusqu'au moment où elle se ressaisissait et recommençait à tourner. La voix de Bill me paraissait à la fois plus enrouée et plus musicale que dans mon souvenir. L'âge et les cigarettes, sans doute, mais j'en écoutais avec une attention nouvelle les hauts et les bas, les pauses fréquentes. Je sentais en lui une gravité accrue, la pesanteur quasi palpable d'une vie devenue plus dense. Violet et Bill me semblaient un peu différents, comme si leur existence commune était passée d'un mode majeur à un mode mineur. Peut-être que la mort de Matt les avait changés, eux aussi. Peut-être que, à cause de la mort de Matt, je voyais en eux ce que je n'y avais jamais vu, ou peut-être que, sans Matt, ma vision des choses ne serait plus jamais la même.

Le seul qui n'eût pas l'air changé, c'était Mark. Il n'avait jamais occupé beaucoup de place dans ma vie, sinon comme l'aimable compère de Matt et, à la mort de Matt, Mark aussi avait disparu pour moi. Mais je me mis à l'observer plus attentivement pendant ces repas que nous partagions là-haut. Il avait un peu grandi, mais pas tellement. Bien qu'il vînt d'avoir treize ans, il avait encore un visage rond et enfantin que je trouvais d'une douceur remarquable. Mark était un très bel enfant, mais sa douceur était distincte de sa beauté. Elle provenait de ses expressions, qui manifestaient une perpétuelle et intouchable innocence, non sans ressemblance avec son héros du moment : Harpo Marx. A table, Mark gloussait, faisait le clown et grimaçait "à la Harpo". Il nous lisait des passages de *Harpo Speaks** et chantait "Hail Freedonia", une chanson de *La Soupe au canard*. Mais il parlait aussi de sa pitié pour les sans-abri de New York, de la stupidité du racisme et de la cruauté des éleveurs de poulets. Il n'approfondissait jamais ces sujets, mais, chaque fois qu'il évoquait une injustice, sa voix encore aiguë et enfantine me touchait par ses inflexions de sympathie. Je commençai à me réjouir de le voir et quand il nous quittait pour aller passer le week-end chez sa mère, son beau-père et son petit frère Oliver, à Cranbury, New Jersey, je m'apercevais qu'il me manquait.

Pendant les vacances d'hiver, quelques jours avant de s'en aller dans le Minnesota célébrer Noël chez les Blom, Bill et Violet organisèrent une fête tardive en l'honneur de l'anniversaire de Mark. Il avait treize ans depuis plusieurs mois mais, pour Bill, l'événement tenait lieu d'une sorte de bar-mitsva laïque, une façon de reconnaître la tradition sans le rituel.

* Titre de l'autobiographie de Harpo Marx. *(N.d.T.)*

Bill et Violet envoyèrent une invitation à Erica, qui préféra ne pas venir. Dans une lettre, elle m'informa de sa décision de rester à Berkeley pendant les vacances. Pendant des semaines, je me creusai la cervelle pour trouver qu'offrir à Mark. Finalement, je choisis un jeu d'échecs, un superbe plateau avec des pièces sculptées qui me rappelaient mon père, lequel m'avait initié au jeu. Je savais que Mark n'avait jamais appris à y jouer et je voulais rédiger avec beaucoup de soin le mot accompagnant mon cadeau. Dans un premier, je parlai de Matt. Dans un deuxième, non. J'en écrivis un troisième, bref et sans fioriture : "Joyeux treizième anniversaire en retard. Leçons du donateur comprises. Affectueusement, oncle Leo."

J'avais eu l'intention de bien me tenir à l'anniversaire de Mark. Je voulais bien me tenir, mais je m'aperçus que j'en étais incapable. Je fis plusieurs voyages à la salle de bains, non pour me soulager mais pour m'agripper au lavabo et respirer à fond pendant quelques minutes avant de rejoindre la foule. Il devait y avoir une soixantaine d'invités, et je n'en connaissais que très peu. Violet courait de l'un à l'autre, puis à la cuisine, où elle donnait ses instructions aux trois serveurs. Bill errait avec, à la main, un verre de vin qu'il remplissait souvent, les yeux un peu rouges et la voix un peu tendue. Je saluai Al et Regina, et puis Mark, qui semblait très à l'aise, en blazer bleu, cravate rouge et pantalon de flanelle grise. Il me sourit et m'étreignit chaleureusement juste avant de serrer la main de Lise Bochart, une artiste d'une soixantaine d'années. "Je trouve votre sculpture au Whitney vraiment cool", lui dit-il. Lise pencha la tête de côté et un grand sourire lui rida le visage. Ensuite elle se pencha pour embrasser Mark. Celui-ci ne rougit pas, ne détourna pas les yeux. Il la regarda avec assurance et, après une ou deux secondes, s'adressa à quelqu'un d'autre.

Je m'étais habitué à Mark et j'avais de plus en plus d'affection pour lui, mais plusieurs des anciens camarades de classe de Matt se trouvaient au nombre des invités et, comme je les reconnaissais l'un après l'autre, la douleur sourde que j'avais en permanence au fond du cœur se mua en une souffrance aiguë. Lou Kleinman avait grandi d'au moins quinze centimètres depuis la dernière fois que je l'avais vu. Debout dans un coin, lui et Jackie Loo, un autre copain de Matt, ricanaient devant une publicité pour un téléphone rose qu'ils devaient avoir ramassée dans la rue, car on voyait l'empreinte d'un talon sur son coin supérieur droit. Un autre garçon, Tim Andersen, n'avait pas changé du tout. Je me souvenais que Matt s'attristait pour ce gamin pâle et chétif que ses problèmes respiratoires empêchaient de faire du sport. Je ne parlai pas à Tim, je ne le regardai même pas, mais je m'assis dans un fauteuil proche de l'endroit où il se tenait. De là, j'entendais son souffle. Je n'avais voulu que l'observer et, au lieu de cela, je lui tournais le dos et j'écoutais ses poumons asthmatiques avec une fascination soudaine et terrible. Je m'accrochais à chaque bruyante expiration comme à une preuve qu'il était vivant – fragile, maigrichon, malade sans doute – mais vivant. J'écoutais en lui cette vie rauque et avide, et je la laissais me torturer. Il y avait tant d'autres bruits : les voix des conversations qui se chevauchaient, des rires, des tintements de couverts sur les assiettes, mais le seul que je voulais entendre, c'était celui de la respiration de Tim. Je brûlais d'envie de me rapprocher de lui, de me pencher et de mettre l'oreille contre sa bouche. Je ne le fis pas, mais je me rendis compte que j'étais assis dans mon fauteuil, les poings serrés, et que je déglutissais bruyamment pour tenter de contenir le chagrin et la rage qui me secouaient, et puis Dan me sauva.

Hirsute et sale, Dan arrivait vers moi à grandes enjambées. Il heurta le coude d'une femme, renversa son vin et adressa des excuses sonores à son visage stupéfait avant de poursuivre son chemin vers moi. "Leo !" cria-t-il d'une distance de quelques pas. "On m'a changé mes remèdes, Leo ! Le Haldol me rendait raide comme une planche, je ne pouvais plus me plier." Dan tendit les bras devant lui et termina sa marche vers moi en mimant le monstre de Frankenstein. "Trop d'allées et venues, Leo, trop de parlotes à moi tout seul. Alors on m'a amené à Saint-Luc pour un réglage. J'ai lu ma pièce à Sandy. C'est une infirmière. Ça s'appelle *Odd Boy and the Odd Body (Le Type étrange et le corps atypique).*" Il fit une pause, se pencha et ajouta, sur un ton de confidence : "Leo, tu sais quoi ? Tu es dedans."

Dan était tout contre moi, il souriait, la bouche ouverte, et j'avais sous les yeux ses dents fortement tachées. Jamais je ne m'étais senti aussi ému par lui, ni si heureux de sa proximité. Pour la première fois, sa folie me semblait curieusement réconfortante et familière.

"Tu m'as mis dans ta pièce ? demandai-je. Je suis très honoré."

Dan prit un air penaud. "Ton personnage n'a pas une réplique.

— Pas une réplique ? fis-je. Il ne fait que passer ?

— Non, Leo reste couché pendant toute la pièce.

— Mort ?

— Non !" s'indigna Dan, bruyamment. Il paraissait choqué. "Endormi.

— Ah, je suis un dormeur." Je souris, mais Dan ne me rendit pas mon sourire.

"Non, sincèrement, Leo. Je t'ai, ici dedans." Il se frappa la tempe d'un doigt.

"J'en suis content", dis-je, et c'était vrai.

Après que tous les autres furent retournés chez eux, nous restâmes assis sur le canapé, Dan et moi, à bonne distance l'un de l'autre. Nous ne parlions pas, mais nous avions pris possession d'un espace où être ensemble. Le frère fou et "l'oncle" brisé avaient conclu une alliance provisoire afin de survivre à la fête. Bill vint s'asseoir entre nous, un bras autour de chacun de nous, mais les yeux fixés sur Mark qui, dans la cuisine, était en train de picorer le glaçage de ce qui restait du gâteau. C'est à ce moment seulement que je pensai à Lucille.

“Lucille, Philip et Oliver n’auraient pas dû être là ? demandai-je à Bill.

— Ils n’ont pas voulu venir, répondit-il. Elle m’a donné une explication bizarre. Elle m’a dit que Philip ne veut pas qu’Oliver vienne en ville.

— Ça alors ! et pourquoi pas ?

— Je ne sais pas.” Bill plissa le front. C’est tout ce qui fut dit sur Lucille. Même à distance, je me rendis compte qu’elle avait le don de tarir les conversations. Ses réactions singulières aux propos ordinaires ou, dans ce cas, à une simple invitation, plongeaient souvent les autres dans un silence éberlué.

Je me tenais debout près de Mark quand il déchira le papier de mon cadeau et vit l’échiquier. Il se leva d’un bond et m’enlaça la taille de ses bras. Cette fête d’anniversaire avait été longue et pénible, et je ne me sentais pas préparé à son enthousiasme. Je me cramponnai à lui en cherchant des yeux Bill, Violet et Dan, qui se trouvaient tous sur le canapé. Dan dormait profondément mais Bill et Violet souriaient tous les deux, avec des larmes plein les yeux, et leur émotion me rendit la mienne plus difficile encore à contrôler. Je fixais obstinément Dan afin de rester maître de moi mais Mark, qui pourtant avait dû remarquer la houle qui palpitait en moi et, en se dégageant de notre étreinte, avait dû voir le spasme que j’avais senti traverser mon visage, continuait à me regarder d’un air ravi et, pour des raisons difficiles à expliquer, j’éprouvai un immense soulagement de n’avoir pas parlé de Matthew dans ma lettre.

Mark apprit rapidement les échecs. Joueur intelligent et vif, il m’enchantait par ses capacités. Je lui dis la vérité. Non seulement il comprenait les manœuvres, mais il avait aussi l’attitude impassible indispensable pour bien jouer, cette indifférence calculée que je n’étais jamais parvenu à maîtriser et qui peut démonter même un adversaire supérieur. A mesure que mon enthousiasme augmentait, cependant, celui de Mark diminuait. Je lui dis qu’il devrait s’inscrire au club d’échecs de son école, et il me promit de s’informer, mais je pense qu'il ne le fit jamais. J'eus le sentiment qu'il cherchait à me faire plaisir plutôt qu'à lui-même, et je me retirai avec tact. S'il a envie de jouer, dis-je à Bill, il n'a qu'à demander. Il ne demanda jamais.

Je me plongeai dans une autre existence. Tout ce que j'écrivis cette année-là était pour Erica. Je ne rédigeai pas d'article, pas d'essais, je n'eus aucune idée de livre nouveau mais je racontais tout à Erica dans de longues lettres hebdomadaires. Je lui écrivais que mon enseignement était devenu plus passionné et que je consacrais plus de temps à mes étudiants. Je lui écrivais que j'autorisais certains d'entre eux à me parler longuement de leurs vies privées pendant les heures de bureau et que, si je n'entendais pas toujours ce qu'ils disaient, je reconnaissais leur besoin de le dire, quoi que ce fût, et découvrais que ma présence distante mais bienveillante était perçue avec gratitude. Je lui racontais mes dîners avec Bill, Violet et Mark. Je lui énumérais les titres des livres que je trouvais pour Mark sur les comédies muettes et les photos de plateau que j'avais achetées pour lui dans une boutique de la 8e Rue, et je décrivais son visage joyeux quand il recevait ces cadeaux. Je lui racontais aussi que, depuis la mort de Matt, *Le Voyage de O* s'était chargé d'une seconde vie qui investissait mes heures de solitude. Parfois, lorsque j'étais assis, le soir, dans mon fauteuil, je revoyais en esprit des parties du récit – la grosse petite B, à califourchon sur O, avec des ailes jaillissant de son dos, ses bras épais tendus dans l'orgasme et son visage parodiant la sainte Thérèse du Bernin. Je voyais les deux M, les petits frères de O, serrés l'un contre l'autre derrière une porte tandis qu'un voleur qui cambriole la maison vole un des tableaux de O – un portrait des deux jeunes M. Mais, le plus souvent, je voyais la dernière toile de O, celle qu'il laisse derrière lui après avoir disparu.

Sur cette toile, il n'y a pas d'image, seulement la lettre B – la marque du créateur de O et celle de la grosse femme qui l'incarne dans l'œuvre.

Je ne disais pas à Erica que certains soirs, quand je rentrais chez nous après le dîner, je sentais Violet sur ma chemise – son parfum, son savon et autre chose, sa peau peut-être, une odeur qui renforçait les autres, rendant corporelle et humaine la senteur florale. Je ne disais pas à Erica que j'aimais respirer cette fragrance légère, et je ne lui disais pas que je tentais cependant d'y résister. Certains soirs, j'enlevais ma chemise et la jetais dans la corbeille à linge.

En mars, Bill et Violet me demandèrent si je voulais bien passer un long week-end avec Mark. Ils allaient à Los Angeles où une galerie exposait *Le Voyage de O*. Lucille aussi était en voyage et jugeait préférable de ne pas imposer à Philip la charge de deux enfants. Je m'installai en haut avec Mark. Nous étions à l'aise ensemble et Mark se rendait utile. Il faisait la vaisselle, sortait les poubelles et rangeait ses affaires. Le samedi soir, il mit une cassette et exécuta pour moi la synchronisation muette d'une chanson pop. Il bondissait dans le salon en jouant d'une guitare imaginaire. Après avoir tourné comme un fou sur lui-même avec une expression torturée, il termina en s'effondrant par terre son imitation des tourments d'une star du rock'n'roll dont j'ai oublié le nom.

Au fil de nos conversations, je remarquai cependant que Mark n'avait pas absorbé grand-chose des sujets généralement enseignés à l'école : géographie, politique, histoire, et que son ignorance avait un caractère délibéré. Matthew m'avait servi d'échelle à laquelle mesurer les différences entre les garçons de son âge, mais qui pouvait affirmer que Matt avait été un baromètre de normalité ? Avant sa mort, il avait eu le cerveau bourré d'informations d'importance variable, des statistiques de base-ball aux batailles de la guerre de Sécession. Il connaissait les noms des soixante-quatre parfums de ses crèmes glacées préférées et pouvait identifier des quantités de peintres contemporains, dont un grand nombre que je ne reconnaissais pas. A part son amour pour Harpo, les intérêts de Mark me paraissaient plus ordinaires – musique populaire, films d'action ou d'horreur – et pourtant il appliquait à ces sujets la même agilité d'esprit, la même intelligence rapide qui s'étaient manifestées aux échecs. Ce qui lui manquait en contenu, il semblait le compenser par sa vivacité.

Mark se montrait réfractaire au coucher. Chaque soir, pendant mon séjour, il s'attarda sur le seuil de la chambre de Bill et Violet, où je dormais, apparemment plein de réticence à s'en arracher. Quinze, vingt-cinq minutes s'écoulaient pendant qu'il bavardait, appuyé au chambranle. Les trois soirs, je dus lui dire que je voulais dormir et qu'il devrait en faire autant.

La seule anicroche qui se produisit pendant notre week-end fut une affaire de beignets. Le samedi après-midi, je cherchai une boîte de beignets que j'avais achetés la veille. Je fouillai en vain le garde-manger. "C'est toi qui as mangé les beignets ?" demandai-je à Mark, qui se trouvait dans la pièce à côté. Il entra dans la cuisine et me regarda. "Des beignets ? Non.

— J'aurais juré que je les avais rangés dans cette armoire, et maintenant ils n'y sont plus. C'est étrange.

— Dommage, dit-il. J'aime bien les beignets. Je suppose que c'est encore un de ces mystères domestiques. Violet dit toujours que cette maison mange les choses pendant qu'on ne regarde pas." Il hocha la tête, me sourit et disparut dans sa chambre. Un instant plus tard, je l'entendais siffloter une chanson pop – aiguë, douce et mélodieuse.

Le lendemain après-midi, vers trois heures, je répondis au téléphone. Une femme m'enguirlandait à l'appareil d'une voix stridente et furieuse. "Votre fils a allumé un feu ! Je veux que vous veniez ici tout de suite !" J'oubliai où je me trouvais, j'oubliai tout. Trop choqué pour parler, je respirai un grand coup dans le combiné et balbutiai : "Je ne vous comprends pas. Mon fils est mort."

Silence.

"Vous n'êtes pas William Wechsler ?"

J'expliquai. Elle expliqua. Mark et son fils avaient allumé un feu sur le toit.

"Ce n'est pas possible, dis-je. Il est dans sa chambre, en train de lire.

— Voulez parier ? s'exclama-t-elle. Il est ici, devant moi."

Après avoir vérifié que Mark ne se trouvait pas dans sa chambre, je descendis pour aller le récupérer dans l'immeuble voisin. En me faisant entrer chez elle, la femme tremblait encore. "Où ont-ils eu des allumettes ? me cria-t-elle comme je franchissais le seuil. Vous êtes responsable de lui, oui ou non ? Hein, oui ou non ?" Je marmonnai que oui, et puis je fis remarquer que des garçons pouvaient se procurer des allumettes à peu près n'importe où. Quel genre de feu était-ce ? Je souhaitais le savoir. "Un feu ! Un feu ! Qu'est-ce que ça peut faire, le genre de feu ?" Quand je me tournai vers Mark, son visage était sans expression. On n'y voyait aucune agressivité – il n'y avait rien. L'autre gamin, qui ne paraissait pas plus de dix ans, avait les yeux humides et rouges. Il avait de la morve au nez et ne cessait de repousser ses cheveux, qui lui retombaient aussitôt sur le front. Je présentai de faibles excuses et ramenai Mark chez lui en silence.

Nous en discutâmes dans sa chambre. Il me raconta qu'il avait rencontré le gamin, Dirk, sur le toit, et que Dirk avait déjà allumé le feu. "J'ai rien fait que rester à le regarder."

Je lui demandai ce qu'ils avaient brûlé.

"Juste du papier, des trucs. C'était rien."

Je l'avertis qu'un feu pouvait facilement échapper à tout contrôle. Je lui dis qu'il aurait dû me prévenir qu'il sortait. Il m'écoutait, ses yeux absorbant calmement mes observations. Et puis il dit, d'une voix étonnamment hostile : "La mère de ce type était cinglée !"

Les yeux de Mark restaient indéchiffrables. Malgré leur ressemblance frappante avec ceux de son père, ils n'avaient rien de l'énergie de Bill. “Je crois qu'elle était inquiète, pas cinglée, dis-je. Elle était vraiment inquiète pour son fils.

— Sans doute, admit-il.

— Mark, ne recommence pas des choses pareilles. C'était à toi de l'empêcher. Tu es beaucoup plus âgé que ce garçon.

— Tu as raison, oncle Leo”, dit-il. J'entendis dans sa voix un ton de conviction qui me rassura.

Le lendemain matin, je préparai pour Mark du pain perdu et l'envoyai à l'école. En lui disant au revoir, je lui tendis la main, mais il me serra dans ses bras. Quand je l'entourai des miens, il me parut petit et sa façon d'appuyer sa joue contre moi me fit penser à Matthew, non quand mon fils avait onze ans, mais quand il en avait quatre ou cinq.

Après le départ de Mark, je montai sur le toit pour voir les vestiges du feu. J'avais pensé qu'il me faudrait peut-être passer sur le toit voisin, celui de l'immeuble où habitait Dirk, mais je découvris un tas de cendres et de débris sur le toit du nôtre, et je m'accroupis afin de l'examiner. Avec un sentiment de dissimulation mêlé à léger sens du ridicule, je remuai les fragments calcinés à l'aide d'un cintre en fil de fer qui traînait à proximité. Ce n'avait pas été un feu de joie, juste un petit embrasement qui ne pouvait avoir duré très longtemps. Je remarquai quelques chiffons partiellement brûlés et en soulevai un, un lambeau d'une chaussette de sport. Les tessons verts d'une bouteille cassée étaient éparpillés parmi des bouts de papier, et puis j'aperçus un morceau de la boîte qui avait échappé au feu – la boîte vide des beignets. Je pouvais encore lire certaines des lettres de l'étiquette : ENTE.

Mark m'avait menti. Il avait cité Violet avec tant de naturel. Il avait souri avec tant d'aisance. Jamais je n'avais eu le moindre soupçon, mais le plus curieux était encore le fait que s'il m'avait dit qu'il avait mangé les beignets je n'aurais pas été fâché. C'était à lui que j'avais pensé en les achetant. Le bout de carton à la main, je parcourus du regard le paysage désolé des toits du bas Manhattan, avec leurs réservoirs d'eau rouillés et leur goudron pelé. Un soleil pâle tentait de percer les nuages et le vent s'était levé. Je ramassai les cendres et le verre dans un vieux sac de supermarché que quelqu'un avait abandonné sur le toit et, en regardant mes mains noircies par les cendres, j'éprouvai un sentiment inattendu de culpabilité, comme si j'étais d'une manière ou d'une autre impliqué dans le mensonge de Mark. Lorsque je redescendis du toit, je n'ajoutai pas le morceau de la boîte brûlée au reste des détritus. Rentré chez moi, je rangeai soigneusement ce qui en restait dans mon tiroir.

Je ne dis rien du feu à Bill et Violet. Mark devait être content que je n'en parle pas, il devait avoir l'impression d'avoir un allié en l'oncle Léo, à l'étage au-dessous, et je désirais qu'il en soit ainsi. L'incident s'éloigna ainsi que le font souvent les rêves, en ne laissant derrière eux qu'une sensation de malaise vague. J'y pensais rarement, sauf quand j'ouvrais mon tiroir pour inspecter ma collection, et alors je me demandais pourquoi j'avais décidé de conserver ce bout de carton. Je ne le déplaçai pas, néanmoins, et je ne le jetai pas. Quelque chose en moi devait sentir que sa place était là.

A l'automne 1991, les Presses de l'Université du Minnesota publièrent : *Corps verrouillés : Exploration des images contemporaines du corps et des désordres nutritionnels*. Pendant que je lisais le livre de Violet, les beignets disparus et la boîte brûlée revinrent de temps à autre flotter dans ma conscience. Le livre commençait par des questions simples : Pourquoi des milliers de jeunes filles occidentales s'interdisent-elles aujourd'hui de manger ? Pourquoi d'autres se gorgent-elles pour vomir ensuite ?

Pourquoi l'obésité se répand-elle ? Pourquoi ces maux rares autrefois deviennent-ils épidémiques ?

"Manger, écrivait Violet, est notre plaisir et notre punition, notre bien et notre mal. Telle l'hystérie il y a un siècle, manger est devenu le point focal d'une obsession culturelle par laquelle ont été contaminés une quantité considérable de gens qui ne souffrent jamais de désordres nutritionnels pathologiques. Le fanatisme de la course à pied, l'augmentation du nombre des centres de remise en forme et des magasins d'aliments bio, le *rolfing*, les massages, les cures de vitamines, les lavements, les centres de diététique, le bodybuilding, la chirurgie esthétique, la diabolisation du tabac et du sucre et la terreur des polluants, tout cela témoigne de l'idée d'un corps extrêmement vulnérable – un corps aux seuils mal assurés, un corps sous menace constante."

L'analyse se poursuivait sur près de quatre cents pages. Le premier chapitre tenait lieu d'introduction historique. Il évoquait rapidement les Grecs et les corps idéaux de leurs dieux, s'attardait quelque peu sur la chrétienté médiévale, ses saintes, son culte de la souffrance physique et le phénomène plus général des pestes et des famines. Il effleurait les corps néoclassiques de la Renaissance et puis la Réforme et sa négation de la Vierge et du corps maternel. Il traversait au galop le XVIIIe siècle, ses planches médicales et son obsession de la dissection issue des Lumières, pour arriver enfin aux artistes de la faim et aux affamées volontaires du Dr Lasègue, le médecin qui avait le premier employé pour décrire leur mal le terme d'anorexie. En parcourant le XIXe et le début du XXe siècles, Violet mentionnait les jeûnes et les ripailles de Lord Byron, l'opiniâtre déni de soi de J. M. Barrie, qui avait peut-être fait obstacle à sa croissance, et l'étude par Binswanger du cas d'Ellen West, une jeune altruiste tourmentée qui s'était laissée mourir de faim en 1930, alors que ce mal était encore considéré comme extrêmement rare.

Violet affirmait que nos corps sont faits d'idées autant que de chair et qu'on ne pouvait imputer à la mode – laquelle n'est qu'une expression d'une culture plus vaste – l'obsession contemporaine de la minceur. A une époque qui a absorbé la menace nucléaire, la guerre biologique et le sida, le corps parfait est devenu comme une armure – dur, étincelant et impénétrable. A l'appui de ses dires, elle citait des cours de gymnastique enregistrés ainsi que des publicités pour des régimes et des appareils, notamment des expressions significatives telles que "miches d'acier" et "abdos à l'épreuve des balles". Sainte Catherine, en se laissant mourir de faim pour Jésus, bravait l'autorité de l'Eglise. A la fin du XXe siècle, les adolescents jeûnent pour leur propre compte en signe d'opposition à leurs parents et à un monde hostile, dépourvu de frontières. Une maigreur extrême au cœur de l'abondance manifeste qu'on se place au-dessus des désirs ordinaires, l'obésité qu'on est protégé par un rembourrage capable de parer toutes les attaques. Violet citait des psychologues, des psychanalystes et des médecins. Elle discutait l'opinion largement répandue selon laquelle l'anorexie en particulier traduit, chez des jeunes filles dont les corps sont des lieux de rébellion pour ce qu'elles ne peuvent dire, une tentative mal maîtrisée d'accéder à l'autonomie. Mais des histoires personnelles n'expliquent pas les épidémies et Violet dénonçait avec vigueur le rôle sous-jacent de bouleversements sociaux, parmi lesquels l'abandon des rituels amoureux et des codes sexuels qui rend vulnérables les jeunes femmes privées de repères, et elle développait son idée du "mélange" – en citant des recherches sur la croissance relatives aux "attachements" et des études menées sur des nourrissons et de jeunes enfants pour lesquels la nourriture devient le champ tangible d'une bataille émotionnelle.

Mais une grande partie du livre était consacrée à des histoires et, en avançant dans ma lecture, je trouvai captivants les cas individuels. Raymond, un gamin de sept ans d'une grosseur extrême, avait confié à son psychothérapeute sa conviction que son corps était fait de gelée et que, si on lui perçait la peau, ses entrailles s'écouleraient. Après avoir réduit pendant des mois la quantité d'aliments qu'elle ingérait, Berenice se faisait un repas d'un seul raisin sec. Elle le coupait en quatre avec un couteau, suçait les quartiers pendant une bonne heure et demie et, quand le dernier s'était dissous dans sa bouche, elle se déclarait "gavée". Naomi allait chez sa mère pour s'empiffrer. Assise à la table de la cuisine, elle engouffrait d'énormes quantités de nourriture, après quoi elle vomissait le contenu de son estomac dans des sacs en plastique qu'elle nouait et cachait dans différents coins de la maison pour que sa mère tombe dessus. Anita détestait sentir des morceaux dans ses aliments. Elle résolut le problème en adoptant un régime liquide. Au bout de quelque temps, elle prit également la couleur en grippe. Le liquide devait être à la fois pur et clair. Ne vivant plus que d'eau et de Sprite à une calorie, elle mourut à quinze ans.

Si je ne soupçonnais pas Mark d'excès comparables à ceux que rapportait Violet, je me demandais s'il n'avait pas menti à propos des beignets parce qu'il se sentait coupable de les avoir mangés. Violet insistait sur le fait que les gens les plus rigoureusement honnêtes en toutes autres choses mentent souvent au sujet de la nourriture quand leur relation avec elle est faussée. Je me rappelai le plat brunâtre de haricots et de légumes informes que Lucille avait concocté la première fois que je l'avais rencontrée et, au même instant, je revis sa table basse le soir où je l'avais accompagnée chez elle. Sur le dessus d'une pile d'autres publications se trouvaient plusieurs numéros d'un magazine intitulé *Prévention*.

Erica ne répondait plus à mes lettres avec la même promptitude qu'au début. Deux semaines s'écoulaient parfois avant que n'arrive une lettre d'elle, et je comptais les jours. Son ton n'était plus tout à fait pareil, lui non plus. Bien qu'elle écrivît de manière directe et franche, je sentais dans ses récits un manque de nécessité. Beaucoup de ce qu'elle me disait, elle devait l'avoir confié aussi au Dr Richter, son psychiatre, psychanalyste et psychothérapeute, qu'elle voyait deux fois par semaine. Elle s'était également liée d'amitié avec une jeune collègue nommée Renata Doppler – qui, entre autres choses, écrivait des articles denses et érudits sur la pornographie. Elle devait avoir discuté souvent avec Renata et je savais qu'elle téléphonait régulièrement à Bill et Violet. Je m'efforçais de ne pas penser à ces conversations téléphoniques, de ne pas imaginer Bill et Violet entendant la voix d'Erica. L'univers de mon épouse s'était élargi et, en même temps qu'il s'étendait, je devinais que ma place s'y était réduite. Et pourtant, il y avait çà et là quelques phrases auxquelles je m'accrochais comme aux signes d'un reste de passion. “Je pense à toi la nuit, Leo. Je n'ai pas oublié.”

En mai, elle m'écrivit qu'elle allait venir passer une semaine à New York au mois de juin. Elle logerait chez nous, mais il était clair, d'après ses lettres, que cette visite ne signifiait pas la reprise de notre ancienne existence. A l'approche de sa venue, je fus pris de trac. Le matin de son arrivée, mon agitation avait atteint un niveau qui me faisait l'effet d'un hurlement intérieur. La perspective de revoir bientôt Erica m'était moins une joie qu'une souffrance. Alors que j'errais dans l'appartement en essayant de me calmer, je me rendis compte que je me tenais la poitrine comme un homme qui vient d'être frappé d'un coup de poignard. Après m'être assis, je tentai de démêler cette sensation de blessure, mais sans y parvenir – pas complètement. Je savais, cependant, que soudain Matt était partout. Le loft résonnait de sa voix. Les meubles semblaient garder l'empreinte de son corps. Même la lumière des fenêtres évoquait Matthew. Ça ne marchera pas, me dis-je. Ça ne va pas marcher. Dès qu'elle eut passé la porte, Erica fondit en larmes.

Nous ne nous querellâmes pas. Nous bavardions avec l'intimité d'anciens amants qui ne se sont plus vus depuis longtemps mais ne se gardent pas rancune. Un soir, pendant un dîner au restaurant avec Bill et Violet, Erica rit si fort d'une blague de Henny Youngman que racontait Bill, l'histoire d'un homme caché dans un placard, qu'elle manqua s'étouffer et que Violet dut lui taper dans le dos. Au moins une fois par jour, Erica se tenait sur le seuil de la chambre de Matt pendant plusieurs minutes à regarder ce qui en restait – le lit, la table et la chaise, et l'aquarelle représentant la ville que Bill m'avait donnée et que j'avais encadrée. Nous fîmes l'amour à deux reprises. Ma solitude physique s'était teintée de désespoir et, quand Erica se pencha vers moi pour m'embrasser, je lui sautai dessus. Elle trembla pendant l'assaut et n'eut pas d'orgasme. Son manque de plaisir gâta le mien et, après, je me sentis vide. La nuit avant son départ, nous fîmes une autre tentative. Je voulais me montrer attentif envers elle, délicat. J'effleurai prudemment son bras et puis l'embrassai, mais mon hésitation parut l'irriter. Dans un élan, elle vint vers moi, m'empoigna les hanches et de ses doigts me pinça la peau. Elle m'embrassa avec avidité et grimpa sur moi. Quand elle jouit, elle poussa une clameur étouffée et puis elle soupira plusieurs fois, même après que j'eus éjaculé. Mais, sous nos étreintes, je sentais une détresse impossible à dissiper. La tristesse se trouvait en nous et je crois que nous eûmes pitié de nous-mêmes, ce soir-là, comme si nous étions d'autres gens contemplant ce couple étendu ensemble sur le lit.

Au matin, Erica m'assura qu'elle ne souhaitait pas divorcer à moins que je ne le désire. Je répondis que non, je ne le désirais pas. "J'aime tes lettres, me dit-elle. Elles sont si belles."

Cette remarque m'irrita. "Je pense que tu es contente de partir", lançai-je.

Erica approcha son visage du mien, les yeux comme des fentes. “Et toi, tu n’es pas content que je parte ?

— Je ne sais pas, dis-je. Vraiment, je ne sais pas.”

Posant une main sur mon visage, elle le caressa. “Nous sommes brisés, Leo. Ce n’est pas notre faute. Quand Matt est mort, c’est comme si notre histoire s’était arrêtée. Il y avait tant de toi en lui…

— J’aurais cru que nous pouvions au moins nous avoir, l’un, l’autre, lui dis-je.

— Je sais, admit-elle, je sais.”

Après son départ, je me sentis coupable parce que, quel que fût le tumulte de mes sentiments, j’y détectais le soulagement qu’Erica avait eu le courage de nommer. A deux heures de l’après-midi, je bus un verre de scotch dans mon fauteuil comme un vieux poivrot. Alors que je me promettais de ne plus boire dans la journée, je sentis l’alcool m’envahir la tête et puis les membres. Je me laissai aller contre les coussins élimés de mon fauteuil ; je savais ce qui nous était arrivé, à Erica et moi. Nous voulions d’autres gens. Pas des nouveaux. Des gens anciens. C’était nous que nous voulions, nous avant la mort de Matthew, et, ces gens-là, rien de ce que nous ferions pendant le restant de nos jours ne les ramènerait jamais.

Cet été-là, je commençai à travailler sur “l’œuvre noire” de Goya. Dans la journée, l’étude de ses monstres, goules et sorcières me tenait occupé des heures durant et ses démons m’aidaient à garder les miens à distance. Et puis, quand venait la nuit, je parcourais d’autres espaces imaginaires, des mondes illusoires dans lesquels je voyais Matt en train de parler et de dessiner, et Erica auprès de moi, inchangée. Ces fantasmes éveillés étaient de purs exercices de torture mais, vers la même époque, Matthew commença d’apparaître dans mes rêves et, quand il le faisait, il semblait aussi présent qu’il l’avait été dans la vie. Son corps était aussi réel, aussi entier, aussi tangible qu’il l’avait toujours été. Je le serrais dans mes bras, je lui parlais, je touchais ses cheveux, ses mains, et j'avais ce que je ne pouvais avoir lorsque j'étais éveillé : la ferme et joyeuse certitude que Matthew était vivant.

Si Goya n'alimentait pas ma tristesse, la sauvagerie de ses tableaux offrait à mes pensées une licence nouvelle – la permission d'ouvrir des portes qu'auparavant j'avais tenues fermées. Sans les images ardentes de Goya, je ne suis pas sûr que les leçons de piano de Violet auraient ressurgi avec une force aussi surprenante. Cela commença après un dîner chez Bill et Violet. Violet était vêtue d'une robe d'été rose qui laissait deviner ses seins. Une longue marche au soleil dans l'après-midi lui avait quelque peu rougi les joues et le nez et, pendant qu'elle me parlait de son prochain livre, où il serait question de narcissisme extrême, de culture de masse, d'images, de communication instantanée et d'une maladie nouvelle du capitalisme actuel, je trouvais difficile de l'écouter. Mes yeux ne cessaient de se promener sur son visage empourpré, sur ses bras nus et sur ses seins, sur ses doigts aux ongles vernis de rose. Je les quittai tôt, ce soir-là, passai quelque temps avec les objets contenus dans mon tiroir avant de me mettre à feuilleter un volume de dessins de Goya, en commençant par ceux de la *Tauromaquia*. Bien que, je l'admets, les croquis de corrida de l'artiste eussent peu de rapport avec les leçons de piano de Violet et sa rencontre avec M. Renasse, la libre énergie de son trait et la férocité de ses représentations me firent l'effet d'un aphrodisiaque. Je tournais les pages les unes après les autres, impatient de voir d'autres images de brutes et de monstres. Je les connaissais toutes par cœur mais, ce soir-là, tel un feu, leur furie charnelle me calcinait le cerveau et, quand je regardai une fois encore le dessin d'une jeune femme nue chevauchant un bouc dans un sabbat de sorcières, j'eus le sentiment qu'elle était toute vitesse et avidité, que sa course folle, née de la main sûre et rapide de Goya, était encre meurtrissant le papier. La bête court, mais sa cavalière est déchaînée. Elle a la tête renversée en arrière. Sa chevelure flotte dans son dos et ses jambes pourraient ne pas rester longtemps serrées autour du corps de l'animal. Je touchai la cuisse ombreuse et le genou pâle de la femme, et ce geste m'envoya à Paris.

Je modifiais le fantasme à ma convenance. Certains soirs, je me contentais de regarder la leçon par une fenêtre de l'autre côté de la rue, et d'autres soirs je devenais M. Renasse. Il y avait des nuits où j'étais Jules, l'œil au trou de la serrure ou flottant avec majesté au-dessus de la scène, mais Violet se trouvait toujours sur la banquette à côté de l'un d'entre nous, et l'un d'entre nous tendait toujours la main pour saisir son doigt d'un geste abrupt et violent en murmurant "Jules" à son oreille d'une voix rauque et insistante, et, à l'énoncé de ce prénom, le corps de Violet se tendait toujours de désir et sa tête se renversait en arrière, et l'un ou l'autre d'entre nous la prenait, là, sur la banquette du piano, lui remontait sa robe rose dans le dos, abaissait sa petite culotte de couleur et de forme variable et la pénétrait tandis qu'elle gémissait bruyamment de plaisir, et l'un d'entre nous la traînait sous un palmier en pot, lui écartait les jambes sur le plancher et lui faisait l'amour en brute pendant qu'elle hurlait à l'approche de l'orgasme. Je lâchais dans ce fantasme des quantités incalculables de sperme et inévitablement, après, je me sentais déprimé. Ma pornographie n'était pas plus idiote que beaucoup d'autres, et je savais que je n'étais pas le seul homme qui se permît d'inoffensifs ébats imaginaires avec la femme d'un ami, mais le secret m'attristait néanmoins. Souvent, après, je pensais à Erica et puis à Bill. Parfois je tentais de remplacer Violet par quelqu'un d'autre, une figurante anonyme pouvant jouer son rôle, mais cela ne marchait jamais. Il fallait que ce soit Violet et il fallait que ce soit cette histoire, non à deux, mais à trois personnages.

Bill travaillait avec acharnement à une série de pièces autonomes consacrées aux chiffres. De même que *Le Voyage de O*, les œuvres se trouvaient dans des cubes de verre, mais ceux-ci étaient deux fois plus grands – ils avaient à peu près soixante-dix centimètres de côté. Il trouvait son inspiration dans des sources aussi variées que la kabbale, la physique, les résultats du base-ball et les cours de la Bourse. Il prenait un chiffre entre 0 et 9 et en jouait dans un cube. Dans chaque élément, il peignait, découpait, sculptait, déformait et brisait le signe numérique au point de le rendre méconnaissable. Il introduisait des personnages, des objets, des livres, des fenêtres et, toujours, le mot écrit désignant le chiffre. C'était un art exubérant, truffé d'allusions – aux vides, aux blancs, aux trous, au monothéisme et à l'individu, à la dialectique, au yin et au yang, à la Trinité, aux trois Parques et aux trois souhaits, au rectangle d'or, au septième ciel, aux sept ordres inférieurs des *sephirot*, aux neuf muses, aux neuf cercles de l'enfer, aux neuf mondes de la mythologie norvégienne, mais aussi à des références populaires telles que *La Réussite de votre mariage en cinq leçons faciles* et *Des cuisses plus minces en sept jours*. Dans les cubes UN et DEUX, il était question de programmes en douze étapes. Un exemplaire miniature d'un livre intitulé *Les Six Erreurs les plus fréquentes des parents* était posé sur le fond du cube SIX. Il y avait des jeux de mots, généralement bien déguisés – *one* (un), *won* (gagné) ; *two* (deux), *too* (aussi) et *Tuesday* (mardi) ; *four* (quatre), *for* (pour) et *forth* (en avant) : *eight* (huit), *ate* (mangeais). Bill avait également un faible pour les rimes, tant en images qu'en mots. Dans le cube NEUF (en anglais, *nine*), le symbole géométrique d'une ligne *(line)* était peint sur une des parois de verre. Dans le cube TROIS *(three)*, un petit bonhomme vêtu de la tenue noire et blanche des prisonniers de bandes dessinées et traînant un boulet à son pied a ouvert la porte de sa cellule. La rime cachée est *free* (libre). En regardant bien à travers les parois du cube, on peut voir une rime parallèle dans une autre langue : le mot allemand *drei* est gravé dans un des murs de verre. Au fond du même cube se trouve une petite photographie en noir et blanc découpée dans un livre, qui représente l'entrée du camp d'Auschwitz : *Arbeit Macht Frei*. Pour chaque chiffre, la danse arbitraire des associations se combinait pour créer un paysage mental miniature dont la tonalité variait du rêve exauçant le désir au cauchemar. Malgré leur densité, l'effet produit par ces cubes ne désorientait pas le regard. Chaque objet, peinture, dessin, fragment de texte ou figure sculptée trouvait sa place légitime sous la vitre en fonction de la folle mais nécessaire logique de connexions numériques, picturales et verbales – et tous dans des couleurs surprenantes. Chaque chiffre était doté de sa nuance thématique. Bill s'était intéressé à la roue des couleurs de Goethe et à l'usage qu'en a fait Alfred Jensen dans ses peintures de nombres épaisses et hallucinées. A chaque chiffre, il attribuait un coloris. Comme Goethe, il incluait le noir et le blanc, bien qu'il ne se souciât pas des significations données par le poète. Un était blanc. Deux était bleu. Trois était rouge, quatre jaune, et il mélangeait les tons : bleu pâle dans le cube CINQ, violet dans le SIX, orange dans le SEPT, vert dans le HUIT, noir et gris dans le NEUF. Même si d'autres teintes et les omniprésentes coupures de presse envahissaient toujours la combinaison élémentaire, les innombrables nuances d'une seule couleur dominaient chaque cube.

La série consacrée aux chiffres était l'œuvre d'un homme au sommet de sa forme. Extension organique de tout de ce que Bill avait fait auparavant, ces nœuds de symboles produisaient un effet explosif. Plus je les regardais, plus ces constructions miniature me semblaient sur le point d'éclater sous une pression interne. C'étaient des bombes sémantiques orchestrées avec rigueur, au moyen desquelles Bill mettait à nu les racines arbitraires de la signification elle-même – cet étrange contrat social issu de petits gribouillis, traits, lignes et boucles sur une page.

Dans plusieurs des cubes, Bill faisait allusion à l'ennui souvent lié à l'acquisition des signes nécessaires à la compréhension – un fragment d'un devoir de calcul de Mark, une gomme à crayon mâchouillée et, mon image préférée, dans le cube NEUF : celle d'un garçon profondément endormi sur sa table de travail, sa joue ne couvrant qu'en partie une page d'algèbre. Bill me confia que Mark avait de si mauvais résultats scolaires que le directeur avait délicatement suggéré à Bill d'envisager la recherche d'un autre établissement. Il ne s'agissait pas d'une expulsion, avait-il affirmé, seulement d'un mauvais accord entre élève et école. Le quotient intellectuel élevé de Mark ne compensait pas son manque de concentration et de discipline. Un programme d'étude moins rigoureux lui conviendrait sans doute mieux. Bill avait passé des heures au téléphone avec Lucille au sujet d'une autre école, et finalement Lucille avait trouvé un endroit où l'on acceptait Mark, un établissement "d'éducation nouvelle" proche de Princeton. L'école l'accueillit à une seule condition : il devait redoubler sa huitième. Dès l'automne suivant son quatorzième anniversaire, Mark s'installa à Cranbury chez sa mère et passa ses week-ends à New York.

Cette année-là, il grandit d'une vingtaine de centimètres. Un jeune gars dégingandé remplaça le gamin qui avait joué aux échecs avec moi, mais son tempérament restait inchangé. Jamais je n'ai vu un garçon plus exempt que Mark des pesanteurs adolescentes. Il avait le corps aussi leste que l'esprit, le pas léger, des gestes gracieux. Mais Bill restait sans cesse préoccupé par l'attitude indolente de son fils à l'école. Ses résultats scolaires étaient capricieux – sautant des meilleures notes aux pires. Ses professeurs utilisaient des expressions comme "irresponsable" ou "peut mieux faire". Je calmais l'inquiétude de Bill par des platitudes. Il manque un peu de maturité, disais-je, mais le temps arrangera ça. J'énumérais les grands hommes qui avaient été des cancres et les élèves brillants qui étaient devenus des médiocrités.

Mes bonnes paroles produisaient en général leur effet. “Il va changer, disait Bill. Attendons. Il trouvera sa voie, même à l’école.”

Mark commença à venir me voir pendant les weekends, généralement le dimanche après-midi, avant de repartir chez sa mère. Je me réjouissais d’avance du bruit de ses pas dans l’escalier, du petit coup qu’il frappait sur la porte et de son visage ouvert et limpide quand je l’accueillais chez moi. Il m’apportait souvent une de ses créations pour me la montrer. Il s’était mis à faire de petits collages à partir de magazines, et certains me paraissaient intéressants. Un après-midi de printemps, il arriva à ma porte avec un grand sac de supermarché. Après l’avoir fait entrer, je remarquai qu’il avait grandi depuis la dernière fois que je l’avais vu. “Je peux te regarder droit dans les yeux, maintenant. Je pense que tu seras encore plus grand que ton père.”

Mark, qui était souriant, se renfrogna quand je lui dis ça. “Je n’ai plus envie de grandir, me dit-il. Je suis assez grand.

— Combien mesures-tu, maintenant, un mètre quatre-vingts ? Ce n’est pas excessif pour un homme.

— Je ne suis pas un homme”, fit-il, maussade.

J’eus sans doute l’air étonné, car il haussa les épaules. “Ça fait rien, dit-il. Je m’en fiche, en réalité.” Il souleva son sac vers moi et déclara : “Papa pensait que je devais te montrer ça.”

Après s’être assis avec moi sur le canapé, Mark sortit de son sac un grand carton plié en deux, qui s’ouvrait comme un livre. Les deux moitiés étaient recouvertes d’images découpées dans des annonces de magazines qui, toutes, représentaient des jeunes. Il avait également découpé quelques mots et lettres dans d’autres annonces et les avait collés sur les images : DÉSIR, DANSE, GLAMOUR, TON VISAGE et GIFLE. Je trouvai les images un peu quelconques, à vrai dire, un pot-pourri confus plutôt bon chic, bon genre, et puis je remarquai, au centre de chaque page, la même petite photographie d’un bébé. Je regardai les joues rebondies du nourrisson. “C’est toi ?” demandai-je en riant.

Mark ne paraissait pas partager mon amusement. “Il y avait deux exemplaires de cette photo. Maman m’a permis de les prendre.”

A droite d’une photo et à gauche de l’autre, j’en remarquai deux autres qui avaient toutes les deux été estompées à l’aide de plusieurs couches de ruban adhésif transparent. Je les examinai de plus près. “C’est quoi, ces deux-ci ? demandai-je. Deux fois la même image, de nouveau ?”

A travers l’adhésif, je distinguais les contours vagues d’une tête coiffée d’une casquette de base-ball et d’un long corps mince. “Qui est-ce ?

— Personne.

— Pourquoi est-il couvert de scotch ?

— Je sais pas. J’ai fait ça comme ça. J’y ai pas vraiment pensé. Ça me paraissait chouette.

— Ça ne vient pas d’un magazine. Tu dois l’avoir trouvé quelque part.

— Oui, mais je ne sais pas qui c’est.

— Cette partie du collage est identique des deux côtés. Le reste est différent. Il faut un moment pour le voir, pourtant. Il se passe tant de choses autour. Mais les photos ont quelque chose d’inquiétant.

— Tu crois que c’est mauvais ?

— Non, dis-je. Je crois que c’est bon.”

Mark referma le carton et le rangea dans son sac. Se laissant aller en arrière dans le canapé, il posa les pieds sur la table basse devant nous. Ses baskets me parurent énormes – un quarante-trois ou un quarante-quatre. Je remarquai qu’il portait un de ces pantalons trop grands, clownesques, qui avaient la préférence des garçons de son âge. Nous restâmes un moment silencieux et puis je lui posai la question qui me vint brusquement à l’esprit : “Mark, est-ce que Matthew te manque ?”

Mark se tourna vers moi. Il avait les yeux écarquillés et il serra les lèvres un instant avant de me répondre. “Tout le temps, dit-il. Tous les jours.”

Avec une profonde inspiration, je cherchai à tâtons sa main sur le canapé. Je m'entendis grogner d'émotion et ma vue se brouilla. Quand j'eus saisi sa main, je la sentis serrer la mienne fermement.

Mark Wechsler était à quelques mois de ses quinze ans. J'en avais soixante-deux. Je l'avais connu toute sa vie mais, jusque-là, je ne l'avais jamais considéré comme un ami. Tout à coup, je compris que son avenir était aussi le mien, que, si je voulais une relation durable avec ce garçon qui serait bientôt un homme, je pouvais l'avoir, et cette pensée devint une promesse à moi-même : Mark pourrait compter sur mon attention et mes soins. J'ai revécu bien souvent cet instant depuis lors mais, au cours de ces deux dernières années, comme pour d'autres événements de ma vie, je me suis mis à l'imaginer du point de vue d'un tiers. Je me vois attraper mon mouchoir, ôter mes lunettes et me frotter les yeux avant de me moucher bruyamment dans le tissu blanc. Mark contemple avec compassion le vieil ami de son père. N'importe quel spectateur informé aurait compris cette scène. Il aurait su que le vide laissé en moi par la mort de Matthew ne pourrait jamais être comblé par Mark. Il aurait compris clairement qu'il ne s'agissait pas de remplacer un garçon par l'autre, mais d'un pont lancé entre deux personnes par-dessus une absence partagée. Et pourtant, ce spectateur se serait trompé, exactement comme je me trompais. J'ai tout compris de travers, et moi-même et Mark. Le problème, c'est que mon examen approfondi de cette scène sous tous ses angles ne révèle pas le moindre indice. Je n'ai omis aucun mot, aucun geste, aucun de ces impondérables émotionnels qui passent entre les gens. Je me trompais parce que, étant donné les circonstances, je devais me tromper.

L'idée me vint la semaine suivante. Sans rien en dire à Mark, j'écrivis à Erica pour lui demander son avis. Je proposais que nous autorisions Mark à utiliser la chambre de Matthew comme atelier où travailler à ses collages. Sa chambre, en haut, était petite, et cet espace supplémentaire lui serait utile. Ce changement signifierait que la chambre où Matt avait vécu ne resterait pas un mausolée, un espace inhabité, sans utilité pour personne. Mark, le meilleur ami de Matthew, y ferait revenir la vie. Je défendis ma cause avec conviction, je racontai à Erica que Matt manquait toujours à Mark, et puis je lui dis que, si elle donnait son accord, ce serait important pour moi. Je lui confiai en toute franchise que je me sentais souvent seul et que la présence de Mark me remontait le moral. Erica me répondit aussitôt. Elle écrivait que si, d'un côté, elle n'envisageait pas sans réticence de céder la chambre, d'un autre, après réflexion, elle y consentait. Dans la même lettre, elle me racontait que Renata venait d'avoir une petite fille appelée Daisy et qu'elle était la marraine de l'enfant.

La veille du jour où Mark devait prendre possession de la chambre, j'ouvris la porte, j'entrai et je m'assis sur le lit un bon moment. Mon enthousiasme pour ce changement avait cédé la place à une conscience déchirante du fait qu'il était trop tard pour revenir sur ma parole. Je contemplai l'aquarelle de Matt. Il fallait qu'elle reste là. Je décidai d'en parler à Mark comme de mon unique stipulation. Je n'avais pas besoin d'un lieu à consacrer à la mémoire de Matt, me dis-je. Il vivait en moi, mais je n'avais pas plus tôt formulé cette pensée que le cliché rassurant devint effroyable. J'imaginai Matt dans son cercueil, ses os menus, ses cheveux et son crâne sous la terre, et je fus pris de tremblements. Le vieux fantasme de la substitution remonta en moi et je maudis le sort qui l'avait pris plutôt que moi.

Mark apporta dans son "atelier" du papier, des magazines, des ciseaux, de la colle, du fil de fer et une radiocassette flambant neuve. Tout au long du printemps, il passa une heure ou deux dans la chambre le dimanche, à découper des images et à les coller sur du carton. Il travaillait rarement plus d'un quart d'heure d'affilée. Il s'interrompait sans cesse pour venir me raconter une blague, donner un coup de téléphone ou courir au coin de la rue acheter "des chips".

Peu après l'installation de Mark, Bill vint me voir et demanda à pouvoir jeter un coup d'œil à la chambre. Il eut un hochement de tête approbateur devant les coupures de magazines et les cartons, la pile de carnets et le gobelet rempli de crayons et de plumes.

"Je suis content qu'il ait cet endroit, me dit-il. C'est neutre. Ce n'est ni chez sa mère, ni chez moi.

— Il ne parle jamais de sa vie chez Lucille, observai-je, soudain conscient que c'était vrai.

— Il ne nous en dit rien non plus." Bill se tut pendant quelques secondes. "Et quand j'ai affaire à Lucille, elle ne fait que se plaindre.

— De quoi ?

— L'argent. Je paie tous les frais de Mark, ses vêtements, son école, ses frais médicaux – tout sauf ce qu'il mange quand il est chez elle, mais l'autre jour elle m'a dit que ses dépenses alimentaires étaient grimpées au plafond tellement il dévore. Elle va jusqu'à étiqueter dans le frigo les aliments qu'elle ne veut pas qu'il prenne. Elle compte chaque sou.

— Peut-être qu'elle y est obligée. Leurs salaires sont médiocres ?"

Bill me lança un regard dur et courroucé. "Même si je n'avais pas deux sous en poche, je ne rechignerais pas à nourrir mon gosse."

Dès juin, Mark ne frappait plus à la porte. Il avait sa clé. La chambre presque vide de Matt était métamorphosée en piaule encombrée d'adolescent. Le placard était plein de disques, de CD, de t-shirts et de pantalons informes. Des carnets, des prospectus et des magazines s'entassaient sur la table de travail. Mark vivait entre deux chambres, allant et venant de l'une à l'autre comme si les deux lofts ne faisaient qu'un appartement. Parfois, il arrivait en Harpo et tournait en rond dans le living avec un cor qu'il avait acheté lors d'une braderie à Princeton. Il faisait souvent durer son numéro et je le découvrais planté à côté de moi, un genou accroché à mon bras. Si Mark réalisa des collages, cet été-là, il les garda pour lui. Il se laissait vivre, lisait un peu et écoutait de la musique que je ne comprenais pas, mais il faut dire que, quand elle arrivait à mes oreilles dans le living-room, ce n'était plus qu'un battement mécanique qui ressemblait à la basse rythmée d'un air disco : rapide, régulier, interminable. Il allait et venait. Il passa six semaines dans un camp au Connecticut et une autre à Cape Cod avec sa mère. Bill et Violet louèrent une maison dans le Maine pendant quatre des semaines que Mark passait au camp, et l'immeuble parut mourir. Erica décida de ne pas venir. "Je ne veux pas rouvrir la blessure", m'écrivit-elle. Je restai seul avec Goya et, tous, ils me manquaient.

A l'automne, Mark reprit son rythme de visites hebdomadaires. Il prenait en général le train à Princeton le vendredi soir et faisait une apparition chez moi le samedi matin. Il revenait souvent le dimanche pendant une heure environ. Je ne mangeais plus chez Bill et Violet que deux ou trois fois par mois, et j'en vins à compter sur la fidèle présence de Mark comme sur un répit dans mon tête-à-tête avec moi-même. En octobre, il me parla pour la première fois des "raves" – ces rassemblements de jeune qui duraient des nuits entières. D'après Mark, il fallait pour trouver une rave avoir des relations auprès des gens bien informés. Apparemment, des dizaines de milliers d'autres adolescents se trouvaient également au nombre de ceux-ci, mais cela ne diminuait pas l'enthousiasme de Mark. Au seul mot de "rave", l'impatience lui aiguisait les traits.

"C'est une forme d'hystérie collective, me dit Violet. Une réunion de croyants sans religion, un *love-in* des années quatre-vingt-dix. Les jeunes se mettent dans tous leurs états, c'est une frénésie de bons sentiments. On dit qu'il y a des drogues, mais je n'ai jamais remarqué chez Mark le moindre signe d'intoxication quand il rentre à la maison. L'alcool est interdit." Violet soupira et se frotta la nuque avec sa main. "Il a quinze ans. Faut bien que toute cette énergie aille quelque part." Elle soupira de nouveau. "Tout de même, ça m'inquiète. J'ai l'impression que Lucille…

— Lucille ?

— Sans importance, dit-elle. Je dois être un peu parano."

En novembre, je remarquai dans *Village Voice* une annonce pour une lecture que faisait Lucille à six rues de chez nous, dans Spring Street. Je ne lui avais plus parlé depuis les funérailles de Matthew et voir son nom imprimé suscita en moi le désir de l'entendre lire. Mark était devenu un résident à temps partiel de mon appartement et mon intimité avec lui me poussait vers Lucille, mais je crois aussi que ma décision d'y assister était due à la phrase inachevée de Violet et, avant cela, au commentaire de Bill sur la pingrerie de Lucille. Ça ne lui ressemblait pas de se montrer aussi peu charitable et sans doute voulais-je me faire mon opinion.

Le lieu de la lecture était un bar tout en bois et peu éclairé. Dès que j'eus passé la porte, je fouillai la pénombre des yeux et j'aperçus Lucille debout près du mur du fond, une liasse de papiers à la main. Ses cheveux étaient tirés en arrière et son visage était éclairé du dessus par une petite lampe qui accentuait les ombres sous ses yeux. A cette distance, je la trouvai ravissante – une enfant perdue et solitaire. Je m'avançai vers elle. Elle leva son visage vers moi et, après un instant, me sourit avec raideur sans ouvrir la bouche. Quand elle parla, néanmoins, ce fut d'une voix égale et rassurante. "Leo, quelle surprise.

— J'avais envie de t'entendre lire, dis-je.

— Merci."

Nous restâmes tous deux silencieux. Lucille avait l'air mal à l'aise. Son "merci" demeurait suspendu entre nous, comme définitif.

"Ce n'était pas la bonne réponse, hein ? dit-elle en secouant la tête. Je ne suis pas censée dire «merci». J'aurais dû dire «Tu es gentil d'être venu» ou «Merci d'être là». Si, après la lecture, tu m'avais dit «J'aime bien tes poèmes», alors j'aurais pu répondre simplement «merci» et nous ne serions pas plantés l'un devant l'autre à nous demander ce qui vient de se passer.

— Les embûches des rapports sociaux", dis-je. Le mot rapports me parut mal choisi, et je me tus pendant un instant.

Ignorant ma remarque, elle baissa les yeux vers ses papiers. Ses mains tremblaient. "C'est dur pour moi, ces lectures, dit-elle. Je vais me préparer pendant quelques minutes." Elle s'éloigna, s'assit sur une chaise et commença à lire en silence. Elle remuait les lèvres et ses mains continuaient à trembler.

Une trentaine de personnes vinrent l'écouter. Nous étions assis à des tables et certains des assistants buvaient de la bière et fumaient pendant qu'elle lisait. Dans un poème intitulé "Cuisine", Lucille nommait des objets, l'un après l'autre. En s'allongeant, la liste se mit à former une sorte de nature morte verbale encombrée, et je fermais les yeux de temps en temps pour écouter l'impact de chaque syllabe. Dans un autre poème, elle disséquait une phrase prononcée par un ami anonyme : "Ce n'est pas vraiment ça que tu veux dire." C'était une analyse spirituelle, logique et alambiquée de l'intimidation inhérente à une telle proposition. Je crois avoir souri à chaque vers du poème. Au fur et à mesure de sa lecture, je commençai à comprendre que le ton de l'œuvre ne variait jamais. Scrupuleux, concis et imprégnés d'un caractère comique lié à la distance, les poèmes ne laissaient ni objet, ni personnage, ni idée prendre le pas sur aucun autre. Le champ de l'expérience du poète s'y trouvait démocratisé au point d'être nivelé en un champ unique de détails observés de près – détails matériels et psychologiques. J'étais étonné de ne l'avoir encore jamais remarqué. Je me revoyais assis à côté d'elle, les yeux sur les mots qu'elle avait écrits, je me rappelais sa voix m'expliquant le raisonnement qui avait entraîné telle ou telle décision, avec ses phrases nettes et économes, et je me sentais plein de nostalgie pour la camaraderie perdue entre nous.

Après la lecture, j'achetai son livre, *Catégorie*, et j'attendis mon tour pour qu'elle me le signe. J'étais le dernier de sept personnes. Elle écrivit "Pour Leo", et releva les yeux vers moi.

"J'aimerais écrire quelque chose d'amusant, mais j'ai la tête vide."

Je me penchai au-dessus de la table où elle était assise.

"Mets simplement : «De ton amie, Lucille.»"

Tout en regardant sa main bouger sur la page, je lui demandai si elle voulait que je lui trouve un taxi ou que je lui fasse un bout de conduite, où qu'elle aille. Elle me répondit qu'elle se rendait à Penn Station et nous sortîmes dans la nuit froide de novembre. Le vent soufflait, chargé d'odeurs d'essence et de cuisine asiatique. Pendant que nous marchions dans la rue, je regardai son long imperméable beige et remarquai qu'il manquait un bouton à ce vêtement usé. La vue du bout de fil dépassant du manteau ouvert éveilla en moi un sentiment de compassion que suivit aussitôt le souvenir de sa robe grise entortillée autour de ses hanches et de ses cheveux tombant devant son visage alors que, en la tenant par les épaules, je la poussais sur le canapé.

Chemin faisant, je lui dis : "Je suis content d'être venu. Les poèmes sont bons, très bons. Je pense que nous devrions rester en contact, surtout maintenant que je vois Mark si souvent."

Elle tourna la tête et me dévisagea, l'air intrigué. "Tu le vois plus qu'avant ?"

Je cessai de marcher. “A cause de la chambre, tu sais ?”

Lucille s’arrêta sur le trottoir. Sous le réverbère, je remarquai des rides profondes autour de sa bouche tandis qu’elle me demandait, l’air toujours intrigué. “La chambre ?”

Je me sentais de plus en plus oppressé. “Je lui ai donné la chambre de Matthew comme atelier. Il s’y est installé au printemps. Il vient tous les week-ends.”

Lucille avait repris sa marche. “Je ne savais pas”, dit-elle d’un ton égal.

Je commençai mentalement plusieurs questions, mais je remarquai qu’elle avait pressé le pas. Elle fit signe à un taxi et se tourna vers moi. “Tu es gentil d’être venu”, fit-elle, prononçant la phrase qu’elle aurait dû dire plus tôt, mais seuls ses yeux manifestaient de l’amusement.

“C’était un plaisir”, dis-je en lui prenant la main. Pendant un instant, je pensai l’embrasser sur la joue mais sa mâchoire crispée et ses lèvres serrées m’en dissuadèrent et je lui serrai la main.

Nous nous trouvions alors dans West Broadway et, en regardant le taxi s’éloigner vers le nord, j’aperçus la lune dans le ciel au-dessus de Washington Park. Il était encore tôt. Ce croissant de lune ceint d’une légère écharpe de nuages me parut la réplique presque exacte de la lune peinte que j’avais regardée l’après-midi même dans l’un des premiers tableaux de Goya sur la sorcellerie. Pan, sous la forme d’un bouc, s’y trouve au centre d’un cercle de sorcières. Malgré l’affreuse clique qui l’entoure, le dieu païen semble assez innocent, avec ses yeux vides et son air niais. Deux des sorcières lui offrent de petits enfants. L’un des bébés est gris et émacié, l’autre rose et dodu. D’après la position de son sabot, il est évident que Pan préfère le gros bébé. En traversant la rue, je pensais à la sorcière de Bill et aux propos de Violet sur la maternité occulte, et puis je me demandai ce qu’elle avait voulu dire au sujet de Lucille. Je m'interrogeais aussi sur le silence de Mark. Que signifiait-il ? J'imaginai le lui demander, mais la question : "Pourquoi n'as-tu pas parlé à ta mère de la chambre de Matthew ?" me parut absurde. Je tournai dans Greene Street et, comme je marchais sur le trottoir vers mon immeuble, je me rendis compte que mon humeur s'était soudain détériorée et qu'une tristesse envahissante me suivait chez moi.

La vie nocturne de Mark s'intensifia durant les mois suivants. J'entendais ses pas dans l'escalier quand il descendait en bondissant pour sortir le soir. Les filles riaient et glapissaient. Les garçons criaient et juraient avec de grosses voix d'hommes. L'engouement de Mark pour Harpo avait cédé le pas aux DJ et à la techno, et il portait des pantalons de plus en plus larges, mais son jeune visage lisse n'avait rien perdu de son expression d'étonnement enfantin et il paraissait avoir toujours du temps pour moi. Pendant que nous bavardions, il s'appuyait au mur de ma cuisine en tripotant une spatule ou bien il se suspendait au linteau de ma porte en balançant les jambes. Je me souviens peu de ce que nous nous disions. Le contenu de la conversation de Mark était d'ordinaire plat et sans éclat, mais son phrasé était superbe et c'est ce dont je me souviens le mieux : le ton sérieux et plaintif de sa voix, ses éclats de rire et les mouvements langoureux de son long corps.

Un samedi matin de la fin janvier, il se produisit dans mes relations avec Mark un léger virage auquel je ne m'attendais pas. Assis dans la cuisine, je lisais le *Times* en buvant mon café lorsque j'entendis un léger sifflement quelque part au fond de l'appartement. Je me figeai, écoutai et l'entendis de nouveau. Le bruit m'ayant conduit à la chambre de Matthew, j'ouvris la porte et découvris Mark, étalé sur le lit, qui sifflait par le nez en dormant. Il était vêtu d'un t-shirt qu'on avait déchiré en deux et raccommodé à l'aide de ce qui ressemblait à plusieurs centaines d'épingles de sûreté. J'apercevais par la fente un peu de peau nue. Son vaste pantalon sans ceinture lui avait glissé à mi-cuisse, révélant un caleçon avec la marque du fabricant imprimée sur l'élastique. Ses poils bouclés apparaissaient entre ses jambes et, pour la première fois, je reconnus que Mark était un homme – du moins, physiquement un homme – et, pour une raison que j'ignore, cette vérité me consterna.

Je ne l'avais jamais autorisé à dormir là et l'idée qu'il était arrivé au milieu de la nuit sans ma permission m'irrita. Je parcourus la chambre des yeux. Le sac à dos et le manteau de Mark gisaient en tas sur le sol à côté d'une de ses baskets. En me tournant vers l'aquarelle de Matt, je vis, collées sur la vitre, les photos de cinq filles pâles et maigres en minijupes et chaussures à semelles compensées. Au-dessus de leurs têtes se trouvaient les mots : *Les Girls du Club* USA. Mon irritation vira à la colère. Marchant vers le lit, j'empoignai Mark par les épaules et me mis à le secouer. Il grogna et puis ouvrit les yeux. Il me regarda sans me reconnaître. “Va-t'en, geignit-il.

— Qu'est-ce que tu fous ici ?” demandai-je.

Il cligna des yeux. “Oncle Leo.” Il eut un faible sourire, se redressa sur ses coudes et regarda autour de lui. Sa bouche béait. Son visage me parut flasque, débile. “Oh la la, fit-il. Je ne pensais pas que tu serais si fâché.

— Mark, tu es chez moi, ici. Tu as une chambre où tu peux faire tes travaux artistiques et écouter de la musique, mais tu dois me demander mon accord si tu veux y dormir. Bill et Violet doivent être malades d'inquiétude.”

Les yeux de Mark retrouvaient lentement leur acuité. “Ouais, dit-il. Mais j'ai pas pu entrer, en haut. Je savais pas quoi faire, alors je suis venu ici. J'ai pas voulu te réveiller, parce qu'il était tard. Et, en plus, ajouta-t-il en inclinant la tête de côté, je sais que tu as parfois des difficultés à dormir.”

Mon ton s'adoucit. “Tu as perdu ta clé ?

— Je sais pas comment. Elle doit être tombée de mon trousseau. Je voulais pas non plus réveiller Violet et papa, et j'avais encore ta clé, alors je m'en suis servi." Ses yeux s'agrandissaient tandis qu'il me parlait. "J'ai sans doute fait le mauvais choix." Il soupira.

"Tu ferais bien de monter tout de suite pour dire à ton père et à Violet que tout va bien.

— J'y vais", dit-il.

Avant de s'en aller, Mark posa une main sur mon bras et me regarda droit dans les yeux. "Je veux seulement que tu saches que tu es un vrai ami pour moi, oncle Leo, un vrai ami."

Mark parti, je retournai à mon café froid. Quelques minutes après, je regrettais déjà ma colère. La faute de Mark n'était que le résultat d'une erreur de jugement, rien de plus. Lui avais-je jamais dit clairement qu'il ne pouvait pas passer la nuit ? Le problème n'était pas Mark mais Matthew. La vue du corps adulte de Mark sur le lit de mon fils m'avait secoué. Le mètre quatre-vingts de cet homme-enfant avait-il violé les contours invisibles mais sacrés du gamin de onze ans que j'imaginais toujours dormant dans ce lit ? Peut-être, mais je n'avais été réellement en colère qu'à la vue des autocollants. J'avais prévenu Mark que l'aquarelle était l'unique objet dans la pièce auquel il ne pouvait pas toucher. Il m'avait approuvé : "T'as raison. Matt était un grand artiste." Mark a agi sans réfléchir, me dis-je. Il est étourdi, sans doute, mais pas méchant. Le remords réduisit à rien ma vertueuse colère et je décidai de monter aussitôt m'excuser auprès de lui.

Violet m'ouvrit la porte. Elle n'était vêtue que d'un long t-shirt – à Bill, probablement – et j'apercevais les bouts de ses seins à travers le tissu. Elle avait les joues rouges. Quelques mèches humides de transpiration lui pendaient sur le front. Elle sourit en prononçant mon nom. Debout à quelques pas derrière elle, en peignoir de bain blanc, Bill fumait une cigarette. Ne sachant où poser les yeux, je fixai le sol en disant : "En réalité, c'est Mark que je suis venu voir. Je voulais lui dire quelque chose."

Ce fut Bill qui répondit. "Désolé, Leo. Il devait venir ce week-end, et puis il a décidé à la dernière minute de rester chez sa mère. Elle l'emmène avec Oliver faire du cheval dans les environs."

Je regardai Bill, et puis Violet, qui sourit et déclara : "Nous passons le week-end dans la dissipation." Elle inclina la tête en arrière et s'étira. Le t-shirt monta sur ses cuisses.

Je pris congé. Je me sentais sans défense devant les seins de Violet sous son t-shirt. Je me sentais sans défense devant l'ombre légère de sa toison sous la fine étoffe blanche ou devant son visage un peu ramolli et sot après l'amour. Sans attendre, je descendis, trouvai une lame de rasoir et grattai les autocollants qui couvraient l'aquarelle de Matt.

Quand je le confrontai à son mensonge, le week-end suivant, Mark parut surpris. "Je n'ai pas menti, oncle Leo. J'avais changé mes projets avec maman. J'ai appelé papa, mais ils étaient sortis. Je suis venu tout de même à New York pour voir des amis, et puis j'ai eu ce problème de clé.

— Mais pourquoi n'as-tu pas dit à Bill et Violet que tu étais là ?

— Je voulais le faire, mais ça m'avait l'air plutôt compliqué, et puis je me suis rappelé que je devais attraper le car pour rentrer chez maman, parce que je lui avais promis de m'occuper d'Ollie l'après-midi."

J'acceptai son histoire pour deux raisons. Je reconnaissais que la vérité est souvent confuse, un enchevêtrement d'anicroches et de gaffes que leur convergence rend peu vraisemblables et, en voyant Mark debout devant moi avec ses grands yeux bleus et calmes, je me sentais absolument convaincu qu'il disait vrai.

"Je sais que j'ai fait une connerie, dit-il. Mais, vraiment, je ne voulais pas.

— Nous en faisons tous, des conneries", dis-je.

L'image de Violet en cette fin de samedi matin colorait ma mémoire, telle une marque profonde, indélébile, et quand je la revoyais, je revoyais toujours Bill aussi, debout derrière elle avec sa cigarette, ses yeux fixés sur les miens et son grand corps alourdi par l'épuisement du plaisir. L'image de ces deux-là m'empêchait de dormir la nuit. Je restais couché dans mon lit, les nerfs en effervescence, le corps en suspens au-dessus des draps plutôt qu'installé entre eux. Parfois, je me levais, j'allais à mon bureau et j'examinais mon tiroir, en le vidant de son contenu avec lenteur et méthode. Je touchais les chaussettes d'Erica et scrutait le dessin de Matt représentant Dave et Durango. J'étudiais la photo de mariage de mon oncle et ma tante. Une nuit, je comptai les roses parmi les autres fleurs du bouquet de Marta. Il y avait sept roses. Leur nombre me fit penser au cube SEPT de Bill et à l'épaisse couche de terre qui en couvrait le fond. En soulevant le cube, on pouvait voir au-dessous le chiffre blanc, non pas entier, mais fragmenté, tel un corps désintégré. Je tripotai le bout de carton paraffiné que j'avais récupéré dans les débris du feu, sur le toit, et puis je contemplai mes mains et les veines bleues qui apparaissaient entre les os, sur leurs dos. Lucille les avait un jour qualifiées de mains de voyant, et je me demandais ce que ce serait que de pénétrer dans l'esprit des autres. J'en savais si peu sur moi-même. Je continuai à examiner mes mains et, plus je les regardais, plus elles me semblaient étrangères, comme si elles appartenaient à quelqu'un d'autre. Je me sentais coupable. C'est du moins ainsi que j'appelais la douleur humiliante tapie sous mes côtes. J'étais coupable d'avidité – d'un désir vorace que je combattais jour après jour, et dont l'objet n'était pas net. Violet n'était qu'un des brins formant le nœud serré de mes désirs. Ma culpabilité était liée à toute l'histoire. Je me retournai pour regarder le portrait de Violet. Je m'en approchai et, debout devant son image, je tendis la main pour toucher l'ombre que

Bill avait peinte sur la toile – son ombre, à lui. Je me souvenais que, la première fois que je l'avais vue, je l'avais prise pour la mienne.

Erica m'écrivit qu'elle se faisait du souci pour Violet. “Elle est en proie à des craintes irrationnelles au sujet de Mark. Je crois que le fait de ne pas avoir pu être mère a fini par l'atteindre. Elle déteste partager Mark avec Lucille. Au téléphone, l'autre jour, elle n'arrêtait pas de dire : je regrette qu'il ne soit pas mon fils, j'ai peur. Mais quand je lui ai demandé de quoi elle avait peur, elle m'a répondu qu'elle ne savait pas. Quand Bill sera parti au Japon et en Allemagne, je pense que tu devrais t'occuper d'elle. Tu sais combien je l'aime, et rappelle-toi tout ce qu'elle a fait pour nous après la mort de Matt.”

Deux jours après, Bill et Violet m'invitèrent à dîner en haut. Mark était chez sa mère et, à nous trois, nous prolongeâmes la soirée. La conversation passa de Goya à l'analyse de la culture populaire à laquelle travaillait Violet, puis au dernier projet de Bill – cent et une portes s'ouvrant sur des chambres – et enfin à Mark. Mark abandonnait la chimie. Il s'était fait percer la lèvre. Il vivait pour les raves. Rien de tout cela n'était extraordinaire mais, au cours de la soirée, je remarquai que, chaque fois qu'elle parlait de Mark, Violet laissait ses phrases inachevées. Sur tous les autres sujets, elle parlait comme elle l'avait toujours fait, avec aisance et fluidité, en concluant ses phrases par des points finals, mais Mark la rendait hésitante et ses paroles restaient en suspens, inachevées.

Bill but beaucoup ce soir-là. Vers minuit, il tenait Violet enlacée sur le canapé en la déclarant la femme la plus merveilleuse et la plus belle qui eût jamais vécu. Violet se libéra de son étreinte et dit : “Voilà. Quand tu commences à parler de ton éternel amour pour moi, je sais que tu as ton compte. Il est temps que la soirée s'achève.

— Je me sens très bien", protesta Bill. Sa voix était épaisse et rocailleuse.

Violet lui fit face. "Tu es très bien, dit-elle en promenant son doigt le long de sa joue mal rasée. Il n'y a personne de mieux que toi." Je regardais bouger sa main pendant qu'elle lui souriait. Elle avait les yeux aussi fermes et clairs que jamais.

Bill s'attendrit sous sa caresse. "Un dernier toast", proposa-t-il.

Nous levâmes nos verres.

"Aux gens les plus chers à mon cœur. A Violet, mon épouse bien-aimée et indomptable, à Leo, mon ami le plus proche et le plus loyal, et à Mark, mon fils. Qu'il traverse sans encombre les années pénibles de l'adoleschenche."

Le chuintement fit sourire Violet.

Bill continuait : "Puissions-nous rester toujours la famille que nous sommes aujourd'hui. Puissions-nous nous aimer aussi longtemps que nous vivrons."

Ce soir-là, il n'y eut pas de leçon de piano. Quand je fermai les yeux, la seule personne que je vis était Bill.

Je ne retournai pas au Bowery avant l'automne. Bill dessinait et tirait des plans mais il n'avait commencé qu'en septembre la construction de ses portes. C'était un dimanche après-midi, à la fin d'octobre. Le ciel était couvert et le temps devenait très froid. Après avoir fait tourner ma clé dans la serrure de la porte d'acier, j'entrais dans le vestibule sombre et sordide quand j'entendis une porte s'ouvrir à ma droite. Etonné par ce bruit provenant de pièces inoccupées depuis longtemps, je me tournai et aperçus, entre plusieurs chaînes, deux yeux, une paire de sourcils blancs et le nez brun d'un homme. "Qui est là ? tonna-t-il d'une voix si profonde et si riche que je m'attendis à un écho.

— Je suis un ami de Bill Wechsler", dis-je, et aussitôt je me demandai pourquoi j'avais pris la peine d'expliquer ma présence à cet inconnu.

Au lieu de me répondre, celui-ci se hâta de fermer sa porte. Un cliquetis sonore et deux tintements succédèrent à sa disparition. Comme je montais l'escalier en me posant des questions sur ce nouvel habitant, je vis Lazlo qui partait et pris note de son pantalon orange en vinyle et de ses chaussures noires pointues. Au moment où nous nous croisions, il me lança en souriant un "Salut, Leo" calme et traînant, et je vis ses dents. L'une de ses dents de devant chevauchait légèrement l'autre, un trait qui n'avait rien d'exceptionnel, mais je me rendis compte à cet instant que je n'avais encore jamais vu ses dents. Lazlo s'arrêta sur une marche.

"Lu ton bouquin sur le regard, dit-il. Bill me l'a filé.

— Ah, oui ?

— Génial, vieux.

— Ah, merci, Lazlo. Je suis très flatté."

Lazlo ne bougeait pas. Il contemplait ses pieds. "Tu sais, je me disais que je t'emmènerais bien manger, un de ces jours." Il se tut, hocha la tête de haut en bas et battit un petit rythme sur sa cuisse orange comme si un air de jazz inaudible avait soudain interrompu son discours. "Toi et Erica, vous m'avez aidé." Cinq battements encore sur la cuisse. "Tu sais."

Le "tu sais" marmonné semblait tenir lieu de "seraistu d'accord ?". Je répondis que je serais enchanté de prendre un repas avec lui. Lazlo dit : "Cool", et reprit sa descente. En chemin, il tapotait la rampe de l'escalier et remuait la tête au rythme de cette musique qui devait se jouer quelque part dans les corridors invisibles de son cerveau.

"Qu'est-ce qui arrive à Lazlo ? demandai-je à Bill. D'abord il m'a souri, et puis il m'a invité à dîner.

— Il est amoureux, répondit Bill. Il est follement, passionnément amoureux d'une certaine Pinky Navatsky. C'est une très belle fille, une danseuse qui fait partie d'une compagnie intitulée Broken (Brisé). Tout en secousses, contorsions et coups de pied soudains et violents. Tu as peut-être lu quelque chose sur eux."

Je fis signe que non.

“Son travail aussi s’améliore. Il a informatisé ses bouts de bois. Ils bougent, maintenant, et je crois que le résultat est intéressant. Il fait partie d’une exposition collective à PS 1*.

— Et la voix de stentor au rez-de-chaussée ?

— Mr Bob.

— Je ne savais pas qu’on avait loué ces chambres.

— Elles ne sont pas louées. Il squatte. Il n’est pas là depuis longtemps. Je ne sais pas comment il est entré, mais il est là, désormais. Il s’est présenté à moi sous le nom de Mr Bob. Il est convenu entre nous que je ne révèle pas sa présence au propriétaire. Mr Aiello ne vient presque jamais de Bayonne, de toute façon.

— Fou ? demandai-je.

— Probablement. Ça ne me dérange pas. J’ai vécu avec des cinglés toute ma vie, et il a besoin d’un toit. Je lui ai donné de vieux ustensiles de cuisine et Violet lui a fait un paquet avec une couverture, un peu de vaisselle et un réchaud qui lui restaient de son appartement. Il aime bien Violet. Il l’appelle Beauté.”

L’atelier était devenu un vaste chantier encombré de matériaux qui lui donnaient l’air plus petit qu’il ne l’était en réalité. Des portes de dimensions variées étaient entassées près d’une fenêtre à côté d’une pile de plaques de plâtre. Le sol était couvert de sciure de bois et de copeaux. Devant moi se dressaient trois portes en chêne de hauteurs différentes attachées à de petites chambres qui n’étaient ni plus larges, ni plus hautes que les portes, mais de profondeurs différentes.

“Essaie celle du milieu, suggéra Bill. Il faut entrer et fermer la porte derrière soi. Tu n’es pas claustrophobe, au moins ?”

* Public School n° 1, une ancienne école de Queens transformée en galerie d’art aujourd’hui réputée, dépendant du Museum of Modern Arts. *(N.d.T.)*

Je fis signe que non.

La porte ne mesurait qu'un mètre soixante-cinq, environ, ce qui signifie que je dus me pencher pour pénétrer dans cet espace. Après l'avoir refermée derrière moi, je me trouvai, le dos rond, dans une simple boîte blanche profonde de deux mètres, environ, avec un plafond en verre pour la lumière et un miroir terni sur le sol. A mes pieds, je remarquai quelque chose qui ressemblait à un petit tas de chiffons. La position debout était si inconfortable que je m'agenouillai pour examiner ces chiffons et, en les touchant, je constatai qu'ils étaient en plâtre. Je ne vis d'abord que le reflet brouillé de mon propre visage gris et anguleux qui me regardait dans les yeux, et puis je m'aperçus qu'il y avait un trou dans le plâtre. Posant une joue contre le miroir, je regardai dedans. L'image en éclats d'un enfant était peinte sur la face inférieure du plâtre, qui se reflétait dans le miroir. Le petit garçon avait l'air de flotter dans ce miroir – bras et jambes détachés du torse. Ce n'était pas une image de violence, ni de guerre, mais plutôt de rêve, quelque chose d'étrangement familier – une image que je ne pouvais regarder sans voir aussi mon visage nébuleux. Je fermai les yeux. Quand je les rouvris, le miroir me parut aqueux, utérin et le garçon, plus lointain, et je me rendis compte que je ne voulais plus voir ça. J'eus un léger vertige, et puis la nausée. Je me relevai trop vite, heurtai le plafond de ma tête et attrapai la poignée. Elle était bloquée. J'avais soudain un besoin désespéré de sortir de là. J'exerçai sur la porte une pression violente, elle s'ouvrit et je faillis tomber sur Bill.

“Ça va ? me demanda-t-il. Tu es tout en sueur.”

Il dut m'aider à m'asseoir sur une chaise. Je bredouillai mon embarras et mes excuses en respirant profondément et en me demandant ce qui s'était passé derrière cette porte. Nous restâmes silencieux une minute au moins pendant que je me remettais de ma faiblesse passagère. Je repensai au reflet sous cette masse de plâtre. Peut-être celle-ci ressemblait-elle plutôt à un petit tas de bandages. Le garçon avait paru flotter dans un liquide lourd et huileux, avec son corps en pièces. Jamais il n'émergerait intact.

Je balbutiai, le souffle court : "Matt. Noyé. Je ne comprends que maintenant."

Je levai les yeux vers Bill. Il avait l'air interdit. "Je n'avais aucune intention..."

Je l'interrompis. "Je sais bien. C'est juste l'effet que ça m'a fait."

Bill posa ses mains sur mes deux épaules et les tint un instant serrées. Ensuite il gagna l'unique espace dégagé devant la fenêtre et regarda dehors. Il resta silencieux pendant plusieurs secondes avant de dire : "J'aimais Matthew, tu sais." Il parlait très doucement. "L'année avant sa mort, j'ai compris qui il était et ce qu'il avait en lui." Il avança la main vers la vitre.

Je me levai et m'approchai de lui.

"Je t'enviais, dit-il. Je regrettais..." Il se tut et respira fort par le nez. "Je regrette encore que Mark ne lui ressemble pas plus, et je me sens moche de penser ça. Matt était ouvert à tout. Il n'était pas toujours d'accord avec moi." Bill sourit à ce souvenir. "Il discutait avec moi. Je regrette que Mark..."

Je ne dis rien. Après un autre petit silence, il reprit : "Ç'aurait été tellement mieux pour Mark que Matt ait vécu. Pour nous tous, bien sûr, mais Matt avait les pieds sur terre." Bill contemplait d'en haut le Bowery. Je voyais du gris dans ses cheveux. Il prend vite de l'âge, maintenant, pensai-je. "Matt souhaitait devenir adulte. Il aurait été un artiste. J'en suis sûr. Il en avait le talent. Il en avait le besoin. Il avait l'amour du travail." Bill se frotta les cheveux. "Mark est encore un bébé. Il est très doué mais, je ne sais pourquoi, il n'est pas équipé pour faire usage de ses dons. Je suis inquiet pour lui, Leo. Il est comme Peter Pan, exilé du Never Land." Bill garda le silence pendant plusieurs secondes. "Mes souvenirs d'adolescence ne me servent à rien. Je n'ai jamais aimé la foule. Les modes ne m'intéressaient pas. Si tout le monde aimait un truc, ça ne m'intéressait pas. La drogue, le *flower power*, le rock'n'roll. Ce n'était pas pour moi. Je regardais des icônes, je copiais le Caravage et des dessins du XVIIe siècle. Je n'étais même pas un bon rebelle. J'étais contre la guerre. J'ai participé à des marches de protestation mais la vérité, c'est que beaucoup de ces grands discours m'agaçaient. La seule chose que j'avais vraiment envie de faire, c'était peindre." Bill se tourna vers moi et alluma une cigarette en entourant l'allumette de ses mains comme s'il s'était trouvé dehors dans le vent. Il serra les lèvres et dit : "Il ment, Leo. Mark ment."

Je regardai le visage douloureux de Bill. "Oui, fis-je. Je me suis souvent posé la question.

— Je le surprends à me faire de petits mensonges, des mensonges qui n'ont aucun sens. Parfois, je pense qu'il ment juste pour mentir.

— Ce n'est peut-être qu'une phase", suggérai-je.

Bill se détourna. "Il y a longtemps qu'il ment. Tout petit, déjà."

Bill se confiait à moi avec une franchise qui me bouleversait. Je ne m'étais pas rendu compte que les mensonges de Mark avaient une histoire. Il m'avait menti à propos des beignets et sans doute aussi le jour où il avait dormi dans la chambre de Matt, mais je n'avais pas connaissance d'autres mensonges.

"En même temps, reprit Bill, il a bon cœur. C'est une âme tendre, mon fils." Il agita sa cigarette dans ma direction. "Il t'aime bien, Leo. Il m'a dit qu'il se sent libre, avec toi, qu'il peut te parler."

Je rejoignis Bill devant la fenêtre. "J'aime bien le voir. Ces derniers mois, nous avons pas mal parlé." Je me tournai vers la rue. "Il a écouté mes histoires. J'ai écouté les siennes. Tu sais, il m'a dit que quand il habitait au Texas il faisait semblant que Matt y était avec lui. Il l'appelait : Matt Imaginaire. Il m'a raconté qu'il avait des conversations avec Matt Imaginaire dans la salle de bains avant d'aller à l'école." Je regardai les toits de l'autre côté du Bowery et puis un homme, en bas, couché sur le trottoir, les pieds dans deux sacs de papier brun.

“Je ne savais pas”, dit Bill.

Je restai immobile à côté de lui jusqu’à ce qu’il ait fini sa cigarette. Son regard était distant. “Matt Imaginaire”, dit-il une fois et puis il retomba dans le silence. Il écrasa la cigarette sous son pied et se retourna vers la fenêtre. “Evidemment, dit-il, mon père pensait que j’étais cinglé, il pensait que je n’arriverais jamais à gagner ma vie.”

Je le quittai peu après cela. Au pied de l’escalier, j’ouvris la porte donnant sur la rue et j’entendis de nouveau la voix de Mr Bob, derrière moi, cette fois. Résonnantes et belles, ses tonalités rondes de basse me forcèrent à l’écouter et je m’arrêtai sur le seuil. “Que la lumière de Dieu brille sur toi. Que la lumière de Dieu brille sur ta tête et tes épaules et tes bras et jambes et sur ton corps entier dans toute sa radieuse bienfaisance. Puisse-t-Il te sauver et te garder dans Sa miséricorde et Sa bonté des voies destructrices de Satan. Que Dieu soit avec toi, mon fils.” Je ne me retournai pas, mais j’étais sûr que Mr Bob avait prononcé sa bénédiction par une mince fente dans sa porte. Au-dehors, je clignai des yeux sous l’éclat du soleil qui perçait entre les nuages et lorsque j’arrivai à Canal Street je me rendis compte que l’étrange exhortation du squatteur avait allégé mon pas.

En janvier, Mark me présenta Teenie Gold. Teenie paraissait à peine plus d’un mètre cinquante et son poids devait être sérieusement inférieur à la norme ; sa peau blanche se teintait de gris sous les yeux et sur les lèvres. Une crête bleue colorait sa chevelure platinée et un anneau d’or scintillait à son nez. Elle portait un t-shirt orné d’ours en peluche rose qui semblait avoir un jour appartenu à un enfant de deux ans. Quand je lui tendis la main, elle la saisit d’un air étonné, tel un étranger accomplissant une salutation rituelle sur une île lointaine. Dès qu’elle eut récupéré sa main flasque, elle se plongea dans la contemplation du plancher. Pendant que Mark courait chercher quelque chose qu'il avait laissé dans la chambre de Matt, je posai à Teenie quelques questions polies auxquelles elle me donna des fragments de réponses brefs et angoissés, sans relever une seule fois les yeux. Elle allait à l'école Nightingale. Elle habitait Park Avenue. Elle souhaitait devenir dessinatrice de mode. En revenant, Mark me dit : "Je vais persuader Teenie de te montrer certains de ses dessins. Elle a un talent étonnant. Et, devine quoi, c'est l'anniversaire de Teenie aujourd'hui.

— Bon anniversaire, Teenie", dis-je.

Les yeux fixés sur le plancher, elle hocha la tête et son visage devint écarlate, mais elle ne répondit pas.

"Eh, fit Mark, ça me rappelle. C'est quand, ton anniversaire, oncle Leo ?

— Le 19 février."

Mark fit un signe d'approbation. "1930, c'est ça ?

— C'est ça", répondis-je, un peu ahuri, mais, avant que j'aie pu ajouter quoi que ce fût, ils avaient disparu.

Je gardais de Teenie Gold une impression bizarre – mélancolique et vaguement sinistre, apparentée à ce que j'avais un jour ressenti à Londres après avoir flâné devant des centaines de poupées dans le musée Bethnal Green consacré à l'enfance. Un peu bébé, un peu clown, un peu femme au cœur brisé, Teenie avait l'air endommagée, comme si ses névroses s'étaient inscrites sur son corps. Bien que Mark commençât à me sembler un peu absurde dans son accoutrement ado – le pantalon trop grand, le petit bouton doré qui luisait sur sa lèvre inférieure, les baskets à semelles compensées qu'il s'était mis à porter et qui le haussaient à un bon mètre quatre-vingt-quinze –, son assurance et ses manières ouvertes et amicales contrastaient fortement avec les yeux baissés de Teenie et son corps maigre et crispé.

En soi, les vêtements sont sans importance, mais j'observais que les nouveaux amis de Mark cultivaient une esthétique blême et sous-alimentée qui me rappelait la façon dont les romantiques avaient célébré la tuberculose. Mark et ses amis se faisaient une idée d'eux-mêmes et la maladie y jouait un rôle, mais je ne pouvais pas nommer le mal. Visages tirés, corps maigres et percés, cheveux teints et semelles compensées me semblaient assez inoffensifs. Après tout, des vogues plus étranges avaient apparu et disparu. Je me rappelais les histoires de jeunes gens se jetant par les fenêtres en vestes jaunes après avoir lu *Werther*. La fureur du suicide. Goethe avait fini par détester son roman mais, en son temps, le livre avait provoqué des orages dans les rangs des jeunes et des plus vulnérables. Teenie me faisait penser à ces engouements mortels non seulement parce qu'elle avait l'air plus atteinte que les autres amis de Mark, mais aussi parce que je commençais à comprendre que, dans ce milieu, une allure maladive était considérée comme un attrait.

Je vis très peu Bill et Violet, ce printemps-là. Je partageais encore à l'occasion un repas en haut avec eux et Bill me téléphonait de temps en temps, mais l'existence qu'ils menaient les éloignait de moi. Ils passèrent une semaine à Paris en mars pour une exposition de la série des chiffres, et de là ils se rendirent à Barcelone où Bill fit des conférences aux étudiants d'une école des beaux-arts. Même lorsqu'ils étaient chez eux, ils sortaient souvent le soir pour assister à des dîners ou des vernissages. Bill engagea deux assistants supplémentaires, un charpentier siffleur du nom de Damion Dapino pour aider à la construction des portes et une jeune femme morose du nom de Mercy Banks pour répondre à son courrier. Bill déclinait régulièrement des invitations à enseigner, débattre, donner des conférences ou participer à des tables rondes dans le monde entier, et il avait besoin de Mercy pour rédiger ses "non merci".

Un après-midi, pendant que je faisais la queue au Grand Union, je feuilletai un exemplaire du magazine *New York* et j'y trouvai une petite photographie de Bill et Violet à un vernissage. Bill entourait sa femme de son bras et la regardait, et Violet souriait à l'objectif. Cette photographie était un indice du changement de statut de Bill, un éclat de notoriété jusque dans sa ville natale si critique. C'était en train depuis longtemps – ce glissement vers la troisième personne, qui avait fait de son nom propre un bien négociable. J'achetai le magazine. Chez moi, je découpai la photo et la rangeai dans mon tiroir. Je voulais y avoir cette photo, parce que ses dimensions réduites imitaient les proportions de la distance – deux personnages posant très loin de moi. Je n'avais encore jamais mis aucun souvenir de Bill et Violet dans le tiroir, et je compris pourquoi. C'était un endroit où rappeler les disparus.

En dépit de ce qu'il pouvait avoir de morbide, je n'utilisais pas le tiroir pour pleurer ou m'attendrir sur moi-même. J'avais commencé à y penser comme à une anatomie fantomatique dans laquelle chaque objet correspondait à une pièce d'un corps plus vaste encore inachevé. Chacun de ces objets était un os qui signifiait absence, et je prenais plaisir à arranger ces fragments selon différents principes. La chronologie fournissait une logique, mais même celle-ci pouvait changer, en fonction de ma lecture de chaque objet. Les chaussettes d'Erica étaient-elles une trace de son départ pour la Californie ou témoignaient-elles en réalité du jour où Matt était mort et où notre couple avait commencé à se dégrader ? Pendant des jours, je réfléchissais aux chronologies possibles, et puis je les abandonnais en faveur de systèmes associatifs plus secrets, en jouant sur toutes les connexions imaginables. Je plaçais un jour le rouge à lèvres d'Erica à côté de la fiche de base-ball de Matt, et le rapprochais un autre jour de la boîte de beignets. Le rapport entre ces deux derniers objets me semblait délicieusement obscur, mais clair dès lors que je l'eus remarqué : le rouge à lèvres évoquait la bouche colorée d'Erica, la boîte de beignets la bouche affamée de Mark. Le lien était oral. Je groupai pendant un temps la photographie de mes cousines jumelles, Anna et Ruth, avec celle du mariage de leurs parents et puis je la déplaçai pour la joindre au programme de la pièce de Matt et, un autre jour, à la photo de Bill et Violet. Leurs significations dépendaient de leur position, et je considérais tout cela comme une syntaxe mobile. Je ne jouais à ce jeu que le soir, avant de me coucher. Au bout de quelques heures, l'effort mental intense nécessaire pour justifier le déplacement des objets d'un lieu à un autre me fatiguait. Mon tiroir se révélait un sédatif efficace.

Le premier vendredi de mai, je fus arraché à un sommeil profond par des bruits dans la cage d'escalier devant chez moi. J'allumai et vis qu'il était quatre heures et quart. Je me levai, entrai dans le salon et, en approchant de la porte, j'entendis quelqu'un rire sur le palier et puis, distinctement, le bruit d'une clé tournant dans ma serrure.

"Qui est là ?" demandai-je d'une voix sonore.

Quelqu'un poussa un cri perçant. Ouvrant la porte, je vis Mark s'éloigner précipitamment du seuil. Je sortis sur le palier. L'ampoule de notre étage devait être grillée car il faisait sombre, la seule lumière provenait d'en haut. Je remarquai que Mark avait deux compagnons. "Qu'est-ce qui se passe, Mark ?" demandai-je en le regardant, les yeux plissés. Il avait reculé vers le mur et je ne voyais pas bien son visage.

"Salut, dit-il.

— Il est quatre heures du matin, répliquai-je. Qu'est-ce que vous faites là ?"

L'un des autres fit un pas en avant – une silhouette fantomatique d'âge indéterminé. Dans la pénombre, son teint paraissait très pâle mais je n'aurais pu dire si la cause en était une mauvaise santé où un maquillage de théâtre. Son pas me parut mal assuré et, en regardant ses pieds, je vis qu'il était perché sur des semelles énormes. Il agita dans ma direction une main menue. "Oncle Leo, je suppose", geignit-il d'une voix de fausset, et puis il gloussa. Il avait les lèvres bleues et je remarquai que ses mains tremblaient pendant qu'il parlait. Ses yeux étaient vifs, néanmoins, vigilants, même, et ne quittaient pas les miens. Je me forçai à croiser son regard. Au bout de quelques secondes, il baissa les yeux et je tournai les miens vers le troisième larron, assis sur une marche de l'escalier. C'était un garçon, qui me sembla très jeune. S'il ne s'était pas trouvé en compagnie des deux autres, je ne lui aurais pas donné plus de onze ou douze ans. Délicat, féminin, avec de très longs cils et une petite bouche rose, il serrait sur ses genoux une bourse verte. Le fermoir s'était ouvert et je vis à l'intérieur un fouillis de cubes minuscules – rouges, blancs, jaunes et bleus. Ce gamin se trimballait avec des Lego. Il bâilla bruyamment.

Une voix de fille s'éleva au-dessus de nous. "Pauvre chou. T'es fatigué." Levant la tête, je vis Teenie Gold en haut de l'escalier.

Elle portait des ailes en plumes d'autruche qui ballottaient pendant qu'elle descendait l'escalier, un pied branlant à la fois. Elle tenait ses bras maigres écartés, à la façon d'un funambule, ignorant apparemment la présence de la rampe à quelques centimètres de sa main. Elle regardait vers le bas, le menton calé contre sa poitrine.

"Tu as besoin d'aide, Teenie ?" demandai-je en m'avançant sur le palier.

Le jeune homme pâle s'écarta nerveusement de moi et je le vis palper quelque chose dans la poche de son pantalon. Je me retournai vers Mark, qui me regardait avec de grands yeux. "Tout va bien, oncle Leo, dit-il. Désolé qu'on t'ait réveillé." Sa voix avait un son différent – plus grave, ou peut-être était-ce son inflexion qui avait changé.

“Je pense que nous devrions parler, Mark.

— Je peux pas. On sort, justement. Faut que j'y aille.” Il se détacha du mur et j'aperçus son t-shirt pendant une demi-seconde avant qu'il ne se détourne. Il y avait quelque chose écrit dessus : ROHYP… Il s'engagea dans l'escalier. L'homme blafard et l'enfant le suivirent sans se presser. Teenie était encore en train de descendre vers moi. Je fermai ma porte, donnai deux tours de clé et mis la chaîne, précaution dont j'étais peu coutumier. Et puis je fis une chose que je n'avais jamais faite. J'éteignis l'interrupteur et fis semblant de marcher comme si je retournais me coucher. A quel point cette ruse était-elle convaincante, je n'en sais rien, mais j'entendis l'homme pâle dire à voix haute : “Pas de K ce soir, hein, M&M ?”

Je ne fus pas insensible à l'ironie de la situation. Je ne m'étais mué en espion, je n'avais écouté derrière la porte que pour m'apercevoir que j'avais surpris un langage inintelligible pour moi. M&M me donnait froid dans le dos, cependant. Je savais très bien qu'il pouvait s'agir d'un surnom donné à l'un d'entre eux, d'après les bonbons du même nom, mais les deux figures enfantines de Bill dans *Le Voyage de O* étaient aussi des M et la possibilité d'une référence me mettait mal à l'aise. Et puis j'entendis une dégringolade, suivie d'un râle, et je me précipitai dans la cage d'escalier pour voir ce qui s'était passé.

Teenie était étendue sur le palier inférieur. Je descendis et l'aidai à se remettre sur ses pieds. Elle n'eut pas un regard pour moi pendant que je la prenais par le bras et l'accompagnais au bas de l'escalier. Des chaussures ridicules semblaient répondre à l'un des impératifs de l'adolescence. Teenie portait des sandales de cuir à talons absurdement hauts, des sandales avec lesquelles marcher eût constitué un haut fait même à jeun, et Teenie paraissait sérieusement bourrée. Tandis que je lui tenais le bras, elle vacillait au niveau des hanches dans un sens, puis dans l'autre. Au bas de l'escalier, je lui ouvris la porte. Je n'avais pas de clé et j'étais en pyjama, je ne pouvais donc aller plus loin. En regardant du côté de Grand Street, je vis Mark et ses deux séides debout au coin de la rue.

"Ça ira, Teenie ?" demandai-je.

Elle adressa au trottoir son hochement de tête.

"Tu n'es pas obligée de les accompagner, dis-je soudain. Tu peux rentrer avec moi, je t'appellerai un taxi."

Sans me regarder, elle fit signe que non. Et puis elle s'en fut vers eux. Je restai sur le seuil pour la regarder. En chancelant de droite à gauche, elle marchait en zigzag vers ses trois amis – petite créature ailée aux chevilles molles, qui ne volerait jamais.

Le lendemain matin, j'appelai Bill. J'hésitai avant de le faire, mais l'incident m'avait mis mal à l'aise. A seize ans, Mark paraissait jouir d'une liberté sans limites et je commençais à penser que Bill et Violet étaient trop permissifs. Mais il s'avéra que Bill ignorait la présence de Mark en ville. Il croyait qu'il allait arriver en train de chez sa mère en début d'après-midi. Lucille, elle, pensait qu'il passait la nuit à Princeton, chez un de ses condisciples. Dès que Mark arriva, l'après-midi, Bill me téléphona pour me demander de monter.

Mark garda les yeux fixés sur ses genoux pendant que Bill et Violet l'interrogeaient sur ses mensonges. Il prétendit que tout ça n'était qu'un "cafouillage". Il n'avait pas menti. Il croyait aller chez Jake, et puis Jake avait décidé d'aller à New York voir un ami et il l'avait accompagné. Où se trouvait Jake, hier soir ? voulut savoir Bill. Leo n'avait pas vu Jake sur le palier. Mark expliqua que Jake était sorti avec d'autres amis. Bill dit à Mark que le mensonge sapait la confiance et qu'il devait cesser. Mark nia avec véhémence avoir menti. Tout ce qu'il avait dit était vrai. Alors Violet parla de drogue.

"Je ne suis pas idiot, répliqua Mark. Je sais que la drogue, ça démolit. J'ai un jour vu un documentaire sur l'héroïne, et ça m'a vraiment foutu les jetons. C'est pas mon truc, non.

— Teenie était défoncée, cette nuit, dis-je, et ce type tout blanc tremblait comme une feuille.

— C'est pas parce que Teenie déconne que je le fais aussi." Mark me regarda droit dans les yeux. "Teddy tremble parce que ça fait partie de son personnage. C'est un artiste.

— Teddy qui ? demanda Bill.

— Teddy Giles, papa. Tu dois avoir entendu parler de lui. Il fait des shows et il vend des sculptures vraiment super. Il y a des articles sur lui dans un tas de magazines et tout ça."

En jetant un coup d'œil à Bill, je crus voir passer sur son visage une brève lueur d'intelligence, mais il ne fit pas de commentaire.

"Quel âge a Giles ? demandai-je.

— Vingt et un ans", dit Mark.

Violet demanda : "Pourquoi as-tu essayé d'entrer chez oncle Leo ?

— J'ai pas fait ça ! protesta Mark sur un ton désespéré.

— J'ai entendu tourner la serrure, Mark, dis-je.

— Non ! C'était Teddy. Il avait pas de clé. Il a tourné la poignée parce qu'il croyait que c'était chez nous, à l'étage au-dessus."

Je regardai Mark dans les yeux et il me retourna mon regard. "Tu ne t'es pas servi de ma clé cette nuit ?

— Non", répondit-il. Il n'y avait pas d'hésitation en lui.

"Qu'est-ce que tu voulais chez nous, alors ? demanda Violet. Tu n'es rentré qu'il y a une heure.

— Je voulais mon appareil, pour prendre des photos."

Bill se frotta le visage. "Jusqu'à la fin de ce mois, tu resteras à la maison quand tu es là."

Incrédule, Mark resta bouche bée. "Mais qu'est-ce que j'ai fait ?"

Bill paraissait fatigué. “Ecoute, même si tu ne nous avais pas menti, à ta mère et à moi, il faut que tu travailles pour l’école. Tu n’auras jamais ton diplôme, si tu ne te mets pas à étudier. Autre chose, ajouta-t-il, je veux que tu rendes sa clé à oncle Leo.”

Avançant sa lèvre inférieure, Mark fit la moue. L’expression de son jeune visage tendre me faisait penser à un gamin de deux ans à qui on viendrait de refuser un deuxième bol de crème glacée. A ce moment, sa tête aux traits enfantins et son long corps en pleine croissance me paraissaient mal assortis, comme si le haut n’avait pas rattrapé le bas.

J’interrogeai Mark au sujet de Teddy Giles quand il vint me voir, le samedi après-midi suivant. En dépit du fait qu’il était consigné, je ne remarquai aucun changement dans son humeur. Je vis bien qu’il s’était fait teindre les cheveux en vert, mais je décidai de n’en rien dire.

“Comment va ton ami Giles ? demandai-je.

— Il va bien.

— Tu disais que c’est un artiste ?

— C’est vrai. Il est célèbre.

— Ah oui ?

— En tout cas chez les jeunes. Mais il a une galerie, maintenant, et tout ça.

— A quoi ressemble ce qu’il fait ?”

Mark s’adossa au mur du couloir et bâilla. “C’est cool. Il découpe des trucs.

— Quels trucs ?

— Difficile à expliquer.” Mark eut un petit sourire pour lui-même.

“La semaine dernière, tu as dit qu’il tremblait parce que ça faisait partie de son personnage. Je n’ai pas compris.

— Son truc, c’est d’avoir l’air fragile.

— Et le petit garçon ? Qui était-ce ?

— Moi ?

— Non, pas toi. Tu n’es pas un petit garçon, voyons.”

Mark rit. “Non, c’est comme ça qu’il s’appelle. Moi.
— C’est un nom asiatique ou indien ? demandai-je.
— Non, c’est M-O-I, comme «moi». Je suis moi.
— Ses parents lui ont donné comme prénom un pronom personnel ?
— Nan, fit Mark. Il l’a changé. Tout le monde l’appelle Moi.
— Il a l’air d’avoir à peine douze ans, dis-je.
— Il en a dix-neuf.
— Dix-neuf ans ? Il est l’amant de Giles ? demandai-je.
— Ouf, fit Mark. Je ne m’attendais pas à cette question de ta part mais, non, ils sont amis, c’est tout. Si tu veux vraiment le savoir, Teddy est bi, pas homo.”

Après m’avoir dévisagé un moment, il reprit : “Teddy est brillant. Tout le monde l’admire. Quand il était petit, en Virginie, il était vraiment pauvre. Sa mère était une prostituée et il ne savait pas qui était son père. A quatorze ans, il s’est tiré de chez lui et il s’est baladé quelque temps dans le pays. Et puis il est arrivé à New York et il a commencé à travailler comme aide-serveur à l’*Odeon*. Après ça, il est devenu artiste – il se produit. Pour un type qui n’a que vingt-quatre ans, il en a fait, des choses, tu sais.” Dans mon souvenir, Mark avait dit que Giles avait vingt et un ans, mais je laissai passer. Il se tut pendant quelques secondes et puis me regarda dans les yeux. “Je n’ai jamais rencontré personne de plus pareil à moi. On en parle tout le temps, de ce qu’on est pareils.”

Deux semaines plus tard, lors d’un dîner après un vernissage chez Bernie Weeks, il fut de nouveau question de Teddy Giles. Il y avait longtemps que je n’étais plus sorti avec Bill et Violet et je m’étais réjoui de ce dîner, mais je me trouvai assis entre le flirt de Bernie ce soir-là, une jeune actrice nommée Lola Martini, et Jillian Downs, l’artiste dont on inaugurait l’exposition, et je n’eus guère l’occasion de parler à Bill, ni à Violet. Bill se trouvait de l’autre côté de

Jillian et ils étaient en grande conversation. Le mari de Jillian, Fred Downs, discutait avec Bernie. Avant d'en venir à Giles, Lola m'avait raconté sa carrière en Italie comme hôtesse d'un jeu télévisé. Sa garde-robe professionnelle consistait en bikinis qui étaient en rapport avec les fruits qui faisaient le thème du jeu. "Jaune citron, disait-elle, rouge framboise, vert pomme : vous voyez ça d'ici." Elle leva un doigt vers sa tête. "Et je devais porter des chapeaux en forme de fruits.

— Dans le style de Carmen Miranda", dis-je.

Lola me lança un regard sans expression. "L'émission était très bête, mais j'ai appris l'italien et ça m'a valu deux rôles au cinéma.

— Sans fruits ?"

Elle rit en ajustant son bustier, qui glissait lentement vers le bas depuis une demi-heure. "Sans fruits."

Quand je lui demandai comment elle avait fait la connaissance de Bernie, elle répondit : "Je l'ai rencontré la semaine dernière dans cette galerie – le *Teddy Giles Show*. Oh, mon Dieu, quelle horreur." Avec une grimace exprimant son dégoût, Lola haussa ses épaules nues. Elle était très jeune et très jolie et, quand elle parlait, ses boucles d'oreilles s'agitaient près de son cou. En pointant sa fourchette sur Bernie, elle dit à voix haute : "Nous parlons de cette exposition où on s'est rencontrés. C'était pas ignoble ?"

Bernie se tourna vers elle. "Eh bien, dit-il, je ne vais pas te contredire, mais il fait du bruit. Il a commencé en se produisant dans des clubs. Larry Finder l'a vu et a introduit son œuvre dans sa galerie.

— Mais à quoi ressemble cette œuvre ? demandai-je.

— Ce sont des corps découpés – des femmes, des hommes, même des gosses, dit Lola, en plissant le front et en écartant les lèvres pour télégraphier son aversion. Plein de sang et de tripes partout, et puis il y avait des photos de ce numéro qu'il a fait dans un club – l'expulsion d'un lavement. Je suppose qu'en réalité c'était de l'eau teintée, mais on aurait dit du sang. Oh, mon Dieu, j'ai dû me cacher les yeux. C'était vraiment trop."

Jillian regardait Bill. Elle haussa les sourcils. "Vous savez qui a pris Giles sous son aile critique ?"

Bill secoua la tête.

"Hasseborg. Il a écrit un long article sur lui dans *Blast*."

Une expression peinée passa brièvement sur le visage de Bill.

"Qu'est-ce qu'il disait ? demanda-t-il.

— Que Giles met en évidence la célébration de la violence dans la culture américaine, dit Jillian. C'est l'horreur hollywoodienne déconstruite – un truc de ce genre.

— Nous avons vu l'exposition, Jillian et moi, dit Fred. J'ai trouvé ça assez niais, assez mince. C'est supposé être choquant, mais ça ne l'est pas vraiment. C'est presque anodin quand on pense à ces artistes qui vont vraiment jusqu'au bout. Cette femme qui s'est fait refaire le visage pour ressembler à un Picasso ou un Manet, ou un Modigliani. J'oublie toujours son nom. Vous vous rappelez quand Tom Otterness a abattu ce chien ?

— Chiot", corrigea Violet.

Le visage de Lola se décomposa. "Il a abattu un petit chiot ?

— C'est enregistré sur une cassette, expliqua Fred. Le petit bonhomme sautille partout et puis bang." Il fit une pause. "Mais je crois qu'il avait le cancer.

— Vous voulez dire qu'il était malade et qu'il allait mourir ?"

Personne ne répondit à Lola.

"Chris Burden s'est tiré une balle dans le bras, avança Jillian.

— L'épaule, corrigea Bernie. C'était dans l'épaule.

— Bras, épaule, fit Jillian en souriant, c'est la même zone. Schwarzkogler, voilà de l'art radical.

— Qu'est-ce qu'il a fait ? s'enquit Lola.

— Eh bien, notamment, lui répondis-je, il s'est tranché le pénis dans le sens de la longueur et a fait photographier le résultat. Une sanglante atrocité.

— Il n'y a pas eu un autre type qui a fait la même chose ? demanda Violet.

— Bob Flanigan, dit Bernie. Mais c'étaient des clous. Il y a enfoncé des clous."

Lola était bouche bée. "Ils sont malades, dit-elle. Je veux dire malades mentaux. Je crois pas que c'est de l'art. C'est que des trucs de malades."

Je me tournai pour regarder le visage de Lola, ses sourcils parfaitement épilés, son petit nez et sa bouche luisante. "Si je vous cueillais pour vous exposer dans une galerie, vous seriez une œuvre d'art. Un art plus valable que beaucoup de ce qu'on voit. Les définitions consacrées n'ont plus cours."

Lola haussa les épaules. "Vous voulez dire que tout est de l'art si les gens l'affirment ? Même moi ?

— Exactement. Question de perspective, pas de contenu."

Violet se pencha en avant, les coudes sur la table. "Je suis allée voir cette exposition, dit-elle. Lola a raison. Si on prend ça le moins du monde au sérieux, c'est horrible. En même temps, ça a un peu l'air d'une blague." Elle fit une pause. "Difficile de dire si c'est du pur cynisme ou s'il y a autre chose là-dessous – un plaisir sadique à taillader ces corps factices…"

La conversation dériva, passant de Giles à d'autres artistes. Bill continuait à discuter avec Jillian. Il ne participa pas au débat animé qui suivit sur le meilleur pain de New York ni, après cela, aux discours sur les chaussures et magasins de chaussures qui amenèrent Lola à lever une longue jambe afin de faire admirer une sandale à talon aiguille due à un designer dont j'oubliai aussitôt le nom très bizarre. Sur le chemin du retour, Bill restait silencieux. Violet passa ses bras dans les nôtres.

"J'aimerais qu'Erica soit là", dit-elle.

Je ne répondis qu'au bout d'un moment. "Elle n'a pas envie d'être là, Violet. Je ne sais pas combien de fois nous avons fait le projet de nous rendre visite. Tous les six mois, elle m'écrit qu'elle va venir à New York, et puis elle renonce. Trois fois, j'avais mes billets d'avion pour la Californie, et chaque fois elle m'a écrit qu'elle ne pouvait pas me voir. Qu'elle n'en avait pas la force. Elle m'a dit qu'elle vit une vie posthume en Californie et que c'est ça qu'elle veut.

— Pour quelqu'un qui n'est pas en vie, elle a écrit beaucoup d'articles, remarqua Violet.

— Elle aime le papier, fis-je.

— Elle est encore amoureuse de toi, dit Violet. Je le sais.

— Ou peut-être est-elle amoureuse de l'idée de moi à l'autre bout du pays."

A ce moment, Bill s'arrêta de marcher. Il lâcha Violet, regarda le ciel nocturne, étendit les bras et déclara : "Nous ne savons rien. Nous ne savons absolument rien de rien." Sa voix sonore résonnait dans la rue. "Rien !" Il clama le mot une fois encore avec une satisfaction évidente.

Violet lui saisit la main. "Maintenant que nous sommes arrivés à cette conclusion, rentrons chez nous", dit-elle. Il ne résista pas. Abandonnant sa main à Violet, il reprit sa marche, le pas traînant, la tête basse et les épaules voûtées. Je pensai qu'il avait l'air d'un enfant que sa mère ramène à la maison. Plus tard, je me demandai ce qui avait provoqué cet éclat de Bill. Peut-être la conversation au sujet d'Erica mais, d'autre part, cela pouvait aussi prendre racine dans ce qui avait été révélé peu avant : il se trouvait que Mark s'était choisi un ami dont le plus ardent supporter était l'auteur des critiques les plus virulentes à ce jour sur l'œuvre de son père.

Bill trouva à Mark un boulot pour l'été grâce à une de ses connaissances, un artiste nommé Harry Freund. Freund avait besoin de main-d'œuvre pour réaliser à Tribeca un important travail sur les enfants de New York qui était financé par des fonds publics et privés. L'immense installation temporaire devait faire partie de la célébration prévue pour septembre d'un "mois de l'enfant". Le projet comprenait des drapeaux géants, quelques emballages de lampadaires à la Christo et des agrandissements de dessins d'enfants de tous les quartiers. “Cinq jours par semaine, de neuf à cinq, un travail physique, me dit Bill. Ça lui fera du bien.” Cela devait commencer à la mi-juin. Quand je prenais mon café du matin et entamais ma journée de travail en réfléchissant à mes prochains paragraphes sur Goya, j'entendais Mark qui partait au boulot en descendant l'escalier quatre à quatre. Après quoi je m'installais à mon bureau pour écrire, mais pendant une quinzaine de jours la pensée de Teddy Giles et de son travail revint me distraire.

Avant la clôture de son exposition à la galerie Finder, j'allai la voir. La description de Lola ne manquait pas de justesse. L'exposition faisait penser au lendemain d'un massacre. Démembrés, dépecés, décapités, neuf corps en résine de polyester et fibre de verre gisaient sur le sol de la galerie, semé de taches qui ressemblaient à du sang séché. Sur des piédestaux étaient présentés les instruments de cette torture simulée : une tronçonneuse, plusieurs couteaux et un revolver. Aux murs, quatre photographies géantes de Giles. Sur trois d'entre elles, il était en représentation. Il portait un masque de hockey sur la première et tenait en main une machette. Sur la deuxième, il était travesti, tout pomponné, en perruque blonde à la Marilyn et robe longue. Sur la troisième, il expulsait son lavement. La quatrième photo le montrait vraisemblablement “tel qu'en lui-même”, assis sur un long canapé bleu, en vêtements de tous les jours, tenant dans sa main gauche une commande à distance de télévision. De sa main droite, il semblait occupé à se masser l'entrejambe. Il paraissait pâle, calme et bien moins jeune que Mark ne l'avait dit. Je lui aurais donné au moins trente ans.

Je trouvais l'exposition répugnante mais, en outre, je trouvais cela mauvais. Dans un souci d'équité, je me demandai pourquoi. Le Saturne dévorant son fils peint par Goya était tout aussi violent. Giles se servait d'images d'horreur classiques, sans doute pour commenter leur rôle dans la culture. La télécommande à distance était une allusion évidente à la télévision et aux vidéos. Goya se servait, lui aussi, d'images populaires courantes du surnaturel, immédiatement reconnaissables par tous ceux qui voyaient son œuvre, et également dans un but de commentaire social. Alors pourquoi l'œuvre de Goya donnait-elle l'impression d'être vivante et celle de Giles, morte ? La manière était différente. Chez Goya, je sentais la présence physique de la main du peintre. Giles chargeait des artisans de mouler ses corps à partir de modèles vivants et puis de les fabriquer pour lui. Et pourtant, j'avais admiré d'autres artistes qui faisaient exécuter leurs œuvres. Goya était profond. Giles manquait de profondeur. Mais, parfois, un tel manque est précisément ce qu'on recherche. Warhol s'était consacré aux surfaces – aux vernis vides de la culture. Je n'étais guère épris de l'œuvre d'Andy Warhol, mais je pouvais en comprendre l'intérêt.

L'été avant la mort de ma mère, j'étais parti seul en Italie et je m'étais rendu dans le Piémont, à Varallo, pour voir les chapelles du Sacromonte dominant la ville. Dans la chapelle du Massacre des Innocents, j'avais vu les effigies des mères en pleurs et de leurs enfants assassinés, avec de vrais cheveux et de vrais vêtements, et cela m'avait fait un effet déchirant. Lorsque, parcourant la galerie Finder, je regardais les victimes en polyuréthane de Giles, je frissonnais mais ne me sentais guère concerné. Cela pouvait être dû en partie au fait que les personnages étaient creux. Un certain nombre d'organes artificiels – cœurs, estomacs, reins et vessies – gisaient dans le désordre des corps mais, si l'on examinait de près un bras coupé, il n'y avait rien à l'intérieur.

N'empêche, il était malaisé d'expliquer l'art de Giles. Quand je lus l'article de Hasseborg dans *Blast*, je vis qu'il avait pris la voie facile – en soutenant que la transposition des images d'horreur de l'écran plat aux trois dimensions d'une galerie obligeait le public à reconsidérer leur signification. Hasseborg pérorait sur plusieurs pages dans une prose débordante d'adjectifs hyperboliques : "brillant", "fascinant", "prodigieux". Il citait Baudrillard, s'extasiait sur les identités changeantes de Giles et puis finissait, en une longue phrase grandiloquente, par le déclarer "l'artiste du futur".

Henry Hasseborg racontait aussi que Giles était né à Baytown, Texas, et non en Virginie comme me l'avait dit Mark, et, dans la version Hasseborg de la vie de Giles, la mère de l'artiste n'était pas une prostituée mais une serveuse qui travaillait dur, toute dévouée à son fils. Il citait Giles disant : "Ma mère est mon inspiration." Au fil des semaines, j'acquis la conviction que, si Hasseborg avait raison d'affirmer que Giles reproduisait les images atroces des films d'horreur et de la violence pornographique de bas étage, il se trompait quant à leur effet sur le public – en tout cas pour ce qui me concernait. Ces images ne critiquaient rien et ne révélaient rien. L'œuvre était un simulacre déféqué par les entrailles de la culture – un excrément stérile et commercial, sans autre intention que la titillation. Et, en dépit de mon parti pris à l'encontre de Hasseborg, je soupçonnais qu'il avait été séduit par Giles parce qu'il reconnaissait dans cette œuvre l'incarnation visuelle de sa propre voix – de ce ton narquois, cynique et sans joie qu'il adoptait en général dans ses articles sur l'art et les artistes. Bien entendu, Hasseborg n'était pas unique. Il avait de nombreux compatriotes qui écrivaient exactement comme lui – quoique avec moins d'intelligence –, d'autres journalistes culturels qui avaient adopté le jargon brillant et superficiel du moment. C'est un langage que j'en suis venu à haïr, car il ne fait place ni au mystère ni à l'ambiguïté dans son vocabulaire plein d'autosatisfaction qui suggère avec arrogance que tout peut être su.

Sans porter sur l'œuvre de Giles un jugement hâtif, je la jugeais néanmoins, et l'attirance qu'exerçaient sur Mark ces scènes de massacre vides de sens et l'homme qui les avait créées m'inquiétait. Chaque fois que Giles donnait son lieu de naissance et son âge, ils étaient différents. Hasseborg avait écrit que Giles avait vingt-huit ans. Assurément, Giles souhaitait obscurcir son passé, susciter des mythes autour de sa personne, mais ses équivoques ne pouvaient rien valoir de bon à Mark qui, à tout le moins, avait l'habitude de tourner trop souvent la vérité.

Un jour du début juillet, je tombai en fin de matinée sur Mark dans West Broadway. Accroupi sur le trottoir, il caressait un petit cocker tout en bavardant avec la propriétaire de l'animal. Le nez contre la truffe du chien, il lui parlait d'une voix douce et amicale. Quand je le saluai, il se releva d'un bond en disant “Salut, oncle Leo”. Et puis, se tournant vers le chien, il lui lança : “Bye-bye, Talulah.” Je lui demandai pourquoi il n'était pas au travail.

“Harry n'a pas besoin de moi avant midi aujourd'hui. J'y allais, justement.”

Tandis que nous marchions ensemble dans la rue, une jeune femme passa la tête par la porte d'un magasin de vêtements et fit signe à Mark. “Ciao, Marky. Ça va, mon chou ?

— Darien”, répondit Mark avec un sourire suave. Il leva une main et agita les doigts. Ce geste me parut incongru, mais quand je regardai Mark il me fit un large sourire et dit : “Elle est vraiment super.”

Nous n'étions pas encore au carrefour suivant que Mark était de nouveau accosté, cette fois par un jeune garçon, qui traversa la rue en courant et en criant : “The Mark !”

“The Mark ?” répétai-je.

Se tournant vers moi, Mark haussa les sourcils comme pour dire : les gens vous donnent de ces noms !

Le garçon m'ignora. Essoufflé d'avoir couru, il leva la tête vers Mark. “C'est moi, Freddy. Tu te rappelles ? Du *Club USA* ?

— Sûr, fit Mark, d'un air d'ennui.

— Y a une exposition de photos vraiment cool qui ouvre ce soir au coin de la rue. Je pensais que tu aimerais y aller.

— Désolé, répondit Mark sur le même ton laconique. Peux pas.”

Je vis Freddy serrer les lèvres dans le vain effort de dissimuler son désappointement. Et puis, relevant le menton, il sourit à Mark. “Une autre fois, alors ?

— Sûr, Freddy”, fit Mark.

Freddy retraversa la chaussée en courant, évitant de justesse un taxi qui passait. Le chauffeur klaxonna et le bruit retentit dans la rue pendant deux ou trois secondes.

Mark observa l'incident dans une posture alanguie – le poids sur une hanche et les épaules tombantes – censée, je suppose, paraître nonchalante. Ensuite il se tourna vers moi, le dos droit et les épaules en arrière. Quand nos yeux se croisèrent, il dut remarquer sur mon visage une trace de confusion car il hésita pendant une demi-seconde. “Faut que j'y aille, oncle Leo. Je veux pas arriver en retard au boulot.”

Je regardai ma montre. “Tu as intérêt à te dépêcher.

— C'est ce que je vais faire.” Il partit en courant, avec les vastes jambes de son pantalon qui flottaient comme des drapeaux de part et d'autre de ses chevilles, l'élastique et plusieurs centimètres de son caleçon bien en vue. Le pantalon était si long que le bas en était éraillé et déchiré le long des coutures intérieures. Je restai un moment immobile à le regarder. Sa silhouette diminua progressivement, et puis il tourna un coin.

Tout en marchant vers chez moi, je me rendis compte que deux récits relatifs à Mark cohabitaient en moi, l'un au-dessus de l'autre. L'histoire superficielle était à peu près celle-ci : Comme des milliers d'autres adolescents, Mark cachait à ses parents des parties de sa vie. Nul doute qu'il avait tâté de la drogue, couché avec des filles et peut-être, je le pensais depuis peu, avec quelques garçons. Il était intelligent mais mauvais élève, ce qui suggérait une attitude de rébellion passive. Il avait menti à ses parents. Il n'avait pas parlé à sa mère de sa chambre chez moi et y avait dormi une fois sans mon autorisation. Une autre fois, il avait espéré s'y glisser en douce à quatre heures du matin. Il était attiré par le contenu violent de l'art de Teddy Giles, mais d'innombrables jeunes l'étaient aussi. Et enfin, comme tant d'enfants de son âge, il essayait diverses personnalités afin de découvrir laquelle lui convenait le mieux. Il se comportait d'une façon avec ses pairs et d'une autre avec les adultes. Cette version de l'histoire de Mark était ordinaire, une histoire d'adolescence normalement accidentée, comme il y en a des millions.

L'autre était similaire à celle qui s'y superposait et son contenu était identique : Mark avait été surpris à mentir. Il s'était lié d'amitié avec un individu déplaisant qu'à part moi j'appelais "le fantôme", et son corps ainsi que sa voix se modifiaient en fonction de la personne à qui il parlait à un instant donné. Mais ce second récit n'avait pas la fluidité du premier. Il y avait dans son déroulement des trous qui le rendaient difficile à raconter. Il ne s'appuyait pas, pour combler ces failles déchiquetées, sur une fiction plus générale relative à l'adolescence, mais les laissait béantes, sans réponses. Et, contrairement à la version superficielle rassurante, il ne commençait pas quand Mark avait treize ans mais à une date antérieure et inconnue qui m'envoyait bouler dans le passé plutôt que dans l'avenir, et il se présentait sous forme d'images et de sons isolés. Je me souvenais du petit Mark franchissant notre seuil, quand Lucille habitait au-dessus de chez nous, la tête enfouie sous un masque terrifiant en caoutchouc. Je revoyais le portrait que son père avait fait de lui avec un abat-jour sur la tête – un corps menu planant dans le néant de la toile – et puis j'entendais Violet hésiter, soupirer et laisser sa phrase en suspens.

Je refoulais ces images souterraines et m'en tenait à l'histoire cohérente en surface. Elle était à la fois plus confortable et plus rationnelle. Après tout, j'étais devenu une créature de deuil. L'absence de Matthew m'avait rendu anormalement attentif à des nuances du caractère de Mark qui pourraient se révéler sans importance. Je ne croyais plus aux histoires dont le déroulement est prévisible. Mon fils était mort et ma femme vivait en exil volontaire. Mais je me disais que si un accident avait chambardé ma vie, cela ne signifiait pas que celle des autres ne suivait pas un cours prescrit, devenant au fil des ans assez conforme à ce qu'ils en attendaient depuis le début.

Cet été-là, je retrouvai Bill. Il me faisait signe presque chaque jour et je suivais les progrès des portes au fur et à mesure de leur création dans l'atelier du Bowery. Malgré les longues journées qu'il y passait, il avait plus de temps pour moi et je sentais que son désir de me voir était lié en partie à son optimisme nouveau en ce qui concernait Mark. Les soucis prenaient toujours chez Bill la forme d'une retraite et, avec les années, j'avais appris à reconnaître les signes extérieurs de son repli sur soi. Ses gestes expansifs disparaissaient. Ses yeux se fixaient sur un objet à l'autre bout de la pièce mais ne voyaient pas ce qu'il regardait. Il fumait cigarette sur cigarette et avait toujours une bouteille de scotch sous sa table de travail. J'étais sensible au climat interne de Bill, à la pression extrême qui s'accumulait en lui et se dissipait en tempêtes silencieuses. Ces orages n'avaient en général d'autre cause que Mark, mais, pendant qu'ils se déchaînaient, Bill éprouvait de la difficulté à parler, avec moi ou avec qui que ce fût. Violet faisait sans doute exception. Je ne sais pas, mais il me semblait que le tumulte intérieur de Bill n'était pas fait de fureur contre Mark à cause de ses mensonges et de son irresponsabilité, mais d'un questionnement et d'une colère ardente envers lui-même.

En même temps, il était avide de croire que le vent tournait et voyait dans la moindre nuance du comportement de son fils un signe de l'arrivée de jours meilleurs. “Il est pris par son boulot, me dit-il. Et ça lui plaît vraiment. Il a cessé de voir Giles et les gens de ce club et fréquente des gosses de son âge. C'est un grand soulagement pour moi, Leo. Je savais qu'il allait trouver un sens à sa vie.” Parce qu'elle faisait des recherches pour son livre, je voyais moins souvent Violet que Bill ou Mark et le fait de la voir moins m'aidait à refouler sa jumelle imaginaire – la femme que je prenais au lit avec moi. Erica lui parlait régulièrement, toutefois, et elle m'écrivait que Violet allait mieux, qu'elle était moins anxieuse et qu'elle sentait en Mark, elle aussi, une détermination nouvelle liée à son travail pour Freund. “Elle m'a raconté que Mark est vraiment ému par le fait que ce projet concerne les enfants. Elle pense que ça a touché quelque chose en lui.”

Mr Bob était toujours en résidence au Bowery ; chaque fois que j'allais voir Bill, il m'examinait d'un air soupçonneux de derrière sa porte enchaînée et, chaque fois que je partais, il me bénissait. Je savais que Mr Bob s'était montré tout entier à Bill et à Violet, mais je ne voyais jamais qu'une fraction de son visage morose. Bien que Bill n'en parlât pas, j'avais compris que le vieil homme était devenu dépendant de lui. Bill déposait des provisions au bas de l'escalier à l'intention de Mr Bob et je vis un jour sur la table de Bill un billet où les mots : “*Croustillant*, pas mou, le beurre de cacahuète” étaient tracés d'une petite écriture soignée. Pour autant que je sache, Bill avait accepté avec simplicité son voisin du dessous comme une présence obligatoire dans sa vie. Il hochait la tête en souriant quand je faisais allusion au vieux squatteur, mais il ne se plaignait jamais des exigences croissantes, je le soupçonnais, de Mr Bob.

A la mi-août, Bill et Violet me demandèrent si je voulais bien que Mark loge chez moi pendant les deux semaines de vacances qu'ils allaient passer à Martha's Vineyard. Mark ne pouvait pas laisser tomber son boulot et ils se sentaient mal à l'aise à l'idée de le laisser seul chez eux. J'acceptai de l'accueillir et lui donnai une nouvelle clé. "Ceci, lui dis-je, est un gage de confiance entre nous, et j'aimerais que tu la gardes même après la fin de ces deux semaines." Il tendit la main et je posai la clé sur sa paume. "Tu me comprends, n'est-ce pas, Mark ?"

Il me regarda droit dans les yeux et fit un signe de tête. "Oui, oncle Leo." Sa lèvre inférieure tremblait d'émotion, et nous nous embarquâmes pour nos quinze jours ensemble.

Mark parlait avec chaleur de son travail pour Freund, des grands drapeaux multicolores qu'il avait aidé à monter, des jeunes gens et jeunes filles qui travaillaient à ses côtés – Rebecca et Laval et Shaneil et Jesus. Mark portait, grimpait, clouait et sciait, et, lorsqu'il avait fini sa journée, il disait avoir mal aux bras et les jambes en coton. Quand il rentrait vers cinq ou six heures, il avait souvent besoin de faire un somme pour récupérer. Vers onze heures du soir, il ressortait et il ne revenait en général qu'au matin. "Je loge chez Jake", disait-il, et il me laissait un numéro de téléphone. "Je serai chez Louisa. Ses parents ont dit que je pouvais dormir dans la chambre d'amis." Autre numéro. Il revenait entre six et huit heures et dormait jusqu'au moment de se rendre au travail. Ses horaires changeaient d'un jour à l'autre. "Je n'ai pas besoin d'y être avant midi", disait-il, ou : "Harry n'a pas besoin de moi aujourd'hui", et puis il sombrait dans le coma jusqu'à quatre heures de l'après-midi.

Parfois, des amis à lui venaient le prendre à ma porte pour la soirée. Pour la plupart, c'étaient des filles menues et blanches, vêtues comme des bébés, avec des scoubidous dans les cheveux et des paillettes sur les joues. Un soir, une petite brune arriva avec au cou une sucette pendue à un ruban rose. Dotées de voix assorties à leurs tenues infantiles, les petites amies de Mark roucoulaient, pépiaient et gazouillaient sur des tons aigus et délicats pleins d'émotions mal placées. Quand je leur offrais un rafraîchissement, elles me remerciaient d'un souffle mélodieux comme si je leur avais offert l'immortalité. S'il avait joué les durs devant Freddy, pour les filles Mark ne faisait pas le fanfaron et ne prenait pas d'airs ennuyés. Avec Marina, Sissy, Jessica et Moonlight (fille de souffleurs de verre de Brooklyn), il adoptait invariablement un ton gentil et sérieux. Quand il se penchait pour leur parler, son beau visage s'attendrissait.

Un soir où Mark était sorti avec des amis, je dînai avec Lazlo et Pinky chez Omen, dans Thompson Street. Pinky fut la première à évoquer l'histoire des chats morts. Bien que je l'eusse déjà rencontrée plusieurs fois, je n'avais encore jamais passé beaucoup de temps avec Pinky Navatsky. Grande, âgée d'un peu plus de vingt ans, elle avait les cheveux roux, les yeux gris, un grand nez un peu busqué qui lui donnait du caractère, et un très long cou. Comme beaucoup de danseurs, elle avait en permanence une position en dehors qui lui donnait un peu une démarche de canard, mais elle avait aussi un port de tête de reine à son couronnement et j'adorais observer ses mouvements des bras et des mains lorsqu'elle parlait. Quand elle faisait un geste, c'était souvent avec le membre entier, en bougeant le bras depuis l'épaule. D'autres fois, elle pliait le coude et ouvrait la main vers moi d'un seul élan harmonieux. Ses gestes n'avaient rien d'affecté. Elle avait simplement avec sa musculature des relations impensables pour la plupart d'entre nous. Au moment d'évoquer les chats, elle se pencha vers moi, tourna ses paumes vers le plafond et dit : “La nuit dernière, j'ai rêvé des chats assassinés. Je crois que c'était cette image dans le *Post*.”

Je dis que je n'avais pas entendu parler de chats assassinés, et Pinky m'expliqua qu'on avait découvert un peu partout en ville des animaux étripés, embrochés et désarticulés, cloués à des murs, suspendus à des linteaux de portes ou simplement abandonnés au milieu d'une ruelle, d'un trottoir ou d'un quai du métro.

Lazlo me raconta que les animaux étaient tous partiellement vêtus, qu'ils portaient des couches, des habits de bébés, des pyjamas ou des soutiens-gorges taille fillette, et que tous étaient signés des lettres S. M. Ces lettres pouvaient avoir déclenché la rumeur selon laquelle Teddy Giles était le responsable. Giles appelait son personnage de travesti *the She Monster* (la "Monstresse"), et ces initiales faisaient aussi allusion, avec plus d'affectation que de finesse, au sadomasochisme. Bien que Giles niât toute responsabilité dans l'affaire des chats, Lazlo disait qu'il avait entretenu l'ambiguïté et le choc en qualifiant les cadavres d'animaux de "guérilla artistique furieusement suprême". Il avait déclaré aussi qu'il enviait l'artiste et espérait avoir été une source d'inspiration pour le "criminel/créateur". Enfin, il donnait sa bénédiction à tous les imitateurs à venir. Ces propos avaient provoqué les protestations outragées des organisations défendant les droits des animaux et Larry Finder, à son arrivée au travail un matin, avait découvert les mots "Complicité d'assassinat" tracés à la peinture rouge sur la porte de sa galerie. La fureur dans la presse et le clip qui avait fait la une de la télévision locale m'avaient échappé.

Lazlo mâchait en réfléchissant et respirait lentement par le nez. "T'es pas dans le coup, tu sais ça, Leo ?"

Je reconnus que c'était vrai.

"Lazlo, fit Pinky, tout le monde n'est pas comme toi, tout le temps en train de s'informer de tout. Leo a d'autres choses en tête.

— Je ne voulais pas t'offenser", m'assura Lazlo.

Après que je les eus persuadés l'un et l'autre que cette remarque ne m'avait pas du tout blessé, Lazlo reprit : "Giles dit n'importe quoi s'il pense que ça lui fera de la pub.

— C'est vrai, approuva Pinky. Il n'a peut-être rien à voir avec ces chats.

— Est-ce que Bill et Violet en ont entendu parler ?"

Lazlo fit oui de la tête.

"Mais ils pensent que Mark ne voit plus Giles.

— Et vous savez qu'il le voit.

— On les a rencontrés ensemble, dit Pinky.

— Au *Limelight*, mardi dernier." Après une vigoureuse inspiration par le nez, Lazlo ajouta : "Déteste l'idée d'en parler à Bill, mais je le ferai. Le gamin est là-dedans jusqu'au cou.

— Même si Giles n'assassine pas de chats, dit Pinky en se penchant par-dessus la table, il me donne la chair de poule. Je ne l'avais encore jamais vu, et ce n'est pas son maquillage, ni ses habits qui m'ont déplu, c'est quelque chose dans son regard."

Avant que nous nous disions bonsoir, Lazlo me glissa une enveloppe. Je m'étais habitué à ces cadeaux d'adieu. Il en laissait aussi à Bill. D'habitude, il tapait à la machine une citation qu'il me donnait à méditer. J'avais déjà eu droit au spleen de Thomas Bernhard : "Vélasquez, Rembrandt, Giorgione, Bach, Haendel, Mozart, Goethe… Pascal, Voltaire, tous des monstruosités tellement enflées", et à une citation de Philip Guston que j'aimais particulièrement : "Savoir et pourtant comment ne pas savoir est la plus grande des énigmes." Ce soir-là, j'ouvris l'enveloppe et je lus : "Le kitsch est toujours en train de s'échapper vers le rationnel", Hermann Broch.

Je me demandai si les chats morts étaient censés constituer une forme de kitsch, interrogation qui fut suivie d'une rumination sur les sacrifices d'animaux, la chaîne de la vie, les abattoirs ordinaires et enfin les animaux familiers. Je me rappelais que lorsqu'il était petit Mark avait eu des souris blanches, des cochons d'Inde et un perroquet nommé Peeper. Un jour, la porte de la cage était tombée sur le cou de Peeper et l'avait tué. Après cet accident, Mark et Matt avaient paradé dans tout l'appartement avec le petit cadavre raidi dans une boîte à chaussures en chantant la seule chanson de leur répertoire qui pouvait passer pour un hymne funèbre : *Swing Low, Sweet Chariot*.

Quand Mark revint du travail le lendemain, je n'arrivai pas à me décider à lui parler de Giles ni des chats et, pendant le repas, il avait tant de choses à me raconter sur sa journée que je ne trouvai jamais d'ouverture favorable. Ce matin-là, il avait participé à l'installation de l'agrandissement du dessin qu'il préférait – l'autoportrait d'une fillette de six ans du Bronx avec sa tortue, laquelle ressemblait beaucoup à un dinosaure. Dans l'après-midi, son ami Jesus était tombé d'une échelle mais avait été sauvé par un immense tas de drapeaux en toile empilés sous lui sur le sol. Avant de sortir pour la soirée, Mark se retira dans la salle de bains où je l'entendis siffloter. Il posa sur la table un numéro de téléphone et un nom. Allison Fredericks : 677-8451. "Tu peux me joindre chez Allison", dit-il.

Après le départ de Mark, une vague méfiance commença à s'agiter en moi. J'écoutais Janet Baker chanter Berlioz, mais la musique ne dissipait pas le malaise qui me serrait le cœur. J'examinai le nom et le numéro de téléphone que Mark avait laissés sur la table. Après vingt minutes d'hésitation, je pris le téléphone et j'appelai. Un homme me répondit. "Je voudrais parler à Mark Wechsler, dis-je.

— A qui ?

— C'est un ami d'Allison.

— Il n'y a pas d'Allison ici."

Je regardai le numéro. Peut-être l'avais-je mal composé. Très attentivement, je le formai à nouveau. Le même homme répondit, et je raccrochai.

Quand j'interrogeai Mark, le lendemain, sur ce mauvais numéro, il eut l'air surpris. Il fouilla dans sa poche, en sortit un numéro et le déposa à côté du petit papier sur lequel il avait écrit la veille. "Je vois ce que c'est, dit-il d'une voix franche et claire. J'ai interverti deux chiffres. Regarde, c'est 4, 8, pas 8, 4. Désolé. J'étais pressé, j'imagine."

Devant son visage innocent, je me sentis idiot. Alors je lui avouai que j'étais inquiet parce que Lazlo m'avait dit l'avoir vu avec Giles et à cause des rumeurs concernant les chats.

"Oh, oncle Leo, dit-il, tu aurais dû m'en parler tout de suite. Je suis tombé sur Teddy lors d'une sortie avec d'autres amis, mais nous ne sommes plus vraiment proches. Il faut que je te dise quelque chose, quand même. Teddy aime choquer. C'est son truc, mais il ne ferait pas de mal à une mouche. C'est vrai. Je l'ai vu transporter des mouches hors de chez lui, comme ça." Mark fit un berceau de ses mains. "Ces pauvres chats. Ça me rend malade. Tu sais, j'ai deux chattes chez maman, Mirabelle et Esmeralda. C'est comme mes meilleures amies.

— La rumeur est sans doute née à cause de la violence de l'œuvre de Giles.

— Mais c'est bidon, tout ça ! s'écria Mark. Je croyais que Violet était la seule à ne pas voir la différence."

Il leva les yeux au ciel.

"Violet ne voit pas la différence ?

— Eh bien, elle *se comporte* comme si c'était réel, ou quelque chose. Elle ne me laisse jamais regarder les films d'horreur. Qu'est-ce qu'elle s'imagine ? Que je vais sortir et couper quelqu'un en morceaux parce que j'ai vu ça à la télé ?"

Mark avait mauvaise mine pendant la deuxième semaine de notre vie commune, mais enfin il devait être épuisé. Des amis à lui téléphonaient toute la journée et pendant la moitié de la nuit, demandant Mark, Marky ou "The Mark". Afin de pouvoir travailler, j'avais cessé de répondre et j'écoutais les messages en fin de journée. Le mardi, vers deux heures du matin, je fus tiré d'un sommeil profond par le téléphone et j'entendis une voix d'homme demander : "M&M ?" "Non, fis-je, et puis : Vous voulez dire Mark ?" J'entendis un clic et la communication fut coupée. Les appels constants, les allées et venues erratiques de Mark, ses affaires éparpillées dans l'appartement, tout cela avait commencé à me perturber. Je n'étais plus habitué à vivre avec quelqu'un et je m'apercevais que j'égarais certains objets et que j'en perdais d'autres. Mon stylo disparut pendant deux jours, et puis je le retrouvai derrière un coussin du canapé. Un couteau de cuisine se volatilisa. Je ne trouvais plus mon coupe-papier en argent, un cadeau de ma mère. Quand j'étais en train de travailler, je me sentais souvent distrait par une vague inquiétude au sujet de Mark.

Un après-midi, je me relevai de mon bureau et j'allai dans la chambre de Matt. Des piles de disques et de CD s'élevaient sur le plancher. Les étagères étaient encombrées de *flyers*. Des publicités portant des noms tels que *Starlight Techno* et *Machine Paradise* étaient affichées aux murs. Des chaussures de sport gisaient pêle-mêle. Il devait en posséder au moins vingt paires. Pantalons, pulls, chaussettes et t-shirts traînaient sur le lit, sur la chaise et entassés par terre. Certains avaient encore l'étiquette du magasin agrafée à l'encolure ou à la taille. Je pénétrai dans la chambre et ramassai une cassette vidéo abandonnée sur la table : *Tueurs en liberté*. Je n'avais pas vu le film mais j'avais lu des articles qui en parlaient. Il était inspiré de l'histoire vraie d'un garçon et d'une fille qui commencent par tuer leurs parents avant de parcourir le pays dans une frénésie de vol et de meurtre. C'était l'œuvre d'un réalisateur respecté et le film avait suscité des polémiques. Je reposai la cassette et remarquai quelques centimètres plus loin une boîte non ouverte de Lego. On y voyait un joyeux petit policier, un bras raide levé comme pour saluer. Je vis aussi sur la table des emballages de chewing-gum, une patte de lapin verte, les clés de Dieu sait où, une paille en boucle, de vieilles figurines de *La Guerre des étoiles*, des autocollants représentant un chien de dessin animé et, chose curieuse, plusieurs pièces cassées d'un mobilier de poupée. Je trouvai aussi un tract polycopié que je pris pour le lire. Il était tapé entièrement en capitales :

POURQUOI ASSISTES-TU A CET ÉVÉNEMENT ? LA SCÈNE RAVE, CE N'EST PAS SEULEMENT DE LA TECHNO. CE N'EST PAS SEULEMENT LA DROGUE. IL NE S'AGIT PAS SEULEMENT DE MODE. C'EST QUELQUE CHOSE DE SPÉCIAL QUI CONCERNE L'UNITÉ ET LE BONHEUR. IL EST QUESTION D'ÊTRE SOI-MÊME ET D'ÊTRE AIMÉ POUR CELA. CE DEVRAIT ÊTRE UN HAVRE A L'ABRI DE NOTRE SOCIÉTÉ. MAIS EN CE MOMENT NOTRE SCÈNE SE DÉSINTÈGRE. NOUS N'AVONS BESOIN SUR NOTRE SCÈNE NI DE FAÇADES NI D'ATTITUDES. LE MONDE EXTÉRIEUR EST BIEN ASSEZ DUR. OUVRE TON CŒUR ET LAISSE S'ÉCOULER LES SENTIMENTS POSITIFS. REGARDE AUTOUR DE TOI, CHOISIS QUELQU'UN, DEMANDE-LUI SON NOM ET FAIS-TOI UN AMI. ÉLIMINEZ LES FRONTIÈRES. OUVREZ VOS CŒURS ET VOS INTELLIGENCES. RAVEURS, UNISSEZ-VOUS ET MAINTENEZ NOTRE SCÈNE EN VIE !

Autour des bords du papier, en lettres tracées à la main, l'auteur anonyme avait écrit de petits slogans : “Il faut être réel !” “Soyez heureux !” “Câlins collectifs !” et “Vous êtes beaux !”.

L'idéalisme grossièrement exprimé de ce tract avait quelque chose de pitoyable mais, à tout le moins, les sentiments exprimés étaient purs. Le texte me faisait penser aux enfants fleurs devenus depuis longtemps adultes. Même dans les années soixante, je n'avais plus l'âge de croire que “l'élimination des frontières” pouvait servir à quelque chose. Après avoir soigneusement remis le tract à sa place, je relevai les yeux pour examiner l'aquarelle de Matt. Il faudrait l'épousseter, pensai-je. Et puis, en regardant par la fenêtre de l'appartement de Dave, j'examinai l'image du vieil homme pendant deux minutes en me demandant de quoi Matthew aurait eu l'air à quinze ans. Serait-il allé à des raves, lui aussi, se serait-il teint les cheveux en vert, en rose ou en bleu ? Quelques heures après être sorti de la chambre, je me rappelai que j'avais eu l'intention de l'épousseter mais, à ce moment-là, je n'avais plus la volonté de rentrer dans le chaos de cette chambre, avec son fouillis, ses symboles criards et son petit manifeste pathétique.

Les derniers jours de ma cohabitation avec Mark furent gâtés par une détresse poignante qui me prenait chaque fois qu'il sortait de l'appartement, pour se dissiper instantanément dès que je le revoyais. Je trouvais à la présence physique de Mark une qualité presque magique. Du moment que je le regardais, je le croyais toujours. La franche sincérité qu'exprimait son visage bannissait tous mes doutes, mais, dès qu'il se trouvait hors de vue, la sourde anxiété renaissait. Le vendredi soir, comme il sortait de la salle de bains, je remarquai un reflet vert sur son visage blanc et sur son cou.

"Je suis inquiet pour toi, Mark. Tu te fatigues trop. Il me semble qu'une nuit calme à la maison te ferait du bien.

— Ça va bien. Je vois juste mes potes." Tendant la main, il la posa sur mon bras. "Sans blague, on écoute de la musique, on regarde des films et des trucs, c'est tout. Ce qu'il y a, c'est que je suis jeune maintenant. Je suis jeune et j'ai envie de m'éclater et d'avoir des expériences maintenant que je suis jeune." Il me contemplait avec commisération, comme si j'étais la vivante incarnation de l'adage : "Trop peu, trop tard."

"Quand j'avais ton âge, lui dis-je, ma mère m'a donné un conseil que je n'ai jamais oublié. Elle m'a dit : Ne fais jamais rien que tu n'aies pas réellement envie de faire."

Mark ouvrit de grands yeux.

"Elle voulait dire que si ta conscience te retient, si elle brouille la pureté de ton désir, si elle te donne des sentiments contradictoires, ne le fais pas."

Mark hocha la tête sobrement et puis continua à la hocher plusieurs fois. "C'est fort, dit-il. Je m'en souviendrai."

Le samedi soir, j'allai me coucher sachant que Mark me quitterait le lendemain. La certitude du retour imminent de Bill et Violet me fit l'effet d'un somnifère et je m'endormis peu après le départ de Mark, vers onze heures. A un moment donné, pendant la nuit, je fis un long rêve qui commençait par une aventure érotique avec Violet, laquelle ne se ressemblait pas, et puis se transforma en un rêve dans lequel je parcourais les longs corridors d'un hôpital où je découvrais Erica dans l'un des lits et m'apercevais qu'elle venait de mettre au monde une petite fille. La paternité de l'enfant était incertaine, néanmoins, et à l'instant précis où je m'agenouillais près du lit d'Erica pour lui assurer que peu m'importait qui était le père, que je serais le père, le bébé disparaissait de la salle. Erica paraissait étrangement indifférente à la perte de l'enfant, mais je me sentais désespéré, et soudain c'était moi qui étais couché dans le lit d'hôpital et Erica, assise près de moi, me pinçait le bras, geste qui était supposé me réconforter mais ne le faisait pas. Je m'éveillai avec la sensation bizarre que quelqu'un me pinçait réellement le bras. J'ouvris les yeux et la surprise me fit sursauter. Mark était penché sur moi, la tête à quelques centimètres de mon visage. Il bascula en arrière et se mit à marcher vers la porte.

"Bon Dieu, dis-je. Qu'est-ce que tu fais ?

— Rien, chuchota-t-il. Rendors-toi."

Il était arrivé à la porte de ma chambre et le plafonnier du couloir éclairait son profil. Quand il se détourna de moi, ses lèvres me parurent très rouges.

Mon bras me faisait encore mal. "Tu as voulu me réveiller ?"

Mark parla sans se retourner. "Je t'ai entendu crier en dormant et j'ai voulu m'assurer que tout allait bien." Sa voix avait un ton délibéré, mécanique. "Rendors-toi." Il disparut, fermant doucement la porte derrière lui.

J'allumai ma lampe de chevet et regardai mon avant-bras. J'y vis une auréole rouge. La couleur, qui ressemblait aux traces d'un pastel, s'était enchevêtrée aux poils. En regardant de plus près, j'aperçus un cercle de minuscules empreintes, comme des traces de variole, estampées sur ma peau. Le mot qui me vint à l'esprit accéléra ma respiration : des dents. Je regardai l'heure. Il était cinq heures du matin. Je touchai le rouge du bout d'un doigt et vis que ce n'était pas du pastel mais quelque chose de plus cireux et plus mou – du rouge à lèvres. Je sortis du lit et allai fermer ma porte à clé. Après m'être recouché, j'écoutai Mark qui traînait les pieds dans sa chambre de l'autre côté du couloir. Je regardai encore mon bras, examinant les marques. J'allai jusqu'à me mordre moi-même, pas trop fort, et puis à comparer les empreintes sur ma peau. Oui, me dis-je, il m'a mordu. Le cercle enflammé creusé dans mon bras s'estompait très lentement, bien que la pression exercée n'eût pas entaillé la peau ni fait couler le sang. Qu'est-ce que cela pouvait bien signifier ? Je me rendis compte que je n'avais pas eu l'idée de courir après Mark pour lui demander une explication. Depuis deux semaines, je balançais, à l'égard de Mark, entre la confiance et la crainte, mais mes inquiétudes n'avaient jamais été jusqu'à le soupçonner de folie. Cet acte soudain, inexplicable, totalement irrationnel me confondait. Que pourrait-il bien avoir à me dire quand je le verrais, plus tard, dans la journée ?

Pendant des heures, je veillai et dormis, dormis et veillai. Quand, en milieu de matinée, je m'extirpai enfin de mon lit pour me diriger à pas pesants vers la machine à café, Mark était attablé devant un bol de céréales.

"Eh ben, t'as fait la grasse matinée, dit-il. Moi, je me suis levé tôt."

Je pris le sachet de café dans le frigo et entrepris de verser dans le filtre quelques cuillerées de son noir contenu. Répondre me semblait impossible. En attendant mon café, je contemplai Mark qui engloutissait un mélange de céréales colorées et de guimauve. Il mâchait avec satisfaction la repoussante mixture et m'adressa un sourire. Tout à coup, j'eus l'impression que c'était moi qui étais devenu fou en une nuit. Je regardai mon bras. Il n'y restait pas trace de la morsure. Elle était bien réelle, me dis-je, mais peut-être Mark ne s'en souvenait-il plus. Sans doute était-il drogué ou même endormi. Erica avait fait la conversation avec moi quand elle était somnambule. J'apportai à table ma tasse de café.

"Oncle Leo, tu trembles", dit Mark. Ses yeux d'un bleu limpide semblaient soucieux. "Tu vas bien ?"

J'ôtai de la table ma main tremblante. La question qui me serrait la gorge – Te souviens-tu d'être venu dans ma chambre et de m'avoir mordu le bras cette nuit ? – refusait de se former sur mes lèvres.

Il déposa sa cuiller. "Tu sais quoi ? demanda-t-il. J'ai rencontré une fille hier soir. Elle s'appelle Lisa. Elle est vraiment jolie, et je crois qu'elle m'aime bien. Je vais te la présenter."

Je pris ma tasse de café. "C'est bien, ça, dis-je. Ça me ferait plaisir de la rencontrer."

Au cours de la deuxième semaine de septembre, Bill rencontra Harry Freund dans White Street. Bill interrogea Harry à propos de son installation sur le thème des enfants, dont l'inauguration devait avoir lieu une semaine plus tard, et puis il lui demanda comment Mark s'était comporté au travail. "Eh bien, répondit Freund, la semaine pendant laquelle il a travaillé pour moi, il était épatant, mais ensuite il a disparu. Je ne l'ai pas revu depuis."

Bill me répéta à plusieurs reprises les paroles de Freund, comme pour se convaincre que celui-ci les avait effectivement prononcées. Et puis il dit : "Mark doit être fou."

Je n'en revenais pas. Tous les jours, pendant deux semaines, Mark était rentré chez moi et m'avait décrit avec force détails ses journées de travail. "C'est tellement super qu'on fasse ça à propos des enfants, surtout les pauvres gosses pour qui personne ne prend la parole." Voilà ce qu'il m'avait dit. "Comment Mark s'en explique-t-il ? demandai-je à Bill.

— Il prétend que le travail pour Harry était ennuyeux, que ça ne lui plaisait pas, et qu'il l'a laissé pour s'en trouver un autre. Il a travaillé comme garçon de courses pour je ne sais quel magazine intitulé *Split World*, où il gagnait sept dollars l'heure au lieu d'un salaire minimum.

— Mais pourquoi ne te l'a-t-il pas dit ?

— Il n'arrêtait pas de marmonner qu'il pensait que je ne serais pas content s'il laissait tomber.

— Mais tous ces mensonges, insistai-je. Ne sait-il pas qu'il est bien plus grave de mentir que de changer de boulot ?

— Je n'ai pas cessé de le lui dire, fit Bill.

— Il a besoin d'aide", dis-je.

Bill tripotait ses cigarettes. Il en prit une, l'alluma et souffla la fumée loin de moi. "J'ai eu une longue conversation avec Lucille, dit-il. En réalité, c'est surtout moi qui ai parlé. Elle m'écoutait et, quand j'ai eu fulminé quelque temps, elle m'a fourni un renseignement qu'elle avait piqué dans un article d'un magazine pour les parents. L'auteur affirmait que beaucoup d'adolescents mentent, que ça fait partie du passage à l'âge adulte. J'ai répondu qu'ici il ne s'agissait pas de simples mensonges. Que c'était du niveau d'un grand prix de duplicité. Que c'était complètement cinglé ! Elle ne me répondait pas et je suis resté planté là, le combiné à la main, tremblant de colère, et puis j'ai raccroché. Je n'aurais pas dû, mais on dirait qu'elle ne comprend pas du tout l'ampleur du problème.

— Il a besoin d'aide, répétai-je. D'une aide psychiatrique."

Bill serra les lèvres et hocha lentement la tête. "Nous cherchons un médecin, un psy, quelqu'un. Ce ne sera pas le premier, Leo. Il a déjà été en thérapie.

— Je ne savais pas.

— Il a vu quelqu'un au Texas, un certain Dr Mussel, et puis il a vu quelqu'un à New York pendant un an. Le divorce, tu sais. Nous pensions que ça l'aiderait…" Bill se couvrit le visage de ses mains et je vis ses épaules trembler un moment. Il était assis dans mon fauteuil devant la fenêtre. J'étais assis près de lui et je lui serrais l'avant-bras en un geste de réconfort. En regardant la fumée qui montait de sa cigarette suspendue mollement entre ses deux doigts, je revoyais le visage sérieux de Mark en train de me raconter la chute de Jesus.

Les mensonges sont toujours doubles : ce que l'on dit coexiste avec ce que l'on n'a pas dit, mais qu'on aurait pu dire. Quand on arrête de mentir, l'écart entre les mots et la conviction intime se réduit et l'on se remet à tenter d'assortir les mots que l'on prononce au langage de ses pensées, de celles en tout cas qui sont propres à la consommation d'autrui. La comédie de Mark s'était distinguée des mensonges ordinaires en ce qu'elle nécessitait l'entretien attentif d'une fiction complète. Pendant neuf longues semaines, il s'était levé le matin, il était parti au travail et rentré à la maison pour raconter sa journée. Si je considérais à posteriori mes quinze jours avec Mark, je voyais que le mensonge avait été bien imparfait. Si Mark avait travaillé en plein air tout l'été, il n'aurait pas été blanc comme une coquille d'œuf ; il aurait été hâlé. Quant à ses horaires, ils avaient changé un peu trop souvent et de façon trop commode. Mais un mensonge spectaculaire n'a pas besoin d'être parfait. Il repose moins sur le talent du menteur que sur l'attente et les désirs de celui qui l'écoute. Lorsque la malhonnêteté de Mark fut révélée, je compris à quel point j'aurais souhaité que ce qu'il m'avait raconté fût vrai.

Après la découverte de ses mensonges, Mark eut l'air d'une version légèrement comprimée de ce qu'il était auparavant. Il avait adopté une attitude de chagrin généralisée – tête basse, épaules voûtées et grands yeux douloureux – mais si on lui demandait pourquoi il avait fabriqué cette fable, il ne pouvait que répondre d'une voix terne qu'il pensait que son père serait déçu s'il quittait son emploi. Il reconnaissait que mentir avait été "idiot" et se disait "gêné". Quand je lui faisais remarquer que les histoires qu'il m'avait servies à propos de ce travail avaient eu pour effet d'annihiler entre nous toute conversation, il m'assurait avec véhémence qu'il n'avait menti qu'au sujet du travail et de rien d'autre. "Je t'aime bien, oncle Leo. Vraiment bien. J'ai juste été stupide."

Bill et Violet le mirent aux arrêts pour trois mois. Lorsque je demandai à Mark si Lucille aussi le punissait, il me regarda d'un air étonné. "Je ne lui ai rien fait, à elle", dit-il. Il ajouta que Princeton était "assommant", de toute façon. Rien de "bien" ne s'y passait jamais, alors, qu'il fût consigné ou non, peu importait s'il s'agissait de s'amuser. Quand il me tint ces propos, il était assis sur mon canapé, les coudes sur les genoux, les mains jointes sous le menton. Il remuait mollement les genoux en regardant dans le vide, droit devant lui. Tout à coup, je le trouvai répugnant, creux, étranger. Et puis il tourna vers moi son visage aux yeux agrandis par la tristesse, et j'eus pitié de lui.

Je ne revis Mark qu'en octobre, quand il reçut une permission d'un soir afin d'assister au vernissage de l'exposition des cent et une portes de son père à la galerie Weeks. La plus petite des portes ne mesurait que vingt centimètres de haut, ce qui signifiait qu'il fallait se coucher par terre pour l'ouvrir et regarder à l'intérieur. La plus grande, haute de plus de trois mètres cinquante, touchait presque le plafond de la galerie. Il y avait foule au vernissage et au bruit des conversations s'ajoutait celui des portes refermées. Les gens faisaient la queue pour franchir les plus grandes et attendaient leur tour de plonger le regard dans les plus petites.

Les espaces étaient tous différents. Il y en avait de figuratifs, d'autres abstraits, et certains contenant des figures et des objets en trois dimensions, comme celui où j'avais vu le garçon flottant dans un miroir sous un monticule de plâtre. Derrière une porte, on découvrait, peinte sur les trois parois et sur le plancher, la même chambre victorienne traitée dans quatre styles radicalement différents. Derrière une autre, les parois et le plancher représentaient d'autres portes encore, portant chacune un panonceau "ENTRÉE INTERDITE". Une petite chambre était entièrement peinte en rouge. Une statuette de femme en train de rire était assise par terre, le menton levé. Elle se tenait le ventre dans l'effort de contrôler son hilarité et, si on la regardait de près, on pouvait voir scintiller sur ses joues des larmes de polyuréthane. L'effigie grandeur nature d'un bébé portant une couche pleurait sur le sol derrière l'une des grandes portes. Une autre porte, haute seulement d'une cinquantaine de centimètres, s'ouvrait sur un homme vert dont la tête frôlait le plafond de la petite pièce. Il tenait dans ses mains tendues un cadeau emballé portant une grande étiquette qui disait : "POUR VOUS." Certaines des figures que l'on découvrait derrière les portes étaient plates comme des photographies en couleurs. D'autres étaient des toiles découpées, d'autres encore des images de bandes dessinées. Dans l'une d'elles, un homme de bande dessinée, en noir et blanc et en deux dimensions, faisait l'amour à une femme en trois dimensions qui avait l'air de sortir d'un tableau de Boucher. Ses jupons à froufrous étaient relevés et ses cuisses sans défaut et d'une pâleur surnaturelle s'écartaient pour accueillir le gigantesque pénis de papier de l'homme. Un intérieur ressemblait à un aquarium où des poissons en acrylique nageaient derrière un plastique épais. Sur d'autres parois, on voyait des chiffres et des lettres, parfois dans des positions humaines. Un 5 était assis sur une petite chaise, attablé devant une tasse de thé. Un B gigantesque était couché sur un lit au-dessus des couvertures. Derrière d'autres portes, on découvrait une partie seulement d'un personnage – la tête en latex d'un vieillard au crâne dégarni qui vous regardait en ricanant quand vous aviez ouvert la porte, ou une petite femme sans bras ni jambes qui tenait un pinceau entre ses dents. Derrière une autre se trouvaient quatre postes de télévision, tous noirs. A part leur taille, les portes étaient identiques du dehors. Toutes étaient en chêne teinté, avec des poignées en cuivre, et les murs extérieurs de toutes les pièces étaient blancs.

En regardant Bill, ce soir-là, je me sentais soulagé de savoir qu'il avait pratiquement achevé ce travail lorsque Freund lui avait révélé la vérité. L'attention dont il se sentait l'objet au cours de ce vernissage semblait lui être douloureuse, comme si chaque félicitation chaleureuse était un nouveau coup de poignard dans ses tripes. La publicité et les foules l'avaient toujours embarrassé mais, en d'autres occasions, je l'avais vu détourner d'une boutade des questions trop précises ou éviter les propos mondains en se plongeant dans une longue conversation avec quelqu'un qu'il aimait bien. Ce soir-là, il me paraissait prêt à filer de nouveau chez Fanelli sans crier gare. Mais Bill restait. Violet, Lazlo et moi allions régulièrement nous assurer qu'il tenait le coup. A un moment, j'entendis Violet lui chuchoter qu'il ferait bien de modérer un peu sa consommation de vin. "Mon amour, disait-elle, tu seras complètement paf avant le dîner."

Mark, lui, semblait en forme. La privation de sorties avait sans doute renforcé son appétit de vie sociale, quelle qu'elle fût, et je l'observais tandis qu'il bavardait avec une personne après l'autre. Pendant qu'il parlait à quelqu'un, il n'était qu'attention. Il se penchait en avant ou inclinait la tête comme pour mieux entendre et, parfois, il fermait à demi les yeux en écoutant. Quand il souriait, ses yeux ne quittaient jamais le visage de son interlocuteur. La technique était simple, son effet considérable. Une femme vêtue d'un coûteux ensemble noir lui caressa le bras. Un homme assez âgé en qui je reconnus l'un des collectionneurs français de Bill rit d'une remarque de Mark et, quelques secondes après, le serra dans ses bras.

Vers sept heures, je vis Teddy Giles entrer dans la galerie en compagnie d'Henry Hasseborg. Giles me parut tout à fait transformé depuis la dernière fois que je l'avais vu. Vêtu de jeans et d'une veste de cuir, il n'était pas maquillé. Je le vis sourire à une femme et puis se tourner vers Hasseborg et se mettre à parler, avec une expression sobre et intense. Pris d'inquiétude à l'idée que Bill les voie, je commençais à caresser le projet ridicule de me planter devant eux de manière à les lui cacher quand j'entendis une voix d'enfant qui criait : "Non, non, je veux rester ici avec la lune ! Non, maman, non !" Me tournant en direction du bruit, je vis une femme à quatre pattes devant une des portes, en conversation avec une petite personne qui se trouvait à l'intérieur. L'enfant semblait enchantée, coincée dans un espace juste assez grand pour la contenir. "Il y a des gens qui attendent, ma chérie. Eux aussi ont envie de voir la lune."

Derrière cette porte se trouvaient plusieurs lunes – une carte de la lune, une photographie de la lune, Neil Armstrong posant le pied sur la lune, la lune de Van Gogh dans sa *Nuit étoilée*, des disques et des croissants blancs, rouges, orange et jaunes, et cinquante autres représentations de la lune dont l'une faite de fromage et une autre sous la forme d'un croissant avec des yeux, un nez et une bouche. Tout en observant la mère qui plongeait le bras dans la petite pièce pour en extraire ce qui se révéla comme une petite fille hurlante et se débattant, je me retournai pour chercher des yeux Giles et Hasseborg et, ne les voyant pas, je fis rapidement le tour de la galerie. Quand je passai à côté de la fillette qui, dans les bras de sa mère, répétait en pleurnichant le mot "lune", je devinai qu'elle ne devait pas avoir plus de deux ans et demi. "Nous reviendrons, disait la mère en caressant la tête sombre de sa fille. Nous reviendrons, et nous irons voir la lune."

Je me dirigeai vers le bureau de Bernie et je vis Giles et Mark appuyés contre sa porte. Mark était beaucoup plus grand que Giles et devait se pencher pour l'écouter. Debout devant moi, une grande femme enveloppée d'un châle me bouchait en partie la vue, mais en faisant un pas de côté je surpris entre eux ce qui ressemblait à l'échange d'un petit objet. Mark glissa la main dans sa poche avec un sourire satisfait. De la drogue, pensai-je. Je m'avançai, et Mark releva le menton pour me regarder. Il sourit, ressortit la main de sa poche et me dit d'un air ravi : "Regarde ce que Teddy m'a donné. Ça a appartenu à sa mère."

Ouvrant la main, il me montra sur sa paume un petit médaillon rond. Il l'ouvrit ; il y avait dedans deux photos minuscules.

"Ça c'est moi à six mois, et ça à cinq ans", me dit Giles en désignant une photo et puis l'autre. Il me tendit la main. "Vous ne vous souvenez sans doute pas de moi. Theodore Giles."

Je lui serrai la main. Sa poigne était ferme.

"En fait, j'ai une autre soirée prévue, annonça-t-il avec vivacité. Ça m'a fait plaisir de vous rencontrer de nouveau, professeur Hertzberg. Je suis sûr que nous nous reverrons."

Tandis qu'il se dirigeait vers la porte à grands pas assurés, je me tournai vers Mark. Le changement d'allure de Giles, ce cadeau douceâtre d'un médaillon avec des photos de lui bébé, le retour de la mère mystérieuse, prostituée, serveuse ou Dieu sait quoi, se mêlaient en moi en provoquant dans mon esprit une telle confusion que je restais bouche bée. Mark me sourit. "Qu'est-ce qui t'arrive, oncle Leo ?

— Il est tout à fait différent.

— Je t'ai dit que c'était un jeu. Tu sais, un aspect de son art. C'est ça, le vrai Teddy."

Mark contemplait le médaillon. "Je crois que c'est le plus joli cadeau que j'aie jamais reçu. Quel type adorable." Il resta silencieux quelques secondes, les yeux fixés au sol. "Je voulais te parler de quelque chose, dit-il. J'ai réfléchi. Je suis consigné, mais j'espérais que je pourrais encore venir te voir le samedi et le dimanche comme avant." Il baissa la tête." Tu me manques. Je ne sortirais pas de l'immeuble, et je ne pense pas que papa et Violet s'y opposeraient si on leur demandait." Il se mordait la lèvre, le front plissé. "Qu'est-ce que tu en penses ?

— Je pense qu'on peut arranger ça", dis-je.

Cet automne fut calme. Un paragraphe à la fois, le livre sur Goya progressait à petits pas. Je me réjouissais à la perspective de me rendre à Madrid l'été suivant et de passer de longues heures au Prado. Je suivais de près le travail de Suzanna Fields qui rédigeait sa thèse sur les portraits de David et leurs liens avec la Révolution, la contre-Révolution et le rôle des femmes dans l'une et l'autre. Suzanna était une fille sévère et languide aux lunettes cerclées de métal et à la coupe de cheveux rigoureuse mais, avec le temps, j'avais fini par trouver sympathique son visage simple et rond avec ses gros sourcils. Bien entendu, la privation m'avait rendu sensible au charme de beaucoup de femmes. Dans la rue, dans le métro, au café ou au restaurant, j'observais les femmes de tous âges et de toutes sortes. Qu'elles fussent assises devant un café ou en train de lire leur journal ou un livre, ou qu'elles se hâtent vers un rendez-vous, je les effeuillais lentement jusqu'à les imaginer nues. La nuit venue, Violet jouait encore du piano dans mes rêves.

La vraie Violet écoutait sa collection de bandes enregistrées – des centaines d'heures de réponses aux mêmes questions : "Comment vous voyez-vous ?" et "Que désirez-vous ?". Quand j'étais chez moi pendant la journée, je devinais à travers le plafond les voix de ces gens dans le cabinet de travail de Violet. Si je distinguais rarement ce qu'ils disaient, j'entendais des marmonnements et des chuchotements, des rires, des toux, des bégaiements et, de temps à autre, le son rauque de sanglots. J'entendais aussi le bruit des bandes en train de se rembobiner et je comprenais que Violet était en train de se repasser indéfiniment la même phrase ou la même expression. Elle ne me parlait plus de son livre, et Erica me racontait que Violet était devenue un peu mystérieuse avec elle aussi en ce qui concernait son contenu. Tout ce dont Erica était sûre, c'était que Violet avait entièrement repensé son projet. "Elle n'a pas encore envie d'en parler, m'écrivait Erica. Mais j'ai l'impression que les changements dans son livre ont quelque chose à voir avec Mark et ses mensonges."

Mark resta consigné tous les week-ends jusqu'à la première semaine de décembre. Bill et Violet l'autorisèrent à venir me voir quand il était à New York et c'est ce qu'il fit fidèlement chaque samedi pendant une paire d'heures. Le dimanche, il réapparaissait le temps d'une brève conversation avant de repartir pour Cranbury. Au début, je me méfiais de lui et me montrais un peu sévère mais, les semaines passant, je trouvai difficile de rester fâché. Quand je mettais ouvertement sa parole en doute, il paraissait si blessé que je cessai de lui demander si je pouvais le croire. Chaque vendredi, il voyait le Dr Monk, médecin et psychothérapeute, et il me semblait que ces entretiens hebdomadaires l'équilibraient et l'assagissaient. Je rencontrai aussi son amie, Lisa, et le simple fait qu'elle fût éprise de lui me rendait mieux disposé envers Mark. Bien que tous les amis de Mark fussent les bienvenus, Teenie, Giles et l'étrange garçon qu'ils appelaient "Moi" ne vinrent jamais Greene Street et Mark ne parlait jamais d'eux – pas plus qu'il ne portait le médaillon que Giles lui avait offert. Lisa venait. Dix-sept ans, jolie et blonde, Lisa était une enthousiaste. Elle agitait les mains de part et d'autre de son visage en parlant de son régime végétarien, du réchauffement de la planète ou d'une espèce de tigres en voie d'extinction. Quand ils venaient me voir ensemble, je remarquai que Lisa tendait souvent la main pour la poser sur le bras de

Mark ou lui prendre la sienne. Ces gestes me faisaient penser à Violet et je me demandais si Mark avait senti cette ressemblance. Lisa était manifestement amoureuse de lui et quand je me rappelais la pauvre Teenie je me réjouissais de l'amélioration du goût de Mark. Le "but dans la vie" de Lisa, selon ses termes, était de devenir éducatrice pour les enfants autistes. "Mon petit frère est autiste, disait-elle, et il va beaucoup mieux depuis qu'il a commencé cette thérapie musicale. La musique le débloque, on dirait."

"Elle est très morale, me confia Mark le samedi de décembre qui marquait la fin de sa punition. Quand elle avait quatorze ans, elle a eu des problèmes de drogue pendant quelque temps, et puis elle s'est inscrite dans un programme et elle n'y a plus jamais touché depuis. Elle ne prendrait même pas une bière. Elle n'y croit plus."

Comme je hochais la tête devant la noble abstinence de Lisa, Mark m'offrit sur leur vie sexuelle des informations dont je me serais bien passé. "Nous n'avons pas encore fait l'amour, me dit-il. Nous pensons tous les deux qu'il faut s'y préparer, tu sais, qu'il faut d'abord en parler. C'est une chose importante, on ne peut pas s'y précipiter."

Je ne savais pas que répondre. Le mot "précipitation" me semblait convenir assez bien à toutes les premières rencontres sexuelles que j'avais eues dans ma vie et le fait que ces deux jeunes gens éprouvent la nécessité de délibérer là-dessus m'attristait quelque peu. J'ai connu des femmes qui s'écartaient de moi au dernier moment et des femmes qui regrettaient leur passion le lendemain matin, mais une réunion de commission préalable à l'accouplement n'avait jamais fait partie de mes expériences.

Mark continua à venir me voir tous les samedis et dimanches jusqu'au printemps. Il arrivait avec ponctualité le samedi à onze heures et m'accompagnait souvent dans mes courses rituelles à la banque, chez l'épicier et chez le marchand de vin. Le dimanche, il repassait toujours pour me dire au revoir. Je me sentais touché par sa fidélité et encouragé par les nouvelles qu'il me donnait de son école. Il me parlait avec fierté des 98 qu'il avait reçus pour des questionnaires de vocabulaire, d'un commentaire de *La Lettre écarlate* qui lui avait valu “le maximum”, et encore de Lisa, la jeune fille idéale.

En mars, Violet m'appela pour me demander si elle pouvait venir me parler seul à seul. Cette demande me parut si extraordinaire que, lorsqu'elle arriva, je lui demandai : “Ça va ? Il est arrivé quelque chose ?

— Je vais bien, Leo.” Violet s'assit à ma table, me fit signe de m'asseoir en face d'elle et reprit : “Que penses-tu de Lisa ?

— Je l'aime beaucoup, dis-je.

— Moi aussi.” Violet contempla la table. “Tu n'as pas l'impression, parfois, qu'il y a quelque chose qui ne va pas, là-dedans ?

— Là-dedans ? Tu veux parler de Lisa ?

— Non, de Mark et Lisa. De toute l'affaire.

— Je pense qu'elle est vraiment amoureuse de Mark.

— Je le pense aussi, dit-elle.

— Alors ?”

Violet mit ses coudes sur la table et se pencha vers moi. “Tu n'as jamais joué à ce jeu, quand tu étais petit : Cherchez l'erreur dans cette image ? Tu regardais un dessin représentant une chambre ou une scène de rue ou une maison, et quand tu regardais bien tu t'apercevais qu'il y avait un abat-jour à l'envers, ou qu'un oiseau avait de la fourrure au lieu de plumes, ou qu'un sucre d'orge de Noël dépassait d'un étalage pascal. Eh bien, c'est ce que je ressens devant Mark et Lisa. L'image, c'est eux, et plus je les regarde, plus il me semble que quelque chose cloche, mais je ne sais pas ce que c'est.

— Qu'en pense Bill ?

— Je ne lui en ai pas parlé. Il vient de passer par une si mauvaise période. Il n'arrivait plus à travailler après le mensonge de Mark à propos de son boulot et en ce moment il revient à peine à lui. Il est impressionné par l'amélioration de Mark, par Lisa, par la thérapie avec le Dr Monk. Je n'ai pas le cœur à lui parler d'un truc qui n'est qu'une sensation viscérale.

— C'est très difficile de faire confiance à quelqu'un qui a menti de façon aussi spectaculaire, dis-je. Mais je n'ai plus remarqué de mensonge manifeste, et toi ?

— Non.

— Alors il me semble qu'il a droit au bénéfice du doute.

— J'espérais que tu dirais ça. J'ai tellement peur qu'il n'arrive quelque chose." Les yeux de Violet se remplirent de larmes. "La nuit, je reste éveillée à me demander qui il est. Je crois qu'il dissimule tellement de lui que ça m'effraie. Depuis longtemps, Leo. Je veux dire, déjà quand Mark était tout petit..."

Elle ne termina pas.

"Continue, Violet, dis-je. Ne t'arrête pas.

— Souvent, pas tout le temps, non, juste de temps en temps, quand je lui parle, j'ai cette impression bizarre que...

— Que, soufflai-je.

— Que je parle à quelqu'un d'autre."

Je fronçai les sourcils. Le dos rond, Violet s'affaissa sur la table. "Ça me fiche la tremblote et Bill, eh bien, Bill, il a dû se battre contre la déprime. Il a de grands espoirs pour Mark, de grands espoirs, et je ne veux pas qu'il soit déçu." Elle laissa couler ses larmes et se mit à trembler. Je me levai, contournai la table et posai la main sur son épaule. Elle eut un frisson et s'arrêta d'un coup de pleurer. Elle me remercia en chuchotant et puis elle m'embrassa. Je gardai pendant des heures la sensation de son corps tiède contre moi et de son visage humide dans mon cou.

Le troisième samedi de mai, je me rendis à la banque beaucoup plus tôt que d'habitude. La fin du semestre et le beau temps m'avaient attiré au-dehors. Le soleil matinal et les rues encore vides me mirent de bonne humeur pendant que je marchais vers la Citybank, au nord de Houston Street. Il n'y avait pas de queue à la banque et j'allai droit au distributeur automatique pour retirer mon argent de la semaine. Je sortis mon portefeuille de ma poche, l'ouvris, et n'y trouvai pas ma carte bancaire. Déconcerté, je tâchai de me rappeler quand je l'avais utilisée pour la dernière fois. Le samedi précédent. Je la remettais toujours en place. Considérant l'écran de la machine et le message qui s'y affichait, "puis-je vous aider ?", je m'interrogeai sur le sens du mot "je" dans cette phrase. Le caissier mécanique méritait-il ce pronom ? L'objet envoyait des messages et effectuait des opérations. Etait-ce suffisant pour revendiquer le privilège de la première personne ? Et puis, comme si la réponse m'était donnée par le texte sur l'écran, je sus. Claire et cruelle, la vérité me frappa soudain, et elle me frappa durement. Je laissais toujours mon portefeuille et mes clés près du téléphone dans l'entrée quand j'étais chez moi. Cette habitude m'évitait d'avoir à fouiller les poches d'une série de vestes et de manteaux avant de partir au travail. Je me souvenais de Mark me demandant : "C'est quand, ton anniversaire, oncle Leo ?" 21930. Mon code. Mark ne s'était jamais soucié de mon anniversaire. Combien de fois m'avait-il accompagné à la banque ? De nombreuses fois. Ne me quittait-il pas souvent pour aller à la salle de bains ou jeter un coup d'œil dans la chambre de Matt, en passant à côté de mon portefeuille posé bien en vue ? Plusieurs personnes étaient entrées dans la banque et une queue se formait derrière moi. Une femme me regardait d'un air interrogateur tandis que, les yeux ronds, je contemplais mon portefeuille grand ouvert. En la frôlant au passage, je sortis précipitamment et rentrai chez moi, mi-marchant, mi-courant.

Sitôt dans l'appartement, j'attrapai mes relevés de banque. Je ne prenais que rarement la peine de les regarder de près. Quand les relevés arrivaient par la poste, je les classais et les oubliais jusqu'à l'époque des impôts. Mon compte chèque n'avait pas été touché, mais un compte d'épargne journalière dans lequel j'avais accumulé sept mille dollars provenant de divers articles et de la petite avance que j'avais reçue pour mon livre sur Goya était pratiquement vidé. C'était l'argent que j'avais économisé pour mon voyage en Espagne. J'avais parlé à Mark de ce voyage, j'avais même évoqué ce compte. Tout ce qui restait, c'étaient six dollars et trente et un cents. Des retraits avaient eu lieu de tous les coins de la ville depuis décembre, certains dans des banques dont je n'avais jamais entendu parler, souvent aux petites heures du matin, et toutes les dates enregistrées correspondaient à des samedis.

J'appelai Bill et Violet mais je n'entendis que la voix assourdie de Bill me disant de laisser un message. Je leur demandai de me rappeler dès leur retour. Ensuite j'appelai Lucille, à qui je n'avais plus parlé depuis sa lecture. Elle avait à peine décroché que je me lançais dans mon histoire. Quand je me tus, elle resta silencieuse pendant au moins cinq secondes. Et puis, d'une petite voix sans timbre, elle me demanda : "Comment peux-tu être sûr que c'est Mark ?"

J'élevai la voix. "Mon numéro de code. Il m'a demandé la date de mon anniversaire. La plupart des gens utilisent leur date de naissance ! Et les dates ! Les dates correspondent toutes à ses visites. Depuis des mois, il me vole effrontément. Je pourrais aller à la police ! Mark a commis un délit. Tu ne comprends pas ?"

Lucille garda le silence.

"Il m'a volé près de sept mille dollars !

— Leo, fit Lucille avec fermeté, calme-toi."

Je n'étais pas calme, je le lui dis, je ne souhaitais pas être calme et, si pour une raison ou une autre Mark arrivait chez elle avant de m'avoir rendu sa visite habituelle, elle devait s'emparer de la carte immédiatement.

"Mais si ce n'est pas lui qui l'a prise ? demanda-t-elle de la même voix lisse.

— Tu sais que c'est lui !" hurlai-je, et je raccrochai avec violence. Je regrettai presque aussitôt ma colère contre Lucille. Elle ne m'avait pas volé d'argent. Elle ne voulait pas condamner Mark sans preuve valable. Ce qui me semblait évident ne l'était pas pour elle, et pourtant quand sa voix froide et détachée avait répondu à ma colère, cela avait agi comme de l'huile sur le feu. Si elle avait exprimé de la surprise, de la compassion, voire du désarroi, je n'aurais pas crié.

Moins d'une heure plus tard, Mark frappait à ma porte. Quand je la lui ouvris, il me lança en souriant : "Salut. Comment ça va ?" Et puis, après une brève pause, il me demanda : "Qu'est-ce qui se passe, oncle Leo ?

— Rends-moi ma carte, répondis-je. Rends-la-moi tout de suite."

Mark me considéra d'un air intrigué. "De quoi tu parles ? Quelle carte ?

— Rends-moi immédiatement ma carte ATM, dis-je, ou je la reprends moi-même." Je brandis le poing devant son nez et il recula de deux pas.

Il avait l'air très surpris. "T'es cinglé, oncle Leo. J'ai pas ta carte. Même si je l'avais, qu'est-ce que j'en ferais ? Calme-toi."

Le beau visage de Mark, ses yeux étonnés, ses boucles sombres et son corps détendu, sans réaction, paraissaient inviter à la violence. Je l'empoignai par son pull en lurex argenté et le calai contre le mur. Avec dix centimètres de plus, quarante ans de moins et certainement plus de force que moi, Mark me laissa le pousser contre le mur et l'y maintenir. Sans rien dire. Le corps aussi mou qu'une poupée de chiffon.

"Sors cette carte tout de suite, grognai-je, les dents serrées. Et passe-la-moi. Je te jure que, sinon, je te bats jusqu'au sang."

Mark continuait à me regarder avec une expression de stupeur totale. "Je ne l'ai pas."

J'agitai le poing sous son nez. "C'est ta dernière chance."

Mark tendit la main vers sa poche arrière et je le lâchai. Il ramena un portefeuille, l'ouvrit et en retira ma carte bleue. "J'ai eu la tentation de te prendre de l'argent, oncle Leo, mais je te jure que je ne m'en suis pas servi. Je n'ai pas pris un sou."

Je m'écartai de lui. Ce garçon est fou, me dis-je. Une sensation d'effroi me parcourut, sensation ancienne, celle des terreurs enfantines, des monstres, sorcières et autres ogres dans l'obscurité. "Il y a des mois que tu me voles, Mark. Tu m'as pris près de sept mille dollars."

Mark cligna des yeux. Il semblait mal à l'aise.

"Tout a été relevé. Chaque retrait est enregistré. Tu me volais ma carte le samedi après que j'avais été à la banque et tu me la rendais le dimanche matin. Assieds-toi, criai-je.

— Je peux pas m'asseoir. J'ai dit à maman que je rentrerais tôt ce soir.

— Non, dis-je. Tu ne vas nulle part. Tu as commis un délit. Je pourrais appeler la police et te faire arrêter."

Mark s'assit. "La police ? fit-il d'une petite voix perplexe.

— Tu devais te douter que, si stupide et distrait que je sois, je finirais par m'en apercevoir. Je veux dire, il ne s'agit pas de menue monnaie."

Mark se pétrifia sous mes yeux. "Non, dit-il, je pensais pas que tu t'en apercevrais.

— Tu savais que je gardais cet argent pour mon voyage à Madrid. Qu'est-ce qui se serait passé, à ton avis, quand je serais allé le retirer pour payer mon billet d'avion et l'hôtel ?

— J'y avais pas pensé."

Je n'y croyais pas. Je refusais d'y croire. Je le harcelai, le bousculai, l'interrogeai, mais je n'en tirais que les mêmes réponses mortes. Il était "embarrassé" que je me sois aperçu du vol. Quand je lui demandai s'il avait dépensé l'argent en drogue, il me répondit avec une candeur apparente qu'il pouvait se procurer de la drogue gratuitement. Il achetait des trucs, disait-il.

Il allait au restaurant. L'argent file vite, m'expliqua-t-il. Ses réponses me paraissaient barbares mais je crois aujourd'hui que l'individu glacé qui était assis là devant moi me disait la vérité. Mark savait qu'il m'avait volé de l'argent, et il savait que c'était mal agir, mais je suis convaincu aussi qu'il ne ressentait ni remords ni honte. Il n'avait aucune explication rationnelle à m'offrir. Il n'était pas dépendant de la drogue. Il ne devait de l'argent à personne. Au bout d'une heure, il me regarda en disant simplement : "J'ai pris l'argent parce que j'aime en avoir.

— Moi aussi, j'aime en avoir, criai-je. Mais je ne pille pas pour autant les comptes en banque de mes amis."

Mark n'avait plus rien à dire sur le sujet. Il ne cessa pas de me regarder, néanmoins. Il garda les yeux fixés sur les miens, et je les observai. Leurs iris clairs et bleus et leurs pupilles d'un noir brillant me firent soudain penser à du verre, comme s'il n'y avait rien derrière ces yeux, comme si Mark était aveugle. Pour la deuxième fois ce jour-là, ma colère se transforma en effroi. Qu'est-il ? me demandai-je – pas qui est-il, qu'est-il ? Je le dévisageai et il me dévisagea jusqu'à ce que je me détourne de ces yeux morts pour aller téléphoner à Bill.

Le lendemain matin, Bill me présenta un chèque de sept mille dollars, mais je le refusai. Je lui dis que ce n'était pas sa dette. Je dis que Mark pourrait me rembourser en plusieurs années. Bill tenta de me fourrer le chèque dans la main. "Leo, dit-il, je t'en prie." Sa peau semblait grise à la lumière de ma fenêtre et il sentait fort la cigarette et la sueur. Il portait les mêmes vêtements que la veille, quand il était descendu avec Violet et qu'ils avaient écouté l'histoire. Je secouai la tête. Bill se mit à aller et venir. "Qu'est-ce que j'ai fait, Leo ? Je lui parle et je lui parle, mais on dirait que ça ne l'atteint pas. Nous avons téléphoné au Dr Monk. Nous allons tous la revoir.

Elle veut que Lucille y soit aussi. Elle a demandé à te voir également, seul, si tu veux bien. Nous serrons la vis à Mark. Pas de sorties. Pas de coups de téléphone. On va l'escorter partout – le prendre au train, le reconduire à la maison, l'accompagner chez le docteur. Quand l'école sera finie, il vivra ici, il travaillera et commencera à te rembourser." Bill cessa de marcher. "Nous pensons qu'il a pris de l'argent à Violet aussi, dans son sac. Elle ne fait pas de comptes. Elle a mis longtemps à s'en apercevoir mais…" Il se tut. "Leo, je suis consterné." Il secoua la tête et écarta les mains. "Ton voyage en Espagne." Il ferma les yeux.

Je me levai et posai mes mains sur ses deux épaules. "Tu n'es pas en cause, Bill. Ce n'était pas toi. C'est Mark qui m'a volé."

Bill baissa la tête, le menton sur la poitrine. "On croirait que si on aime vraiment son gosse, des choses comme ça ne peuvent pas arriver." Relevant la tête, il me lança un regard farouche. "Comment est-ce arrivé ?"

Je ne pus pas lui répondre.

Le Dr Monk était une petite femme rondelette, aux cheveux gris frisés et à la voix douce, économe de ses gestes. Elle commença l'entretien par une déclaration simple : "Je vais vous dire ce que j'ai dit à Mr et Mrs Wechsler. Des enfants tels que Mark sont difficiles à guérir. On a beaucoup de peine à communiquer avec eux. Au bout de quelque temps, leurs parents y renoncent en général et ils s'en vont seuls dans la vie, où ils peuvent se reprendre, se retrouver en prison ou mourir."

Sa franchise me choqua. Prison. Mort. Je marmonnai vaguement qu'on pouvait tenter de l'aider. Il était encore jeune. Encore jeune.

"Il est possible, admit-elle, que sa personnalité ne soit pas encore bien fixée. Vous comprenez que les problèmes de Mark sont caractériels."

Oui, pensai-je, c'est une question de caractère. Quel vieux mot – caractère.

Je parlai de ma colère, de ma sensation d'avoir été trahi et du singulier effet du charme de Mark. Je parlai du feu et des beignets. J'apercevais par la fenêtre un arbrisseau dont les feuilles commençaient à s'épanouir. Il avait, le long de ses branches, de gros nœuds intacts qui deviendraient de grandes fleurs. J'avais oublié le nom de cet arbuste. Je le contemplai en silence et, après avoir raconté au Dr Monk l'amitié qui avait existé entre Matt et Mark, je continuai à le contempler en m'efforçant de me rappeler son identité, comme si son nom importait. Et puis il me revint : hydrangéa.

"Vous savez, dis-je, je crois qu'avant sa mort Matt s'était éloigné de Mark. Quand j'y repense à présent, ils étaient très silencieux tous les deux dans la voiture, quand nous les avons conduits au camp et puis, à mi-chemin, Matt s'est écrié : Arrête de me pincer. Ça paraissait si normal alors – deux garçons qui se font enrager." Le pinçon amena la morsure et, quand je terminai mon histoire, le Dr Monk haussa les sourcils, le regard acéré.

Elle ne commenta pas la morsure et je continuai. "J'ai parlé à Mark de la famille de mon père, dis-je. Je me souviens à peine de ces gens. Ils sont morts à Auschwitz-Birkenau. Mon oncle David a survécu au camp de concentration, mais il est mort après, pendant la marche forcée. Je lui ai raconté que mon père est mort d'une attaque. Quand il m'écoutait, son visage était tellement sérieux. Je crois même qu'il avait les larmes aux yeux.

— Ce sont des choses que vous ne confiez pas à grand monde."

Je fis non de la tête et regardai l'hydrangéa. Je me sentais à mille lieues de moi-même, comme si quelqu'un d'autre avait parlé à ma place. Je gardais les yeux fixés sur l'arbuste, et il y avait quelque chose de rouge dans ma conscience, très rouge, à travers une fenêtre.

“Savez-vous pourquoi vous avez désiré en parler à Mark ?”

Je me tournai vers elle en secouant la tête.

“En aviez-vous parlé à Matthew ?”

Ma voix se brisa. “J'en ai dit beaucoup plus à Mark. Matt n'avait que onze ans quand il est mort.

— Onze ans, c'est très jeune”, dit-elle avec douceur.

Je commençai à hocher la tête, et puis je pleurai. Je pleurai devant une femme que je ne connaissais pas du tout. Après l'avoir quittée, je m'essuyai le visage dans sa petite salle de bains impeccable, abondamment fournie en Kleenex, et j'imaginai tous les gens qui s'étaient trouvés là avant moi, en train d'essuyer leurs larmes et leur morve à côté des toilettes. Quand je sortis de l'immeuble dans Central Park West, je regardai les arbres couverts de feuilles, de l'autre côté de la rue, et j'éprouvai une sensation d'ineffable étrangeté. Etre vivant est inexplicable, pensai-je. La conscience elle-même est inexplicable. Il n'y a rien d'ordinaire en ce monde.

Une semaine plus tard, Mark signa un contrat devant moi, Violet et Bill. Le document était l'idée du Dr Monk. Je pense qu'elle espérait qu'en acceptant des conditions rédigées noir sur blanc Mark se disposerait à comprendre que la morale est en fin de compte un contrat social, un consensus à propos des lois humaines fondamentales et que, sans elle, les relations entre les gens dégénèrent en chaos. Le texte ressemblait à une version abrégée et personnalisée des dix commandements :

Je ne mentirai pas.

Je ne volerai pas.

Je ne sortirai pas de la maison sans permission.

Je ne téléphonerai pas sans permission.

Je rembourserai la totalité de l'argent que j'ai volé à Leo sur mon argent de poche et sur l'argent que je gagnerai cet été, l'an prochain et à l'avenir.

J'ai encore mon exemplaire dans mes papiers. Au bas se trouve la signature de Mark, un griffonnage enfantin.

Chaque samedi, pendant tout l'été, Mark se présenta à ma porte avec son remboursement. Je ne voulais pas de lui chez moi et il restait donc sur le seuil pour ouvrir son enveloppe et compter les billets dans ma main. Lorsqu'il était parti, je notais le montant dans un petit carnet que je conservais sur mon bureau. Mark me payait grâce à ce qu'il gagnait comme caissier dans une boulangerie du Village. Bill l'accompagnait chaque matin au travail, et à cinq heures Violet allait le rechercher. Chaque jour, elle demandait au patron s'il était satisfait de Mark, et la réponse était toujours la même : "Il se débrouille bien. C'est un bon petit gars." Mr Viscuso devait plaindre Mark d'avoir une mère aussi surprotectrice. A part sa famille, moi et ses compagnons de travail, la seule personne que voyait Mark était Lisa. Elle venait le voir deux ou trois fois par semaine, avec souvent sous le bras un livre pour Mark. Violet me racontait que ces ouvrages provenaient d'ordinaire des rayons de psychologie populaire des librairies du quartier et qu'ils étaient pleins de recettes pour la "paix intérieure" comprenant des exhortations au lecteur dans le genre de "Apprends d'abord à t'aimer toi-même" et "Combats les convictions latentes qui t'empêchent d'être ton moi le meilleur et le plus heureux". Lisa s'était vouée à la cause de la réforme de Mark et elle passait avec lui de nombreuses heures à lui montrer la voie. Selon Violet, quand Mark n'était pas en train de travailler, de manger ou de communier avec Lisa au sujet de la tranquillité de son âme, il dormait. "C'est tout ce qu'il fait, disait-elle. Il dort."

Fin août, Bill partit à Tokyo pour préparer une exposition des portes. Violet resta chez eux avec Mark. A neuf heures, le jeudi matin suivant le départ de Bill, Violet descendit chez moi en peignoir. "Mark est parti", me dit-elle en entrant dans la cuisine. Elle se servit une tasse de café et s'assit à table avec moi.

"Il est sorti par la fenêtre, il est monté sur le toit par l'échelle de secours et il est redescendu par l'escalier. Je pensais que la porte du toit était verrouillée mais, quand je suis allée voir ce matin, je l'ai trouvée ouverte. Je crois qu'il fait ça depuis le début, mais d'habitude il rentre avant le matin. Il dort sans arrêt parce qu'il est épuisé d'être dehors toute la nuit. Je ne m'en serais jamais doutée, dit-elle calmement, si le téléphone n'avait pas sonné vers deux heures, la nuit dernière. Je ne sais pas qui c'était. Une fille. Elle n'a pas voulu me dire son nom, mais elle m'a demandé si je savais où était Mark et j'ai répondu qu'il dormait et que je ne le réveillerais pas. Il dort que dalle, elle a fait, je viens de le voir. Il y avait beaucoup de bruits de fond, c'était sans doute une boîte. Et puis elle a dit qu'elle voulait m'aider. Vous êtes sa mère, faut que vous sachiez. C'est drôle, je n'ai pas dit que je n'étais pas sa mère. Je me suis contentée d'écouter. Alors elle a dit qu'elle devait me raconter quelque chose." Violet prit une profonde inspiration et but un peu de café. "Ce n'est peut-être pas vrai, mais cette fille m'a dit que Mark passe toutes ses nuits avec Teddy Giles. Elle a dit : la Monstresse est sortie de son antre, mais je ne savais pas de quoi elle parlait. J'ai essayé de l'interrompre, mais elle a continué en racontant que Teddy Giles venait d'acheter un gamin au Mexique.

— Acheter ? répétai-je.

— C'est ce qu'elle a dit, que les parents du gamin l'ont vendu à Giles pour quelques centaines de dollars et qu'après ça le gamin est tombé amoureux de Giles, que Giles l'a habillé en fille et l'a emmené partout avec lui pendant quelque temps. Son histoire était assez embrouillée, mais elle prétendait qu'un soir ils s'étaient disputés et que Giles avait coupé le petit doigt du gamin. Giles l'a emmené aux urgences pour faire recoudre le doigt mais peu après, le gosse, Rafael, a disparu. Elle m'a dit que le bruit courait que Giles l'aurait assassiné et aurait jeté son corps dans l'East River. Et elle a dit enfin : C'est un cinglé. Et il tient votre fils dans ses griffes. J'ai pensé que vous deviez le savoir. Ce sont ses mots exacts. Et puis elle a raccroché.

— Tu en as parlé à Bill ?

— J'ai essayé. J'ai laissé des messages à son hôtel, mais pas urgents. Qu'est-ce qu'il peut faire de Tokyo, le pauvre ?" Violet parut pensive. "Le problème, c'est que j'ai peur.

— Eh bien, s'il y a ne fût-ce qu'un peu de vrai dans tout ça, tu as raison d'avoir peur. Giles est un individu effrayant."

Violet ouvrit la bouche comme pour parler, et puis elle la referma. Elle hocha la tête, la détourna, et j'admirai son cou et son profil. Elle est encore belle, pensais-je, peut-être plus belle encore maintenant qu'elle prend de l'âge. Il y a entre elle et son visage une harmonie nouvelle, qui n'existait pas lorsqu'elle était plus jeune.

Mark réapparut chez sa mère le dimanche suivant. Selon Bill et Violet, il affirmait avec insistance qu'il n'était jamais sorti de l'appartement auparavant, déclarait que ce qu'on racontait de Rafael était "complètement débile" et expliquait qu'il s'était sauvé pour voir des amis parce qu'il "s'ennuyait". Une semaine plus tard, il reprenait l'école et retournait habiter chez sa mère. Chaque vendredi, Bill ou Violet allait le chercher au train, l'emmenait en métro chez le Dr Monk, l'attendait et puis le ramenait Greene Street. Son emprisonnement à domicile continuait.

Plusieurs mois passèrent ; le comportement de Mark suivait un schéma reconnaissable que je m'étais mis à appeler "le rythme de la crainte". Pendant des semaines, il semblait aller bien. Il obtenait des notes A et B en classe, il se montrait prêt à coopérer, obligeant, gentil, et me remettait chaque semaine une partie de son argent de poche. Bill et

Violet me racontaient que leurs longues conversations avec lui sur la confiance, l'honnêteté et le respect du contrat semblaient l'aider à "rester sur ses rails". Il se confiait au Dr Monk, qui se disait contente de ses "progrès". Et puis, au moment précis où son entourage se laissait aller à un sentiment d'optimisme prudent, Mark prenait feu. En octobre, Violet trouva son lit inoccupé au milieu de la nuit et tout l'argent qui se trouvait dans son sac avait disparu. Mark réapparut le dimanche matin. En novembre, son beau-père, Philip, remarqua en partant au travail que sa voiture avait été enfoncée. En décembre, Bill emmena Mark déjeuner dans le quartier. Après qu'ils eurent commandé des hamburgers, Mark se leva pour aller se laver les mains et ne réapparut que trois jours plus tard, chez Lucille. En février, son professeur d'histoire le surprit en train de vomir dans les toilettes des garçons, avec un litre de vodka dans son sac à dos et un tube de Valium dans la poche.

Chaque incident se déroulait selon le même scénario de base. D'abord, la fâcheuse découverte ; ensuite, l'explosion de la victime ; enfin, la réapparition de Mark et ses dénégations ferventes. Oui, il s'était enfui, mais il n'avait rien fait de mal. Il s'était baladé en ville. C'était tout. Il avait besoin d'être seul. Il n'avait pas sorti la voiture de Philip en pleine nuit. Si la portière était enfoncée, ce devait être que quelqu'un d'autre avait volé le break. Oui, il s'était tiré de l'appartement cette nuit-là, mais il n'avait pas volé d'argent. Violet se trompait. Elle devait l'avoir dépensé ou mal compté. Les protestations d'innocence indignées de Mark étaient d'une irrationnalité stupéfiante. Il n'admettait sa culpabilité que confronté à des preuves flagrantes. Rétrospectivement, les actes de Marc étaient prévisibles jusqu'à la nausée, mais aucun de nous, à l'époque, ne les voyait avec recul et, malgré le caractère cyclique de son comportement, nous manquions de clairvoyance. Rien n'annonçait les jours d'insurrection.

Mark était devenu une énigme. Il me semblait qu'on pouvait lire sa conduite de deux façons qui, toutes deux, supposaient une forme de dualité. La première était manichéenne. La double vie de Mark ressemblait à un pendule oscillant entre lumière et obscurité. Une partie de lui voulait réellement bien faire. Il aimait ses parents et ses amis mais, à intervalles réguliers, il était pris soudain d'envies irrésistibles et leur cédait. Bill croyait fermement à cette version de l'histoire. L'autre modèle de la conduite de Mark aurait pu être comparé à des strates géologiques. Les pulsions dites "bonnes" composaient une surface très étendue qui déguisait ce qui se trouvait au-dessous. Régulièrement, les forces frémissantes d'impatience de ce dessous opéraient une poussée soudaine vers la surface, tel un volcan en éruption. Je tendais à croire que cette théorie était celle de Violet ou, plus exactement, que c'était celle qu'elle craignait.

Quelle que fût la lecture choisie, les éclats de délinquance de Mark affectaient cruellement Bill et Violet. En même temps, par le vol de mon argent, Mark avait resserré les liens entre son père, sa belle-mère et moi. Nous étions tous ses victimes, et les tabous qui avaient existé avant ce vol étaient désormais renversés. Les angoisses que Bill et Violet avaient tues afin de protéger Mark faisaient désormais partie de nos conversations. Violet fulminait contre ses trahisons et puis lui pardonnait, pour fulminer et pardonner encore. "Je suis sur des montagnes russes entre amour et haine, disait-elle. C'est toujours le même parcours qui recommence indéfiniment." Et pourtant, malgré son exaspération, Violet avait fait de Mark son combat. Je remarquai sur son bureau, entre plusieurs autres volumes, un livre intitulé *Carence affective et délinquance*, par D.W. Winnicott. "Nous n'allons pas le perdre, me déclara-t-elle. Nous allons nous battre." Le problème, c'était que, ses luttes acharnées, Violet les livrait contre un ennemi invisible. Elle s'armait de passion et d'informations, mais, quand elle se lançait à l'attaque, elle ne trouvait rien sur le champ de bataille qu'un aimable jeune homme qui ne lui opposait aucune résistance.

Bill n'avait rien d'un soldat et il ne lut pas un seul livre sur les troubles de l'adolescence. Il dépérissait. De jour en jour, il paraissait plus vieux, plus gris, plus voûté et plus distrait. Il me faisait penser à un grand animal blessé dont le corps puissant se réduisait régulièrement. Les éclats de fureur de Violet contre Mark entretenaient sa vigueur. Si Bill éprouvait de la colère, il la tournait contre lui-même et je la voyais, lentement et sûrement, ronger sa chair. Ce n'était pas le contenu des méfaits de Mark qui affectait Bill – le fait qu'il s'évade, qu'il mélange vodka et Valium, qu'il pique la voiture de son beau-père ou même qu'il mente et qu'il vole. Tout cela, il aurait pu le pardonner en d'autres circonstances. Bill aurait bien mieux accepté une rébellion franche. Si Mark avait été anarchiste, il l'aurait compris. S'il avait défendu son hédonisme ou s'il s'était enfui de chez lui afin de vivre sa vie selon ses idées saugrenues, Bill l'aurait laissé partir. Mais Mark ne faisait rien de tel. Il incarnait tout ce que Bill s'était acharné à combattre : la compromission, l'hypocrisie et la lâcheté. Quand il en parlait avec moi, Bill me paraissait plus déconcerté qu'autre chose par son fils. Il me raconta sur un ton stupéfait que lorsqu'il lui avait demandé ce qu'il désirait le plus dans la vie, Mark avait répondu d'un air candide qu'il souhaitait qu'on l'aime.

Bill se rendait tous les jours à l'atelier, mais il ne travaillait pas. "Je marche jusque-là, me dit-il, en espérant que quelque chose va me venir à l'esprit, mais rien ne vient. Je lis les résultats sportifs. Et puis je me couche par terre et j'invente des matchs dans ma tête, comme quand j'étais gamin. Les matchs se prolongent indéfiniment. Je fais le commentaire, et je m'endors. Je dors et je rêve pendant des heures, après quoi je me lève et je rentre à la maison."

Je n'avais guère que ma présence à lui offrir, et c'était ce que je faisais. Certains jours, après le travail, j'allais droit au Bowery. Là, assis par terre, nous parlions jusqu'à l'heure du dîner. Mark n'était pas le seul objet de nos conversations. Je me plaignais d'Erica, dont les lettres parvenaient toujours à maintenir en vie un petit espoir pour nous deux. Nous nous racontions des souvenirs d'enfance et parlions de peinture et de livres. Vers cinq heures, il s'autorisait à déboucher une bouteille de vin ou à se servir un scotch. Durant les heures floues qui suivaient, la lumière des soirées de plus en plus longues brillait par la fenêtre au-dessus de nos têtes et Bill, animé par l'alcool, citait Samuel Beckett ou son oncle Mo, un doigt pointé au plafond. Il proclamait son amour pour Violet avec des yeux humides et rougis, et réaffirmait l'espoir qu'il gardait en Mark malgré tout. Il riait aux larmes de mauvaises plaisanteries, de limericks cochons et de jeux de mots stupides. Il tempêtait contre le monde de l'art, tour en papier faite de dollars, de marks et de yens et m'affirmait avec solennité qu'il était tari, fini en tant qu'artiste. Les portes avaient constitué un chant du cygne. Mais, une minute plus tard, il m'expliquait qu'il avait beaucoup pensé à la couleur du carton mouillé. “C'est beau, les cartons, dans les rues, après une averse, qu'ils traînent dans le caniveau ou qu'ils soient ficelés proprement en ballots.”

Il y avait des après-midi de drame – le drame de Bill – dont je ne me lassais jamais car quand je me trouvais près de lui je sentais sa masse. Cet homme était lourd de vie. Si souvent, c'est la légèreté que nous admirons. Ces gens qui paraissent sans poids, sans fardeau, qui voltigent au lieu de marcher, nous attirent comme un défi à la gravité ordinaire. Leur insouciance singe le bonheur, mais il n'y avait rien de tel chez Bill. Il avait toujours été un roc, massif et pesant, chargé intérieurement de force magnétique. Je me sentais plus que jamais attiré par lui. Parce qu'il souffrait, j'avais abandonné mes défenses et mon envie. Je n'avais jamais observé ce sentiment, je ne l'avais jamais admis, mais je le fis alors : je l'avais envié – ce Bill puissant, obstiné, jouisseur, qui avait créé, créé et créé encore, jusqu'à ce qu'il sente qu'il en avait terminé. Je lui avais envié Lucille. Et Violet. Et je lui avais envié Mark, ne fût-ce que parce que Mark avait vécu. La vérité était amère, mais le chagrin de Bill avait conféré à son personnage une fragilité nouvelle, et cette faiblesse nous rendait plus égaux.

Violet nous rejoignit au Bowery, un soir du début de mars, avec un sac en papier brun de chez un traiteur thaï ; nous mangeâmes assis par terre. Nous dévorâmes les plats comme trois réfugiés affamés et puis nous restâmes dans l'atelier à discuter et à boire pendant une partie de la nuit. Violet alla se coucher sur le matelas, d'où elle nous parlait, étendue sur le dos. Au bout d'un moment, nous trouvâmes tous une place sur le lit – Violet au milieu, Bill et moi de part et d'autre – trois ivrognes satisfaits bavardant à bâtons rompus. Vers une heure du matin, je déclarai que je devais rentrer sans quoi je ne pourrais pas travailler le lendemain. Violet saisit le bras de Bill et puis le mien. "Encore trois minutes, implora-t-elle. Je suis heureuse ce soir. Je n'ai plus été heureuse comme ça depuis très, très longtemps. C'est tellement bon de tout oublier, de se sentir libre et idiot."

Une demi-heure plus tard, nous marchions dans Grand Street en direction de Greene Street. Nos bras étaient toujours enlacés, et Violet se trouvait toujours entre Bill et moi. Elle nous chantait une chanson populaire norvégienne, où il était question d'un violoneux et de son violon. Bill joignait au refrain sa voix de basse, forte et un peu fausse. Je m'y étais mis aussi, en imitant les sons des mots incompréhensibles. En chantant, Violet levait le menton et son visage accrochait la lumière des réverbères au-dessus de nous. L'air était froid mais clair et sec, elle serrait fort mon bras et je sentais l'allégresse de son pas. Avant de se lancer dans le deuxième couplet, elle prit une inspiration profonde en souriant au ciel et puis, comme je continuais à la regarder, je la vis fermer les yeux pendant quelques instants pour s'aveugler à tout ce qui n'était pas le bonheur qui s'épanouissait dans nos voix. Nous l'avons tous senti, ce soir-là – ce retour de la joie, sans raison. Quand je refermai ma porte après avoir dit bonsoir à Bill et à Violet, je savais qu'au matin cette sensation aurait disparu. Son caractère éphémère faisait partie de sa grâce.

Pendant des mois, Lazlo resta à l'écoute. Je ne sais pas exactement d'où lui venaient ses informations. Il hantait les galeries et ils sortaient souvent le soir, Pinky et lui. Tout ce que je sais, c'est que quand les rumeurs et les commérages volaient, ils semblaient voler dans sa direction. Ce grand jeune homme maigre à la chevelure insolite, aux vêtements criards et aux grosses lunettes noires enregistrait bien plus de choses qu'il n'en laissait deviner. L'espion idéal évite en principe de se faire remarquer et pourtant j'en vins à considérer Lazlo comme le limier parfait. Son extérieur voyant ressortait comme un phare sur les foules de New-Yorkais vêtus de noir, mais cet éclat même le faisait passer inaperçu. Il avait, lui aussi, entendu parler d'un garçon disparu et murmurer une histoire de meurtre, mais Lazlo pensait que ces bruits faisaient partie de la mécanique publicitaire souterraine de Giles, qui fabriquait ces contes macabres afin de renforcer son statut de dernier enfant terrible du monde artistique. D'autres rumeurs inquiétaient davantage Lazlo – Giles aurait "collectionné" les jeunes gens, garçons et filles, et Mark aurait été l'objet de ses prédilections. On racontait que Giles conduisait des raids de jeunes dans Brooklyn et dans Queens, où ces bandes commettaient des actes de vandalisme absurdes ou s'introduisaient dans des caves et volaient des objets comme des tasses à thé et des sucriers. D'après les sources de Lazlo, les adolescents se déguisaient avant ces expéditions, changeant de couleurs de peau et de cheveux. Les garçons se mettaient en filles et les filles en garçons. Il y avait des histoires de harcèlement cruel, dans Tomkins Square Park, de SDF dont on renversait les caddies et à qui on volait couvertures et provisions. Lazlo avait entendu aussi d'étranges récits de "marquage au fer" – une forme de marquage corporel réservé aux intimes de Giles.

La réalité de tout cela n'était guère vérifiable. Ce qu'on pouvait savoir avec certitude, c'était que Teddy Giles était une étoile montante au firmament artistique. La vente récente à un collectionneur anglais, pour une somme énorme, d'une œuvre intitulée *Blonde morte dans une baignoire* avait contribué à sa réputation : il n'était plus seulement controversé mais aussi très coté. Giles avait inventé une expression, *entertainment art* (art de divertissement), qu'il brandissait lors de toute interview. Il soutenait la thèse déjà ancienne selon laquelle la distinction entre art majeur et mineur avait disparu, ajoutant que l'art n'était ni plus ni moins qu'un divertissement – un divertissement dont la valeur se mesurait en dollars. Les critiques accueillaient ces déclarations comme le sommet de l'intelligence ironique ou comme l'avènement de la vérité en publicité – l'annonce d'une ère nouvelle qui admettait que l'art, à l'instar de tout le reste, marchait à l'argent. Giles accordait des interviews sous des personnalités diverses. Parfois habillé en femme et parlant d'une voix de tête absurde. Parfois en complet-cravate, avec le discours d'un homme d'affaires évoquant ses transactions. Je comprenais pourquoi il fascinait les gens. Son désir vorace d'attention l'obligeait à se réinventer régulièrement. Changement égale nouveauté, et il faisait les délices de la presse en dépit du fait que son art reposait sur des images depuis longtemps considérées comme des lieux communs dans des genres plus populaires.

A la fin mars, Bill se remit à travailler. Son nouveau projet eut pour point de départ une femme et son bébé dans Greene Street. J'avais vu cette femme, moi aussi, d'une fenêtre du loft de Bill et Violet, mais je n'aurais jamais deviné qu'elle serait responsable d'une orientation nouvelle dans l'œuvre de Bill. Il n'y avait rien d'extraordinaire dans ce dont nous avions été témoins et pourtant j'ai acquis la conviction que c'était précisément cela que voulait Bill – le quotidien dans toute sa dense spécificité. Pour cela, il eut recours au film, ou plutôt à la vidéo. J'étais assez conservateur pour regretter qu'un artiste à la technique aussi éblouissante trahisse ses talents en se tournant vers la caméra mais lorsque je vis le résultat je changeai d'avis. La caméra libérait Bill du fardeau débilitant de ses pensées en l'envoyant dans les rues, où il trouvait des centaines d'enfants et les fragments visuels des histoires de leurs vies en train de se dérouler devant lui. Il avait besoin de ces enfants pour sa propre santé mentale et, grâce à eux, il allait composer une élégie à ce qu'ont perdu tous ceux d'entre nous qui vivent assez longtemps – leur enfance. La complainte de Bill ne serait pas sentimentale. Il n'y avait pas de place dans son travail pour le halo victorien qui continue à obscurcir l'idée que nous nous faisons de l'enfance. Mais le plus important était, je crois, qu'il avait trouvé un moyen d'aborder sans Mark son angoisse au sujet de Mark.

Nous avions vu cette femme un dimanche en début d'après-midi, après que Mark avait été embarqué sur le train de Cranbury. Nous étions debout près de la fenêtre, Bill et moi, quand Violet vint se mettre derrière lui et lui entoura la taille de ses bras. Elle appuya la joue contre son chandail, se glissa à côté de lui et, soulevant son bras, se le posa sur les épaules. Pendant une minute, nous observâmes tous trois les piétons en silence. Un taxi s'arrêta, la porte s'ouvrit et une femme en long manteau brun en sortit avec un enfant sur la hanche, plusieurs paquets à chaque bras et une poussette. Nous la regardâmes déplacer l'enfant d'une hanche à l'autre, fouiller dans son sac, en sortir un billet, payer le chauffeur, et puis déplier la poussette à l'aide de la main gauche et du pied droit. Elle déposa dans l'engin le bébé chaudement emmitouflé et lui attacha une ceinture autour du corps. Au même instant, le bébé se mit à pleurer. La femme s'accroupit sur le trottoir, ôta ses gants, les enfonça en hâte dans sa poche et se mit à explorer un grand sac matelassé. Elle y trouva une tétine qu'elle fourra dans la bouche de l'enfant. Ensuite elle desserra les cordons de la capuche de sa combinaison de neige et, en remuant la poussette d'une main, se pencha contre le visage du bébé. Elle sourit et se mit à parler. Le bébé se laissa aller contre le dossier de la poussette en tétant avec énergie et ferma les yeux. La femme jeta un coup d'œil à sa montre, se leva, accrocha ses quatre sacs aux poignées et s'en fut en poussant l'engin.

Quand je me détournai de la fenêtre, Bill était encore en train de l'observer. Il n'en dit pas un mot de tout l'après-midi mais, pendant que nous mangions les *frittata* de Violet en parlant de Mark et de la probabilité qu'il réussisse son dernier trimestre et obtienne son diplôme d'études secondaires, je sentais que Bill était ailleurs. Il écoutait ce que nous disions, Violet et moi, et il nous répondait, mais en même temps il restait en dehors, comme si une partie de lui était déjà loin de l'appartement, en train de marcher dans la rue.

Le lendemain matin, il acheta une caméra vidéo et se mit au travail. Pendant trois mois, il sortit tôt le matin pour ne rentrer qu'en fin d'après-midi. Quand il avait fini de filmer, il allait à l'atelier dessiner jusqu'à l'heure du dîner. Après le repas, il retournait souvent à ses carnets et dessinait tard dans la nuit. Mais il passait avec Mark chaque minute de ses week-ends. Selon Bill, ils parlaient ensemble, regardaient des films de location et parlaient encore. Mark était devenu l'enfant handicapé de Bill, quelqu'un qui devait être soigné comme un nourrisson, quelqu'un qu'il ne pouvait jamais perdre de vue. En pleine nuit, Bill allait voir dans la chambre de son fils s'il n'avait pas disparu par la fenêtre. Sa vigilance paternelle, qui avait été une forme de châtiment, était devenue un moyen de prévenir l'inévitable déchaînement, celui dont Bill craignait qu'il ne détruise totalement son fils.

Bill avait recouvré son énergie grâce au nouveau projet, mais son enthousiasme avait un côté dément. Quand je le regardais, je ne reconnaissais pas dans ses yeux leur ancienne vivacité, j'y voyais une lueur fiévreuse. Il dormait très peu, maigrissait notablement et se rasait encore moins souvent que d'habitude. Ses vêtements empestaient le tabac et, en fin de journée, son haleine sentait le vin ou le whisky. Malgré son emploi du temps chargé, je le vis souvent ce printemps-là, parfois tous les jours. Il m'appelait chez moi ou au bureau. "Leo, c'est Bill. Si tu passais par l'atelier ?" Je répondais oui même les jours où cela signifiait que j'allais prendre du retard avec des copies ou une préparation de cours, parce que quelque chose dans sa voix me faisait sentir son besoin de compagnie. Quand je le surprenais au travail, il s'arrêtait toujours pour me tapoter le dos ou me prendre par les épaules et les secouer en me parlant des enfants qu'il avait vus ce jour-là sur un terrain de jeu et qu'il avait mis dans la boîte. "J'avais oublié à quel point les petits gosses sont timbrés, me dit-il. Complètement siphonnés."

Un après-midi, à la mi-avril, Bill se mit soudain à parler du jour où il était retourné chez Lucille pour donner une dernière chance à leur couple.

"Quand j'ai passé la porte, la première chose que j'ai faite a été de m'accroupir près de Mark pour lui dire que je ne partirais plus jamais, que nous allions tous vivre ensemble." Détournant la tête, il considéra le lit qu'il avait construit pour son fils tant d'années auparavant. Il se trouvait toujours dans un coin, à l'autre bout de la pièce, non loin du réfrigérateur. "Et puis je l'ai trahi. Je lui ai raconté les salades habituelles : que je l'aimais, mais que je ne pouvais plus vivre avec sa mère. Le jour où la cinquième lettre est arrivée et où j'ai pris la porte, il s'est mis à hurler «Papa !». Je l'entendais du palier. Je l'ai entendu tout le temps en descendant l'escalier, et je l'entendais encore dans la rue pendant que je m'éloignais. Je n'oublierai jamais sa voix. C'était comme si on était en train de le tuer. Je n'ai jamais rien entendu de pire.

— Les petits enfants peuvent pleurer comme ça pour un bonbon ou parce que c'est l'heure du coucher – n'importe quoi."

Bill se tourna vers moi. Ses yeux étaient réduits à des fentes et quand il parla, ce fut d'une voix sourde mais cinglante. "Non, Leo. Justement. Ce n'était pas ce genre de cris. C'était autre chose. C'était horrible. Je l'entends encore dans mes oreilles. Non, je me suis préféré à lui.

— Tu ne le regrettes pas, tout de même ?

— Comment le pourrais-je ? Violet est ma vie. J'ai choisi de vivre."

L'après-midi du 7 mai, je n'allai pas voir Bill. Il ne m'avait pas appelé et je restai chez moi. Quand le téléphone sonna, j'étais en train de relire une lettre que j'avais reçue d'Erica quelques heures plus tôt dans le courrier. Les phrases qui me donnaient à penser étaient : "Il m'est arrivé quelque chose, Leo. J'ai franchi un pas, non pas dans ma tête qui a toujours couru loin devant moi, mais dans mon corps où la douleur m'avait rendue incapable de bouger, de faire autre chose que tourner en rond autour de Matt. Je me suis rendu compte que j'avais envie de te voir. J'ai envie de prendre un avion, de venir à New York et de te faire une visite. Je comprendrais que tu n'aies pas envie de me voir, que tu en aies marre. Je ne te le reproche pas, si c'est le cas, mais je te dis ce dont j'ai envie." Je ne doutais pas de la sincérité d'Erica. Ce dont je n'étais pas sûr, c'était que sa conviction durerait. En même temps, après avoir relu ces lignes, je pensais qu'elle pourrait réellement faire le voyage. Cette idée me rendait nerveux et, quand je décrochai le combiné, j'étais encore distrait par la pensée de la visite possible d'Erica.

"Leo ?"

Au bout de la ligne, quelqu'un parlait de façon étrange, presque un chuchotement, et je ne reconnus pas la voix. "Qui est à l'appareil ?"

Pendant une seconde, personne ne répondit. "Violet, dit-elle d'une voix plus assurée. C'est Violet.

— Qu'est-ce qui se passe ? demandai-je. Qu'est-ce qui est arrivé ?

— Leo ? répéta-t-elle.

— Oui, c'est moi, fis-je.

— Je suis à l'atelier.

— Qu'est-ce qui se passe ?"

De nouveau, elle ne me répondit pas. Je l'entendais respirer dans le combiné et je répétai ma question.

"J'ai trouvé Bill par terre…

— Il s'est fait mal ? Tu as appelé une ambulance ?

— Leo." Violet chuchotait à présent, lentement, méthodiquement. "Il était mort quand je l'ai trouvé. Il y avait un moment qu'il était mort. Il a dû mourir peu après être entré, parce qu'il avait encore sa veste et sa caméra était par terre près de lui."

Je savais qu'elle devait avoir raison, mais je demandai : "Tu es sûre ?"

Violet respira profondément. "Oui, dit-elle, je suis sûre. Il est froid, Leo." Elle ne chuchotait plus mais, tandis qu'elle continuait de parler de cette voix inconnue, dépourvue d'inflexions, son calme m'effraya. "Mr Bob est venu, mais il est reparti. Je crois que je l'entends prier." Elle prononçait chaque mot avec un soin extrême, formant les syllabes comme si elle faisait un gros effort pour dire son texte exactement comme il fallait. "Tu vois, poursuivit-elle, je suis allée chercher Mark à la gare, mais il m'a posé un lapin. J'ai téléphoné à l'atelier et j'ai laissé un message. Je pensais que Bill n'était pas encore arrivé mais qu'il serait là quand j'arriverais. J'étais si furieuse contre Mark, si en colère que j'avais besoin de voir Bill. C'est drôle, ma colère n'a plus de sens maintenant. Je m'en fiche. Bill n'a pas répondu à la sonnette et je suis entrée avec ma clé. Je pense que je dois avoir crié en le voyant et que c'est pour ça que Mr Bob est monté, mais je ne m'en souviens pas. Je voudrais que tu viennes, Leo, et que tu m'aides à prévenir quiconque on est censé prévenir quand quelqu'un meurt. Je ne sais pas pourquoi, j'en suis incapable. Et puis quand tu auras fait ça, je voudrais rester de nouveau seule avec lui. Tu comprends ?

— J'arrive."

Par la fenêtre du taxi, je voyais les rues familières, les enseignes et les foules de Canal Street et, bien que je visse tout cela avec une netteté extraordinaire, j'avais l'impression que ce spectacle ne m'appartenait plus, qu'il n'était pas tangible et que si le taxi s'arrêtait, si j'en sortais, je serais incapable d'en saisir quoi que ce fût. Je connaissais cette sensation. Je l'avais déjà éprouvée et je continuai de l'éprouver en entrant dans l'immeuble, quand j'entendis Mr Bob en train de prier derrière la porte de l'ancienne boutique de serrurier. Sa voix ne s'enflait pas des résonances shakespeariennes auxquelles il m'avait habitué. Elle bourdonnait, indistincte, en une mélopée montante et descendante, qui s'atténua tandis que j'arrivais à l'étage supérieur et commençais à entendre une autre voix – le quasi-chuchotement de Violet venant de l'intérieur de l'atelier, à quelques pas audessus de moi. La porte était entrouverte. J'entendais la voix sourde de Violet sans pouvoir distinguer ce qu'elle disait. Arrêté derrière la porte, j'eus un instant d'hésitation car je savais que j'allais voir Bill dans la pièce. C'était moins de la peur que je ressentais qu'une réticence à pénétrer dans l'inviolable étrangeté de la mort, mais cette sensation ne dura pas et j'ouvris grande la porte. Les lampes étaient éteintes et le soleil de fin d'après-midi illuminait les fenêtres et posait une auréole sur les cheveux de

Violet. Elle était assise par terre à l'autre bout de la pièce, jambes croisées, près de la table de travail. La tête de Bill reposait sur ses genoux et elle se penchait vers lui en lui parlant de la même voix à peine audible qu'elle avait eue d'abord pour me parler au téléphone. Même à cette distance, je pouvais voir que Bill était mort. L'immobilité de son corps ne pouvait passer pour celle du repos ou du sommeil. J'avais vu ce calme inexorable chez mes parents et chez mon fils et, en regardant Bill, à l'autre bout de la pièce, je sus tout de suite que Violet berçait un cadavre.

Elle ne m'avait pas entendu entrer et, pendant quelques instants, je ne bougeai pas. Debout sur le seuil de la grande pièce familière, je parcourus des yeux les nombreuses rangées de toiles dressées contre le mur, les caisses rangées au-dessus sur les étagères, les cartons remplis de centaines de dessins empilés sous les fenêtres, les rayonnages affaissés sous le poids des livres, les caisses de bois pleines d'outils. J'enregistrai toute la scène, et je remarquai les grains de poussière dansant dans les rayons pâlissants du soleil qui dessinaient sur le plancher trois longs rectangles. Je me mis à marcher vers Violet et, en entendant mon pas, elle releva la tête et nos yeux se croisèrent. Pendant une fraction de seconde, son visage se crispa, mais elle se plaqua la main sur la bouche et, quand elle l'enleva, ses traits avaient retrouvé leur calme.

Je m'arrêtai auprès de Violet et regardai Bill. Il avait les yeux ouverts et vides. Il n'y avait rien derrière, et leur vacuité me fit mal. Elle devrait les fermer, pensai-je. Elle devrait lui fermer les yeux. Je levai les mains en un geste dépourvu de signification.

“Tu vois, dit-elle. Je ne veux pas qu'on l'emmène, mais je sais qu'il faudra bien. Il y a un moment que je suis ici.” Elle fronça les sourcils. “Quelle heure est-il ?”

Je regardai ma montre. “Cinq heures dix.”

L'expression de Bill était sereine. On n'y voyait pas trace de lutte ni de souffrance, et sa peau paraissait plus jeune et plus lisse que dans mon souvenir, comme si la mort avait enlevé des années à son visage. Il était vêtu d'une chemise de travail bleue tachée de ce qui pouvait être de la graisse, et la vue de ces taches sombres sur sa poche de poitrine me fit trembler. Je sentis soudain ma bouche qui bougeait et un petit bruit involontaire m'échappa – un grognement que je fis taire aussitôt.

"Je suis arrivée vers quatre heures, disait Violet. Mark sortait tôt de l'école aujourd'hui." Elle hocha la tête. "Oui, j'étais ici à quatre heures." Alors elle me regarda et dit d'un ton farouche : "Fais-le ! Téléphone !"

J'allai au téléphone, le contemplai, et formai le 911. Je ne connaissais aucun autre numéo. Je donnai l'adresse. Je crois qu'il a eu une crise cardiaque, dis-je, mais je ne sais pas. La femme me dit qu'on allait envoyer des officiers de police. Comme je protestais, elle m'assura que telle était la procédure. Ils resteraient jusqu'à ce que le médecin légiste arrive et détermine la cause du décès. Quand je raccrochai, Violet me dit avec un regard dur : "Maintenant je voudrais que tu t'en ailles, laisse-moi seule avec lui. Attends en bas que ces gens viennent."

Je n'attendis pas en bas. Je m'assis sur une marche juste devant le seuil, en laissant la porte entrouverte. Une fois assis, je remarquai dans le mur une large fente que je n'avais encore jamais vue. J'y posai les doigts et les fis courir le long de la fissure tandis que j'attendais en écoutant le chuchotement de Violet en train de dire à Bill des choses que je n'essayais pas de comprendre. J'entendais aussi, au bas de l'escalier, la mélopée de Mr Bob, et j'entendais les bruits de la circulation au-dehors et les coups de klaxon d'automobilistes impatients sur Manhattan Bridge. Il y avait très peu de lumière dans l'escalier mais, au-dessous de moi, la porte de fer qui donnait sur la rue était éclairée par une lueur sourde qui devait provenir de chez Mr Bob. Je mis ma tête dans mes mains et respirai l'odeur familière de l'atelier – peinture, chiffons moisis et poussière. Comme son père, pensais-je, il est mort d'un coup, il est tombé mort, et je me demandai si Bill avait su, quand la douleur ou le spasme étaient survenus, que la mort suivait. Je ne sais pourquoi, j'imaginai que oui, et que son visage paisible signifiait qu'il avait accepté que sa vie prenne fin. Mais ce pouvait être un mensonge que je me racontais pour adoucir l'image de son cadavre sur le plancher.

Je tentai de revivre la conversation que j'avais eue avec lui la veille à propos du montage des vidéos. Il m'avait dit qu'il avait l'intention de commencer quelques mois plus tard et m'avait décrit l'appareil et le processus du montage. Quand il était devenu manifeste que je n'y comprenais pas grand-chose, il avait dit en riant : "Je t'ennuie mortellement, hein ?" Mais ce n'était pas vrai. Il ne m'ennuyait pas du tout, et je le lui avais dit. Et pourtant, à présent, assis sur cette marche, je m'inquiétais à l'idée que je n'avais peut-être pas été assez convaincant, que lorsque je lui avais dit au revoir, la veille, il y avait eu entre nous une petite faille inexprimée, révélée seulement par un rien de désappointement dans le regard de Bill. Peut-être avait-il senti mes réserves devant son enthousiasme soudain pour la vidéo et en était-il un peu blessé. Je savais que c'était idiot d'accorder une telle importance à cet échange insignifiant au terme d'une amitié de vingt ans, mais ce souvenir me faisait mal, néanmoins, et avec lui la conscience aiguë du fait que je ne pourrais plus jamais parler avec Bill, ni des films, ni de rien d'autre.

Au bout de quelque temps, je me rendis compte que Violet s'était tue. Je n'entendais plus Mr Bob non plus. Déconcerté par le silence, je me levai et jetai un coup d'œil dans la pièce. Violet s'était allongée auprès de Bill et avait posé la tête sur sa poitrine. L'un de ses bras disparaissait derrière le torse de Bill et l'autre lui entourait le cou. Elle paraissait toute petite à côté de lui, et vivante, bien qu'elle ne bougeât pas. La lumière avait changé pendant les minutes que j'avais passées sur le palier et, si je pouvais encore les voir tous deux, leurs corps se trouvaient désormais dans l'ombre. Je voyais le profil de Bill et le dos de la tête de Violet, et puis je la vis soulever le bras qu'elle lui avait mis autour du cou et le poser sur son épaule. Pendant que je la regardais, elle se mit à lui caresser l'épaule, longuement, et, en la caressant, elle se balançait contre le grand corps immobile.

Ces dernières années, il y a eu des moments où j'aurais souhaité ne pas avoir été témoin de cette scène. Même alors, tandis que je les regardais tous les deux couchés ensemble sur le sol, la vérité de ma vie solitaire se ferma sur moi comme une cage de verre. J'étais le type dans le couloir, le spectateur d'une scène finale jouée en un lieu où j'avais passé des heures innombrables, et je ne me permettais pas de franchir le seuil. Et pourtant, je suis heureux aujourd'hui d'avoir vu Violet s'accrocher aux minutes qui lui restaient auprès du corps de Bill, et je devais savoir qu'il était important pour moi de les voir parce que je n'ai pas détourné la tête, je ne me suis pas rassis sur ma marche. Je suis resté debout sur le seuil et je les ai veillés jusqu'au moment où j'ai entendu la sonnerie et où j'ai fait entrer les deux jeunes policiers qui venaient accomplir leur curieux devoir : rester là jusqu'à ce qu'un autre personnage officiel vienne certifier que Bill était mort de mort naturelle.

3

Mon père m'a raconté autrefois ce qui lui est arrivé un jour où il s'était perdu. C'était durant l'été de ses dix ans, aux environs de Potsdam, où ses parents possédaient une maison de campagne. Il avait passé là tous les étés depuis sa naissance et connaissait par cœur la forêt, les collines et les prés qui entouraient la maison. Mon père insistait sur le fait que, juste avant de s'en aller dans les bois, il s'était disputé avec son frère : David, alors âgé de treize ans, avait expulsé son cadet de leur chambre commune et fermé la porte à clé, en criant qu'il avait besoin d'intimité. Après la bagarre, mon père était parti en courant, brûlant de colère et de ressentiment, mais au bout d'un moment son humeur s'apaisa et il se mit à savourer le plaisir de marcher entre les arbres, en s'arrêtant pour examiner des traces d'animaux et en écoutant les chants des oiseaux. Il marcha, marcha et, tout à coup, ne sut plus où il était. Il fit demi-tour et tenta de revenir sur ses pas mais plus une clairière, plus un rocher, plus un seul arbre ne lui paraissaient familiers. Enfin, il sortit de la forêt et se retrouva sur une colline surplombant une maison et un pré. Il voyait une voiture et un jardin, mais il ne reconnaissait rien. Plusieurs secondes s'écoulèrent avant qu'il ne comprît que ce qu'il avait sous les yeux, c'était sa propre maison, son jardin et l'automobile bleu foncé de la famille. Lorsqu'il m'a raconté cette histoire, mon père a ajouté en hochant la tête qu'il n'avait jamais oublié cet instant qui, pour lui, illustrait les mystères de la cognition et du cerveau. Il disait que c'était un territoire inexploré et a fait suivre son récit d'une dissertation sur les bouleversements neurologiques qui rendent leurs victimes incapables de reconnaître qui ou quoi que ce soit.

Bien des années après la mort de mon père, j'ai vécu à New York une expérience analogue. Je devais retrouver pour prendre un verre à son hôtel un collègue qui enseignait à Paris et, après avoir demandé à un employé de m'indiquer où se trouvait le bar, je marchais dans un long corridor étincelant pavé de marbre. Un homme en pardessus s'avançait vers moi. Plusieurs secondes se sont écoulées avant que je ne me rende compte que l'homme que j'avais pris pour un inconnu était mon propre reflet dans un miroir, à l'extrémité du couloir. De tels instants de désorientation passagère n'ont rien d'exceptionnel, mais ils m'intéressent de plus en plus car ils suggèrent que la récognition est bien plus faible qu'on ne le suppose. La semaine dernière, je me suis servi ce que je prenais pour un verre de jus d'orange, mais c'était du lait. Pendant quelques secondes, je n'aurais pu dire que ce que j'avais bu était du lait mais seulement que le jus avait un goût épouvantable. J'aime beaucoup le lait, mais peu importe. Ce qui importe, c'est que, m'étant attendu à une chose, j'en sentais une autre.

La déconcertante aliénation qui se produit à ces instants où le familier devient radicalement étranger n'est pas un simple tour que jouerait le cerveau, c'est aussi la perte des repères extérieurs qui structurent la vision. Si mon père ne s'était pas égaré, il aurait reconnu la maison familiale. Si j'avais su qu'il y avait un miroir en face de moi, je me serais identifié tout de suite et si j'avais vu que le lait était du lait, je lui en aurais trouvé le goût. Pendant l'année qui a suivi la mort de Bill, je n'ai cessé de me sentir déboussolé – ou bien je ne savais pas ce que je voyais, ou bien, ce que je voyais, je ne pouvais pas le lire. J'ai gardé la trace de ces expériences sous la forme d'une inquiétude quasi perpétuelle. Bien qu'il y ait des moments où elle disparaît complètement, je la sens d'ordinaire, tapie sous les activités normales de mes journées – ombre intérieure projetée par le souvenir de m'être senti complètement perdu.

Il y a de l'ironie dans le fait que, après avoir passé des années à réfléchir aux conventions historiques de la peinture et à leur influence sur la perception, je me sois retrouvé dans la situation de Dürer peignant un rhinocéros par ouï-dire. La célèbre créature de l'artiste ressemble fort à l'animal véritable, mais avec plusieurs erreurs cruciales, comme j'en ai commises lorsqu'il s'est agi de reconstruire les gens et les événements qui ont joué un rôle dans ma vie cette année-là. Mes sujets étaient humains, bien sûr, et donc notoirement difficiles à saisir, impossibles, peut-être, mais j'ai fait quantité d'erreurs assez graves pour que le tableau puisse être considéré comme un faux.

La difficulté de bien voir m'a hanté longtemps avant que ma vue ne se dégrade, dans la vie autant qu'en art. C'est un problème de perspective – ainsi que Matt me l'avait fait remarquer ce soir-là dans sa chambre, en constatant que lorsque nous regardons des gens et des objets nous sommes absents de notre tableau. Le spectateur est le vrai point de fuite, la piqûre d'épingle dans la toile, le zéro. Je ne suis entier à mes propres yeux que dans les miroirs, sur les photographies et dans de rares films d'amateurs, et j'ai souvent aspiré à fuir ces limites afin de me considérer de loin, du haut d'une montagne – un petit "il" plutôt qu'un "je", voyageant dans la vallée d'un point à un autre. Et pourtant, le recul non plus ne garantit pas l'exactitude, même s'il la favorise parfois. Avec le temps, Bill était devenu pour moi une référence mouvante, quelqu'un que je n'avais jamais perdu de vue. En même temps, il m'avait souvent échappé. Parce que je savais tant de choses sur lui, parce que j'avais été si proche de lui, je ne parvenais pas à rassembler les divers fragments de mon expérience avec lui en une seule image cohérente. La vérité était mouvante et contradictoire, et j'étais prêt à vivre ainsi.

Mais, en général, les gens sont mal à l'aise dans l'ambiguïté. La tâche consistant à composer une image de la vie et de l'œuvre de Bill fut entreprise presque aussitôt après sa mort, avec une notice nécrologique dans le *New York Times*. C'était un article assez long mais confus qui comprenait, outre des déclarations plus flatteuses, une citation d'une critique acerbe parue dans le même journal. On y qualifiait Bill d'artiste-culte et on affirmait qu'il avait mystérieusement attiré de nombreux adeptes en Europe, en Amérique du Sud et au Japon. Violet détesta cet article. Elle fulmina contre son auteur et contre le journal. En secouant la feuille sous mon nez, elle protesta qu'elle reconnaissait la photo de Bill mais ne le trouvait, lui, nulle part dans les sept paragraphes qui lui étaient consacrés, qu'il était absent de sa propre nécrologie. C'est en vain que je lui rappelai que la plupart des journalistes ne font que véhiculer les idées reçues et que rares sont les auteurs de notices nécrologiques qui réussissent à produire autre chose qu'un morne résumé composé à partir d'articles tout aussi bornés sur l'homme ou la femme en question. Au fil des semaines, Violet reçut toutefois le réconfort de lettres qui lui parvenaient du monde entier, écrites par des gens qui avaient vu l'œuvre de Bill et y avaient trouvé quelque chose à garder pour eux. Beaucoup de ces gens étaient jeunes, et beaucoup n'étaient ni des artistes ni des collectionneurs, mais des gens ordinaires qui, d'une façon ou d'une autre, étaient tombés sur son œuvre, souvent en reproduction.

Les cas d'aveuglement à un art déclaré "grand" par la suite sont si fréquents dans l'histoire que ce sont devenus des clichés. On adore aujourd'hui Van Gogh autant comme martyr pour la cause de la "non-reconnaissance de son vivant" que comme peintre. Après des centaines d'années d'obscurité, Botticelli est revenu à la vie au XIXe siècle. La modification de leurs renommées n'était qu'une simple affaire d'orientation nouvelle, d'un nouvel ordre de conventions rendant possible la compréhension. Si elle était assez compliquée et cérébrale pour effrayer les critiques d'art, l'œuvre de Bill avait aussi une force élémentaire, souvent narrative, qui séduisait le regard non entraîné. Je pense que *Le Voyage de O*, par exemple, durera, que, après que les persiflages et les clins d'œil absurdes si abondants dans les galeries auront fait leur temps, ils s'étioleront comme tant d'autres avant eux, tandis que les cubes de verre et leurs caractères alphabétiques demeureront. Impossible de savoir si j'ai raison, mais c'est ma ferme conviction et, jusqu'ici, rien ne m'a donné tort. Au cours des cinq années suivant sa mort, la réputation de Bill s'est confirmée.

Il laissait derrière lui une œuvre considérable, dont une grande partie n'avait jamais été exposée. Violet, Bernie et plusieurs employés de la galerie s'attelèrent à la tâche d'organiser les toiles, les boîtes, les sculptures, gravures, dessins et carnets ainsi que les bandes vidéo inachevées qui avaient constitué un élément du dernier projet de Bill. Dans les premiers temps de ce tri, Violet me demanda d'y assister parce qu'elle avait "besoin d'une épaule secourable". En un mois, l'entrepôt encombré de la vie d'un homme fut transformé en une salle nue, étrange, avec une table et une chaise, des étagères vides pour la plupart et des caisses illuminées par la clarté changeante du soleil, que nul ne pouvait emporter. Il y eut des découvertes : de délicats dessins de Mark bébé, plusieurs portraits de Lucille dont aucun d'entre nous ne soupçonnait l'existence. Sur l'un de ceux-ci, elle écrit dans un cahier et, bien que son visage soit en partie caché, l'intense attention qu'elle porte aux mots sur la page apparaît dans ses yeux et sur son front. En grand, au milieu la toile, les mots : "Ça pleurait, ça pleurait" sont tracés d'une écriture cursive. Ils coupent à travers le torse et les épaules de Lucille et semblent exister sur un autre plan que celui qu'elle occupe. La toile était datée d'octobre 1977. Il y avait aussi un dessin d'Erica et moi que Bill devait avoir fait de mémoire, car nous n'avions pas posé pour lui et je ne l'avais jamais vu. Nous sommes assis ensemble sur des sièges de jardin en bois, devant la maison du Vermont. Erica est penchée vers moi, la main sur un bras de mon fauteuil. Sitôt qu'elle eut trouvé ce dessin, Violet me le donna, et je le portai à encadrer dès le lendemain. Erica était alors venue et repartie. Au lieu du séjour à New York qu'elle avait imaginé – un séjour dont elle avait suggéré que résulterait peut-être une réconciliation entre nous – elle n'avait accompli qu'un triste voyage pour enterrer un ami. Nous n'étions jamais parvenus à discuter de nous. J'accrochai le dessin de Bill au mur près de mon bureau, où je l'avais sous les yeux. Dans les traits rapides qui figuraient la main d'Erica, Bill semblait avoir saisi les doigts frémissants de ma femme et, quand je regardais ce croquis, je me rappelais invariablement combien elle avait tremblé à l'enterrement de Bill, comment son corps entier avait vibré, atteint d'une crise nerveuse légère mais visible. Je me rappelais avoir pris dans la mienne sa main glacée et je me rappelais que, malgré la fermeté de mon étreinte, le tremblement issu du tréfonds de ses nerfs ne s'était pas calmé.

Chaque fois qu'un artiste meurt, son œuvre commence lentement à remplacer son corps, devenant son substitut matériel dans le monde. On n'y peut rien, je suppose. Passés d'une génération à la suivante, des objets utiles, fauteuils ou vaisselle, peuvent sembler quelque temps hantés par leurs anciens possesseurs, mais cette impression disparaît assez vite sous leur fonction pratique. L'art, dans son inutilité, résiste à l'incorporation dans le quotidien et, s'il a le moindre pouvoir, il paraît respirer la vie de la personne qui l'a créé. Les historiens de l'art n'aiment pas parler de cela car cela suggère une pensée magique attachée aux images et aux fétiches, mais j'en ai fait l'expérience à de nombreuses reprises, et je l'ai ressenti dans l'atelier de Bill. Quand, sous les yeux de Violet, ceux de Bernie et les miens, les transporteurs sont venus chercher les caisses et les boîtes méticuleusement emballées et étiquetées avec soin, cela m'a rappelé les deux employés des pompes funèbres qui, deux mois auparavant, avaient mis le corps de Bill dans un sac en vinyle pour l'emmener de la même pièce.

J'avais beau savoir mieux que la plupart des gens que Bill et son œuvre n'étaient pas une seule et même chose, je comprenais le besoin de parer d'une aura l'œuvre qu'il avait laissée derrière lui – une sorte de halo spirituel résistant aux vérités brutales de l'ensevelissement et de la décomposition. Pendant qu'on descendait en terre le cercueil de Bill, Dan se balançait sur place à côté de la tombe. Les bras croisés sur la poitrine, il se pliait en avant à partir de la taille, se rejetait en arrière, recommençait, et recommençait encore. Tel un Juif orthodoxe en prière, il paraissait trouver un réconfort dans la répétition physique et je n'étais pas loin de lui envier sa liberté. Mais quand, m'approchant de lui, je regardai son visage, je vis qu'il était ravagé, les yeux fous et perdus dans le vide. Plus tard, ce jour-là, à Greene Street, Violet offrit à Dan une petite peinture de Bill représentant un W, avec une vraie clé fichée dedans. Dan glissa le petit tableau sous sa chemise et le garda sur son cœur pendant tout l'après-midi. Il faisait chaud, et j'étais soucieux à l'idée qu'il transpirait dessus, mais je comprenais pourquoi il tenait l'objet contre sa peau. Il ne voulait pas de séparation entre lui et le tableau, parce que quelque part dans le bois, la toile et le métal, il avait l'impression de toucher son frère aîné.

Je ramenais Bill à la vie dans mes rêves. Il entrait par ma porte ou apparaissait à côté de mon bureau et je lui disais toujours : “Mais je te croyais mort”, et il répondait : “Je suis mort. Je viens simplement bavarder”, ou “Je suis venu voir comment tu vas – m'assurer que tu tiens le coup”. Dans un rêve, toutefois, comme je lui posais la même question, il me répondit : “Oui, je suis mort. Je suis avec mon fils, à présent.” Je commençai à discuter : “Non, dis-je, Matt est mon fils. C’est Mark qui est ton fils”, mais Bill ne voulait rien savoir et, dans mon rêve, j’étais furieux, et je me réveillai torturé par le malentendu.

Même après qu’on eut enlevé de l’atelier la majeure partie des œuvres de Bill, Violet continua de se rendre chaque jour au Bowery. Elle me disait qu’elle s’occupait de ci ou ça, qu’elle triait les affaires personnelles de Bill, principalement des lettres et des livres. Je la voyais souvent sortir de notre immeuble le matin, un gros sac de cuir à l’épaule. Elle ne rentrait pas avant six, parfois sept heures du soir et, alors, elle dînait souvent avec moi. Je cuisinais pour elle et, bien que mes talents en ce domaine fussent bien inférieurs aux siens, elle me remerciait toujours avec effusion. Je remarquai bientôt que, pendant une demiheure après être arrivée chez moi, Violet paraissait étrange. Ses yeux étaient vitreux, ils avaient une expression oblique, un éclat qui m’alarmait, surtout pendant les premières minutes après qu’elle avait passé la porte. Je n’en parlais pas, parce que j’aurais eu de la peine à traduire en mots ce que je voyais. Je lui tenais des propos anodins, sur le repas ou sur un livre que je lisais, et très lentement son visage redevenait plus familier et plus présent, comme si elle réintégrait l’ici et le maintenant. Si j’avais une ou deux fois entendu Violet pleurer depuis la mort de Bill, si j’avais écouté ses sanglots angoissés à travers le plafond de ma chambre pendant la nuit, elle ne cédait jamais à son chagrin devant moi. Je trouvais sa force admirable, mais elle avait quelque chose de crispé, de délibéré qui, de temps à autre, me mettait mal à l’aise. Je supposais que sa dureté était un caractère Blom – un trait scandinave hérité d’une longue lignée de partisans de la souffrance solitaire.

Ce fut peut-être le même orgueil qui poussa Violet à proposer à Mark de venir vivre chez elle. Elle dit à Lucille que dès le mois de juillet il pourrait s'installer et se chercher du travail en ville. Mark avait réussi à terminer ses études secondaires mais il n'avait pas tenté d'entrer au collège et son avenir s'étendait devant lui comme un vaste territoire inconnu. Quand je demandai à Violet si elle était en état de s'occuper de Mark, elle se hérissa et me répliqua que c'était ce que Bill aurait souhaité qu'elle fît. Ses yeux étrécis et ses lèvres serrées indiquaient qu'elle avait pris sa décision et que toute discussion était superflue.

La veille de l'installation de Mark chez elle, Violet ne rentra pas de l'atelier. Elle m'avait appelé le matin pour me dire qu'elle souhaitait m'inviter à dîner dans le quartier. "N'achète rien à manger, m'avait-elle recommandé. Je serai là à sept heures." A huit heures, je lui téléphonai. La ligne était occupée. Une demi-heure après, elle était encore occupée. Je me rendis au Bowery.

La porte d'entrée était grande ouverte et, en regardant à l'intérieur, je vis pour la première fois Mr Bob en entier. C'était un homme d'âge indéterminé, avec un dos voûté et des jambes maigres contrastant avec ses bras musclés. Il était en train de balayer le vestibule, et il poussa un gros tas de poussière au ras de mes pieds vers le trottoir. "Mr Bob ?" fis-je.

Sans lever la tête pour me regarder, il fixait le sol d'un air furibond.

"Je suis inquiet pour Violet, dis-je. Nous devions dîner ensemble."

Il ne répondait pas, il ne bougeait pas. Je le contournai et commençai à monter l'escalier.

"Prends garde !" tonna-t-il.

Au moment où j'arrivais en haut, il ajouta : "Prends garde à Beauté !"

La porte de l'atelier était ouverte, elle aussi, et je respirai un grand coup avant d'entrer. La seule lumière de la pièce venait d'une lampe sur le bureau de Bill, qui éclairait une liasse de papiers empilés dessous. J'avais déjà vu l'atelier nu en plein jour, mais la pénombre me paraissait agrandir l'espace désert car mes yeux n'en saisissaient pas les paramètres. D'abord, je ne vis personne, et puis, en regardant du côté des fenêtres, je crus voir Bill entrer dans la lumière crépusculaire qui venait du dehors. En voyant l'apparition, j'arrêtai de respirer. Debout devant la vitre, un fantôme fané de Bill fumait une cigarette. Il me tournait le dos – casquette de base-ball, chemise de travail bleue, jeans noirs. Je m'avançai vers lui et, au bruit de mes pas, ce Bill déformé et rétréci se retourna et c'était Violet. Je n'avais jamais vu Violet fumer. Elle tenait la cigarette entre le pouce et l'index, comme Bill tenait ses mégots quand il n'en restait guère que le filtre. Elle vint vers moi.

"Quelle heure est-il ? demanda-t-elle.

— Il est plus de neuf heures.

— Neuf ? répéta-t-elle, comme si elle tentait de fixer le chiffre dans ses pensées. Tu n'aurais pas dû venir." Elle laissa tomber sa cigarette et posa le pied dessus.

"Nous devions dîner ensemble."

Violet me fixait, les sourcils froncés. "Ah, oui." Elle parut troublée. "J'avais oublié." Après quelques secondes, elle reprit. "Eh bien, tu es là." Elle se regarda et caressa d'une main la manche de la chemise de Bill. "Tu as l'air soucieux. Ne t'en fais pas. Tout va bien. Le lendemain de la mort de Bill, je suis revenue ici. Je voulais revoir tout ça – seule. Ses vêtements traînaient dans un coin, et j'ai trouvé la cartouche de cigarettes sur la table. J'ai tout rangé dans l'armoire au-dessus de l'évier. J'ai dit à Bernie que ce qu'il y avait là-dedans était personnel, qu'il ne pouvait pas y toucher. Après que Bernie a eu fini de s'occuper des œuvres, j'ai recommencé à venir. C'est mon travail, maintenant – venir ici et y rester. Un après-midi, je suis allée ouvrir l'armoire et j'en ai sorti son pantalon, sa chemise et les cigarettes. D'abord je n'ai fait que les regarder et les toucher. Ses autres vêtements sont encore chez nous mais, pour la plupart, ils sont propres et, parce qu'ils sont propres, ils sont morts. Sur ceux-ci, il y a de la peinture. Il travaillait dans ces vêtements et, au bout d'un moment, je n'ai plus eu envie de seulement les toucher. Ça ne suffisait pas. Je voulais ses vêtements sur moi, en contact avec mon corps, et je voulais fumer les Camel. J'en fume une par jour. Ça aide.

— Violet", dis-je.

Elle fit comme si je n'avais pas parlé et parcourut la pièce des yeux. Je remarquai une boîte ouverte sur le plancher et des tubes de couleurs alignés en rangs. "Je me sens apaisée, ici", dit-elle.

Le dessin qu'avait fait Matt de Jackie Robinson était encore accroché au mur non loin du bureau de Bill. Je pensai le demander, et puis je ne le fis pas.

Penchée vers moi, Violet posa la main sur mon bras. "J'avais peur qu'il meure, dit-elle. Je ne t'en ai jamais parlé, ni à personne, parce qu'on a tous peur que les gens qu'on aime meurent. Ça ne signifie pas grand-chose, en réalité. Mais j'avais commencé à me rendre compte qu'il n'allait pas bien. Il respirait trop fort. Il dormait mal. Un jour, il m'a dit qu'il n'aimait pas fermer les yeux parce qu'il pensait qu'il risquait de mourir pendant la nuit. Depuis que Mark t'avait volé ton argent, il veillait tard et buvait du whisky au lieu de venir se coucher. Je le trouvais à trois heures du matin en train de somnoler sur le canapé, avec la télévision encore allumée. Je lui ôtais ses chaussures et son pantalon et je le couvrais, là, sur place, ou bien je l'emmenais au lit." Elle regarda un instant le plancher. "Il n'était pas en forme, tout le temps triste. Il parlait beaucoup de son père. Il parlait de la maladie de Dan et des tentatives qu'il avait faites de l'aider, dont aucune n'avait marché. Il s'était mis à penser à l'enfant que nous n'avons pas eu ensemble. Parfois, il disait que nous aurions dû adopter un bébé, et puis il disait que c'était trop risqué. Il essayait d'être un bon père, mais il avait dû faire tout de travers. Quand ça n'allait vraiment pas, il citait toutes les phrases méchantes qu'on avait écrites à son sujet. Il n'avait jamais eu l'air d'y faire très attention, mais ça s'accumulait, Leo. Les critiques l'ont fort maltraité. Leur hargne paraissait liée au fait qu'il y avait d'autres personnes si fanatiquement attachées à son œuvre, mais il oubliait tout ce qui lui était arrivé de bien." Violet contempla la pièce, devant elle, en se caressant de nouveau le bras. "Sauf moi. Il ne m'a jamais oubliée. Je lui chuchotais à l'oreille : viens te coucher, maintenant, et il prenait mon visage entre ses mains et m'embrassait. Il était encore un peu ivre, en général, et il disait : mon amour, je t'aime tant, et d'autres choses vaseuses. Les derniers mois, ça allait mieux. Il avait l'air heureux avec les gosses et sa vidéo. J'ai vraiment cru que filmer le maintiendrait en vie." Elle tourna la tête vers le mur. "Tous les jours, ça devient un peu plus dur pour moi de rentrer à la maison. La seule chose dont j'ai envie, c'est de rester ici pour être avec lui."

Violet prit le paquet de Camel dans la poche de la chemise de Bill. Elle alluma une cigarette et, en secouant l'allumette, elle déclara : "J'en fumerai une de plus, aujourd'hui." Elle souffla une longue bouffée de fumée. Ensuite, nous ne nous parlâmes plus pendant au moins une minute. Mes yeux s'étaient habitués à l'obscurité et la pièce me paraissait plus claire. Je contemplais les tubes de peinture.

Violet brisa le silence. "Il y a quelque chose que je voudrais que tu entendes. C'est sur le répondeur. Je l'ai écouté le jour où j'ai trouvé les vêtements." Elle alla au bureau et appuya plusieurs fois sur le bouton de l'appareil. Une voix de jeune fille dit : "Ces tueurs… M&M sait ce qu'ils ont fait de moi." C'était tout.

Pendant une seconde, j'entendis la voix de Bernie commençant un autre message, et puis Violet éteignit l'appareil. "Bill a entendu ça le jour où il est mort. La lumière ne clignotait pas. Il doit avoir écouté les messages quand il est arrivé.

— Mais ça n'a pas de sens."

Violet hocha la tête. "Je sais, mais je crois que c'est la même fille qui m'a téléphoné, une nuit, à propos de Giles. Il ne pouvait pas le savoir, parce qu'il ne lui avait pas parlé." Relevant les yeux vers moi, elle posa sa main sur la mienne. "Ils appellent Mark M&M, tu le savais ?

— Oui."

Violet se mit à serrer le dos de ma main. Elle serrait fort, et je la sentais trembler.

"Oh, Violet", dis-je.

Ma voix parut la briser. Ses lèvres frémirent, ses genoux cédèrent, et elle s'effondra contre moi. Je l'entourai de mes bras tandis qu'elle m'étreignait la taille en serrant sa joue contre mon cou. Enlevant la casquette de base-ball, je posai un baiser sur sa tête, un seul. Je soutenais son corps frissonnant et, en écoutant ses sanglots, je sentais l'odeur de Bill – cigarettes, térébenthine et sciure de bois.

Le deuil semblait avoir vidé Mark. Son corps me faisait penser à un pneu plat, sans air, en grand besoin d'être regonflé. Il paraissait incapable de hausser le menton ou de lever une main sans un effort énorme. Quand il ne se trouvait pas à son travail dans une librairie des environs, il était vautré sur le canapé, branché à son Walkman, ou errait, avachi, d'une pièce à l'autre, en mangeant des biscuits à même le paquet ou en rongeant un Twinkie. Il mastiquait, croquait et engloutissait à longueur de journée et jusque dans la soirée, semant sur son passage une traînée de cellophane, de plastique et de carton. Le dîner ne l'intéressait guère. Il picorait, laissait presque tout dans son assiette. Violet ne dit jamais un mot à Mark sur ses habitudes alimentaires. Je suppose qu'elle avait décidé que si Mark espérait compenser par ces grignotages la perte de son père, elle ne l'en empêcherait pas.

En dépit du fait que Violet non plus ne mangeait pas grand-chose au dîner, le repas du soir en commun devint une habitude qui se prolongea pendant une bonne partie de l'année suivante. Sa préparation était un rite important qui clôturait la journée pour nous trois. Je me chargeais des courses et de presque toute la cuisine. Violet épluchait les légumes et Mark réussissait à rester debout assez longtemps pour ranger la vaisselle dans la machine. Cette tâche accomplie, il s'étendait souvent sur le canapé pour regarder la télévision. Nous nous joignions parfois à lui, Violet et moi, mais au bout d'une quinzaine de jours, lassé des sitcoms stupides et des dramatiques brutales mettant en scène des violeurs ou des tueurs en série, je pris le parti de m'excuser et de descendre chez moi, ou de lire tranquillement dans un coin de la grande pièce.

De mon fauteuil, je les étudiais, tous les deux. Mark tenait la main de Violet ou posait la tête sur sa poitrine. Il lui enveloppait les jambes des siennes ou se pelotonnait contre elle sur le canapé. Si ses gestes n'avaient pas été tellement infantiles, j'aurais pu les trouver déplacés, mais quand Mark se blottissait contre sa belle-mère il avait l'air d'un gigantesque bébé épuisé par une longue journée à la crèche. J'interprétais sa façon de s'accrocher à Violet comme une autre réaction à la mort de Bill, même si je l'avais vu autrefois s'appuyer pareillement, à peu de chose près, sur son père et sur Violet. Quand mon père est mort, je me suis efforcé de me conduire en homme auprès de ma mère et, au bout de quelque temps, l'attitude a pris l'apparence d'une réalité, et puis c'est devenu réel. Un an environ après sa mort, en rentrant de l'école, j'ai trouvé ma mère assise dans le salon de notre appartement. Elle se tenait prostrée dans son fauteuil, le visage dans les mains. En m'approchant d'elle, j'ai vu qu'elle avait pleuré. Sauf le jour de la mort de mon père, je n'avais jamais entendu ni vu ma mère pleurer et, quand elle a levé vers moi son visage congestionné, j'ai cru voir une inconnue, comme si ce n'était plus ma mère. Et puis j'ai remarqué l'album de photos posé près d'elle sur une table. Je lui ai demandé si ça allait. Elle m'a pris les mains et m'a répondu : "*Sie sind alle tot*. Ils sont tous morts." Elle a tendu les bras vers moi et a posé la joue juste au-dessus de ma ceinture, et je me souviens que la pression de sa tête enfonçait la boucle dans ma chair et me pinçait. C'était une étreinte embarrassante, mais je suis resté debout, soulagé qu'elle ne pleure pas. Elle m'a tenu très serré pendant une minute ou deux et pendant ce temps je me sentais d'une lucidité inhabituelle, comme si j'étais soudain devenu capable de tout voir dans la pièce et au-delà. J'ai exercé une pression sur les épaules de ma mère pour lui faire comprendre que je la protégerais et quand elle s'est écartée de moi elle souriait.

J'avais alors dix-huit ans, je n'étais qu'un gamin sans aucune autorité sur rien ni sur personne, capable de bûcher dur mais qui pataugeait d'un jour au suivant. Ma mère avait saisi néanmoins mon intention de me montrer digne de plus et de mieux, et tout cela se lisait sur son visage : orgueil, chagrin et un brin d'amusement devant mon élan de virilité. Je me demandais si Mark serait capable de secouer sa torpeur pour consoler Violet ; en vérité je ne comprenais pas ce qui se cachait sous sa léthargie. Il paraissait dans le besoin mais ne réclamait rien, et sa fatigue constante ressemblait davantage à de l'ennui qu'à la paralysie de quelqu'un qui a subi un traumatisme. Je doutais parfois qu'il eût réellement compris que son père ne reviendrait plus. Il me semblait possible qu'il eût enfoui cette vérité au fond de lui en quelque lieu inaccessible à sa pensée consciente. A voir son visage si peu marqué par le chagrin, l'idée m'était venue qu'il avait peut-être acquis une sorte d'immunité contre l'idée même de la mort.

Pendant les semaines qui suivirent sa crise de larmes dans l'atelier, Violet parla plus ouvertement de sa tristesse et son corps perdit de sa rigidité. Elle continuait de se rendre tous les matins au Bowery et, sans me donner aucun détail, elle me disait : "Je fais ce que j'ai à faire." J'étais certain qu'à peine arrivée là-bas elle mettait les vêtements de Bill, fumait sa cigarette quotidienne et accomplissait ce qu'il lui fallait accomplir dans cette pièce pour célébrer le deuil de son mari. Je pense que lorsqu'elle se trouvait dans l'atelier Violet laissait délibérément libre cours à son intense douleur et que, sitôt rentrée chez elle, elle se consacrait de son mieux à Mark. Elle ramassait ce qu'il laissait traîner, lavait son linge et faisait le ménage. Le soir, quand je l'observais, assise à côté de lui devant la télévision, je voyais bien qu'elle ne regardait pas l'émission. Elle avait simplement envie d'être près de lui. Tout en caressant la tête ou le bras de Mark, elle se détournait souvent complètement de la télé, le regard perdu dans un coin, mais elle cessait rarement de le toucher et je finis par croire que, si infantile et dépendant qu'il parût, elle avait autant besoin de lui que lui d'elle, sinon plus. Une ou deux fois, ils s'endormirent ensemble sur le canapé. Sachant que parfois Violet ne parvenait pas du tout à trouver le sommeil, je ne les réveillai pas. Je me levai et je sortis sans bruit.

Je n'oubliais pas que Mark m'avait volé de l'argent mais, après la mort de Bill, le vol me parut appartenir à une époque révolue, à un temps où la délinquance de Mark occupait plus de place en moi. La vérité, c'était que ma fureur avait déjà été dissipée par la souffrance de Bill. Il avait fait pénitence au lieu de Mark, il s'était chargé de sa culpabilité comme si elle avait été sienne. A force d'autoflagellation expiatoire, Bill avait fait de mes sept mille dollars disparus son propre échec paternel. Je n'avais pas souhaité sa contrition. C'était de Mark que j'aurais voulu recevoir des excuses, mais Mark n'était jamais venu me demander pardon. Il avait exécuté ses paiements hebdomadaires, par tranches de dix, vingt ou trente dollars, mais, lorsque Bill n'avait plus été là pour superviser la transaction, l'argent avait cessé d'arriver et je ne n'avais pas pu prendre sur moi de réclamer. Par conséquent, quand Mark se présenta à ma porte un vendredi du début août et me remit cent dollars, je fus étonné.

Mark ne s'assit pas après m'avoir donné les billets ; appuyé à ma table, il contemplait le sol. J'attendis qu'il parle et, après un long silence, il releva les yeux vers moi et déclara :

"Je vais te rembourser jusqu'au dernier cent. J'y ai beaucoup pensé."

Il retomba dans le silence, et je décidai de ne pas l'aider par ma réaction.

"Je veux faire ce que papa aurait voulu, dit-il enfin. J'arrive pas à croire que je le verrai plus jamais. Je pensais pas qu'il mourrait avant que je change.

— Que tu changes ? fis-je. De quoi parles-tu ?

— J'ai toujours su que je changerais. Tu sais, faire ce qu'il faut, aller à l'université, me marier, tout ça, que papa serait fier de moi et qu'on pourrait oublier toutes les conneries qu'il y a eu et se retrouver comme avant. Je sais que je lui ai fait de la peine et ça me tracasse. Parfois je peux pas dormir.

— Tu dors tout le temps, dis-je.

— Pas la nuit. Dans mon lit, je pense à papa, et ça me travaille. Il était ce qu'il y avait de mieux dans ma vie. Violet est vraiment gentille avec moi, mais ce n'est pas comme papa. Il croyait en moi et il savait que, tout au fond, il y a plein de bon en moi, et ça faisait toute la différence. Je me figurais que j'aurais le temps de faire mes preuves."

Des larmes commencèrent à déborder de ses yeux. Elles ruisselaient sur ses joues, limpides et continues. Il ne faisait aucun bruit et son expression restait inchangée. Je me rendis compte que je n'avais jamais vu personne pleurer ainsi. Il ne reniflait pas, ne sanglotait pas, mais produisait une grande quantité de liquide. "Papa m'aimait beaucoup", dit-il.

J'acquiesçai d'un hochement de tête. Jusqu'à cet instant, j'avais gardé mes distances, maintenu l'attitude dure et soupçonneuse que j'avais appris à adopter envers lui, mais je sentais que je commençais à faiblir.

“Je vais te montrer, reprit-il d’une voix forte et décidée. Je vais te montrer puisque je ne peux plus montrer à papa, et tu verras…” Il baissa la tête, le menton sur la poitrine, et regarda le plancher en clignant des yeux à travers ses larmes. “Je t’en prie, crois-moi, ajouta-t-il d’une voix tremblante d’émotion. Je t’en prie, crois-moi.”

Je me levai de mon fauteuil et m’approchai de lui. Quand il releva la tête pour me regarder, je vis Bill. La ressemblance apparut soudain, en un éclair de reconnaissance qui évoquait le père dans le fils. Elle me prit au dépourvu et, pendant quelques secondes, je ressentis dans mon corps la perte de Bill, telle une douleur dans mes tripes, envahissant mon torse et mes poumons, et j’eus l’impression d’étouffer. Mark et Violet avaient tous deux plus de raisons que moi de regretter Bill et, par déférence envers eux, j’avais refoulé mon chagrin, j’avais nié jusqu’à mes propres yeux la profondeur de ma tristesse et puis, tel un revenant, Bill avait surgi en Mark pendant un instant et disparu. Soudain, je voulais qu’il revienne et j’enrageais que ce ne fût pas possible. J’aurais voulu marteler Mark de mes poings et lui criant de me rendre Bill. Il me semblait que le gamin avait le pouvoir de faire cela, que c’était lui qui avait usé son père à mort, lui qui l’avait tué à force de soucis, d’angoisse et de peur, et qu’il était temps à présent de renverser le cours de l’histoire et de ramener Bill à la vie. C’étaient des pensées démentes et je pris pleine conscience de leur aberration lorsque, debout devant Mark, je me rendis compte qu’il venait de me dire qu’il se savait coupable et qu’il voulait que tout soit différent désormais. J’avais cent dollars à la main. Il hochait la tête en répétant comme un refrain : “Je t’en prie, crois-moi.” En baissant les yeux, je vis sur ses baskets de petites flaques de larmes entre les lacets et les pointes. “Je te crois”, dis-je d’une voix qui me parut bizarre, non qu’elle fût pleine d’émotion, mais parce que son ton était plat et normal, sans le moindre rapport avec ce que j’éprouvais.

“Tu ne peux pas savoir ce que ton père était pour moi, lui dis-je. Il comptait plus que tout, pour moi.” C’était une phrase stupide et banale mais, quand je la prononçai, les mots m’en semblèrent animés par une vérité que je m’étais dissimulée depuis tout un temps.

La disparition de Mark, le week-end suivant, eut le caractère d’une reconstitution. Il nous dit qu’il allait voir sa mère. Violet lui donna de l’argent pour le train et le laissa partir seul. Le lendemain, elle s’aperçut qu’il manquait deux cents dollars dans son sac et elle téléphona à Lucille, mais Lucille n’était pas au courant de cette visite dominicale. Trois jours après, Mark réapparut à Greene Street et nia avec chaleur avoir pris l’argent. Violet pleura et je me tins auprès d’elle, jouant en l’absence de Bill le rôle du père déçu, ce qui ne me demanda aucun talent de comédien car, à peine une semaine plus tôt, j’avais cru Mark. Je commençai à me demander si ce n’était pas précisément de tels instants qui déclenchaient ses trahisons, s’il n’avait pas besoin, pour les commettre, de convaincre d’abord quelqu’un de sa sincérité. Tel un mécanisme parfaitement répétitif, Mark était entraîné à faire ce qu’il avait déjà fait : mentir, voler, disparaître, réapparaître et, finalement, après récriminations, colère et larmes, se réconcilier avec sa belle-mère.

Le lien est étroit entre la proximité et la confiance. Je vivais près de Mark. Ce contact immédiat submergeait ma raison et jouait sur mes émotions. Quand je ne me trouvais qu’à quelques centimètres de lui, je croyais inévitablement une partie au moins de ce qu’il disait. Ne rien croire aurait signifié un retrait complet, l’exil non seulement loin de Mark, mais aussi loin de Violet, et c’était autour d’eux que j’organisais mes journées. Pendant que je lisais, travaillais ou faisais les courses pour le dîner, je pensais déjà à l’ambiance de la soirée – le repas, l’étrange expression extatique de Violet à son retour de l’atelier, les bavardages de Mark au sujet de disc-jockeys et de techno, la main de Violet sur mon bras ou mon épaule, ses lèvres sur ma joue quand je lui disais bonsoir et son odeur – ce mélange des odeurs de Bill avec celles de sa peau et de son parfum.

Pour moi et, sans doute, pour Violet aussi, la rechute de Mark dans ses anciens schémas et la punition que Violet imposa – de nouveau, l'interdiction de sortir – eurent une vague allure de mauvais théâtre. Nous voyions ce qui arrivait mais l'histoire et les dialogues étaient si figés et si familiers que nos émotions nous paraissaient un peu absurdes. Je suppose que le problème était là. La délinquance de Mark n'avait pas cessé de nous chagriner, mais nous reconnaissions que notre chagrin était provoqué par des manipulations de la plus basse espèce. Une fois de plus, nous avions été dupés par le même méchant scénario. Violet tolérait la traîtrise de Mark parce qu'elle l'aimait, mais aussi parce qu'elle n'avait pas la force de regarder en face la signification de ces nouvelles trahisons.

Trois semaines plus tard, Mark disparut encore. Cette fois, il avait pris un cheval han de ma bibliothèque et le coffret à bijoux de Violet, dans lequel se trouvaient des perles qui avaient appartenu à sa mère et une paire de boucles d'oreilles en saphir et diamant que Bill lui avait offertes pour leur dernier anniversaire. A elles seules, ces boucles valaient près de cinq mille dollars. Je ne sais pas comment Mark avait réussi à subtiliser le cheval dans mon appartement. Il n'était pas très grand et Mark aurait pu le prendre en de multiples occasions où je ne le surveillais pas, mais je n'en remarquai l'absence que le lendemain de la fugue de Mark. Cette fois, il ne réapparut pas au bout de deux jours. Quand Violet appela la librairie pour demander si on l'avait vu, le gérant lui répondit qu'il y avait des semaines qu'il ne venait plus. "Un jour, il n'est pas arrivé. J'ai essayé de lui téléphoner, mais le numéro qu'il nous avait donné ne marchait pas et, quand j'ai cherché William

Wechsler, le numéro n'était pas répertorié. J'ai engagé quelqu'un d'autre."

Violet attendit le retour de Mark. Trois jours passèrent, puis quatre, et, à chaque jour qui passait, Violet paraissait diminuer. Au début, je pensai que son rétrécissement n'était qu'une illusion, une métaphore visuelle qui exprimait notre anxiété partagée due à l'absence de Mark, mais le cinquième jour je remarquai que le pantalon de Violet flottait autour de sa taille et que les rondeurs familières de son cou et de ses épaules avaient disparu. Le soir, au dîner, j'insistai pour qu'elle tente d'absorber quelque nourriture, mais elle me regarda en secouant la tête, les yeux pleins de larmes. "J'ai appelé Lucille et tous ses amis de l'école. Personne ne sait où il se trouve. J'ai peur qu'il soit mort." Elle se leva, ouvrit une armoire de cuisine et se mit à en ôter toutes les tasses et toutes les assiettes. Deux soirs de suite, après cela, je regardai Violet nettoyer des placards, laver les sols, racler au couteau la saleté sous la cuisinière et passer les salles de bains à la Javel. Le troisième soir, je montai avec un sac de provisions pour notre dîner et, quand elle m'ouvrit la porte, Violet portait des gants de caoutchouc et tenait à la main un seau d'eau savonneuse. Je ne lui dis pas bonsoir. Je dis "Stop. Arrête de nettoyer. C'est fini, Violet." Après m'avoir lancé un regard étonné, elle déposa son seau. Alors je me dirigeai vers le téléphone et j'appelai Lazlo à Williamsburg.

Dans la demi-heure, il sonnait à la porte de la rue. Quand Violet appuya sur le bouton de l'interphone et entendit la voix de Lazlo, elle eut une exclamation étonnée. Les ponts encombrés, les embouteillages et les lignes de métro paresseuses qui ralentissaient les trajets de tous les autres habitants de New York ne semblaient pas gêner Lazlo Finkelman. "Tu es venu en tapis volant ?" lui demanda Violet en lui ouvrant la porte. Lazlo esquissa un sourire, entra dans la pièce et s'assit. Le seul fait de le regarder me fit un effet apaisant. Revoir sa coiffure, ses grosses lunettes noires et son long visage impassible me rasséréna avant même qu'il ait dit qu'il allait s'occuper de la disparition de Mark. “Fais le compte de tes heures, lui recommanda Violet. Et j'ajouterai l'argent quand je te paierai à la fin de la semaine.”

Lazlo haussa les épaules.

“Je t'assure, insista-t-elle.

— Je me débrouille, de toute façon”, déclara-t-il. Et il enchaîna sur cette vague affirmation en s'adressant à Violet : “Dan m'a demandé de te dire qu'il écrit une pièce pour toi.

— Il m'a dit qu'il te téléphone, fit Violet. J'espère qu'il ne t'embête pas trop.”

Lazlo secoua la tête.

“Je l'ai limité à un poème par jour.

— Il te lit ses poèmes au téléphone ? demandai-je.

— Oui, mais je lui ai dit que je ne pouvais pas faire face à plus d'un par jour. Fallait détourner la surcharge d'inspiration.

— Tu es très gentil, Lazlo”, dit Violet.

Lazlo cligna des yeux derrière ses lunettes. “Non.” Il dressa un doigt vers le plafond, et je reconnus le geste de Bill. “Chantez fort au visage mort, récita-t-il. Tapez fort sur les oreilles sourdes. Sautez en l'air sur le cadavre et réveillez-le.

— Pauvre Dan, dit Violet. Bill ne se réveillera pas.”

Lazlo se pencha en avant. “Dan m'a dit que le sujet de ce poème était Mark.”

Violet le contempla fixement pendant quelques secondes et puis baissa les yeux.

Après le départ de Lazlo, je préparai le repas. Pendant que je cuisinais, Violet resta assise à la table en silence. De temps à autre, elle se lissait les cheveux ou se caressait le bras. Quand je posai les assiettes sur la table, elle déclara : “Demain matin, j'appelle la police. Il est toujours rentré, jusqu'ici.

— Tu penseras à ça demain, dis-je. Maintenant, tu dois manger.”

Violet baissa les yeux vers son assiette. “C'est pas drôle ? Toute ma vie, j'ai fait des efforts pour ne pas grossir. Avant, quand j'étais triste, je mangeais, mais maintenant ça ne passe plus. Je regarde les aliments, et ils sont gris.

— Ils ne sont pas gris, protestai-je. Regarde cette jolie côte de porc – un beau brun castillan – à côté de ces charmants haricots verts – nuance jade sombre. Maintenant, apprécie le brun et le vert en rapport avec la pâleur de la purée de pommes de terre. Elle n'est pas blanche, mais très légèrement teintée de jaune, et j'ai mis la tranche de tomate à côté des haricots pour la couleur – un rouge lumineux qui éclaire l'assiette et fait le plaisir de tes yeux." Je m'installai sur la chaise voisine de la sienne. "Mais la satisfaction visuelle, chère amie, n'est que le commencement du festin."

Violet continuait à contempler son assiette d'un air lamentable. "Dire que j'ai écrit tout un livre sur les dérèglements alimentaires, dit-elle.

— Tu ne m'écoutes pas, dis-je.

— Mais si.

— Alors détends-toi. On est ici pour dîner. Bois un peu de vin.

— Mais tu ne manges pas, Leo. Ton repas va refroidir.

— Je peux manger plus tard." Tendant le bras vers son verre, je le portai à sa bouche. Elle but une petite gorgée. "Regarde-moi ça, fis-je, ta serviette est encore sur la table." Avec les gestes prétentieux d'un maître d'hôtel, j'attrapai la serviette par un coin, l'ouvris d'une secousse et la déployai sur les genoux de Violet.

Elle sourit.

Je me penchai au-dessus de son assiette, saisis son couteau et sa fourchette, coupai un petit morceau de la côte de porc et ajoutai à la bouchée un peu de purée de pommes de terre.

"Qu'est-ce que tu fais, Leo ?" demanda-t-elle.

Pendant que je soulevais la fourchette au-dessus de l'assiette, elle se tourna vers moi et je vis deux petites rides se former entre ses sourcils. Sa bouche frémit un instant, et je crus qu'elle allait pleurer, mais ce ne fut pas le cas. Je portai la nourriture à ses lèvres, elle entrouvrit la bouche comme un petit enfant et je lui donnai la viande et la purée.

Violet me laissa la nourrir. Je le fis très lentement, en m'assurant que je lui laissais tout le temps de mâcher et d'avaler, qu'elle avait droit à une pause entre deux bouchées et qu'elle prenait des gorgées de vin. Je crois que mon attention la poussait à manger avec plus de décorum que d'habitude, car elle mâchait lentement, bouche close, ne révélant un peu ses incisives supérieures que quand elle écartait les lèvres pour accepter une bouchée. Pendant les premières minutes, nous restâmes tous deux silencieux et je faisais semblant de ne pas voir ses yeux luisants ni entendre le bruit qu'elle faisait chaque fois qu'elle avalait. L'angoisse devait lui avoir amenuisé et resserré la gorge car elle déglutissait bruyamment et puis en rougissait. Je me mis à parler pour la distraire – des bêtises, dans l'ensemble, une chaîne de libres associations culinaires. Je lui parlai de pâtes au citron dégustées à Sienne sous un ciel plein d'étoiles et des vingt différentes espèces de harengs que Jack avait ingurgitées à Stockholm. Je lui parlai de poulpes et de leur encre indigo dans un risotto vénitien, de l'entreprise clandestine que représentait l'introduction dans New York de fromages non pasteurisés, et d'un cochon que j'avais un jour vu en France chercher des truffes en reniflant. Violet ne disait rien, mais ses yeux s'éclaircissaient et les coins de sa bouche manifestèrent de l'amusement quand je commençai à lui raconter l'histoire du maître d'hôtel d'un restaurant du quartier qui avait trébuché sur une vieille dame en se précipitant pour accueillir un acteur de cinéma en train de passer la porte.

A la fin, il ne restait que la tomate sur l'assiette. J'y piquai la fourchette et la portai à la bouche de Violet mais, au moment où je glissais entre ses dents la tranche gélatineuse, quelques grains et leur jus s'échappèrent et coulèrent sur son menton. Je pris sa serviette et me mis à lui tamponner doucement le visage. Violet ferma les yeux, pencha un peu la tête en arrière et sourit. Quand elle rouvrit les yeux, elle souriait encore. "Merci, dit-elle. Ce repas était délicieux."

Le lendemain, Violet déclara à la police la disparition de Mark et, sans parler du vol à la personne qui lui répondit au téléphone, elle signala qu'il avait déjà fugué auparavant. Elle essaya d'appeler Lazlo mais il n'était pas chez lui et puis, en fin d'après-midi, après n'avoir passé qu'une ou deux heures à l'atelier, elle m'invita à monter chez elle pour écouter des passages de ses enregistrements où il était question de Teddy Giles. "J'ai l'intuition que Mark est avec Giles, dit-elle, mais son numéro ne se trouve pas dans l'annuaire et la galerie refuse de me le donner." Pendant que nous écoutions, installés dans son cabinet de travail, je remarquai que l'intérêt ranimait le visage tiré de Violet et que ses gestes avaient une vivacité que je ne leur avais plus vue depuis des semaines.

"Voilà une fille qui dit s'appeler Virgina, annonça-t-elle. Avec un second *i* long, comme dans *virgin* et *vagina* (vierge et vagin)."

Une jeune voix féminine s'éleva, commençant au milieu d'une phrase : "… une famille. C'est comme ça que nous le sentons. Teddy, c'est comme le chef de famille, vous comprenez, parce qu'il est plus âgé que nous…"

La voix de Violet l'interrompit : "Quel âge a-t-il, exactement ?

— Vingt-sept ans.

— Savez-vous quelque chose de sa vie avant son arrivée à New York ?

— Il m'a tout raconté. Il est né en Floride. Sa mère est morte, et il n'a pas connu son père. Il a été élevé par son oncle, qui le battait tout le temps, alors il s'est enfui au Canada où il a travaillé comme facteur, et ensuite il est venu ici et il s'est mis à l'art.

— J'ai entendu plusieurs versions de l'histoire de sa vie, dit Violet.

— Je sais que celle-ci est la bonne, à cause de la façon dont il me l'a racontée. Il était vraiment triste en parlant de son enfance."

Violet évoqua la rumeur concernant Rafael et le doigt coupé.

"J'ai entendu ça aussi. Mais j'y crois pas. C'est ce type qu'on appelle Crapaud – il a vraiment beaucoup d'acné – qui a répandu ce bruit. Vous savez ce qu'il a dit aussi ? Il prétend que Teddy a tué sa propre mère, en la poussant dans l'escalier, mais que personne ne s'en est douté parce que ça avait l'air d'un accident. C'est le genre de truc que Teddy raconte quand il joue à la Monstresse, mais en réalité c'est un type super gentil. Crapaud est complètement idiot, comment Teddy pourrait-il tuer quelqu'un qui est mort avant sa naissance ?

— Sa mère ne peut pas être morte avant sa naissance."

Silence. "Non, je voulais sans doute dire juste après sa naissance, mais ce que je veux dire, c'est que Teddy est gentil. Il m'a montré sa collection de salières et de poivriers – tellement mignons. Ah, mon Dieu, des petits animaux, des fleurs, et ces petits bonshommes minuscules qui jouent de la guitare avec des trous dans la tête pour le sel et le poivre…"

Violet arrêta le magnétophone et fit avancer la bande.

"Maintenant, je voudrais te faire entendre un gamin nommé Lee. Je ne sais pas grand-chose de lui, sinon qu'il vit seul. C'est peut-être un fugueur."

Elle appuya sur un bouton, et Lee se mit à parler : "Teddy est pour la liberté, mec. C'est ça que j'apprécie chez lui : il est pour l'expression personnelle, pour la conscience accrue. Il est contre toute cette connerie de normalité et il le dit comme c'est. Notre société c'est de la merde et il le sait. Son art me fait bander. C'est réel, mec.

— Qu'entends-tu par réel ? lui demandait Violet.

— Je veux dire réel, honnête."

Silence.

"Je vais te dire, reprenait Lee. Quand je n'avais nulle part où aller, Teddy m'a accueilli. Sans lui, j'aurais pissé dans les rues."

Violet fit avancer la bande.

"Voilà Jackie", dit-elle. J'entendis une voix d'homme : "Giles est un cochon, ma belle, un menteur et un simulateur. Et je vous dis ça parce que je sais de quoi je parle. L'artifice, c'est ma vie. Ce corps somptueux, je ne l'ai pas eu pour rien. Je me suis faite ce que je suis, mais quand je dis simulateur, je veux dire à l'intérieur. Je veux dire que ce petit salopard a un postiche à la place de l'âme. *Monstresse* – quel tas de conneries !" La voix de Jackie atteignit un *falsetto* dynamique. "Ces histoires de Monstresse, c'est répugnant, et cruel, et stupide et, je peux vous le dire, Violet, je suis choquée que cette évidence ne soit pas limpide pour toute personne avec au moins un grain de cervelle dans la tête."

Violet arrêta le magnétophone.

"C'est tout ce qu'il y a sur Teddy Giles. Ça ne nous avance guère.

— As-tu jamais parlé à Mark de ce message étrange sur le répondeur ?

— Non.

— Pourquoi pas ?

— Parce que je savais que s'il y avait quelque chose là-dessous il ne me le dirait pas, et je ne voulais pas qu'il ait l'impression qu'il y avait un lien entre ce message et l'infarctus de Bill.

— Tu penses qu'il y en a un ?

— Je ne sais pas.

— Tu penses que Bill savait quelque chose que nous ignorons ?

— Si c'est le cas, il l'avait découvert le jour même. Il ne me l'aurait pas caché. Ça, j'en suis sûre."

Je n'eus pas besoin de donner la becquée à Violet, ce soir-là. Nous préparâmes le repas ensemble chez moi, pour changer, et elle mangea toutes ses pâtes. Après que je lui eus servi un deuxième verre de vin, elle me demanda : “Est-ce que je t'ai jamais parlé de Blanche Wittman ? Je crois que son vrai nom était Marie Wittman, mais en général on l'appelle Blanche.

— Je ne sais pas. Ça me dit quelque chose.

— On l'appelait «la reine des hystériques». Elle constituait le clou des démonstrations de Charcot sur l'hystérie et l'hypnose. Elles étaient très courues, tu sais. Le Tout-Paris venait voir ces dames pépier comme des oiseaux, sautiller sur une jambe et recevoir des coups de lancette. Mais, après la mort de Charcot, Blanche Wittman n'a plus eu une seule crise.

— Tu veux dire qu'elle les avait pour lui ?

— Elle adorait Charcot et voulait lui faire plaisir, alors elle lui donnait ce qu'il désirait. Dans la presse, on la comparait souvent à Sarah Bernhardt. Après la mort du maître, elle n'a pas voulu quitter la Salpêtrière. Elle y est restée et est devenue technicienne en radiologie. C'étaient les débuts des rayons X. Elle est morte à cause d'eux. L'un après l'autre, elle a perdu tous ses membres.

— Tu as une raison de me raconter ça ?

— Oui. La supercherie, la tromperie, le mensonge et la sensibilité à l'hypnose étaient considérés comme des symptômes de l'hystérie. C'est tout Mark, tu ne trouves pas ?

— Si, seulement Mark n'est pas paralysé, il n'a pas de crises.

— Non, mais ce n'est pas le comportement que nous souhaitons lui voir adopter. Charcot désirait que ces femmes se donnent en spectacle, et c'est ce qu'elles faisaient. Nous voulons que Mark ait l'air de se soucier de son prochain et, quand il est avec nous, c'est l'air qu'il se donne. Il joue le rôle qu'il pense que nous attendons de lui.

— Mark n'est pas hypnotisé, et je ne crois pas qu'on puisse le qualifier d'hystérique.

— Je ne dis pas que Mark est hystérique. Le langage médical change sans cesse. Les affections se chevauchent. Une chose en devient une autre. L'hypnose ne fait qu'abaisser la résistance à la suggestion. Je ne suis pas sûre que Mark ait une telle résistance, pour commencer. Ce que je veux dire est très simple. Il n'est pas toujours facile de séparer un acteur de son rôle."

Le lendemain matin, Lazlo téléphona à Violet. Il avait passé deux longues nuits dans des boîtes, le *Limelight*, le *Club USA*, le *Tunnel*, où il avait recueilli des fragments d'information contradictoires. Un consensus se dessinait cependant autour de l'idée que Mark voyageait avec Teddy Giles, qui se trouvait soit à Los Angeles, soit à Las Vegas. Personne n'était vraiment certain. A trois heures du matin, Lazlo était tombé sur Teenie Gold. Teenie avait laissé entendre qu'elle avait beaucoup à dire mais refusé de se confier à Laz. Elle lui avait dit que le seul à qui elle parlerait à présent que Bill n'était plus là était "l'oncle Leo de Mark". Elle était prête à "tout me raconter" si je venais chez elle le lendemain à quatre heures de l'après-midi. Quand je fus mis au courant, le lendemain était devenu le jour même et, à trois heures et quart, muni d'une adresse à l'angle de la 76e Rue et de Park Avenue, je partis pour mon étrange mission.

Après m'avoir annoncé, le portier me conduisit dans le somptueux vestibule vers un ascenseur qui s'arrêta automatiquement au septième étage. Une femme sans doute philippine m'ouvrit la porte, et j'aperçus au-delà de l'antichambre un vaste appartement qui me parut décoré entièrement en bleu pastel avec des touches dorées. Teenie surgit d'une porte qui donnait sur un couloir, fit quelques pas vers moi, s'arrêta et baissa le nez. La coûteuse laideur sembla l'engloutir, comme si elle était trop menue pour tant d'espace.

"Suzie, fit-elle en s'adressant à la femme qui m'avait ouvert la porte. C'est l'oncle de Mark.

— Gentil garçon, commenta Suzie. Très gentil garçon.”

Sans relever les yeux, Teenie me dit : “Venez. On va parler dans ma chambre.”

La chambre de Teenie était exiguë et en désordre. A part les rideaux de soie jaune à la fenêtre, son sanctuaire n’avait pas grand-chose en commun avec le reste de l’appartement. Des chemisiers, des robes, des t-shirts et du linge étaient amoncelés sur un fauteuil capitonné, derrière lequel j’aperçus ses ailes partiellement écrasées par une pile de magazines qu’on avait jetés dessus. Des pots, des flacons et de petits étuis de maquillage encombraient sa table de travail, de même que des lotions, des crèmes et quelques livres scolaires. En regardant une étagère, j’y vis une petite boîte de Lego toute neuve, encore dans son emballage de plastique, exactement pareille à celle que j’avais vue dans la chambre de Mark.

Teenie s’assit au bord de son lit et examina ses genoux tout en enfonçant ses pieds nus dans le tapis.

“Je ne sais pas très bien pourquoi tu voulais me parler, Teenie”, commençai-je. D’une petite voix fluette, elle répondit :

“C’est parce que vous avez été gentil avec moi la fois où je suis tombée.

— Je vois. Nous sommes inquiets pour Mark, tu sais. Lazlo a appris qu’il pourrait être à Los Angeles.

— On m’a dit Houston.

— Houston ?” répétai-je.

Teenie continuait à examiner ses genoux.

“J’ai été amoureuse de lui, dit-elle.

— De Mark ?”

Elle hocha la tête avec vigueur et renifla.

“Je le croyais, en tout cas. Il me racontait plein de choses qui me donnaient l’impression que j’étais sauvage et libre et un peu folle. C’était agréable pendant quelque temps. Je croyais vraiment qu’il m’aimait, vous savez ?” Elle me dévisagea pendant une demi-seconde et puis baissa à nouveau les yeux.

“Qu’est-ce qui s’est passé ? demandai-je.

— C'est fini.

— Il y a un bon moment que c'est fini, n'est-ce pas ?

— On a été vraiment ensemble, sauf quelques interruptions, pendant deux années entières."

Je pensai à Lisa. C'était la période où Mark fréquentait Lisa.

"Pourtant, nous ne t'avons pas vue, dis-je.

— Mark disait que ses parents ne voulaient pas que je vienne chez lui.

— Ce n'était pas vrai. Il était consigné, mais ses amis pouvaient lui rendre visite."

Teenie hochait la tête d'avant en arrière et je vis une grosse larme rouler le long de sa joue. Elle dut hocher la tête pendant vingt secondes pendant que je l'encourageais à parler. Elle finit par dire :

"Au début c'était comme un jeu. J'allais me faire tatouer «The Mark» sur le ventre. Teddy était là, en train de blaguer, et il a dit qu'il me le ferait, mais alors…"

Teenie souleva sa chemise et je vis deux petites cicatrices en forme de M et de W, l'une au-dessus de l'autre, avec le bas du M contre le haut du W, comme un seul caractère.

"C'est Giles qui t'a fait ça ?"

Elle fit signe que oui.

"Et Mark ? Il était là ?

— Il a aidé. Je hurlais, mais il m'a maintenue.

— Mon Dieu", fis-je.

Le visage ruisselant de larmes, elle attrapa un lapin en peluche sur son lit et se mit à lui caresser les oreilles. "Il n'est pas comme vous pensez. Il était si gentil avec moi au début, et puis il s'est mis à changer. Je lui ai offert ce bouquin, *Psycholand*. C'est l'histoire d'un type très riche qui se balade dans le monde entier avec son avion privé, et dans chaque ville il tue quelqu'un. Mark a dû le lire vingt fois.

— J'ai vu des critiques de ce livre. Il me semblait que c'était une sorte de parodie, une satire sociale."

Levant un instant les yeux, Teenie me lança un regard sans expression. "Ouais, bon, dit-elle, ça a commencé à me fiche la chair de poule, vous savez, et parfois quand il passait la nuit ici, il se mettait à me parler de cette voix vraiment étrange. Ce n'était pas sa voix normale, vous savez, mais une voix qu'il prenait. Il parlait et il parlait, et je lui demandais d'arrêter, mais il ne voulait pas, et je mettais ma main sur sa bouche, et il n'arrêtait toujours pas. Et puis il m'a provoqué des histoires avec mes parents, parce qu'il a piqué les comprimés de codéine de mon père, ceux qu'il prend pour son épaule, et ils ont cru que c'était moi, et je n'ai pas osé leur dire que c'était Mark parce qu'à ce moment-là j'avais peur de lui. Il répétait qu'il les avait pas pris, mais je savais que c'était lui, et les jeunes racontent que, la nuit, lui et Teddy vont voler les gens juste pour s'amuser. Des fois ils prennent de l'argent, mais d'autres fois ils se contentent de trucs idiots, comme leur cravate ou leur écharpe, ou leur ceinture, n'importe quoi." Teenie frissonna sous ses larmes. "Je croyais que j'étais amoureuse de lui.

— Tu crois que ces histoires de vol sont vraies ?"

Teenie haussa les épaules. "Je croirais n'importe quoi, maintenant. Vous allez le chercher à Dallas ?

— Je pensais que tu avais dit Houston.

— Je crois que c'est Dallas. Je sais pas. Peut-être qu'ils sont déjà rentrés. On est quel jour ?

— Vendredi.

— Ils sont sans doute rentrés." Teenie se mit à mâchouiller l'ongle de son petit doigt. Elle paraissait réfléchir. Otant le doigt de sa bouche, elle dit : "Il est peut-être chez Teddy, mais plus probablement au bureau de *Split World*. Les copains dorment là, parfois.

— Il me faut l'adresse, Teenie.

— Teddy habite 21, Franklin Street, au cinquième étage. *Split World*, c'est dans la 4e Est." Elle se leva et se mit à chercher dans un tiroir. Elle en sortit un magazine qu'elle me tendit. "Le numéro de la rue est là", dit-elle.

Sur la couverture du magazine s'étalait l'image haute en couleur d'un jeune homme apparemment mort ou mourant, la tête appuyée sur un siège de W.-C. Ses poignets entaillés posés sur ses cuisses, il était assis dans une mare de sang étincelante.

“Charmante photo, dis-je.

— Elles sont toutes comme ça”, répondit-elle d’une voix morne. Et puis elle releva le menton et me regarda pendant au moins trois secondes. Baissant à nouveau les yeux, elle reprit : “Je vous raconte tout ça parce que je ne veux plus qu’il se passe de ces trucs dégueulasses. C’est ce que j’ai dit au père de Mark quand je lui ai téléphoné.”

Je retins un instant mon souffle, et puis je demandai, avec un calme délibéré : “Tu as parlé au père de Mark ? Quand était-ce ?

— Il y a un bon bout de temps. Juste après, j’ai entendu dire qu’il était mort. C’était triste. Ça avait l’air d’un type bien.

— Tu l’as appelé chez lui ?

— Non, à son bureau, je crois.

— Où avais-tu trouvé son numéro ?

— Mark m’avait donné tous ses numéros.

— Tu as parlé au père de Mark de ta plaie sur le ventre ?

— Je crois que oui.

— Tu crois que oui ?” Je m’efforçais d’empêcher mon irritation de passer dans ma voix.

Teenie enfonçait ses orteils dans le tapis. “J’étais hyper angoissée, et en plus j’étais dans les vapes.” Elle les enfonça de plus belle. “Vous pourriez peut-être lui trouver un hôpital. Mark et Teddy devraient sans doute tous les deux se trouver quelque part dans un hôpital.

— C’est toi qui as laissé un message pour dire à Bill que Giles t’avait tuée ?

— Il m’a pas tuée. Il m’a fait mal. Je vous ai raconté.”

Je décidai de ne pas l’interroger davantage à propos du message. Après avoir parlé avec elle, j’étais certain que la voix entendue sur le répondeur de Bill n’était pas celle de Teenie.

“Où sont tes parents ? lui demandai-je.

— Maman est à une réunion de son organisation contre le cancer, et mon père est à Chicago.

— Je pense que tu devrais leur parler. Tu as subi une mutilation, Teenie. Tu pourrais aller à la police.”

Elle ne bougea pas. Elle recommença à hocher la tête, balançant d’avant en arrière sa chevelure platinée, les yeux fixés sur sa table comme si elle avait oublié ma présence.

Je pris le magazine et sortis de la chambre. Au moment où j’ouvrais la porte d’entrée, j’entendis de l’eau couler et une voix de femme qui chantait pour elle-même. Ce devait être Suzie.

Dans le taxi qui m’emmenait *downtown*, je gardais à l’oreille les accents pathétiques de la confession de Teenie, en particulier son refrain : “Je croyais que j’étais amoureuse de lui.” Son petit corps maigre, ses yeux baissés, le fouillis de produits de maquillage et d’accessoires féminins qui l’entourait m’avaient déprimé. J’avais pitié de Teenie, pitié de cette menue silhouette désolée dans ce vaste appartement bleu pâle, et pourtant je me posais des questions quant à ce coup de téléphone. Le cœur de Bill avait-il flanché après qu’il l’avait entendue dire que Mark l’avait maintenue ? En avait-elle seulement parlé ? En vérité, j’avais du mal à imaginer que Mark l’avait contrainte, car la cicatrice était trop nette. Aurait-on pu l’inciser aussi proprement si elle s’était débattue ? Ce qu’elle racontait de *Psycholand* et du vol des comprimés de codéine me paraissait plus vraisemblable, cependant, et je commençai à spéculer sur l’usage que Mark faisait sans doute de la drogue et son rôle possible dans la levée de ses inhibitions lorsqu’il s’agissait de mentir et de voler. Apparemment, Teenie conservait quelques scrupules, un vague code moral qui condamnait ce qu’elle appelait “des trucs dégueulasses”, mais leur gravité semblait déterminée davantage par leur effet sur elle que par une adhésion à une éthique plus générale. Elle ne se souvenait pas de sa conversation avec Bill parce qu'à ce moment-là elle était droguée, ce qui, à ces yeux, rendait son amnésie à la fois naturelle et excusable. Teenie appartenait à une sous-culture où les règles étaient lâches et la permissivité grande mais qui, dans la mesure où je pouvais en juger, paraissait étonnamment terne. Si Mark et Teenie en représentaient un échantillon, ces jeunes manquaient de ferveur. Ce n'étaient ni des futuristes glorifiant l'esthétique de la violence, ni des anarchistes prônant l'affranchissement du règne de la loi. C'étaient des hédonistes, je suppose, sauf que même prendre du plaisir semblait les ennuyer.

Arrivé devant l'immeuble haut et étroit de la 4e Rue Est, entre les avenues A et B, je savais que je pouvais encore m'en aller, que je pouvais choisir de ne rien savoir de plus de ces enfants attardés et de leurs petites vies tristes. Je choisis de pousser sur le bouton, je choisis d'enfoncer la porte du rez-de-chaussée de ce vieil immeuble, je choisis de pénétrer dans le couloir, et j'étais bien conscient de m'avancer en direction de quelque chose de laid. Je me rendais compte aussi que cette laideur m'attirait. Je voulais voir ce que c'était, m'en approcher pour l'examiner. C'était un attrait morbide et, en y cédant, je sentis que la chose hideuse que je cherchais m'avait déjà sali.

Je n'avais pas l'intention de mentir mais lorsque la jeune femme somnolente assise au bureau leva vers moi des yeux cachés derrière des lunettes rouges flanquées d'ailes, et quand je vis au mur dans son dos vingt couvertures de *Split World* dont l'une représentait Teddy Giles, la bouche dégoulinante de sang, tenant dans une cuiller quelque chose qui ressemblait à un doigt humain, je mentis spontanément. Je lui dis que j'étais un journaliste du *New Yorker* à la recherche de petites revues alternatives pour un article. Je demandai à la jeune femme de bien vouloir m'expliquer *Split World* – sa *raison* *d'être**. Je la regardai dans ses yeux bruns derrière leurs ailes rouges. Ils étaient éteints.

"Je ne comprends pas ce que vous voulez dire.

— De quoi parle le magazine, pourquoi existe-t-il ?

— Oh, fit-elle, soupesant la question. Vous allez me citer ? Je m'appelle Angie Roopnarine. R-O-O-P-N-A-R-I-N-E."

Sortant mon stylo et mon carnet, j'inscrivis Roopnarine en grosses lettres sur la page.

"Par exemple, repris-je, pourquoi ce nom ? Pourquoi *split* (déchiré) ?

— Je sais pas. Je travaille ici, c'est tout. Vous devriez sans doute parler à quelqu'un d'autre, sauf qu'y a personne ici maintenant. Ils sont allés déjeuner.

— Il est cinq heures et demie.

— On n'ouvre qu'à midi.

— Je vois." Je montrai du doigt la photo de Teddy Giles. "Vous aimez ce qu'il fait ?"

Elle tendit le cou pour regarder la couverture. "C'est pas mal", dit-elle.

Je plongeai au cœur du sujet. "On raconte qu'il a une cour, n'est-ce pas ? Mark Wechsler, Teenie Gold, une fille qui se fait appeler Virgina et un garçon nommé Rafael qui semble avoir disparu."

Le corps d'Angie Roopnarine se raidit soudain. "Ça fait partie de votre article ?

— Je le centre sur Giles."

Elle me regarda en clignant des yeux. "Je sais pas ce que vous voulez. Vous m'avez pas l'air d'être le type pour écrire sur ce genre de choses.

— Le *New Yorker* emploie de nombreux seniors, dis-je. Vous devez au moins connaître Mark Wechsler, ajoutai-je. Il a travaillé ici l'été dernier.

— Eh ben ça, je peux vous dire, vous avez tout faux. Il a jamais *travaillé* ici. Il traînait, oui. Mais Larry l'a jamais payé.

— Larry ?

— Larry Finder. Le magazine est à lui. Il en a plein.

* En français dans le texte. *(N.d.T.)*

— Le propriétaire de la galerie ?
— C'est pas un secret." Le téléphone sonna. *"Split World"*, chantonna Angie dans le combiné d'une voix soudain animée.

Je lui adressai un signe de tête, articulai un merci silencieux et m'échappai. Dans la rue, je respirai profondément afin de calmer l'angoisse qui m'avait étreint les poumons. Pourquoi mentir ? me demandai-je. L'avais-je fait dans l'intention maladroite de me protéger ? Peut-être. Sans prendre ma comédie pour un gros manquement moral, c'est en me sentant à la fois ridicule et compromis que je m'éloignai de l'immeuble en marchant vers l'ouest. Les découvertes concernant Mark avaient tendance à se retrouver dans la catégorie négative. Il n'avait pas travaillé pour Harry Freund l'été précédent. Il n'avait pas non plus travaillé pour Larry Finder à *Split World*. La vie de Mark était une archéologie de fictions superposées, et j'avais à peine commencé à creuser.

Violet avait laissé sur mon répondeur plusieurs messages urgents me priant de monter dès que je serais rentré. Quand elle m'ouvrit sa porte, elle était pâle et je lui demandai ce qui n'allait pas. Ignorant ma question, elle me dit : "J'ai quelque chose à te montrer."

Elle me précéda dans la chambre de Mark et, dès le seuil, je vis que Violet avait tout retourné dans la pièce. La porte du placard était ouverte et, si des vêtements pendaient encore sur les cintres, les étagères étaient vides. Le sol était couvert de papiers, de tracts, de cahiers et de magazines. Je vis aussi une boîte pleine de petites autos et une autre qui contenait des lettres et des cartes postales froissées, et des bouts de crayons de couleur. Les tiroirs enlevés du bureau étaient alignés par terre à côté des boîtes. Violet se pencha sur l'un d'eux, saisit un objet rouge et me le tendit. "Je l'ai trouvé dans une boîte à cigares, entouré de ruban adhésif."

C'était le couteau de Matt. Je contemplai ses initiales argentées : M. S. H.

“Je suis désolée, dit Violet.

— Après tant d'années”, dis-je, et je me mis à tripoter le tire-bouchon. Quand je l'eus sorti, je promenai le doigt le long de sa pointe en spirale, en me souvenant du désespoir de Matt. “Je le mets toujours sur la table de nuit, toujours !” Je devais être très las, car j'eus alors l'impression qu'une partie de moi partait en lévitation, j'avais la sensation très étrange de m'être élevé jusqu'au plafond. Il me semblait que je regardais de là-haut la chambre, Violet, moi-même et le couteau que je tenais en main. Cette curieuse séparation entre la terre et l'air, entre moi en haut et moi en bas, ne dura pas bien longtemps mais, même après qu'elle fut passée, je continuai à me sentir éloigné de tout ce qui se trouvait dans cette chambre, comme si j'étais témoin d'un mirage.

“Je me rappelle le jour où Matt l'a perdu, disait Violet d'une voix posée. Et je me rappelle combien il était bouleversé. C'est Mark qui me l'avait dit, Leo, Mark qui disait que c'était affreux que le couteau ait disparu. Il montrait tant de sympathie, il semblait si triste pour Matt. Il m'a raconté qu'il l'avait cherché partout.” Violet avait les yeux écarquillés, sa voix tremblait. “Mark avait onze ans à ce moment-là. Onze ans.” Je sentis sa main sur mon bras et puis la pression de ses doigts. “Tu comprends, ce n'est pas le vol qui est si terrible, ni le mensonge. C'est cette feinte compassion, si parfaitement modulée, si vraisemblable, si authentique.”

Je mis le couteau dans ma poche et, bien que j'eusse entendu et compris ce qu'elle disait, je ne savais pas comment réagir et, au lieu de répondre, je restai immobile, les yeux fixés sur le mur, et au bout de quelques secondes je pensai au taxi dans l'autoportrait de Bill – ce jouet qu'il avait donné à tenir à Violet pendant qu'il la peignait. L'image du taxi et le couteau de Matt avaient quelque chose en commun, et je m'efforçais à tâtons de formuler leur similitude. Le mot “gage” me vint à l’esprit, et pourtant ce n’était pas tout à fait ça. Une sorte d’échange reliait l’image d’un jouet en forme de voiture et l’objet bien réel caché dans ma poche. La connexion n’avait rien à voir avec des couteaux ni avec des automobiles. Le couteau, comme la voiture peinte, était devenu intangible – il n’avait plus de réalité. Peu importait que je pusse plonger la main dans ma poche et l’en retirer. A cause des machinations d’un enfant aux besoins et secrets obscurs, une métamorphose avait eu lieu. Le cadeau offert à Matt pour son onzième anniversaire n’existait plus. A sa place se trouvait autre chose, copie ou fac-similé sinistre, et, sitôt cette pensée conçue, ma réflexion compléta le cercle. Matt avait créé son propre double du couteau dans l’aquarelle que Bill m’avait offerte. Il avait placé le garçon fantôme et son butin volé sur le toit, où la lune brillait sur son visage absent et éclairait le couteau ouvert qu’il tenait à la main.

Après avoir raconté à Violet mes visites à Teenie et à *Split World*, je redescendis chez moi, où je passai la soirée seul. Il me fallut un moment pour trouver une place au couteau dans le tiroir, mais à la fin je décidai de le pousser tout au fond, loin des autres objets. Quand je refermai le tiroir, je me rendis compte que cette trouvaille avait contribué à me confirmer dans ma tâche. Je ne cherchais plus simplement Mark. Je voulais découvrir quelque chose de plus : une révélation. Je voulais donner des traits à ce visage vide.

Deux heures après le départ de Violet pour l’atelier de Bill, je poussais sur le bouton d’une sonnette marquée T. G./S. M., au 21, Franklin Street. A ma surprise, je fus aussitôt introduit. Un garçon petit et râblé, vêtu seulement d’un short, m’ouvrit la porte d’acier du loft de Teddy Giles au quatrième étage. Quand la porte fut ouverte en plein, je vis le garçon sous tous les angles et je me vis moi-même, car les quatre murs du vestibule étaient des miroirs.

“Je suis ici pour voir Teddy Giles, dis-je.
— Je crois qu’il dort.
— C’est très important”, dis-je.

Le garçon se détourna, ouvrit un miroir qui se trouvait être aussi une porte et disparut. A ma droite se trouvait une vaste pièce avec un immense canapé orange et deux fauteuils volumineux – l’un turquoise, l’autre violet. Tout, dans cette pièce, avait l’air neuf : les sols, les murs, les éclairages. En examinant la chambre, je me rendis compte que l’expression “nouveau riche” ne correspondait pas même de loin à ce que je voyais. Ces aménagements étaient le produit d’une richesse instantanée – quelques ventes importantes converties en immobilier si vite que les agents, notaires, architectes et entrepreneurs avaient dû en perdre le souffle. L’appartement sentait la fumée de cigarette et, plus vaguement, les ordures. Un pull-over rose et plusieurs paires de chaussures de femme traînaient par terre. Il n’y avait pas un livre dans cette pièce, mais des centaines de magazines. De luxueuses revues d’art et de mode étaient entassées en hautes piles sur l’unique table basse. Il y en avait d’autres étalées sur le sol et je remarquai qu’on en avait marqué certaines pages à l’aide de Post-it jaunes et roses. Au mur du fond se dressaient trois grandes photographies de Giles. Sur la première, il était habillé en homme et dansait avec une femme qui me fit penser à Lana Turner dans *Le facteur sonne toujours deux fois*. Sur la deuxième, il était en femme, avec une perruque blonde et une robe du soir argentée qui moulait ses seins artificiels et ses hanches rembourrées. Sur la troisième, Giles, apparemment morcelé grâce à je ne sais quel stratagème visuel, dévorait la chair de son propre bras droit sectionné. Pendant que j’examinais ces images désormais familières, Giles apparut par la porte-miroir. Il était vêtu d’un kimono japonais en soie rouge qui avait l’air authentique. La lourde soie crissait tandis qu’il marchait vers moi. Il sourit. “Professeur Hertzberg, dit-il. Qu’est-ce qui me vaut ce plaisir ?”

Sans me laisser le temps de répondre, il continua : "Asseyez-vous." D'un geste large de la main, il désignait le salon. Je pris le vaste fauteuil turquoise et m'y laissai tomber. Je tentai de m'asseoir au fond, mais les proportions du siège m'imposaient une position quasi couchée, et je me perchai sur le bord.

Giles s'installa sur son jumeau violet, qui se trouvait juste un peu loin pour le confort de la conversation. Afin de compenser la distance incommode, il se pencha vers moi et les pans de son kimono s'écartèrent, révélant la peau blanche de son torse glabre. Avec un coup d'œil à un paquet de Marlboro sur la table ronde entre nous, il demanda :

"Cela ne vous dérange pas si je fume ?

— Allez-y", dis-je.

Il alluma sa cigarette d'une main tremblante et je me sentis soudain content qu'il ne fût pas plus près de moi. D'où je me trouvais, à un peu moins de deux mètres de lui, je pouvais observer l'allure générale de Teddy Giles. Il avait des traits quelconques et réguliers, des yeux vert clair bordés de cils pâles, le nez petit et un peu camus et des lèvres incolores. C'était le kimono qui donnait du caractère à ce visage banal. Ce vêtement raide et recherché faisait de Giles l'image même du dandy dépravé fin de siècle. A côté de cette étoffe rouge, sa peau paraissait d'une pâleur quasi cadavérique. Les manches larges faisaient ressortir la maigreur de ses bras et la ressemblance avec une robe accentuait son ambiguïté sexuelle. Il aurait été difficile de dire s'il cultivait sciemment à mon profit cette image de lui-même ou si elle correspondait à l'un de ses multiples personnages. Il me fit un signe de tête en me demandant : "Que puis-je pour vous ?

— J'ai pensé que vous sauriez peut-être où se trouve Mark. Il y a dix jours qu'il est parti et nous sommes inquiets, sa belle-mère et moi."

Il répondit sans la moindre hésitation : "J'ai vu Mark plusieurs fois cette semaine. Il était ici hier soir, en fait. J'avais réuni quelques amis, mais il est parti avec quelques-uns d'entre eux. Dois-je entendre qu'il n'a pas donné de nouvelles à, il fit une pause, à Violet ? C'est bien ça, le nom de sa belle-mère ?"

Je racontai les vols commis par Mark et ses disparitions. Giles m'écoutait. Ses yeux vert pâle ne cessaient de fixer mon visage que quand il détournait la tête pour éviter de souffler vers moi la fumée de sa cigarette. Je dis alors :

"J'ai entendu raconter qu'il était parti avec vous, quelque part dans l'Ouest – pour une exposition."

Giles secoua très lentement la tête, les yeux toujours fixés sur les miens. "J'ai passé quelques jours à L. A., mais Mark n'était pas avec moi." Il parut réfléchir. "Mark a été bouleversé par la mort de son père. Vous le savez, bien sûr. Nous en avons parlé plusieurs fois, longuement et, en toute honnêteté, je crois l'avoir aidé..." Après une pause, il ajouta : "En perdant son père, je pense qu'il a perdu une partie de lui-même."

Je n'aurais pu dire ce que j'avais attendu de Giles, mais ce n'était pas de la compassion à l'égard de Mark. Sur le moment, je me demandai si je n'avais pas transféré une partie de ma frustration et de ma colère contre Mark sur cet artiste dont j'ignorais tout. Mon Teddy Giles était une créature imaginaire, un homme fabriqué à partir de rumeurs et d'ouï-dire, et de quelques articles parus dans des journaux et des revues. Je regardai, de l'autre côté de la pièce, la photographie de Giles en femme.

Il s'en aperçut. "Je sais que vous désapprouvez mon travail, dit-il sans détour. Mark m'en a dit autant, non seulement de vous, mais aussi de sa belle-mère. Je sais que son père n'en avait rien à faire, lui non plus. C'est le contenu qui dérange les gens, mais j'utilise des matériaux violents parce qu'ils sont omniprésents. Je ne suis pas mon travail. Vous qui êtes historien d'art, vous devriez pouvoir faire cette distinction."

Je tâchai de répondre avec prudence. "Je suppose que le problème vient en partie du fait que vous avez, vous-même, brouillé la donne, que vous avez encouragé l'idée qu'on ne peut vous séparer de ce que vous faites – que vous êtes, vous, disons, dangereux."

Il rit. Il y avait de la satisfaction, du plaisir et du charme dans ce rire. Je remarquai aussi combien ses dents étaient petites – telles deux rangées de dents de lait. "Vous avez raison, convint-il. Je me sers de moi-même comme d'un objet. Je reconnais que ce n'est pas nouveau mais, d'autre part, personne n'a fait exactement ce que je fais.

— Vous parlez des clichés odieux ?

— Précisément. L'odieux est extrême, et les extrêmes purgent. C'est pour ça que les gens regardent les films ou viennent voir mon œuvre."

J'avais une forte impression de répétition. Giles avait déjà dit tout cela. Il l'avait sans doute dit des centaines de fois.

"Mais les clichés sont mortifères, ne croyez-vous pas ? Par leur nature même, ils tuent le sens."

Il me sourit avec un peu d'indulgence. "Le sens ne m'intéresse pas. Il faut que je vous le dise, je ne crois pas qu'il ait encore beaucoup d'importance. Les gens ne s'en soucient plus, en réalité. L'important, c'est la vitesse. Et les images. Des acquis rapides sans attention prolongée. La pub, le cinéma hollywoodien, les infos de 18 heures, oui, et même l'art – tout ça, ça revient à faire son marché. Et c'est quoi, faire son marché ? C'est se balader jusqu'à ce que surgisse un truc désirable et qu'on l'achète. Et pourquoi l'achète-t-on ? Parce que ça vous a fait de l'œil. Sinon, on zappe sur une autre chaîne. Et pourquoi ça vous a fait de l'œil ? Parce que ça a quelque chose qui vous a donné un petit frisson. Ça peut être une étincelle, une lueur, un peu de *gore* ou un cul. Peu importe. C'est le frisson qui compte – pas l'objet. C'est sans fin. Si vous voulez un nouveau frisson, vous allez le chercher. Vous amenez vos dollars et vous achetez de nouveau.

— Mais très peu de gens achètent de l'art, dis-je.

— Exact, mais l'art à sensation fait vendre les magazines et les journaux, et le bruit attire les collectionneurs, les collectionneurs amènent de l'argent, et tournez, manège. Mon honnêteté vous choque ?

— Non. Je ne suis simplement pas certain que les gens soient aussi creux que vous le prétendez.

— Mais, voyez-vous, je pense que *creux*, c'est très bien." Il alluma une autre cigarette. "Je trouve beaucoup plus choquantes toutes les pieuses prétentions des gens à la *profondeur*. C'est le mensonge freudien, ça – ce gros pâté d'inconscient que tout le monde trimballerait au fond de soi.

— Je pense que la notion de profondeur humaine est sans doute antérieure à Freud", rétorquai-je. J'entendis la sécheresse académique de mon ton. Giles m'ennuyait, non qu'il fût stupide, mais parce qu'il y avait dans sa façon de parler un détachement, une cadence lointaine et exercée qui me fatiguaient. Il me regardait, et j'eus l'impression de sentir sa déception. Il avait souhaité m'intéresser. Il était habitué aux journalistes qui mordaient à l'appât, qui le trouvaient intelligent. Je changeai de sujet. "J'ai parlé à Teenie Gold, hier", dis-je.

Giles hocha la tête. "Il y a des mois que je ne l'ai plus vue. Comment va Teenie ?"

Je décidai de ne pas mâcher mes mots. "Elle m'a fait voir une cicatrice sur son ventre – les initiales de Mark – et elle m'a dit..." Je me tus en regardant Giles.

Il m'écoutait avec attention. "Oui ?

— Elle m'a dit que vous aviez incisé ces lettres dans sa peau pendant que Mark la maintenait."

Giles parut plus qu'étonné. "Oh, mon Dieu, dit-il. Pauvre Teenie." Il hocha tristement la tête en soufflant sa fumée vers le plafond. "Teenie se taillade elle-même. Elle a les bras couverts de cicatrices. Elle a essayé d'arrêter, mais elle n'y arrive pas. Elle aime cette sensation. Elle m'a expliqué un jour que ça lui donne la sensation d'exister." Il se tut, secoua la cendre de sa cigarette et reprit : "On aime tous se sentir exister.” Il croisa les jambes et un genou nu apparut entre les plis de la robe somptueuse. D’un coup d’œil à sa cheville, j’aperçus des bouts de poils rasés. Giles avait confirmé mes doutes concernant Teenie et pourtant je me demandais pourquoi elle aurait fabriqué une histoire aussi élaborée. Teenie était loin d’être intelligente. “Je suis certain que Mark va me téléphoner, poursuivit Giles, sans doute aujourd’hui même. Et si je lui parlais, si je lui demandais de reprendre contact avec vous pour vous dire où il est ? Je pense qu’il m’écouterait.”

Je me levai. “Merci, dis-je. Si vous faites ça, nous vous en serons très reconnaissants.”

Giles se leva aussi. Il me sourit, mais ses lèvres semblaient crispées. “Nou-ous ?” répéta-t-il, en faisait du mot deux syllabes chantées.

Son ton m’énerva, mais je répondis calmement. “Oui, dis-je. Il peut appeler soit moi, soit Violet.” Je fis quelques pas en direction de la porte. Dans le vestibule, je me retrouvai face aux reflets multipliés de tous côtés – le mien en chemise bleu foncé et pantalon kaki, le sien en kimono rouge éclatant et les couleurs criardes des meubles de la grande pièce derrière nous, tous fracturés par les panneaux des miroirs. Avec encore à l’oreille son “Nous ?” onctueux, je saisis une poignée, la tournai et ouvrit une porte mais, au lieu de l’ascenseur, je vis devant moi un couloir étroit. Accroché au mur à son extrémité, j’aperçus un tableau que je reconnus, un portrait que Bill avait peint de Mark quand celui-ci avait deux ans. Le petit garçon riait comme un fou en tenant un abat-jour au-dessus de sa tête comme un chapeau, et il était nu à l’exception d’une couche si lourde d’excréments qu’elle lui était descendue sur les hanches. Je ne bougeai pas. L’image me parut flotter vers moi. J’émis un bruit étonné. Dans mon dos, Giles dit : “Pas la bonne porte, professeur.

— C’est de Bill, dis-je.

— En effet, fit Giles.

— Qu’est-ce que ça fait ici ?

— Je l'ai acheté.

— A qui ?

— A la personne à qui il appartenait."

Je me tournai brusquement vers lui. "A Lucille ? Vous l'avez acheté à Lucille ?" Je savais comme tout le monde que les tableaux circulent – qu'ils passent de propriétaire en propriétaire, languissent dans des pièces obscures, réapparaissent, sont vendus et revendus, volés, détruits, restaurés, pour le meilleur et pour le pire. Un tableau peut ressurgir n'importe où, et pourtant, voir cette toile en ce lieu me consternait.

"Je pense l'utiliser", dit Giles. Il se tenait très près de moi. Je sentais son souffle sur mon oreille. Instinctivement, j'écartai la tête.

"L'utiliser ?" répétai-je. Je m'avançai vers le tableau.

"Je croyais que vous partiez", fit Giles derrière moi. Il y avait une note d'amusement dans sa voix et, en l'entendant, je balbutiai intérieurement, m'enfonçai dans la confusion. Le "Nous ?" chantant de Giles en était la cause. L'éventuel avantage que j'avais pu avoir au cours de notre conversation avait disparu dans ce vestibule. Mon faible écho : "L'utiliser ?" sonnait comme une moquerie dirigée contre moi-même, un sarcasme dont j'étais la cible et que je me sentais incapable de compenser par une réplique spirituelle. Tout ce que je voyais, c'était l'enfant peint devant moi, avec son air de jubilation et de plaisir dément.

Je suis encore perplexe quant à ce qui m'est arrivé alors et à la succession exacte des événements, mais je sais que j'ai été pris de claustrophobie, et puis de peur. Teddy Giles n'était guère imposant, mais il était parvenu à m'intimider en quelques phrases énigmatiques qui suggéraient des univers, des univers entiers, et il me semblait que Bill se trouvait au centre de tout cela, que sa mort n'y faisait rien. Le conflit en grande partie inexprimé entre Giles et moi avait Bill pour objet et la conscience que j'en pris soudain vira à la panique. Et puis, comme j'allais toucher le tableau, j'entendis une chasse d'eau. Ce bruit éveilla la conviction que j'avais entendu d'autres bruits avant lui et que ma réaction devant le tableau ne les avait que partiellement couverts. Je m'immobilisai, écoutai. Derrière une porte, j'entendis des haut-le-cœur, suivis d'un appel au secours étranglé. J'ouvris à la volée la porte qui se trouvait juste devant moi et vis Mark étendu sur le sol d'une salle de bains aux murs couverts de petits carreaux verts. Il s'était effondré par terre à côté de la baignoire, la bouche ouverte et les yeux fermés. Ses lèvres étaient bleues. La vue de la bouche bleuie de Mark me calma d'un coup. Je fis un pas en avant et sentis mon pied glisser une seconde. Ayant repris mon équilibre, je remarquai à mes pieds une flaque de vomi. Je m'agenouillai près de Mark et saisis son poignet tout en observant son visage livide. Mes doigts remontèrent sur sa peau mate, à la recherche de son pouls. Sans me retourner, je dis à Giles : "Appelez une ambulance." Comme il ne me répondait pas, je le regardai.

"Il va s'en tirer, dit-il.

— Prenez le téléphone, répliquai-je, et faites le 911 tout de suite, avant qu'il meure dans votre appartement."

Giles disparut dans le corridor. Mes doigts cherchaient encore. Le pouls était faible, et quand je regardai à nouveau le visage de Mark je vis qu'il était d'une blancheur cadavérique. "Tu vas vivre, Mark, lui chuchotai-je, et puis, encore : Tu vas vivre." J'approchai l'oreille de sa bouche. Il respirait.

Il ouvrit les yeux et une vague de bonheur m'envahit. "Mark, dis-je, il faut que je t'emmène à l'hôpital. Ne dors pas. Ne ferme pas les yeux." Je passai un bras sous sa tête pour la soutenir, sans cesser de le regarder. Il ferma les yeux. Je lançai un "Non !" emphatique. Je m'efforçai de le redresser. Il était lourd et, pendant que je tentais de le soulever, une jambe de mon pantalon glissa par terre dans le vomi.

Mark me fixait étroitement. "Va te faire foutre", fit-il. Je l'empoignai sous les aisselles et commençai à le tirer hors de la salle de bains, mais il résistait. D'un geste brusque, il tendit le bras vers mon visage et je sentis ses ongles s'enfoncer dans ma joue. Sous le choc de cette douleur subite, je le lâchai. Sa tête heurta les carreaux et je l'entendis gémir. Un long filament de salive brillante dégoutta de sa bouche ouverte à son menton, et puis il vomit de nouveau, rejetant un liquide ocre sur son t-shirt gris.

Ses vomissements lui sauvèrent la vie. Selon le Dr Sinha, qui s'occupa de lui dans la salle des urgences du New York Hospital, Mark avait abusé d'une combinaison de drogues comprenant un tranquillisant pour animaux connu dans la rue sous le nom de Special K. Lorsque je parlai au Dr Sinha, j'avais tant bien que mal nettoyé mon pantalon dans les toilettes pour hommes et une infirmière m'avait donné un pansement pour les trois égratignures sanglantes sur ma joue droite. Debout dans le couloir de l'hôpital, je sentais encore le vomi et la grande tache humide sur mon pantalon refroidissait dans l'atmosphère climatisée. Quand le docteur parla de Special K, je me rappelai la voix de Giles dans l'escalier : "Pas de K ce soir, hein, M&M ?" Plus de deux ans s'étaient passés entre le moment où j'avais entendu ces mots et celui où ils furent décodés pour moi. Je trouvai plein d'ironie, alors que j'avais vécu à New York pendant près de soixante ans, que mon traducteur fût arrivé dans ce pays bien plus récemment. C'était un jeune homme aux yeux intelligents, qui parlait l'anglais musical de Bombay.

Trois jours plus tard, Violet et Mark prirent l'avion pour Minneapolis. Je n'étais pas présent à l'hôpital lorsque Violet présenta à Mark son ultimatum, mais elle me raconta que, après qu'elle eut menacé de lui couper les vivres complètement, il avait accepté d'entrer à Hazeldon – une clinique de désintoxication dans le Minnesota. Violet avait pu obtenir rapidement une place pour Mark à Hazeldon en s'adressant à l'une de ses anciennes amies de l'école secondaire, qui occupait à la clinique un poste important. Pendant le traitement de Mark, Violet avait l'intention de séjourner chez ses parents et de lui rendre visite chaque semaine. La drogue expliquait en grande partie le comportement de Mark et le simple fait d'avoir donné un nom à ses problèmes apaisa certaines de mes peurs. C'était un peu comme d'éclairer un coin obscur à l'aide d'une lampe de poche et d'y identifier comme une entité distincte chacun des grains de poussière apparaissant dans le cercle lumineux. Mensonges, vols et disparitions devenaient autant de symptômes de la "maladie" de Mark. De ce point de vue, Mark n'était qu'à douze pas de la liberté. Je savais, bien sûr, que ce n'était pas aussi simple, mais quand Mark s'éveilla à l'hôpital après cette épreuve il était devenu quelqu'un d'autre – un garçon atteint d'un mal avéré, qui pouvait être soigné dans une clinique où des experts savaient tout ce qu'il faut savoir sur les gens comme lui. Il avait commencé par refuser d'y aller. Il disait qu'il n'était pas dépendant de la drogue. Il en prenait, mais il n'était pas accro. Il niait aussi avoir volé les bijoux de Violet ou mon cheval mais, n'importe qui vous le dira, la dénégation est inhérente au "profil" de la dépendance. Le diagnostic ouvrait la porte à un renouveau de sympathie pour Mark. Accablé de besoins terribles, il avait mal maîtrisé ses actions et il méritait encore une chance. Mais toute solution standard, toute explication commode a ses limites – des gestes sentimentaux restent rebelles à l'interprétation – le vol du couteau de Matt, par exemple. Violet l'avait dit : "Mark avait onze ans." La drogue ne jouait aucun rôle dans sa vie quand il avait onze ans.

Inévitablement, l'enfant hante l'adulte, même quand cette personnalité antérieure n'est plus reconnaissable. Le portrait peint par Bill du bambin malicieux avec sa couche sale avait abouti dans l'appartement où l'adolescent de dix-huit ans avait failli mourir. La toile n'était plus le miroir de quelqu'un, elle était devenue un troublant spectre du passé – non seulement de celui de Mark, mais aussi de son propre passé. Lucille raconta à Violet qu'elle avait vendu le tableau à Bernie cinq ans auparavant. Un coup de téléphone à Bernie révéla qu'il ne savait rien de Giles. Il avait traité avec une certaine Suzan Blanchard, conseillère respectée de plusieurs collectionneurs bien connus de la ville. Bernie disait que l'acheteur était un nommé Ringman, qui avait acheté également l'une des caisses de la série des *Contes de fées*. Violet était fâchée que ni Lucille, ni Bernie n'eussent signalé cette vente à Bill. "Il avait le droit de savoir, disait-elle. Moralement." Mais Lucille n'avait pas voulu que Bill le sût et elle avait demandé à Bernie de ne pas en parler. "Lucille me faisait de la peine, expliqua Bernie à Violet. Et puis, le tableau était à elle, elle avait le droit de le vendre."

Violet considéra Lucille comme responsable des errances de la toile. Moi pas. Je me sentais très soulagé que Lucille n'eût pas vendu le tableau directement à Giles, et j'étais tout à fait certain qu'elle avait eu besoin de l'argent de cette vente. Mais, pour Violet, les histoires se mêlaient. Lucille avait vendu au plus offrant un portrait de son propre fils et elle n'avait pas pris la peine de venir voir celui-ci à l'hôpital. Elle s'était contentée de lui téléphoner et, d'après Mark, elle n'avait même pas fait allusion à l'overdose. Violet crut que Mark mentait, appela Lucille et lui posa la question. Lucille confirma qu'elle n'avait pas parlé avec Mark du danger de mort où la drogue l'avait mis. "Je ne pensais pas que ce serait constructif", déclara-t-elle. De quoi avait-elle parlé, alors ? voulut savoir Violet. Lucille dit qu'elle avait donné à Mark des nouvelles d'Ollie à son centre aéré et des deux chattes, qu'elle lui avait raconté ce qu'elle préparait pour le dîner et puis qu'elle lui avait souhaité bonne chance. Violet était indignée. En me rapportant cette conversation, elle tremblait d'exaspération. Mon sentiment, c'était que Lucille avait décidé très sciemment de ne pas évoquer ce qui s'était passé, qu'elle avait pesé sa décision avec soin et en avait conclu que revenir sur ce terrain avec Mark ne ferait de bien ni à lui, ni à elle. Je pense que chaque mot qu'elle lui avait dit était délibéré. Je soupçonnais aussi qu'après avoir raccroché elle s'était mentalement répété la conversation et même que, peut-être, se reprochant certaines de ses paroles, elle l'avait remaniée après coup. Violet considérait qu'une mère qui ne sautait pas dans le premier train pour accourir au chevet de son fils était "dénaturée" mais je savais que le respect humain et le doute paralysaient Lucille. Elle était embourbée dans ses propres débats internes, dans les pour, les contre et les énigmes logiques qui lui rendaient toute action quasi impossible. A lui seul, le coup de téléphone à l'hôpital avait sans doute exigé d'elle un courage considérable.

La différence entre Lucille et Violet était une question de caractère, pas de savoir. L'incertitude de Violet en ce qui concernait Mark était aussi grande que celle de Lucille. Ce dont Violet ne doutait pas, néanmoins, c'était de la force de ses sentiments pour lui et de son besoin d'agir en conséquence. Lucille, elle, se sentait impuissante. Les deux épouses de Bill étaient devenues les deux mères de Mark et, si les mariages s'étaient succédé, la maternité de Lucille et la maternité adoptive de Violet avaient coexisté pendant des années et s'étaient prolongées au-delà de la mort de Bill. Les deux femmes représentaient les deux pôles du désir d'un homme et elles étaient liées par le garçon qu'il n'avait engendré qu'avec l'une d'elles. Je ne pouvais m'empêcher de penser que Bill jouait encore un rôle capital dans l'histoire qui se déroulait devant moi, qu'il avait créé entre nous une géométrie cruelle et qu'elle perdurait. Une fois encore, je trouvai des allusions dans le tableau accroché chez moi : la femme qui s'éloignait et celle qui luttait et restait ; l'étrange petite voiture sur le ventre potelé de Violet – un objet qui n'était pas lui-même et n'était pas non plus un symbole, mais un véhicule de souhaits informulés. Quand Bill avait peint cette toile, il espérait un enfant de Lucille. C'était lui qui me l'avait dit. Je repris l'examen du tableau et, plus je le regardais, plus il me semblait que Mark aussi se trouvait là, dans la toile, caché dans le corps de la femme qui n'était pas sa mère.

Violet et Mark restèrent absents deux mois. Durant cette période, je montai leur courrier, arrosai leurs trois plantes là-haut et écoutai les messages du répondeur sur lequel j'entendais toujours la voix de Bill demandant à ses correspondants d'attendre le bip. J'allais aussi une fois par semaine à l'atelier du Bowery. Violet m'avait chargé expressément de garder un œil sur Mr Bob. Peu après la mort de Bill, Mr Aiello, le propriétaire, s'était aperçu de la présence du squatteur et, à la suite d'un arrangement conclu avec lui, Violet payait désormais un loyer supplémentaire pour la pièce délabrée du rez-de-chaussée. Son nouveau statut de résident officiel au 89, Bowery avait rendu Mr Bob à la fois possessif et empressé. Pendant mes visites, il traînait derrière moi en reniflant bruyamment pour exprimer sa désapprobation. “Je m'occupe de tout, assurait-il. J'ai balayé.” Le balayage était devenu la vocation de Mr Bob et son obsession et, souvent, il me passait le balai sur les talons comme si je laissais derrière moi une traîne de poussière. Et, tout en balayant, il déclamait, et ses paroles grandioses s'élevaient et retombaient avec un plein effet dramatique.

“Il ne s'apaisera pas, je vous le dis. Il a opposé un non sonore au sommeil éternel, et moi, tout le jour et bien avant dans la nuit, je suis obligé d'écouter le bruit funèbre de ses pas qui vont et viennent là-haut sous le toit, et la nuit dernière, après que j'avais balayé les derniers petits riens, les miettes et les je-ne-sais-quoi de ma longue journée de travail, je l'ai aperçue dans l'escalier – l'image toute crachée de Mr W. en personne, mais sans corps, bien entendu – un simple souffle astral de ce qu'il était autrefois, et ce fantasme désincarné, cet esprit a tendu les bras en un geste de désolation indescriptible et puis il s'est caché ses pauvres yeux aveugles et j'ai discerné qu'il la cherchait, elle, Beauté. A présent qu'elle est partie, le fantôme reste inconsolé. Ecoutez-moi bien, car je l'ai déjà vu et je le verrai encore. Ma connaissance des esprits est directe et personnelle. Quand j'avais mon affaire (je m'occupais d'antiquités, le saviez-vous ?), j'ai eu plusieurs fois l'expérience d'objets qui avaient été *pénétrés*. Vous entendez bien cette expression et ce qu'elle signifie dans ce cas particulier – *pénétré*. Un buffet Queen Anne qui avait appartenu à une petite dame âgée à Ditmas Park, Brooklyn. Une magnifique demeure, qu'elle avait là, avec une tourelle, mais l'essence de Mrs Deerborne ou, disons, son *anima*, l'ombre spectrale de ce qu'elle avait été auparavant, était encore agile, encore rapide. Elle palpitait comme un oiseau au-dedans de ce beau meuble, présence effarouchée au fond des tiroirs. Disons simplement qu'ils cliquetaient. Sept fois, j'ai vendu ce buffet, à contrecœur, tellement à contrecœur, et sept fois les acheteurs me l'ont rapporté. Sept fois je l'ai repris, sans poser de questions, parce que je savais. C'était son fils qui la torturait. Il n'était pas marié, pas établi, un bon à rien à la dérive et je crois que la vieille dame ne supportait pas de l'abandonner ainsi sans situation dans la vie. William Wechsler, autrement dit Mr W., a des affaires à terminer, lui aussi, et Beauté le sait et c'est pour cela qu'elle est venue tous les jours jusqu'à ces derniers temps. Je l'entends qui chante pour lui et qui lui parle afin de l'aider à s'endormir. Elle va revenir bientôt, maintenant. Son fantôme ne peut pas se passer d'elle. Il est plus inquiet, plus agité et plus maussade que jamais, et il n'y a qu'elle qui puisse le calmer – calmer cela. Et je vais vous dire pourquoi. Elle reçoit dans ses épreuves le secours des anges. Vous me comprenez ! Ils descendent ! Ils descendent ! J'en suis le témoin. Je l'ai vue sortir par cette porte, et j'ai vu sur son visage la marque embrasée des séraphins. Elle est touchée, touchée par les doigts brûlant de l'armée céleste."

Les monologues de Mr Bob m'épuisaient. Ils étaient sans fin. Ce qui m'irritait, c'était moins son micmac de religion et d'occultisme que le ton de supériorité bourgeoise qui envahissait inévitablement ses histoires de tables, de commodes et de secrétaires possédés, lesquelles comprenaient en général une condamnation des "individus à la dérive", des "perdants" et des "clochards". Bob avait ajouté Bill et Violet à sa mythologie confuse, parce qu'il les voulait pour lui seul. Les légendes ne peuvent vivre et respirer qu'au mode verbal, et Bob parlait donc inlassablement afin de garder Mr W. et sa Beauté en sécurité dans un univers à sa façon. Là, ils pouvaient escalader ses hauteurs célestes ou tomber dans ses fosses infernales à l'abri de mes interventions.

Et pourtant, j'aurais aimé être seul lorsque je montais à l'atelier, que j'ouvrais la porte et que je contemplais la grande pièce et le peu qui y restait de Bill. J'aurais aimé observer la chaise sur laquelle étaient drapés les vêtements de Bill, ceux que j'avais vu Violet porter. J'aurais aimé me laisser baigner en silence par la lumière des hautes fenêtres, étincelante de soleil ou tombante au crépuscule, et respirer l'odeur de cette pièce, qui n'avait pas changé du tout. Mais ce n'était pas possible. Bob était le génie en résidence de l'immeuble, son concierge mystique et bénévole, renifleur, balayeur et discoureur, et je n'y pouvais rien. N'empêche, je continuais à attendre sa bénédiction chaque fois que je franchissais le seuil : "Seigneur, élève l'âme de ton serviteur affligé tandis qu'il affronte le désordre pédestre de Ta cité, afin qu'il ne soit pas trop durement tenté par les démons de Gotham mais qu'il marche sans détour et sans faute vers Ta lumière céleste. Bénis-le et garde-le, et que Ta grandeur rayonnante fasse pleuvoir sur lui Ta lumière et Ta paix."

Je ne croyais ni aux fantômes ni aux anges du vieux mais, au fil de l'été, le sentiment que j'avais d'être hanté par Bill s'accentua au lieu de diminuer. Sans en parler à personne, je me mis à prendre des notes et à réunir des données pour un essai sur son œuvre à entreprendre quand j'aurais fini mon livre sur Goya. L'essai démarra un après-midi où je feuilletais le catalogue du *Voyage de O* et où l'initiale du héros, qui signifiait à la fois la présence de la lettre et l'absence du chiffre, évoqua d'autres œuvres de Bill axées sur l'apparition et la disparition. Après cela, je passai toutes les matinées avec les catalogues et les diapositives de Bill et je compris peu à peu que c'était un livre que j'écrivais, un livre dont l'organisation n'était pas fonction de la chronologie, mais des idées. Ce n'était pas simple. Beaucoup d'œuvres entraient dans plus d'une de mes catégories originales – dans *Disparitions* et dans *Faim*, par exemple. Et puis je découvris que *Faim* était en réalité un sous-groupe de *Disparitions*. La distinction peut paraître académique, mais plus j'étudiais les images, les couleurs, les coups de pinceau, les sculptures et les inscriptions, plus je sentais que leurs ambiguïtés faisaient toutes partie de l'idée de disparition. L'ensemble de l'œuvre que Bill nous avait laissée représentait l'anatomie d'un authentique fantôme, non parce que toute œuvre artistique d'un défunt est sa trace en ce monde, mais parce que l'œuvre de Bill en particulier constituait une enquête sur l'insuffisance des surfaces symboliques – les formules explicatives qui restent en deçà de la réalité. A tout moment, le désir de situer, d'arrêter, de préciser par des lettres ou des chiffres les conventions de la peinture se trouvait mis en valeur. Vous croyez savoir, semblait dire Bill dans chacune de ses œuvres, mais vous ne savez rien. Je subvertis vos évidences, vos confortables idées reçues et, par cette métamorphose, je vous aveugle. Quand une chose cesse-t-elle, quand commence la suivante ? Vos frontières sont des inventions, des farces, des absurdités.

La même femme grossit et diminue et, à chaque extrême, elle vous met au défi de la reconnaître. Une poupée gît sur le dos avec, sur la bouche, la trace d'un diagnostic périmé. Deux garçons deviennent l'un l'autre. Les chiffres des cours de la Bourse, des chiffres précédé du signe $, des chiffres tatoués sur un bras. Jamais je n'avais vu cette œuvre avec plus de clarté et, en même temps, j'y pataugeais, étouffé par le doute et par autre chose – une intimité asphyxiante. Il y avait des jours où mon travail prenait les allures d'une maîtresse tyrannique dont les élans de passion étaient suivis d'une froideur insondable, qui réclamait l'amour à grands cris et puis me frappait au visage. Et, telle une femme, l'art me menait par le bout du nez, je souffrais et j'étais heureux. Assis à ma table, le stylo à la main, je luttais avec cet homme caché qui avait été mon ami, un homme qui s'était peint sous les traits d'une femme et sous ceux de B, une fée marraine grasse et vigoureuse. Mais ce combat me donnait vis-à-vis de moi-même une lucidité inhabituelle et, en cette fin d'été, je me sentais bien vivant dans ma solitude.

Violet téléphonait régulièrement. Elle me parlait de Hazeldon – une retraite que je confondais avec les sanatoriums de ma petite enfance. Les parents de ma mère, que je n'ai pas connus, sont tous deux morts de tuberculose en 1929 après de longs séjours à Nordrach, un sanatorium situé dans la Forêt-Noire. Je me représentais Mark étendu sur une chaise longue au bord d'un lac scintillant au soleil. Cette image était sans doute fausse – composée à partir des récits de ma mère et de mes souvenirs de lecture de *La Montagne magique*, de Thomas Mann. Le point capital, je m'en rendais compte, c'était que, lorsque je pensais à Mark à cette époque, il ne bougeait jamais. Il était figé, comme un personnage dans une photographie, et cette immobilité était ce qui comptait. Il me semblait que Hazeldon l'avait en son pouvoir. Telle une prison bienveillante, la clinique régentait sa mobilité et je me rendais compte que ce qui me faisait le plus peur chez Mark, c'étaient ses disparitions et les errances consécutives. Violet se disait encouragée par les progrès de Mark. Chaque mercredi, elle assistait aux réunions familiales, et elle s'y préparait en lisant la description des douze étapes. Elle disait que Mark avait eu un départ chaotique, mais qu'il avait lentement commencé à se révéler au cours des semaines. Elle parlait des autres patients ou "pairs", ainsi qu'on appelait les pensionnaires de Hazeldon, et en particulier d'une jeune femme nommée Debbie.

L'été prit fin. Les cours recommencèrent, et je perdis le rythme quotidien de mon travail sur le livre consacré à Bill. Je le poursuivais, néanmoins, souvent le soir, après avoir revu les notes de mes cours. A la fin octobre, Violet téléphona pour annoncer qu'elle et Mark rentreraient la semaine suivante.

Quelques jours après le coup de fil de Violet, Lazlo apparut à ma porte. Un simple coup d'œil m'avertit qu'il était porteur de mauvaises nouvelles. J'avais appris à déchiffrer le corps de Lazlo plutôt que son visage. Ses épaules tombaient et, lorsqu'il entra chez moi, il marchait lentement. Quand je lui demandai ce qui se passait, il me parla du tableau dans la prochaine exposition de Giles. L'histoire n'était encore qu'une rumeur, un de ces commérages flottant dans l'atmosphère, que Lazlo semblait attraper au vol mais, une semaine plus tard, le vernissage eut lieu et nous en eûmes la confirmation. Pour cette nouvelle exposition, Teddy Giles s'était servi du tableau représentant Mark. Le scandale tournait autour de la destruction de cette toile de valeur. Une figure de femme morte, amputée d'un bras et d'une jambe, défonçait le portrait que Bill avait peint de son fils. La tête apparaissait d'un côté de la toile, qui lui étranglait le cou. Le reste du corps mutilé dépassait de l'autre côté. La force de l'ensemble était liée au fait qu'une œuvre d'art originale, appartenant à Giles, fût désormais aussi mutilée que le mannequin.

L'événement provoqua l'excitation du milieu artistique. Si on était propriétaire d'un tableau, on avait le droit de le détruire. On pouvait s'en servir comme cible pour s'exercer au tir, si on voulait. Je me rappelais l'avertissement de Giles : "Je pense l'utiliser." Je n'avais pas compris. Utiliser, cela n'avait rien à voir avec l'art. L'art est par nature inutile. Dès le vernissage, ce fut le seul élément de l'exposition qui donna lieu à discussion. Les autres ressemblaient aux œuvres antérieures de Giles – corps vides et tronçonnés de femmes, de quelques hommes et de plusieurs enfants, vêtements ensanglantés, têtes coupées, armes à feu. Personne ne semblait leur accorder d'attention. Ce qui enfiévrait tout le monde – scandalisant les uns, enchantant les autres – c'était qu'il y avait là un acte de violence avérée. Une violence non plus affectée, mais réelle. Les corps étaient des simulacres mais le tableau, lui, était authentique. Plus excitante encore était la cote élevée de l'œuvre de Bill. On délibéra longuement pour savoir si la présence du tableau – tout endommagé qu'il fût – faisait monter le prix de l'œuvre telle quelle. On ne pouvait guère savoir combien Giles avait effectivement payé le portrait de Mark. On cita plusieurs chiffres extravagants, mais je soupçonne qu'ils venaient de Giles en personne – source notoirement peu fiable.

Violet revint en plein tumulte. Plusieurs journalistes l'appelèrent dans l'espoir de recueillir une déclaration. Avec sagesse, elle refusa de leur parler. Il ne fallut pas longtemps pour que la piste conduise à Mark et à ses relations avec Giles. Dans un journal gratuit du centre-ville, un échotier spéculait sur la nature de ces relations et suggérait que Giles et "le jeune Wechsler" étaient amants ou l'avaient été. Un critique qualifia la chose de "viol artistique". Hasseborg suivit le mouvement, soutenant que la profanation renouvelait la possibilité de subversion dans l'art. "D'un seul coup, Giles a transpercé d'une balle toutes les pieuses banalités où baigne l'art dans notre culture."

Ni Violet, ni moi, nous ne visitâmes l'exposition. Lazlo s'y rendit avec Pinky, armé d'un Polaroïd à l'aide duquel il prit subrepticement une photo qu'il nous apporta. Mark se trouvait chez sa mère pour plusieurs jours avant de revenir à New York. Violet me dit que lorsqu'elle lui avait parlé du tableau Mark avait paru perplexe. "Il a l'air de croire que Giles est en réalité un brave type et de ne pas comprendre pourquoi il ferait une chose pareille à une œuvre de son père." Après avoir examiné la petite photo, Violet la posa sur la table sans rien dire.

"J'espérais que c'était une copie, dit Lazlo, mais non. J'ai regardé de tout près. Il s'est servi du vrai tableau."

Pinky était assise sur le canapé. Je remarquai que, même ainsi, ses longs pieds restaient tournés en dehors, en première position. "La question, dit-elle, c'est : pourquoi l'œuvre de Bill ? Il aurait pu acheter au même prix n'importe quel tableau pour l'amocher. Pourquoi ce portrait de Mark ? Parce qu'il le connaît ?"

Lazlo ouvrit la bouche, la referma et la rouvrit. "On raconte que Giles connaît Mark parce qu'il était..." Il hésita. "Il faisait une fixation sur Bill."

Violet se pencha en avant. "Tu as une raison quelconque de croire ça ?"

Derrière les lunettes de Lazlo, je vis ses yeux s'étrécir un peu. "J'ai entendu dire qu'il a un dossier sur Bill datant d'avant sa rencontre avec Mark – des coupures de presse, des catalogues, des photos."

Aucun d'entre nous ne dit mot. L'idée que Giles avait recherché le fils à cause du père m'avait traversé l'esprit dans le corridor, le jour où j'avais trouvé Mark dans la salle de bains, mais que voulait Giles ? Si Bill avait été encore vivant, le tableau saccagé l'aurait atteint, mais Bill était mort. Giles voulait-il blesser Mark ? Non, pensai-je, je ne pose pas les bonnes questions. Je me rappelais le visage de Giles pendant notre conversation, son apparente sincérité à propos de Mark, ses commentaires sur

Teenie : “Pauvre Teenie, elle se taillade elle-même.” Je me rappelais le double caractère sur la peau de la jeune fille – les deux M inversés, ou le M attaché au W, M&M, les M de Bill – les deux garçons, Matthew et Mark. *Pas de K, ce soir, hein, M&M ?* L’enfant des fées. J’avais écrit là-dessus – les copies, les doubles, les multiples. Les confusions. Je me rappelai soudain les deux figures masculines identiques dans le collage de Mark avec les deux photos de bébés. Quelle était cette histoire que Bill m’avait un jour racontée à propos de Dan ? Oui. Dan se trouvait à l’hôpital après sa première crise nerveuse. Bill avait les cheveux longs, à cette époque, mais il les avait coupés. Quand il vint rendre visite à Dan, il entra dans la chambre avec ses cheveux courts. Dan lui jeta un coup d’œil et déclara : “Tu m’as coupé les cheveux.” Ce sont des choses qui arrivent aux schizophrènes, m’avait expliqué Bill. Ils se trompent de pronom. Les aphasiques aussi. Mes pensées manquaient d’ordre. Je vis le Saturne de Goya en train de dévorer son fils, la photographie de Giles rongeant son propre bras, et puis la tête de Mark s’écartant en sursaut de mon bras au moment où je me réveillais dans mon lit. Le message sur le répondeur : “M&M sait ce qu’ils ont fait de moi.” Non. “M&M sait ce qu’ils ont fait de *Moi*.” Le garçon dans la cage d’escalier, avec son sac vert. Moi. Ils l’appelaient Moi.

“Ça ne va pas, Leo ?” demanda Violet.

Je la regardai et puis j’expliquai.

“Rafael et Moi, c’est la même personne, dit Violet.

— Vous voulez dire le gamin que Giles serait censé avoir tué ?” demanda Pinky.

La conversation qui suivit s’égara bientôt dans l’étrange. Nous explorâmes la réduction supposée de Rafael en esclavage, l’éventuelle liaison amoureuse de Mark avec Giles, la mutilation exquise de Teenie et les chats morts pendus dans toute la ville. Lazlo évoqua le Special K et une autre drogue qu’on appelait ecstasy. Ces petites pilules étaient parfois appelées *e*, encore une lettre dans l'alphabet grandissant des produits pharmaceutiques. Mais le seul fait solide que nous possédions était que j'avais un jour entraperçu au petit matin dans l'escalier un jeune garçon que Mark appelait Moi. Au téléphone, une inconnue avait transmis à Violet une rumeur concernant un meurtre possible et un gamin du nom de Rafael, mais qui aurait pu dire que cette histoire n'était pas pure fabrication ? A ce moment-là, néanmoins, mon imagination courait sans frein et j'avançai l'hypothèse selon laquelle Giles se trouvait à l'origine des deux coups de téléphone, celui à Violet et celui à Bill. "Il prend toutes sortes de voix pour répondre aux interviews, dis-je. C'est peut-être lui, la fille au téléphone." Violet n'était pas d'accord parce que, disait-elle, ce n'était pas une voix de fausset. Quand Pinky parla de dispositifs qu'on peut fixer à un téléphone et qui modifient la voix, Violet se mit à rire. Son rire devint bientôt un staccato aigu, et puis des larmes inondèrent son visage. Pinky se leva, s'agenouilla devant Violet et lui entoura le cou de ses bras. Lazlo et moi, nous restâmes assis à regarder les deux femmes se bercer mutuellement en une longue étreinte. Au moins cinq minutes s'écoulèrent avant que le rire désespéré de Violet ne s'apaise en brefs soupirs et en reniflements convulsifs. "Tu es à bout, dit Pinky à Violet en lui caressant la tête. Nous sommes tous à bout."

Deux mois s'étaient alors écoulés sans une lettre d'Erica. La veille du retour de Mark à New York, je rompis notre pacte et l'appelai au téléphone. Je ne crois pas que je m'attendais qu'elle soit là. J'avais préparé un petit speech pour le répondeur, et quand elle décrocha et dit "Allô ?" je restai un instant sans voix. Après que je me fus identifié, elle ne dit rien et ce moment de silence me fâcha soudain. Je lui déclarai que notre amitié, notre mariage, notre couple – quoi que cela pût être – était devenu une imposture, un mensonge stupide, un néant complet, et que j'en avais plein le dos, de toute cette histoire. Si elle avait rencontré quelqu'un d'autre, j'avais le droit de le savoir. Si tel était le cas, je voulais être libre, je voulais me détacher d'elle une fois pour toutes.

"Il n'y a personne d'autre, Leo.

— Pourquoi n'as-tu pas répondu à mes lettres ?

— J'ai commencé cinquante lettres et je les ai jetées à la poubelle. J'ai l'impression d'être perpétuellement en train de m'expliquer et de m'analyser, bla, bla, bla. Même avec toi. J'en ai assez, de mon besoin inextinguible de tout mettre à plat et en morceaux. Quand je le fais, ça ressemble aux pires des sophismes, à des mensonges subtils, à des excuses que je m'inventerais." Erica poussa un profond soupir et à ce bruit familier ma colère retomba. Dès qu'elle eut disparu, je me rendis compte qu'elle me manquait. Le dépit a une netteté, une intensité qui font défaut à la sympathie et je regrettais de me sentir revenu dans le flou de ce territoire émotionnel.

"J'ai tellement écrit, Leo, j'aurais difficilement pu t'écrire, à toi. C'est Henry James, de nouveau.

— Ah, fis-je.

— Je les aime, tu sais.

— Qui ?

— Ses personnages. Je les aime parce qu'ils sont si compliqués : quand je travaille sur eux et leurs souffrances, je m'oublie. J'ai pensé t'appeler – j'ai été stupide de ne pas le faire. Je regrette, vraiment."

A la fin de cette conversation, nous avions décidé, Erica et moi, de communiquer par téléphone et non plus seulement par lettres. Je lui proposai de m'envoyer son livre dès qu'elle se sentirait prête, et je lui dis que je l'aimais. Elle dit qu'elle m'aimait, elle aussi. Qu'il n'y avait personne d'autre. Qu'il n'y aurait jamais personne d'autre. Après avoir raccroché, je compris que rien ne nous libérerait l'un de l'autre. Cela ne me faisait pas plaisir. Je n'avais pas envie de rompre avec Erica et, pourtant, je me rebellais contre notre relation obstinée. Nous avions été séparés par l'absence, mais cette même absence nous avait enchaînés ensemble à vie.

J'avais téléphoné à ma table de travail et, après quelques minutes, j'ouvris mon tiroir pour examiner mes trésors. Ils me parurent bizarres – cette étrange collection de souvenirs comprenant de fines chaussettes noires, un bout de carton brûlé et un mince carré découpé dans un magazine. Je regardai le visage de Violet sur la photographie, et puis celui de Bill, les yeux tournés vers sa femme. Sa femme. Sa veuve. Les morts. Les vivants. Je saisis le rouge à lèvres d'Erica. Ma femme et ses chers personnages dans les livres d'un mort. De la fiction, et rien d'autre. Mais c'est là que nous vivons tous, pensai-je, dans les récits imaginaires que nous nous faisons de nos vies, et alors je pris le dessin de Matt représentant Dave et Durango.

Mark semblait aller mieux. Ses yeux bleus avaient une franchise nouvelle, et il avait pris quelques kilos pendant ses mois d'absence. Même sa voix paraissait plus sonore et plus convaincue. Ses journées consistaient en recherche d'un emploi le matin, en réunions des Narcotic Anonymous l'après-midi et en rendez-vous avec un homme qui était devenu son répondant. Alvin était un ex-héroïnomane qui ne pouvait avoir plus de trente ans. C'était un jeune homme net et poli, à la peau brun pâle, avec une barbe taillée de près et des yeux brûlants d'une détermination fiévreuse. Alvin était un ressuscité, un personnage dostoïevskien remonté du sous-sol afin d'apporter son aide à un camarade dans le besoin. Son corps était un bloc rigide de détermination et, rien qu'à le voir, je me sentais languide, superflu et ignorant. Tels des milliers d'autres, le répondant de Mark avait "touché le fond" et puis décidé de changer de vie. Je n'ai jamais appris l'histoire d'Alvin, mais Mark nous en raconta, à Violet et à moi, quantité d'autres qu'il avait recueillies à Hazeldon, des histoires sordides de besoins désespérés entraînant mensonges, abandons, trahisons et parfois violences. A chacune était attaché un nom : Maria, John, Angel, Hans, Mariko, Deborah. Mark éprouvait un intérêt manifeste pour ces histoires, mais il semblait plus attentif à leurs détails sordides qu'aux gens qui les avaient provoquées. Sans doute voyait-il dans leurs actes le reflet de son propre avilissement.

Violet était optimiste. Mark assistait tous les jours aux réunions, parlait souvent avec Alvin et travaillait comme commis de salle dans un restaurant de Grand Street. Appliquant les règles du programme, Violet lui avait dit qu'elle en avait fini avec les punitions, mais qu'il ne pouvait vivre avec elle que s'il était *clean*. C'était aussi simple que ça. Vers le milieu du mois, Mark frappa chez moi un soir vers onze heures. Quoique déjà couché, je ne dormais pas encore. En ouvrant la porte, je le trouvai debout sur le palier. Je l'invitai à entrer. Il fit quelques pas jusqu'au canapé mais ne s'assit pas. Il lança un coup d'œil au portrait de Violet, un autre à moi, et puis il contempla ses chaussures. "Je te demande pardon, dit-il. Je regrette de t'avoir fait de la peine."

Tout en le dévisageant fixement, je resserrai la ceinture de ma robe de chambre, comme si cette traction pouvait m'aider à dominer mes émotions.

"J'étais drogué, continua-t-il. Ça m'avait foutu en l'air, mais c'était entièrement ma faute."

Je ne lui répondis pas.

"Tu n'as pas besoin de me pardonner, mais c'est important que je te le demande. C'est une des étapes."

Je hochai la tête.

Le visage de Mark frémissait.

Il a dix-neuf ans, me dis-je.

"Si seulement tout pouvait être différent, si tout pouvait être comme avant." Il me regarda pour la première fois. "Tu m'aimais bien, dit-il. On avait des conversations super.

— Je me demande quel sens avaient ces conversations en réalité, Mark, répondis-je. Tu as tellement menti…"

Il m'interrompit. "Je sais, mais j'ai changé." Sa voix avait un accent douloureux. "Et je t'ai dit des choses que je n'ai jamais dites à personne d'autre. Je les pensais. Vraiment."

La désolation semblait monter de son tréfonds, de l'intérieur de sa poitrine. Etait-ce un son neuf ? Avais-je jamais entendu ce ton dans le passé ? Je ne le pensais pas. Très prudemment, je mis la main sur son épaule. "L'avenir témoignera, dis-je. Tu as l'occasion de retourner la situation, de vivre autrement. Je t'en crois capable."

Il s'approcha de moi et baissa la tête pour me regarder en face. Il semblait éprouver un soulagement immense. Il poussa un long soupir et puis il dit : "S'il te plaît." Mark écarta les bras. J'hésitai, et puis je cédai. Se penchant vers moi, il posa la tête sur mon épaule et m'étreignit avec une intensité et une chaleur qui me rappelèrent son père.

Le 2 décembre, au petit matin, Mark disparut. Le même jour, Violet reçut une lettre de Deborah – la jeune fille avec qui Mark et Violet s'étaient liés d'amitié à Hazeldon. Il était près de minuit quand Violet descendit chez moi, la lettre à la main, et s'assit dans le canapé pour me la lire :

> Chère Violet,
> Je voulais vous écrire pour vous dire que je vais bien. Chaque jour est une bataille pour ne pas boire et tout ça, mais je m'en sors avec l'aide de ma mère. Elle essaie de ne plus tellement me crier dessus après ce qu'on a dit dans les réunions familiales. Elle sait que ça m'accable. Quand c'est vraiment dur, je pense aux chants que j'ai entendus dans le ciel, cette nuit-là, à Hazeldon, et à ces voix d'en haut qui m'ont dit que j'étais une enfant de Dieu et qu'Il m'aime à cause de ça. Je sais que certains des autres ont pensé que j'étais naze quand j'ai dit que

> je n'étais plus Debbie. Mais, à la réunion familiale, je sentais bien que vous me compreniez. Je devais être Deborah après les avoir entendus chanter. Vous êtes quelqu'un de vraiment bien et Mark a de la chance de vous avoir comme belle-mère. Il m'a raconté comment vous l'avez aidé à supporter le manque quand il tremblait et vomissait si terriblement avant que vous arriviez dans le Minnesota. J'ai toujours regretté de ne pas avoir quelqu'un comme ça près de moi. Je demande à tout le monde de prier pour moi, alors j'espère que vous pouvez prier pour moi, vous aussi. Très, très joyeux Noël, et une très bonne année,
>
> bisous,
> Deborah
>
> P.-S. On m'enlève mon plâtre la semaine prochaine.

Sa lecture achevée, Violet posa la lettre sur ses genoux et me regarda.

“Tu ne m'avais pas dit que Mark avait eu des symptômes de manque, dis-je.

— Je ne te l'ai pas dit parce qu'il n'en a pas eu.

— Pourquoi Deborah écrit-elle ça, alors ?

— Parce que c'est ce qu'il lui a raconté.

— Mais pourquoi aurait-il fait ça ?

— Je pense qu'il voulait s'intégrer, être plus comme les autres. Je veux dire que Mark avait un problème de drogue, mais il n'a jamais été physiquement dépendant. Il trouvait sans doute plus facile d'expliquer tous ses mensonges et ses vols s'il prétendait qu'il était complètement accro.” Elle fit une pause de plusieurs secondes. “A la fin, tout le monde l'aimait – les conseillers, les autres patients, tout le monde. On l'avait nommé chef de groupe. Mark était une star. Personne n'aimait beaucoup Debbie. Elle s'habille comme une pute et elle a un teint affreux. Elle a vingt-quatre ans et elle a déjà fait quatre cures de désintox. Elle a failli se noyer, un jour. Elle était tellement soûle qu'elle est tombée dans un lac. Une autre fois, en voiture, elle a quitté la route et s'est écrasée contre un arbre ; on lui a retiré son permis. Avant d'atterrir à Hazeldon, elle est rentrée bourrée chez sa mère, elle est tombée dans l'escalier et s'est cassé la jambe en cinq endroits. Elle a un plâtre jusque-là." Violet désigna sa cuisse. "Eh bien, elle volait sa mère, elle lui mentait, juste comme Mark. Elle a même fait des passes. Sa mère en avait plein le dos. Elle n'arrêtait pas de lui crier dessus : Tu n'es qu'un gros bébé. C'est comme si j'avais eu pendant vingt-quatre ans un bébé qui pleure et qui vomit. Tu n'es pas une compagnie pour moi. Je passe ma vie à m'occuper de toi. Alors la mère s'est mise à pleurer, et Debbie pleurait, et je pleurais. J'étais là, sur ma chaise, et je sanglotais de tout mon cœur pour la pauvre Debbie et sa pauvre mère." Violet me lança un sourire ironique. "Je ne les connaissais ni d'Eve, ni d'Adam. Eh puis, à un moment donné, pendant le deuxième mois, Debbie a eu sa vision et elle est devenue Deborah.

— Les chants", dis-je.

Violet fit oui de la tête. "Quand elle s'est amenée à la réunion familiale suivante, elle rayonnait comme une ampoule électrique.

— Ça peut passer, tu sais. C'est généralement le cas.

— Oui, mais elle croit à son histoire et aux mots dont elle se sert pour la raconter.

— Et Mark, non. C'est ça que tu veux dire ?"

Violet se leva. Se tenant le front à deux mains, elle se mit à aller et venir. Je tâchai de me rappeler si Violet allait et venait avant la mort de Bill. Je la regardai faire plusieurs pas et puis se retourner. "Parfois, j'ai l'impression qu'il ne conçoit pas ce que c'est que le langage. C'est comme s'il ne comprenait rien aux symboles – toute la structure lui manque. Il parle, mais il se sert des mots comme de moyens de manipuler autrui." Violet prit une cigarette et l'alluma.

"Tu fumes beaucoup, ces temps-ci", dis-je.

Elle tira sur sa Camel et balaya ma remarque d'un geste de la main. "Il y a autre chose. Mark n'a pas d'histoire.

— Bien sûr que si. Nous avons tous une histoire.

— Mais il ne sait pas ce que c'est, Leo. A Hazeldon, on lui demandait tout le temps de parler de lui. Au début, il marmonnait deux trois choses à propos du divorce – sa mère, son père. Le conseiller essayait de l'encourager. Que veux-tu dire ? Explique. Et il disait : Tout le monde me dit toujours que ça doit être le divorce, alors ça doit être vrai. Ça les fâchait. Ils voulaient qu'il décrive ses sentiments – qu'il raconte son histoire. Alors il s'est mis à parler, mais, quand j'y pense, il n'a jamais rien dit de bien significatif. Par contre il pleurait. Ça, ça leur faisait plaisir. Il leur donnait ce qu'ils voulaient – des sentiments, ou leur apparence. Mais, une histoire, ça concerne des connexions dans le temps, et Mark est bloqué dans une distorsion spatiotemporelle, une répétition qui le ballotte jusqu'à la nausée d'avant en arrière.

— Tu penses à la façon dont il est passé d'un parent à l'autre ?"

Violet arrêta de marcher. "Je ne sais pas, dit-elle. Des tas de gosses vont et viennent entre leurs parents divorcés, et ils ne deviennent pas comme Mark. Ça ne peut pas être la raison." Elle me tourna le dos et s'approcha de la fenêtre. Je la regardais, immobile, la cigarette incandescente près de sa cuisse. Elle portait un vieux jean qui ne lui allait plus. J'examinai la bande de peau nue entre son pull-over court et la ceinture de son pantalon. Au bout d'un moment, je me levai et je la rejoignis près de la fenêtre. Au-delà de l'âcre odeur chimique de la cigarette, je sentais le parfum de Violet. J'eus envie de lui toucher l'épaule, mais je me retins. Debout en silence, nous regardions la rue. La pluie venait de cesser et j'observais de grosses gouttes qui se détachaient et glissaient sur la vitre. A ma droite, je voyais un panache de fumée blanche s'élevant d'un trou dans la chaussée de Canal Street.

"Tout ce que je sais, c'est qu'on ne peut rien croire de ce qu'il raconte. Je ne veux pas seulement dire maintenant. Je veux dire rien de ce qu'il a jamais raconté. Certaines choses étaient peut-être vraies, mais je ne sais pas lesquelles.” Violet contemplait la rue, les yeux étrécis. “Tu te souviens du perroquet de Mark ?

— Je me souviens de ses funérailles”, dis-je.

Seules les lèvres de Violet bougeaient. Le reste de son corps paraissait figé sur place. “Il s'est cassé le cou dans la porte de la cage.” Plusieurs secondes s'écoulèrent avant qu'elle reprît, de la même voix sourde. “Tous ses petits animaux sont morts – les deux cochons d'Inde, les souris blanches, même les poissons. Bien sûr, ça arrive souvent, avec ces bestioles. Elles sont fragiles…”

Je ne lui répondis pas. Elle ne m'avait pas posé une question. La fumée qui sortait de la bouche d'égout était belle, à la lumière des réverbères, et nous la regardâmes s'élever en volutes, telle une exhalaison infernale des soupçons qui s'épanouissaient en nous.

Le coup de téléphone de Mark, trois jours plus tard, déclencha le voyage le plus étrange de ma vie. Quand elle descendit pour m'en parler, Violet dit : “Qui sait si c'est vrai ? Il prétend qu'il est à Minneapolis avec Teddy Giles. Il prétend qu'il a vu un revolver dans la valise de Giles et qu'il a peur que Giles ne le tue. Quand je lui ai demandé pourquoi, il m'a répondu que Teddy lui avait raconté qu'il avait assassiné ce gamin qu'ils appelaient Moi et jeté son corps dans l'Hudson. Mark affirme qu'il sait que c'est vrai. Je lui ai demandé comment, mais il a répondu qu'il ne pouvait pas me le dire. Je lui ai demandé pourquoi il avait menti quand nous lui avions parlé de ces rumeurs, pourquoi il n'était pas allé à la police, et il m'a dit qu'il avait peur. Alors je lui ai demandé pourquoi il était parti avec Giles s'il avait peur de lui. Au lieu de répondre à ma question, il s'est mis à me parler de deux inspecteurs qui auraient posé des questions à la galerie Finder et dans les boîtes à propos de la nuit où ce gamin avait disparu. Il pense que Giles est peut-être en train de fuir la police. Il voudrait de l'argent pour un billet d'avion, il veut rentrer.

— Tu ne peux pas lui envoyer d'argent, Violet.

— Je sais. Je lui ai dit que je m'arrangerais pour qu'un billet l'attende à l'aéroport. Il m'a répondu qu'il n'avait pas de quoi se rendre à l'aéroport.

— Il pourrait échanger le billet, observai-je. Et s'en servir pour aller ailleurs.

— Je n'ai jamais été mêlée à une chose pareille, Leo. Ça a l'air irréel.

— Est-ce qu'il ment, ou non ? En as-tu la moindre intuition ?"

Violet secoua lentement la tête. "Je ne sais pas. Longtemps, j'ai eu peur qu'il n'y ait quelque chose sous..." Elle soupira. "Si c'est vrai, nous devons amener Mark à la police.

— Rappelle-le, proposai-je. Dis-lui que je vais venir le chercher pour le raccompagner à New York. C'est la seule façon de s'assurer qu'il revienne."

Violet parut surprise. "Et tes cours, Leo ?

— Nous sommes jeudi. Je n'ai pas cours avant mardi. Ça ne me prendra pas quatre jours."

Je répétai avec insistance que c'était à moi d'aller récupérer Mark, que je tenais à le faire, et à la fin Violet me donna son accord. Mais, tout en parlant, j'étais conscient que mes raisons d'y aller étaient troubles. Agir sur un coup de tête m'excitait, et cette image grisante de moi-même me poussait à tous les arrangements. Je fis mon bagage pendant que Violet téléphonait à Mark en lui disant de m'attendre dans le hall de l'hôtel à minuit – une heure après l'arrivée de mon avion – et lui conseillait de rester jusque-là dans des endroits publics. Je jetai une chemise, un peu de linge et des chaussettes dans un petit sac de toile, comme s'il était courant pour moi de m'envoler vers les villes du Middle West afin de rattraper au lasso des adolescents égarés. J'embrassai Violet – avec un peu plus d'assurance que d'habitude – et trouvai tout de suite dans la rue un taxi qui me conduisit à l'aéroport.

Dès que je fus installé dans l'avion, le charme retomba. Je me sentais comme un acteur qui, en sortant de scène, perd l'adrénaline qui lui a permis de naviguer d'un bout à l'autre de la représentation dans la peau de quelqu'un d'autre. A la vue du pantalon de camouflage du jeune homme assis à côté de moi, je me sentis plus don Quichotte qu'héroïque, plus vieux que jeune, et je me demandai vers quoi je volais. L'histoire de Mark était bizarre. Un corps jeté dans le fleuve. Des inspecteurs qui posaient des questions. Un revolver dans une valise. N'étaient-ce pas là les éléments familiers d'un polar ? Giles ne jouait-il pas de ces conventions dans son art ? N'était-il pas très probable que j'étais devenu un pion dans quelque "scène de crime" conceptuelle que Giles aurait rêvée ? Ou prêtais-je à Giles plus d'intelligence qu'il n'en avait ? Je voyais le gamin au visage rond sur le palier, serrant une bourse en plastique remplie de pièces de Lego, et j'eus soudain la pensée absurde que j'étais parti de chez moi sans arme pour affronter un meurtrier possible. Je ne possédais pas d'arme, de toute façon, à part des couteaux de cuisine. Et puis je pensai au couteau suisse de Matt au fond de mon tiroir, chez moi. Plus je gardais à l'esprit l'image de ce couteau, plus je la trouvais déplaisante. Je revoyais le jeune Mark à quatre pattes dans la chambre de Matt. Je le voyais ramper sous le lit et puis, un instant plus tard, réapparaître et me fixer de ses grands yeux bleus. "Où peut-il avoir disparu ? Il doit être ici quelque part."

Le hall du *Minneapolis Holiday Inn* était une vaste salle avec un ascenseur aux parois de verre, un immense comptoir courbe et un plafond lointain orné d'une mince plaque de métal ondulé d'une vilaine couleur marron. Je cherchai Mark des yeux et ne le vis pas. Le café, à ma droite, était dans l'obscurité. Je m'assis et j'attendis jusqu'à minuit et demi. Alors j'utilisai le téléphone intérieur pour appeler la chambre 1512, mais personne ne répondit. Je ne laissai pas de message. Qu'allais-je faire si Mark ne se montrait pas ? Je m'adressai à un employé de la réception et lui demandai si je pouvais laisser un message pour un client, Mark Wechsler.

Je regardai les doigts de l'homme enfoncer les touches d'un ordinateur. Il secoua la tête. "Nous n'avons personne de ce nom.

— Essayez Giles, dis-je. Teddy Giles."

L'homme fit un signe affirmatif. "Voilà. Mr et Mrs Theodore Giles, chambre 1512. Si vous voulez laisser un message, le téléphone intérieur est par là." Il pencha la tête à gauche.

Je le remerciai et retournai m'asseoir. Mr et Mrs ? Giles est en travesti, pensais-je. Même si toute cette histoire était une farce, Mark n'aurait-il pas dû me retrouver pour la faire durer ? Tandis que je réfléchissais à ce que j'allais faire, je vis du coin de l'œil une jeune femme de grande taille. Elle traversait le hall et se dirigeait à pas rapides vers la porte. Je n'avais pas vu son visage, mais je remarquai qu'elle avait l'allure confiante et sûre d'elle d'une belle femme. Je me retournai pour la regarder. Elle portait un long manteau noir à col de fourrure et des bottes à talons plats. Au moment où elle entrait dans la porte à tambour donnant sur la rue, j'aperçus un instant son profil et j'eus la sensation bizarre de la connaître. Ses longs cheveux blonds ondulèrent dans le courant d'air de la porte tournante. Je me levai. J'étais certain de la connaître. Je marchai vers la porte aussi vite que je pouvais et remarquai qu'un taxi vert et blanc attendait au-dehors. La portière arrière s'ouvrit et, au même moment, l'éclairage intérieur de la voiture illumina le visage d'un homme sur le siège. C'était Giles. La femme se glissa près de lui. La portière claqua et, à ce bruit, je sus ce que j'avais vu – Mark. La jeune femme était Mark.

Je me précipitai dans la nuit froide, agitai les bras en direction du taxi qui démarrait et criai "Stop !". Le taxi s'éloigna du seuil et tourna sur la chaussée. Il n'y en avait pas d'autre ; je fis demi-tour et je rentrai.

Après avoir pris une chambre pour la nuit, je confiai une lettre à l'employé. "Cher Mark, écrivais-je à celui-ci. Tu parais avoir changé d'avis quant à ton retour à New York. Je serai ici jusqu'à demain matin. Si tu veux un billet d'avion, appelle-moi dans ma chambre – 7538. Leo."

La chambre avait un tapis vert, deux grands lits aux couvre-lits à ramages orange et vert, une fenêtre qu'on ne pouvait pas ouvrir et un appareil de télévision géant. Les couleurs me déprimaient. Parce que j'avais promis à Violet de lui téléphoner même s'il était très tard, je décrochai le combiné et composai son numéro. Elle répondit dès la première sonnerie et m'écouta en silence lui raconter ce qui s'était passé.

"Tu crois que, tout ça, c'était un mensonge ? demanda-t-elle.

— Je ne sais pas. Pourquoi me demanderait-il de faire un tel voyage ?

— Peut-être qu'il se sentait piégé et ne savait pas comment s'en sortir. Tu m'appelleras demain matin ?

— Bien sûr.

— Tu sais que je pense que tu es un type formidable, hein ?

— Je suis heureux de l'entendre.

— Je ne sais pas ce que je ferais sans toi.

— Tu te débrouillerais très bien.

— Non. Non, Leo. C'est grâce à toi que je tiens le coup."

Après un silence d'une ou deux secondes, je répondis :

"C'est réciproque.

— Je suis contente que tu le penses, dit-elle doucement. Essaie de dormir.

— Bonne nuit, Violet.

— Bonne nuit."

D'avoir entendu la voix de Violet, je me sentais agité. J'explorai le minibar, j'en sortis une mini-bouteille de scotch et j'allumai la télévision. Un homme mort gisait dans la rue. Je changeai de chaîne. Une femme à la haute chevelure faisait la publicité d'un hachoir électrique. Un numéro de téléphone géant était accroché au-dessus de sa tête. J'attendis un appel de Mark, bus un deuxième scotch et m'endormis vers la fin de *L'Invasion des profanateurs de sépulture*, quand Kevin McCarthy court dans la nuit sur la grand-route et que des camions chargés des haricots mutants le dépassent dans un vacarme tonitruant. Quand le téléphone sonna, je dormais depuis quelques heures et je rêvais d'un homme blond dont les poches étaient remplies de petites pilules qui bougeaient comme des vers blancs sur sa paume quand il me la tendait pour me les montrer.

Je regardai la pendule. Il était un peu plus de six heures.

"Teddy à l'appareil.

— Passez-moi Mark.

— Mrs Giles dort.

— Réveillez-le, dis-je.

— Elle m'a chargé de vous transmettre un message. Vous êtes prêt ? Voilà : Iowa City. Vous avez ça ? *Holiday Inn*, Iowa City.

— Je viens dans votre chambre, dis-je. Je veux juste voir Mark quelques minutes.

— Elle n'est pas à l'hôtel. Elle est ici. Nous sommes à l'aéroport.

— Mark vous accompagne dans l'Iowa ? Qu'y a-t-il dans l'Iowa ?

— La tombe de ma mère." Giles raccrocha.

L'aéroport d'Iowa City était désert. Une dizaine de voyageurs en parka traînaient dans les halls leurs valises à roulettes, et je me demandai où tout le monde était passé. Il me fallut appeler un taxi et attendre son arrivée pendant vingt minutes dans le vent glacé. Au comptoir des enregistrements, à Minneapolis, l'employée avait refusé de me dire si Theodore Giles et Mark Wechsler étaient au nombre des passagers du vol de sept heures du matin, mais l'heure de départ correspondait au coup de téléphone de Giles. Quand j'avais téléphoné à Violet de l'aéroport, elle m'avait dit de rentrer, mais j'avais répondu que non, je voulais continuer. En regardant par la fenêtre du taxi, je me demandai pourquoi. L'Iowa était plat, terne, sinistre. La seule diversité de ses mornes étendues presque sans arbres consistait en plaques de neige sale, sous un immense ciel plombé. J'aperçus dans le lointain une ferme et son silo gris dressé dans la plaine, et je pensai à Alice et à sa crise d'épilepsie dans le fenil. Qu'espérais-je trouver là ? Qu'allais-je dire à Mark ? J'avais les bras et les jambes douloureux. Un torticolis m'empêchait de tourner la tête. Pour regarder par la fenêtre, je devais bouger mon corps entier, ce qui sollicitait le bas de mon dos. Je ne m'étais pas rasé, ce matin-là, et je remarquai une tache sur la jambe de mon pantalon. Tu n'es qu'un vieux débris, me dis-je, et pourtant tu attends quelque chose de tout ceci – une certaine idée de toi-même, une rédemption. Le mot "rédemption" n'avait pas surgi sans raison, mais je ne le comprenais pas. Pourquoi avais-je l'impression qu'un cadavre gisait toujours sous mes pensées ? Un garçon que je ne connaissais pas, un garçon que je n'avais vu qu'une fois. Aurais-je même été capable de le décrire avec précision ? Etais-je venu en Iowa pour Rafael, qui s'appelait aussi "Moi" ? Je ne pouvais pas répondre à mes propres questions. L'expérience n'était pas nouvelle. Plus je réfléchis à quelque chose, plus l'objet de ma réflexion semble s'évaporer, s'échapper en fumée d'une caverne de ma conscience.

Le *Holiday Inn* d'Iowa City sentait le moisi et l'humidité, exactement comme la piscine de l'YMHA où j'avais appris à nager peu après notre arrivée à New York. En examinant la femme obèse aux cheveux crépus et jaunes qui se trouvait à la réception, je réentendais les échos du plongeoir quand je sautais dessus et sentais à nouveau mon costume de bain me glisser en bas des jambes dans la pénombre du vestiaire. Une odeur de chlore imprégnait l'atmosphère, comme si l'eau d'une piscine invisible avait détrempé chaque mur, chaque tapis, chaque siège rembourré. La femme arborait un pull-over turquoise avec un motif tricoté de grandes fleurs rose et orange. Je me demandai comment formuler ma question. Parlerais-je de deux jeunes gens ou d'un homme mince et d'une grande femme blonde ? Je décidai de donner leurs noms.

"J'ai Wechsler, dit-elle. William et Mark."

Je baissai les yeux. Les noms me faisaient mal. Père et fils.

"Ils sont dans leur chambre ?" demandai-je. Mes yeux se fixèrent sur un badge épinglé au-dessus de son énorme sein droit. Elle s'appelait May Larsen.

"Ils sont sortis il y a une heure."

Comme elle se penchait vers moi, je remarquai que May Larsen était curieuse. Ses yeux d'un bleu aqueux luisaient d'un éclat vigilant et rusé que je feignis de ne pas voir. Je demandai une chambre.

Elle examina ma carte de crédit. "Ils ont laissé un message pour vous." Elle me tendit la clé de ma chambre et une enveloppe. Je m'écartai d'elle pour l'ouvrir, mais je sentais son regard sur moi pendant que je dépliais le papier.

> Cher oncle Leo,
> Nous sommes tous là, maintenant. Moi 1, Moi 2, Moi 3. Partis au cimetière.
>
> Grosses bises,
> La Monstresse & Cie.

Ce fut May Larsen qui me signala qu'elle avait entendu Mark et Giles dire qu'ils allaient faire des courses, elle qui m'indiqua comment me rendre à la galerie marchande, à quelques rues de là. Je n'aurais jamais dû quitter l'hôtel mais la perspective de rester assis dans ce hall, peut-être pendant des heures, sous l'œil vigilant de Mrs Larsen, me paraissait impossible. Je parcourus une petite rue piétonne, une zone qu'on avait rénovée en fonction des nouveaux critères de charme américains. Je regardai ses jolis bancs, ses petits arbres nus et une boutique qui proposait "Cappuccinos, lattes, espressos". Au bout de cette rue, je tournai à gauche et trouvai bientôt la galerie. Quand j'y entrai, je fus accueilli par un père Noël mécanique assis au sommet d'une gondole. Il se pencha vers moi et me salua avec raideur.

J'ignore combien de temps j'ai passé là à errer entre les rangées de robes flasques, de chemises de toutes les couleurs et de doudounes joufflues qui paraissaient bien plus chaudes que mon vieux pardessus de laine. Les guirlandes et les éclairages fluorescents me semblaient trembloter au-dessus de moi tandis que je jetais un coup d'œil dans une boutique après l'autre. Toutes arboraient des enseignes bien connues, dont on trouve des points de vente dans toutes les villes et bourgades d'Amérique. New York aussi a de ces boutiques et, pourtant, à me traîner ainsi de *Gap* à *Talbots* et de *Talbots* à *Eddie Bauer* en m'attendant à découvrir Mark et Teddy derrière chaque empilement de marchandises, je me sentais de nouveau étranger. Les succursales de grandes marques qui ressortent avec éclat dans les plaines désolées de l'Amérique profonde sont avalées vives par New York. A Manhattan, leurs logos impeccables doivent rivaliser avec les enseignes fanées de centaines de commerces défunts qui n'ont jamais démonté leurs panneaux, avec le bruit, la fumée et les détritus qui encombrent les rues, avec les conversations et les éclats de voix d'une population qui parle cent langages différents. A New York, seuls les gens manifestement violents attirent l'attention – le clochard qui fracasse des bouteilles contre un mur, la femme au parapluie qui hurle. Mais ce jour-là, comme je surprenais mon reflet passant d'un miroir à l'autre, mes traits me donnèrent soudain l'impression de venir d'un autre monde. Entouré d'habitants de l'Iowa, j'avais l'air d'un Juif décharné errant dans une foule de gentils suralimentés. Et, sous le coup de ce complexe de persécution naissant, d'autres pensées me vinrent, de tombes et de pierres tombales, de la mère défunte de Giles, du jeu de mots sur les pronoms – Moi 2, *Me two* : *Me too*, moi aussi – et de Mark paradant en femme sous sa perruque blonde. Tout à coup, je me sentis épuisé. J'avais mal aux reins et je cherchai la sortie vers la rue. Comme je passais en traînant la patte devant un bac en plastique débordant de soutiens-gorges, je fus pris de nausée et dus m'arrêter. Pendant un instant, un goût de bile m'emplit la bouche.

Après avoir mangé un steak coriace et un panier de frites, je rentrai à l'hôtel, où May Larsen me tendit un second billet :

Salut, Leo !

Nouveau cadre : *Opryland Hotel*, Nashville. Si vous ne venez pas, j'envoie Mark chez ma mère.

Votre ami et admirateur,
T. G.

Il y a des nuits où j'erre encore dans les couloirs de l'*Opryland Hotel*, où je prends encore l'ascenseur pour changer d'étage et où je pénètre encore dans des jungles qui prolifèrent sous des coupoles de verre. Je traverse des villages miniature qui sont supposés ressembler à La Nouvelle-Orléans, à Savannah ou à Charleston. Je traverse des ponts sous lesquels court de l'eau, je monte, je descends et je remonte des escalators, et je suis toujours à la recherche de la chambre 149872 dans une aile intitulée Le Bayou. Je ne la trouve pas. J'ai un plan et j'étudie les lignes que la jeune employée de la réception a tracées pour m'aider à trouver mon chemin, mais je ne les comprends pas et mon sac quasiment vide pèse de plus en plus lourd à mon épaule. Ma douleur dorsale remonte le long de ma colonne vertébrale et, partout où je vais, j'entends de la *country music*.

Elle suinte de crevasses et de recoins mystérieux, et pas un instant elle ne cesse. Rien ne pourra jamais séparer l'intérieur fantasmagorique de cet hôtel de ce qui m'y est arrivé, parce que son architecture insensée faisait écho à mon état d'esprit. Je m'y étais perdu et, en me perdant, j'avais perdu aussi les repères de la géographie interne sur laquelle je comptais pour m'orienter.

Ayant raté le dernier avion qui partait d'Iowa City, j'avais fini par y passer la nuit. Au matin, j'étais retourné à Minneapolis, d'où j'avais pris un avion pour Nashville dans l'après-midi. Je me disais, et j'avais dit à Violet au téléphone, que c'était la menace pesant sur Mark, implicite dans le billet de Giles, qui m'obligeait à continuer la poursuite. Je savais bien, pourtant, que mes méthodes avaient été ridicules. J'aurais pu m'asseoir devant la chambre d'hôtel de Mark et Giles à Minneapolis et attendre leur retour. J'aurais pu en faire autant à Iowa City. Au lieu de cela, j'avais laissé un message d'un côté et, de l'autre, traîné vainement dans une galerie marchande. Je m'étais comporté comme si je n'avais pas eu envie de les trouver. De plus, à chaque instant, Giles avait paru enchanté de cette poursuite. Son coup de téléphone et ses billets combinaient avec art le sinistre et le caressant. Giles ne semblait pas s'inquiéter de la police. Si tel avait été le cas, pourquoi aurait-il annoncé chacun de ses déplacements ? Et Mark se semblait pas en danger du fait de Giles. Il avait volontairement pris avion sur avion avec son ami ou amant.

Alors que, derrière le long comptoir de l'*Opryland Hotel*, l'employée traçait mon chemin au stylo vert sur le plan de ses innombrables ailes tout en me souhaitant pour la troisième fois la bienvenue dans "le plus grand hôtel du monde", j'avais déjà la conviction de m'être fourré dans un mauvais pas. Il me fallut encore une heure et demie pour dénicher enfin cette chambre avec l'aide d'un homme âgé en uniforme vert que son badge désignait simplement sous le nom de “Bill”. William est un prénom répandu, et pourtant les quatre lettres sur la poitrine de cet homme m’infligèrent un choc.

Je laissai pour Mark un message écrit à la réception et un autre sur sa boîte vocale. Après quoi je décidai de parcourir tous les kilomètres qu’il faudrait jusqu’à sa chambre et d’attendre là son retour et celui de Giles. Mais la seule idée de retraverser ce paysage interminable de restaurants et de boutiques me rendait malade. Je ne me sentais pas bien. Ce n’était pas seulement mon dos qui me faisait souffrir. Je n’avais guère dormi et un mal de tête sourd mais persistant pesait sur mes tempes comme un étau.

En passant devant les boutiques qui se succédaient à perte de vue, avec leurs poupées aux tenues extravagantes et leurs ours en peluche, je perdis l’espoir. Il me semblait que peu importait, désormais, que je trouve Mark ou non, et je me demandais si Giles avait su que son message allait me catapulter dans un labyrinthe d’artifices dépassant toute expérience. En poursuivant péniblement mon chemin, je vis dans une vitrine des masques de Laurel et Hardy, une réplique en caoutchouc d’Elvis Presley et plusieurs tasses décorées d’une Marilyn Monroe à la jupe volante.

A peine une minute plus tard, j’aperçus Mark et Giles sur un escalator qui montait de l’étage inférieur. Au lieu de les appeler, je me réfugiai derrière un pilier d’une demeure géorgienne miniature afin de les observer. Je me sentais à la fois lâche et sot, mais je voulais les voir ensemble. Tous deux portaient des vêtements masculins. Ils se souriaient et paraissaient détendus, tels deux jeunes gens normaux en goguette. Mark se tenait déhanché sur la marche mobile, et je l’entendis parler à Giles : “Ces chiens étaient rudement sauvages, et tu as vu le cul du vendeur ? Il faisait cent mètres de large, mon vieux.”

Ce n’est pas ce que Mark disait qui me fit sursauter. C’est que ni le registre, ni la cadence, ni le ton de sa voix ne m’étaient familiers. Il y avait des années que je voyais chez Mark les couleurs changeantes du caméléon, que je savais qu'il se transformait en fonction des circonstances mais, au son de cette voix inconnue, il me sembla que l'inquiétude tapie en moi depuis si longtemps trouvait son affreuse confirmation et, tout en hésitant à la reconnaître, j'éprouvais aussi un frisson de victoire. J'avais la preuve qu'il était réellement quelqu'un d'autre. Je sortis de derrière mon pilier en disant : "Mark."

Ils se retournèrent tous deux et me regardèrent fixement. Leur surprise paraissait authentique. Giles fut le premier à se reprendre ; il vint vers moi, ne s'arrêtant qu'à quelques centimètres de l'endroit où je me trouvais. Il approcha son visage du mien et, sans réfléchir, j'écartai la tête pour éviter ce geste d'intimité. Aussitôt, je sentis que j'avais fait une erreur. Giles sourit. "Professeur Hertzberg, dit-il, qu'est-ce qui vous amène à Nashville ?" Il tendait la main droite, mais je ne la pris pas. Il maintint son visage blafard tout près du mien pendant que je cherchais sans la trouver une réponse appropriée. Giles m'avait posé la question que je me posais moi-même. Je ne savais pas pourquoi j'étais venu à Nashville. Je regardai Mark, debout à deux ou trois pas derrière Giles.

Celui-ci continuait à me dévisager. Il inclina la tête de côté, attendant une réponse, et je remarquai qu'il gardait la main gauche en poche et y tripotait quelque chose. "Il faut que je parle à Mark, dis-je. Seul."

Mark baissa la tête. Je notai qu'il se tenait les deux pieds en dedans, tel un enfant malheureux. Ses genoux cédèrent un instant, et puis il se ressaisit et se redressa. Je devinai qu'il était drogué.

"Je vous laisse parler, alors, tous les deux, fit Giles avec bonne humeur. Comme vous pouvez l'imaginer, cet hôtel est une source abondante d'inspiration pour mon travail. De si nombreux artistes oublient ce paysage fertile qu'est le commerce en Amérique. J'ai encore beaucoup de choses à observer." Il sourit, fit un signe de la main et s'éloigna dans le couloir.

Il y a plus de quatre ans que j'ai eu cette conversation avec Mark à l'*Opryland Hotel*. Nous étions assis à une petite table en métal, rouge et décorée d'un grand cœur blanc, dans un café nommé *The Love Corner.* J'ai eu des années pour digérer ce qu'il m'a dit, mais je ne sais toujours pas qu'en penser.

Relevant le menton, Mark me regarda d'un air que je reconnus. Les yeux agrandis de chagrin innocent, la lèvre formant la moue qu'il avait pratiquée depuis sa petite enfance. Je me demandai si son répertoire d'expressions faciales s'était réduit. Ou bien il perdait son don de la variation, ou bien la drogue contrecarrait son talent. En contemplant ce masque de regret, je secouai la tête.

"Je crois que tu ne comprends pas, Mark, dis-je. Il est trop tard pour cette mine-là. Je t'ai entendu sur l'escalator. J'ai entendu ta voix. Ce n'est pas celle que je connais et, même si je ne l'avais pas entendue, j'ai déjà vu mille fois cette expression. C'est celle que tu adoptes vis-à-vis des adultes à qui tu as fait du tort, mais tu n'as plus trois ans. Tu es un homme. Cette face de chiot est inappropriée. Non, c'est pire, elle est pathétique."

Pendant une fraction de seconde, Mark parut surpris. Et puis, comme sur commande, son expression changea. Sa lèvre se remit en place et, aussitôt, son visage sembla plus mûr. Une modification aussi rapide était une erreur de sa part, et j'eus soudain l'impression d'avoir l'avantage.

"Ce doit être difficile, dis-je, de jongler avec autant de visages, autant de mensonges. Tu me fais de la peine – inventer cette histoire de revolver et d'assassinat juste pour que Violet t'envoie de l'argent. Tu la crois idiote ? Tu imaginais vraiment qu'elle allait t'envoyer de l'argent après tout ce que tu as fait ?"

Baissant les yeux, Mark fixa la table. "Ce n'est pas une histoire." Sa voix était celle que je connaissais.

"Je ne te crois pas."

Il releva les yeux mais pas le menton. L'émotion liquéfiait ses iris bleus. Ce regard-là aussi, je le reconnaissais. Je m'y étais laissé prendre et reprendre.

"Teddy m'a dit qu'il l'avait fait – qu'il l'avait tué.

— Mais ça, c'était bien avant ton séjour à Hazeldon. Pourquoi as-tu filé avec Teddy maintenant ?

— Il m'a demandé de venir. J'ai eu peur de refuser.

— Tu mens", dis-je.

Mark secoua la tête avec vigueur. "Non !" Il y avait un petit cri dans sa voix. A trois tables de nous, une femme tourna la tête.

"Mark, repris-je, en m'efforçant de parler bas. Ne comprends-tu pas que ce que tu me dis est complètement absurde ? Tu aurais pu revenir avec moi de Minneapolis. J'étais là pour te ramener à la maison." Je fis une pause. "Je t'ai vu avec ta perruque, je t'ai vu monter dans le taxi avec lui..." Je me tus quand je vis Mark ricaner et hausser les épaules.

"Qu'est-ce qui te fait sourire ?

— Je sais pas. Tu réagis comme si j'étais une tante, ou quelque chose.

— Eh bien, de quoi s'agit-il ? Tu prétends que vous n'êtes pas amants, Teddy et toi ?

— C'est que pour rigoler. Y a rien de sérieux. Je suis pas gay – seulement avec lui..."

J'observai son visage. Il avait l'air vaguement embarrassé, rien de plus. Je me penchai vers lui.

"Quel genre d'individu s'en va avec un type qu'il considère comme un assassin, en prétendant qu'il en a peur, et puis «rigole» un peu en prime ?"

Mark ne me répondit pas.

"Cet homme a détruit un des tableaux de ton père. Ça ne te gêne pas ? Un portrait de toi, Mark.

— C'était pas moi", dit-il d'une voix maussade. Ses yeux avaient perdu toute expression.

"Si, c'était toi, répliquai-je. Qu'est-ce que tu racontes ?

— Ça me ressemblait pas. C'était laid."

Je gardai le silence. L'antipathie de Mark pour le tableau me transperçait, tel le souffle d'une brise. Cela changeait bien des choses. Je me demandai si cela avait motivé le geste de Giles. Il devait savoir ce qu'en pensait Mark.

"Maman l'avait planqué dans la grange, tout emballé. Elle l'aimait pas non plus.

— Je vois, fis-je.

— Je pige pas pourquoi on en fait une telle affaire. Papa a peint des tas de tableaux. Celui-là, c'était qu'un…

— Imagine seulement ce qu'il aurait ressenti."

Mark secoua la tête. "Il était même pas là."

Le mot "là" me fit bouillir. Voir les yeux vides et morts de Mark et entendre cet euphémisme imbécile pour la mort de son père me mirent en fureur. "Ce tableau valait mieux que toi, Mark. Il était plus réel, plus vivant, plus fort que tu ne l'as jamais été ou ne le seras jamais. C'est toi qui es laid, pas ce portrait. Tu es laid, vide et froid. Tu es quelque chose que ton père détesterait." Je respirais violemment par le nez. J'étouffais de rage. Je fis un effort pour me dominer.

"Oncle Leo, geignit Mark, c'est vache, ça."

Je déglutis. Mon visage tremblait. "Et pourtant c'est vrai. Autant que je sache, c'est la seule chose qui est vraie. Je ne sais pas du tout si tu m'as dit une seule chose vraie, mais je sais que ton père aurait honte de toi. Tes mensonges ne riment à rien. Ils ne sont pas rationnels. Ils sont stupides. La vérité est plus facile. Pourquoi ne dis-tu pas la vérité, pas une fois ?"

Mark gardait son calme. Il paraissait fasciné par ma colère. Et puis il dit : "Parce que je crois pas qu'elle plairait."

J'attrapai son poignet droit et me mis à serrer. Je mettais toute ma force dans cette prise et, en voyant son regard surpris, je me sentis content. "Pourquoi n'essaies-tu pas la vérité maintenant ? suggérai-je.

— Ça fait mal", dit-il.

Sa passivité me sidéra. Pourquoi ne se dégageait-il pas ? Sans relâcher la pression, je grondai : "Dis-moi, cette fois. Il y a des années que tu fais semblant, pas vrai ? Je ne t'ai jamais vraiment vu, hein ? Tu as volé le couteau de Matt et puis tu as fait semblant de le chercher, tu as fait semblant d'être triste qu'il l'ait perdu." Je saisis son autre poignet et le serrai si fort qu'un éclair de douleur me traversa la nuque. Je contemplais sa pomme d'Adam, ses lèvres rouges et tendres, et son nez légèrement épaté qui était, je m'en apercevais, identique à celui de Lucille. "Matt aussi, tu l'as trahi.

— Tu me fais mal", gémit-il.

Je serrai plus fort. J'ignorais que j'avais ça en moi. Je me rendis compte que je haletais, mais seulement parce que je m'entendis hoqueter : "J'ai envie de te faire mal." J'éprouvais une sensation d'allègement à l'intérieur de ma tête, un plaisir intense de vide et de liberté. Je me souvins de l'expression "aveuglé par la colère" et je pensai : ce n'est pas exact. Je voyais sur son visage la moindre nuance de douleur, et chacune m'enivrait.

"Lâchez-le immédiatement."

La voix de l'homme me surprit. Je lâchai les poignets de Mark et levai les yeux.

"Je ne sais pas ce qui se passe, ici, mais je vais appeler les agents de la sécurité et vous faire jeter dehors si vous n'arrêtez pas tout de suite." L'homme avait le nez bulbeux et la peau rose ; il portait un tablier.

"Tout va bien", dit Mark. Il avait choisi pour l'occasion son air innocent. Je vis sa bouche trembler. "Ça va maintenant, vraiment."

L'homme dévisagea Mark et puis posa une main sur son épaule. "Vous êtes sûr ?" demanda-t-il. Ensuite il se tourna vers moi. "Si vous touchez encore à ce gosse, je reviens et je vous casse la gueule. Compris ?"

Je ne répondis pas. J'avais l'impression d'avoir du sable dans les yeux, et je contemplai fixement la table. J'avais mal au bras. Quand je tentai de me redresser sur mon siège, un mal déchirant me parcourut le dos. Je m'étais fait un tour de reins en serrant les poignets de Mark. Je pouvais à peine bouger. Mark, lui, semblait en pleine forme. Il se mit à parler :

"J'ai parfois l'impression qu'il y a quelque chose qui ne tourne pas rond, en moi, que peut-être je suis fou. Je sais pas. C'est l'envie qu'on m'aime, sans doute. Je n'y peux rien. Parfois je m'embrouille, par exemple si j'ai fait connaissance de deux personnes différentes à deux endroits différents, et puis je les rencontre à la même soirée, ou un truc comme ça, alors je sais pas comment me comporter. Ça me prend la tête. Je sais que tu crois que je n'aimais pas Matt mais, là, tu te trompes. Je l'aimais beaucoup. Il était mon meilleur ami. Le couteau, j'en ai juste eu envie. Ce n'était pas personnel, ni rien. Je l'ai pris, voilà tout. Je ne sais pas pourquoi, mais j'aime bien voler. Parfois, quand on était petits, si on s'était bagarrés, Matt devenait tout triste et il se mettait à pleurer en disant «Je regrette, Mark. Pardonne-moi, pardonne-moi !» C'était ce qu'il disait. Ça me faisait un peu drôle. Je me souviens que je me demandais pourquoi je n'étais pas comme ça. Moi, je ne regrettais pas."

Je tâchai de me redresser de manière à pouvoir le regarder. J'avais le dos voûté, mais je réussis à lever les yeux vers son visage. Il continuait à parler sur un ton aussi vide que son expression. "Il y a une voix dans ma tête. Je l'entends, mais personne d'autre ne l'entend. Les gens ne l'aimeraient pas, alors je prends d'autres voix pour eux. Teddy sait comment je suis, parce qu'on est pareils. Il est le seul mais, même avec lui, ce n'est pas cette voix-là, celle qui est dans ma tête."

Je retirai mes mains de la table. "Et le Dr Monk ?" demandai-je.

Mark secoua la tête. "Elle se croit très intelligente, dit-il, mais elle ne l'est pas.

— Tout, entre nous, dis-je, n'a jamais été que de la comédie."

Mark fronça les sourcils. "Non, tu ne comprends pas. Je t'ai toujours aimé, toujours, depuis que je suis tout petit."

Je ne pus pas réellement hocher la tête. Je me demandais comment je me mettrais debout. "Je ne sais pas s'il est, oui ou non, arrivé quelque chose à ce garçon, mais si tu crois que c'est oui, si tu crois vraiment qu'il est mort, il faut que tu ailles à la police.

— Je peux pas, dit-il.

— Tu dois le faire, Mark.

— Moi est en Californie, balbutia Mark. Il a filé avec un autre type. Teddy voulait te mener en bateau et il m'a persuadé de jouer le jeu. Il n'y a pas eu de meurtre. Tout ça, c'était de la blague."

Bien avant qu'il eût fini de parler, je le croyais. C'était la seule chose qui eût un sens. Le garçon n'était pas mort. Il était vivant, en Californie. La cruauté de l'histoire combinée à ma propre crédulité me remplit de honte, mon corps entier me parut brûlant. Je déplaçai mes bras sur la table pour tenter de me relever de ma chaise. Fulgurante, la douleur courut de ma nuque au creux de mes reins. Ma sortie allait manquer de dignité. "Tu reviens à New York ? demandai-je à Mark. Ou bien tu restes ici ? Violet en a fini avec toi, si tu ne reviens pas. Elle voulait que tu le saches. Tu as dix-neuf ans, tu peux te débrouiller."

Mark me regardait. "Ça ne va pas, oncle Leo ?"

Je ne parvenais pas à me lever. Mon corps était tordu de travers et mon cou penchait à un angle qui devait me donner l'air d'un grand oiseau blessé.

Giles fut soudain devant moi, et j'eus la sensation étrange qu'il était resté tout le temps près de nous. "Laissez-moi vous aider", dit-il. Son ton exprimait une sollicitude réelle et cela m'effraya. Une seconde plus tard, il me prenait le coude. Pour l'empêcher de me toucher, j'aurais dû avancer le bras et réaligner mon corps entier. J'en étais incapable. "Vous devriez voir un médecin, poursuivait-il. Si nous étions à New York, j'appellerais mon chiropracteur. Il est excellent. Je me suis un jour fait un tour de reins en dansant, le croiriez-vous ?

— On va te reconduire à ta chambre, oncle Leo. N'est-ce pas, Teddy ?

— Pas de problème."

Ce fut une longue et pénible marche. Chaque pas que je faisais envoyait un sursaut de douleur de ma cuisse à ma nuque et, faute de pouvoir lever la tête, je ne voyais pas grand-chose de ce qui m'entourait.

Avec Teddy d'un côté et Mark de l'autre, je me sentais vaguement menacé. Ils m'accompagnaient avec un étalage de courtoisie et d'attention qui me faisait penser à des acteurs auxquels on aurait demandé d'improviser une scène avec un infirme muet. C'était Giles qui parlait presque tout le temps, en un long monologue à propos de chiropracteurs et d'acupuncteurs. Il recommanda les herbes chinoises et le stretching et puis, passant de la médecine alternative à l'art, évoqua ses collectionneurs, ses ventes récentes et un article de fond sur lui quelque part. Je savais qu'il ne se contentait pas de débiter des propos en l'air, qu'il allait vers un virage ; il y arriva. Il évoqua la toile de Bill.

Je fermai les yeux, espérant empêcher ses paroles de m'atteindre, mais il disait qu'il n'avait pas eu l'intention de blesser qui que ce fût, qu'il n'en "rêverait" pas, que ça lui était venu comme une inspiration, comme une voie de subversion encore inexplorée en art. J'aurais cru entendre Hasseborg. Je pense que le choix qu'il faisait des mots était à peu de chose près celui qu'aurait fait le critique. Tout en parlant, j'eus l'impression qu'il me serrait le bras un peu plus fort. "William Wechsler, déclara-t-il, était un artiste remarquable, mais la toile que j'ai achetée était une œuvre mineure." J'étais content de ne pas pouvoir le regarder. "Dans ce que j'en ai fait, je pense réellement qu'elle s'est transcendée.

— Foutaise", dis-je. Je chuchotais presque. Nous avions tourné dans le long couloir menant à ma chambre et son aspect désert me troublait plus encore. Un distributeur de boissons luisait dans le corridor obscur. Je ne me rappelais pas être passé devant, et je me demandai comment j'avais pu ne pas remarquer ce grand objet incandescent si proche de ma porte.

"Ce qui vous échappe, poursuivait Giles, c'est que mon œuvre a, elle aussi, un côté personnel. Le portrait peint par William Wechsler de son fils, mon M&M à moi, Moi 2, Mark la Marque, fait désormais partie d'un hommage très spécial à feu ma propre mère."

Je décidai de ne rien dire. Tout ce que je voulais, c'était être débarrassé d'eux. Je voulais balancer dans ma chambre mon corps fourbu et claquer la porte derrière moi.

"Mark et moi, nous avons en commun un même respect pour nos mères. Le saviez-vous ?

— Teddy, laisse tomber", fit Mark. Son ton était brusque.

Je regardais le tapis. Ils s'étaient arrêtés et j'entendis un léger clic. Teddy glissait une carte dans une porte.

"Ce n'est pas ma chambre, dis-je.

— Non, c'est la nôtre. Elle était plus proche. Vous pouvez rester ici. Nous avons deux lits."

Je respirai un grand coup. "Non, merci", dis-je au moment où Giles commençait à pousser la porte. A l'ouverture de celle-ci, je m'attendais à voir une chambre comme la mienne mais, en regardant à l'intérieur, je vis que quelque chose n'allait pas du tout. La chambre sentait la fumée – non pas la fumée de cigarette, mais la fumée de quelque chose qui a brûlé. Du couloir, je ne voyais qu'une partie de la pièce mais, devant moi, le sol couvert d'une moquette était jonché de détritus – un plateau du service d'étage plein de mégots de cigarettes, un hamburger entamé dont le ketchup avait coulé sur le tapis. A côté du plateau gisaient un mini-slip de femme et un drap méchamment brûlé, roulé en boule. Je remarquai les traces irrégulières, brun et ocre, qu'avait laissées le feu, et aussi ce qui ressemblait à des taches de sang, des taches d'un rouge profond qui me prirent à la gorge quand je les vis. Sur le drap chiffonné se trouvaient les anneaux d'une corde en nylon pâle et, non loin de la corde, un revolver noir. Je suis tout à fait certain de ce que j'ai vu, bien que ma brève vision de cette étrange nature morte eût le caractère d'une hallucination alors même que je la regardais.

Giles me tirait par le bras. "Entrez, venez prendre un verre.

— Non, dis-je. Je retrouverai ma chambre." J'enfonçai mes talons dans la moquette.

"Allez, viens, oncle Leo", geignit Mark.

Je me redressai malgré la souffrance qui me brutalisait les vertèbres et puis, d'une secousse, je dégageai mon bras de la main de Mark. Mes lèvres tremblaient. Je m'écartai de la porte à reculons et me traînai vers l'autre côté du couloir où je m'appuyai au mur pour un instant, avant de prendre mon élan et de repartir, mais Giles me rattrapa d'un bond, le bras tendu. "Juste quelques idées que j'étudie", dit-il en désignant la chambre. Je m'étais affaissé, de nouveau. Je ne supportais tout simplement pas de me tenir droit. Penché sur moi, il chuchota : "Mais, professeur, n'éprouvez-vous pas de curiosité à mon égard ?" Alors Giles posa les doigts sur ma tête. Je sentais sa main sur mon crâne, ses doigts qui jouaient avec des mèches de mes cheveux, et quand je le regardai dans les yeux il sourit. "Vous n'avez jamais eu l'idée d'utiliser un peu de teinture ?" demanda-t-il. Je tentai de secouer la tête mais il plaqua les mains des deux côtés de mon visage, enfonçant dans ma peau les branches de mes lunettes, et puis il me cogna la tête contre le mur. Je grondai de douleur.

"Désolé, dit-il. Je vous ai fait mal ?"

Il ne me lâchait pas. Il continuait à me serrer la tête entre ses mains. Je me débattis, relevai un genou pour le frapper mais ce geste raviva la douleur. Je m'étranglais, je sentis mes genoux céder sous moi. Je glissais en bas du mur, et la panique me gagna. Cherchant des yeux le visage de Mark, je prononçai son nom, qui sortit de ma gorge comme un gémissement. Je l'appelai, plus fort, d'une voix désespérée, en tendant les mains vers lui, mais il resta figé devant moi. Je ne déchiffrais pas son expression. Au même instant, une porte s'ouvrit à côté de moi et une femme en sortit. Giles me souleva et se mit à me flatter avec tendresse. "Ça va aller, dit-il. Faut-il que j'appelle le docteur ?" Et puis il s'éloigna vivement de moi et sourit à la femme sur le seuil. Dès qu'il se fut écarté, Mark s'approcha. Il me parla vite, à mi-voix : "Retourne dans ta chambre, maintenant. Je rentrerai avec toi, demain. Je te retrouverai dans le hall à dix heures. J'ai envie de rentrer."

La femme était jolie et mince, elle avait des cheveux blonds bouffants qui lui tombaient sur les yeux. Derrière elle, je vis une petite fille qui pouvait avoir cinq ans, avec des tresses brunes. Elle entourait de ses bras les cuisses de sa mère.

"Est-ce que tout va bien, ici ?" demanda celle-ci.

Giles était en train de fermer sa porte, mais je vis les yeux de la jeune femme se tourner un instant vers la fente. Ses lèvres s'écartèrent, et puis elle examina Mark, qui fit un pas en arrière. Elle me regarda. "Ce n'est pas votre chambre, ici ?

— Non, dis-je.

— Vous êtes souffrant ? demanda-t-elle.

— Je me suis fait un tour de reins, haletai-je. J'ai besoin de repos, mais j'ai eu des difficultés à retrouver ma chambre.

— On s'est trompés de route, madame", fit Giles, avec un sourire chaleureux.

La jeune femme dévisagea Giles, les mâchoires crispées. "Arnie !" cria-t-elle, sans bouger de son seuil.

Je regardai Mark. Son regard bleu croisa le mien. Il cligna des yeux. J'interprétai ce clignement comme un oui. Oui, je te retrouve demain.

Arnie me reconduisit à ma chambre. Il était bien assorti à sa femme, pensai-je, du moins physiquement. Il était jeune, bien charpenté, avec un visage ouvert. En marchant, je m'efforçais de maîtriser mon corps tremblant. Arnie me soutenait le bras et je remarquai que son geste était très différent de ceux de Mark ou de Teddy. Sous ses doigts discrets, je sentais sa réserve envers moi – cette déférence ordinaire envers le corps d'autrui que l'on considère en général comme allant de soi, mais qui avait cessé d'exister pour moi quelques minutes plus tôt. A plusieurs reprises, il me proposa de faire une halte et de me reposer, mais j'insistai pour continuer sans nous arrêter. Ce ne fut que lorsqu'il m'eut aidé à entrer dans ma chambre, en voyant mon image dans le grand miroir à côté de la porte de la salle de bains, que je pus apprécier toute l'ampleur de sa bonne volonté. Mes cheveux repoussés du mauvais côté de mon crâne se dressaient en partie comme une crête grise et raide. Mon corps voûté et tordu m'avait âgé terriblement, faisant de moi un vieillard ratatiné d'au moins quatre-vingts ans, mais ce qui me choquait le plus, c'était mon visage. Bien que les traits aperçus dans le miroir ressemblassent aux miens, j'hésitais à les revendiquer. Mes joues semblaient s'être effondrées dans ma barbe de trois jours et mes yeux rougis par l'épuisement avaient une expression qui me faisait penser aux petits animaux terrifiés que j'avais vus si souvent sur les routes du Vermont dans la lumière de mes phares. Consterné, je me détournai et tentai de remplacer le regard fixe et inhumain que m'avait renvoyé le miroir par un regard d'homme, afin de remercier Arnie de son obligeance. Il se tenait debout près de la porte, les bras croisés sous les mots *Holy Cross Little League* imprimés sur le devant de son sweat-shirt bleu. "Vous êtes sûr que vous n'avez pas besoin d'un médecin ou au moins d'une poche à glace, ou d'autre chose ?

— Non, dis-je. Je ne sais comment vous remercier."

Arnie s'attarda un moment devant la porte. Ses yeux croisèrent les miens. "Ces voyous vous brutalisaient, n'est-ce pas ?"

Je ne pus que hocher la tête. Sa pitié était presque plus que je n'en pouvais supporter à ce moment.

"Eh bien, bonsoir, dit-il. J'espère que votre dos ira mieux demain matin." Et puis il ferma la porte.

Je laissai allumée la lumière de la salle de bains. Comme je ne pouvais pas me coucher à plat, je m'adossai à des oreillers et je me servis, verre sur verre, tout le scotch que contenait le minibar. Cela fit taire un peu la douleur, ne fût-ce que pour un temps. La nuit entière, j'eus des vertiges. Même quand, réveillé par un spasme dans mon dos, je me rappelais où j'étais, j'avais l'impression que le lit bougeait, qu'il bougeait contre ma volonté, et pendant mes périodes de sommeil je bougeais encore en rêve – dans un avion, un bateau, un train ou sur un escalator. Des vagues de nausée me parcouraient et mes tripes grondaient comme si j'avais été empoisonné. Dans mes rêves, embarqué sur un véhicule après l'autre, j'écoutais mon cœur battre comme une vieille pendule et ce n'était que lorsque je m'éveillais que je me rendais compte que ce muscle était silencieux. Chaque fois que j'ouvrais les yeux et que j'essayais de me débarrasser de cette désagréable illusion de mouvement, la conscience ramenait les doigts de Giles dans mes cheveux et ses mains serrées de part et d'autre de mon visage. L'humiliation me brûlait et j'aurais voulu expulser ce souvenir, le chasser de ma poitrine et de mes poumons, où il s'était logé tel un feu dans mon corps. J'aurais voulu réfléchir, revoir ce qui s'était passé et y comprendre quelque chose. Je considérai ce que j'avais vu dans la chambre – le drap, la corde, l'arme, les restes d'un repas. On aurait dit la scène d'un crime mais, alors même que je la découvrais, alors même que je regardais l'intérieur de la chambre, j'avais eu l'impression qu'il y avait là quelque chose de factice. Le revolver pouvait être un jouet. Le sang, de l'eau teintée – et le tout, une mise en scène. Et puis je sentis à nouveau les doigts de Giles. Ceux-là étaient bien réels. Une bosse endolorie s'était formée à l'arrière de mon crâne, là où il avait cogné le mur.

Et Mark ? Toute la nuit, son visage passa et repassa devant moi, et je savais que ses derniers mots m'avaient donné de l'espoir. On imagine qu'il y a des degrés d'espoir, mais ce n'est pas mon avis. Il y a l'espoir, et il y a l'absence d'espoir. Ses paroles m'avaient fait espérer et, tout ratatiné dans ce lit, je les réentendais sans cesse : "J'ai envie de rentrer avec toi demain." Il s'était caché de Giles pour me les dire, et cela ouvrait une nouvelle interprétation possible de ses actes. Une partie de son être endommagé souhaitait rentrer. Faible et vacillant, Mark avait subi l'influence de la forte personnalité de Giles, qui exerçait sur lui un pouvoir quasi hypnotique, et pourtant il y avait en lui un autre endroit – celui dont Bill avait toujours affirmé l'existence –, une chambre où il restait attaché à ceux qui l'aimaient et qu'il aimait. Je lui avais lancé un appel, et il y avait répondu. Une combinaison tourmentée d'espoir et de remords me porta jusqu'au matin. J'avais dit une chose terrible à Mark à propos du tableau de son père. Au moment même, je la pensais, mais j'éprouvais à présent la conviction que ma comparaison était monstrueuse. Jamais on ne devrait mesurer un objet à l'aune d'une personne. Jamais. Je retire ce que je t'ai dit, lui répétai-je mentalement. Je le retire. Et puis, comme si j'étais tombé sur une note en bas de page à mes réflexions, je me rappelai que j'avais lu quelque part, peut-être dans Gershom Scholem, qu'en hébreu un même mot signifie se repentir et revenir.

Mais Mark ne vint pas me retrouver dans le hall à dix heures et, quand j'appelai sa chambre, il n'y eut pas de réponse. Je l'attendis pendant une heure entière. L'homme qui était assis sur une banquette dans ce hall avait accompli des efforts herculéens pour se rendre présentable. Il s'était rasé, en se tenant la tête de profil afin de ne pas aggraver son mal au dos. Il avait frotté énergiquement la tache sur son pantalon à l'aide de savon et d'eau malgré les élancements épouvantables que ce nettoyage provoquait tout au long de sa colonne vertébrale. Il s'était peigné et, en s'installant sur cette banquette pour attendre, il avait contraint son corps à prendre une position qui pût paraître normale. Il parcourait le hall des yeux. Il espérait. Il révisait son interprétation des événements antérieurs, en élaborait une autre, et puis une autre encore. Il délibérait de différentes possibilités et enfin, perdant espoir, il traîna sa misérable carcasse jusqu'à un taxi qui l'emmena à l'aéroport. J'avais pitié de lui, parce qu'il n'avait rien compris.

Trois jours après mon retour à New York, je déambulais avec aisance dans mon appartement grâce au Dr Huyler et à une drogue du nom de Relafen. A peu près au même moment, deux policiers en civil vinrent à la porte de Violet demander Mark. Je ne les vis pas, mais, dès qu'ils furent repartis, Violet descendit me raconter leur visite. Il était neuf heures du matin, et Violet était vêtue d'une longue chemise de nuit de coton blanc à col montant. En la voyant, je pensai d'abord qu'elle avait un peu l'air d'une poupée ancienne. Quand elle se mit à parler, je remarquai que sa voix était descendue à ce quasi-chuchotement qu'elle avait adopté pour me téléphoner de l'atelier, le jour de la mort de Bill.

“Ils ont dit qu'ils voulaient seulement lui poser quelques questions. J'ai dit que Mark était en voyage avec Teddy Giles et que le dernier endroit où je savais qu'il était passé était Nashville. J'ai dit qu'il avait eu des problèmes et qu'il pouvait très bien ne pas m'appeler du tout, mais que, s'il faisait signe, je lui dirais qu'ils voulaient lui parler…” Violet prit une profonde inspiration, “au sujet du meurtre de Rafael Hernandez. C'est tout. Ils ne m'ont posé aucune question. Ils m'ont remerciée et ils sont partis. On doit avoir retrouvé son corps. Tout ça, c'était vrai, Leo. Tu crois qu'on devrait les appeler pour leur raconter ce qu'on sait ? Je n'ai rien dit.

— Qu'est-ce que nous savons, Violet ?”

Elle parut troublée un instant. “Nous ne savons pas grand-chose, en réalité, n'est-ce pas ?

— Pas à propos du meurtre.” Je m'écoutai prononcer le mot. Si ordinaire. On trouvait ce mot partout, tout le temps, mais je n'avais pas envie qu'il m'échappe si facilement. J'aurais voulu qu'il soit difficile à dire, plus difficile qu'il ne l'était.

“Il y a ce message, sur le répondeur de Bill, qui dit que Mark sait. Je ne l'ai jamais effacé. Tu crois qu'il sait ?

— Il m'a dit qu'il savait, et puis il a modifié son histoire et prétendu que le gamin se trouvait en Californie.

— S'il sait, et s'il reste avec Giles, qu'est-ce que cela veut dire ?"

Je fis un geste d'ignorance.

"C'est un délit, Leo ?

— Le fait de savoir, tu veux dire ?"

Elle fit signe que oui.

"Je suppose que cela dépend – comment on sait – si on a des preuves formelles. Mark peut ne rien croire de cette histoire. Il croit peut-être que le gamin s'est sauvé…"

Violet balançait la tête d'avant en arrière. "Non, Leo. Rappelle-toi, Mark a parlé de deux inspecteurs qui posaient des questions à la galerie Finder. C'était quand Giles avait quitté la ville. N'y a-t-il pas une loi qui punit ceux qui aident un fugitif ?

— Nous ne savons pas s'il y a un mandat d'arrêt contre Giles. Nous ne savons pas si la police détient la moindre preuve. Pour être honnête, Violet, nous ne savons même pas si Giles a tué ce garçon. Il est possible, sinon probable, qu'il soit en train de se vanter d'un crime qu'il n'a pas commis – simplement parce qu'il en était informé. Cela ferait de lui un coupable, mais à un autre titre."

Violet fixait, derrière moi, le tableau qui la représentait. "L'inspecteur Lightner et l'inspecteur Mills, dit-elle. Un Blanc et un Noir. Ils n'avait pas l'air jeunes, et ils n'avaient pas l'air vieux. Ils n'étaient ni gros ni minces. Ils étaient très aimables, tous les deux, et ils ne semblaient rien attendre de moi. Ils m'appelaient Mrs Wechsler." Violet se tut et son regard revint sur moi. "C'est drôle, depuis la mort de Bill, j'aime bien qu'on m'appelle comme ça. Bill n'est plus là. Il n'y a plus de mariage, et je n'avais pas changé de nom. Je suis toujours restée Violet Blom, mais maintenant son nom est quelque chose que j'ai envie d'entendre et de réentendre, et j'aime y répondre. C'est comme de porter ses chemises. J'ai envie de me couvrir de ce qui reste de lui, ne fût-ce que de son nom." La voix de Violet n'exprimait aucune émotion. Elle m'expliquait les faits, c'était tout.

Quelques minutes plus tard, elle me quitta pour remonter chez elle. Une heure après, elle frappait à nouveau à ma porte et m'expliquait qu'elle partait à l'atelier, mais qu'elle voulait me donner des copies des vidéos de Bill pour que je les regarde quand j'aurais le temps. Bernie avait traîné, disait-elle, parce qu'il avait à s'occuper de tant de choses, mais il avait fini par lui passer ces copies. "Bill ne savait pas à quoi ressemblerait l'œuvre achevée. Il parlait de construire une grande pièce où regarder les films, mais il changeait tout le temps d'avis. Ça allait s'appeler *Icare*. Ça, je le sais, et il a fait des quantités de dessins d'un garçon en train de tomber."

Violet contemplait ses chaussures et se mordait la lèvre.

"Ça va ?" lui demandai-je.

Elle leva les yeux. "Il faut bien, dit-elle.

— A quoi passes-tu tes journées à l'atelier, Violet ? Il ne reste pas grand-chose, là-bas."

Ses yeux s'étrécirent. "Je lis, fit-elle d'une voix farouche. D'abord, je mets les vêtements de travail de Bill, et puis je lis. Je lis toute la journée. Je lis de neuf heures du matin à six heures du soir. Je lis, je lis et je lis, jusqu'à ce que je ne puisse plus voir la page."

Les premières images sur l'écran représentaient des nouveau-nés – des êtres minuscules aux têtes difformes et aux membres frêles et contrefaits. La caméra de Bill ne s'en écartait jamais. Les adultes n'étaient présents qu'en tant que bras, torses, épaules, genoux, cuisses, voix et, de temps à autre, un grand visage qui faisait intrusion devant l'objectif et s'approchait du bébé. Le premier enfant dormait dans des bras de femme. La petite créature avait une tête énorme et des bras et jambes minces d'un rouge violacé ; elle était habillée d'un vêtement à carreaux, avec un petit bonnet blanc absurde noué sous le menton. A ce bébé en succéda un autre, sanglé sur un torse d'homme. Ses cheveux noirs se dressaient comme ceux de Lazlo et ses yeux sombres se tournèrent vers la caméra avec une expression d'étonnement ahuri. Bill poursuivait avec des enfants promenés dans des landaus, endormis dans des sacs kangourou, bercés sur un bras parental ou en train de pleurer désespérément sur une épaule. Parfois, des parents ou des nourrices généralement invisibles monologuaient à propos d'habitudes de sommeil, d'allaitement, de tire-lait et de renvois tandis que la circulation grondait et crissait derrière eux, mais les mots et les bruits ne jouaient qu'un rôle accessoire par rapport aux images animées des petits inconnus – celui qui détournait sa tête chauve du sein de sa mère, les coins de la bouche dégouttants de lait ; la beauté à la peau sombre qui tétait en dormant un sein invisible et puis semblait sourire ; le bébé éveillé qui levait ses yeux bleus vers sa mère et la contemplait avec ce qui ressemblait à une concentration profonde.

Dans la mesure où je pouvais en juger, le seul critère qui guidait Bill était l'âge. Chaque jour, il devait être parti à la recherche d'enfants un peu plus âgés que ceux de la veille. Progressivement, sa caméra avait abandonné les nourrissons pour se tourner vers des bébés qui tenaient assis, gazouillaient, poussaient des cris aigus, grognaient, et se mettaient en bouche tous les menus objets qu'ils pouvaient attraper. Pâmée de contentement, une grosse fillette tétait son biberon tout en enroulant autour de son doigt les cheveux de sa mère. Un petit garçon hurlait pendant que son père délogeait d'entre ses gencives une balle de caoutchouc. Un bébé posé sur les genoux d'une femme tendait les bras vers une fillette plus âgée assise à quelques pouces de lui et se mettait à lui taper sur les jambes. Une main adulte apparaissait et donnait une taloche aux bras du bébé. Ce ne pouvait être bien fort, car le bébé les tendait à nouveau, recommençait, et recevait une nouvelle taloche. La caméra reculait pendant un instant, révélant le visage las et absent de la femme, avant de s'approcher d'une troisième enfant endormie dans une poussette et de rester quelques secondes fixée sur ses joues sales et sur les deux rubans de morve translucide qui coulaient de son nez à sa bouche.

Bill avait filmé des enfants en train de ramper à toute vitesse dans le parc, et d'autres qui marchaient, tombaient et se relevaient pour marcher de nouveau, en chancelant comme de vieux ivrognes dans un bar. Il avait enregistré un petit garçon debout en équilibre incertain à côté d'un gros terrier haletant. Le corps entier frémissant d'excitation, l'enfant tenait la main près de la truffe du chien en poussant de petites exclamations joyeuses : Eh ! Eh ! Une autre enfant aux genoux ronds et au ventre proéminent se trouvait dans une boulangerie. Elle regardait en l'air en prononçant des syllabes incompréhensibles, auxquelles répondait une femme invisible : "C'est un ventilateur, mon cœur, ça fait du vent." La tête rejetée en arrière, l'enfant regardait fixement le plafond en remuant les lèvres et se mettait à chantonner le mot "vent" en le répétant inlassablement d'une voix aiguë et ravie. Une gamine apoplectique qui devait avoir deux ans hurlait et donnait des coups de pied sur un trottoir à côté de sa mère accroupie, qui tenait une orange. "Mais, ma chérie, disait la femme entre les hurlements, cette orange est exactement la même que celle de Julie. Il n'y a aucune différence."

Quand les enfants qu'il filmait atteignirent les âges de trois et quatre ans, j'entendis pour la première fois la voix de Bill. Accompagnant l'image d'un petit garçon sérieux, elle demandait : "Sais-tu ce que fait ton cœur ?" L'enfant regardait l'objectif, posait une main sur sa poitrine et déclarait gravement : "Il fait bouger le sang. Il peut saigner et vivre." Un autre bambin brandissait une boîte de jus de fruits, la secouait et, se tournant vers la femme assise près de lui sur un banc, s'écriait : "Maman, mon jus a perdu sa gravité." Une fillette blonde aux couettes presque blanches courait en rond, sautait sur place, s'arrêtait soudain, tournait vers l'objectif son visage empourpré et déclarait d'une voix claire et précoce : "Les larmes joyeuses, c'est la sueur." Une petite fille en tutu crasseux et tiare tordue se penchait vers une amie qui portait une jupe rose sur sa tête. "Ne t'en fais pas, chuchotait-elle d'un ton de conspiratrice, ça marche. J'ai appelé le monsieur et nous pouvons être demoiselles de noces" "Comment s'appelle ta poupée ?" demandait Bill à une petite fille bien habillée qui avait des coquelicots dans les cheveux. "Vas-y, disait une voix de femme, tu peux lui dire." La petite fille se grattait le bras et tendait la poupée vers la caméra en la tenant par une jambe. "Douche", disait-elle.

Les enfants anonymes se succédaient d'âge en âge sous le regard de Bill dont la caméra s'attardait sur leurs visages tandis qu'ils lui expliquaient comment les choses marchaient et de quoi elles étaient faites. Une fillette expliqua à Bill que les chenilles devenaient des ratons laveurs, et une autre que son cerveau était en métal avec des gouttes pour les yeux dedans, une troisième que le monde avait commencé avec un "très, très gros œuf". Au bout d'un moment, certains de ses sujets paraissaient oublier sa présence. Un garçon s'enfonçait le doigt dans le nez et en retirait avec satisfaction quelques croûtes qu'il mangeait aussitôt. Un autre, la main dans sa culotte, se grattait les testicules en soupirant de plaisir. On voyait une petite fille se pencher vers une poussette. Elle commençait par émettre des gazouillis et puis empoignait les joues du bébé attaché sur le siège. "Je t'aime, mon petit chou, disait-elle en lui pinçant les joues et en les secouant. Petit trésor en sucre", ajoutait-elle, farouche, tandis que le bébé se mettait à sangloter sous la pression de ses doigts. "Arrête, Sarah, disait une femme. Sois gentille." "J'étais gentille", répliquait Sarah, les yeux mi-clos et la mâchoire crispée.

Une autre gamine, un peu plus âgée, cinq ans environ, se tenait à côté de sa mère sur un trottoir quelque part en ville. On les voyait toutes les deux de dos, en train de regarder une vitrine. Au bout de quelques secondes, il devenait évident que ce qui intéressait Bill, c'était la main de l'enfant. La caméra suivait ses déplacements du haut en bas du dos de sa mère, des omoplates aux fesses. Du nord au sud, du sud au nord, cette petite main caressait paresseusement le dos maternel. Bill avait filmé aussi un petit garçon arrêté sur un trottoir, le visage grimaçant, belliqueux, quelques larmes aux coins des yeux. Une femme vue de la nuque aux pieds se tenait près de lui, le corps tétanisé par la colère. "J'en ai assez, criait-elle. Tu me casses les pieds. Tu fais le petit poison et je veux que tu arrêtes !" Elle se penchait, attrapait l'enfant par l'épaule et se mettait à le secouer. "Arrête ! Arrête !" Malgré les larmes qui coulaient sur ses joues, le gamin gardait son air raide et obstiné.

Il y avait dans ces films une détermination impitoyable, une volonté tenace de regarder et de bien regarder. La mise au point restait proche et serrée tandis que les enfants grandissaient et devenaient plus habiles à s'exprimer. Un garçon nommé Ramon, qui disait avoir sept ans, expliquait à Bill que son oncle collectionnait les poulets – "N'importe quoi, du moment qu'y a un poulet dessus. Dans sa cave, c'est rien que des poulets." Un gamin dodu qui devait avoir huit ou neuf ans regardait d'un air furieux un garçon plus âgé, coiffé d'une casquette de base-ball, qui tenait une boîte de bonbons. Soudain pris de colère, le plus jeune disait "Je t'emmerde" et poussait violemment son adversaire à terre. Des bonbons volaient et le garçon renversé se mettait à clamer d'une voix triomphante : "Il a dit un vilain mot, il a dit un vilain mot !" Une paire de jambes adultes entraient en courant dans le cadre. Assises sur les marches d'un escalier en ciment, deux petites filles en uniforme à motif écossais se parlaient en chuchotant. A un pas de là, une troisième fillette vêtue du même uniforme tournait la tête pour les regarder. Bill l'avait saisie de profil. En regardant les deux autres, elle déglutissait plusieurs fois. La caméra se déplaçait parmi la foule d'écoliers et se fixait sur un garçon à la bouche garnie d'un appareil étincelant, qui enlevait son sac à dos et le faisait valser contre les épaules de son voisin.

Plus je les regardais, plus je trouvais mystérieuses les images qui défilaient devant moi. Ce qui n'était au début qu'une collection d'images ordinaires d'enfants dans la ville devenait peu à peu un document remarquable sur les particularités et les similitudes humaines. Il y avait tant d'enfants différents – des gros, des minces, des pâles, des foncés, des beaux et des laids, des enfants en bonne santé et des enfants infirmes ou déformés. Bill avait filmé un groupe de gosses en chaises roulantes qu'on descendait d'un car équipé d'un mécanisme permettant de les amener au niveau de la rue. Tandis qu'on la dégageait de la plateforme, une fillette dodue de huit ans environ se redressait et saluait Bill d'un geste royal et moqueur. Il avait filmé un garçon qui avait une cicatrice sur la lèvre supérieure et qui commençait par sourire de travers avant de produire avec sa bouche un bruit de pet. Il avait suivi un autre garçon auquel une maladie indéterminée ou un défaut congénital avait donné des joues comme des ballons et pas de menton. Muni d'un genre de respirateur, il trottinait sur de courtes jambes à côté de sa mère. Les différences entre les enfants étaient frappantes et pourtant, à la fin, leurs visages se mêlaient. Plus que tout, les films révélaient la furieuse animation des enfants, le fait que, du moment qu'ils sont éveillés, ils cessent rarement de remuer. Un simple trajet dans la rue comprenait gesticulations, sautillements, tournoiements et pauses multiples, pour examiner un détritus, caresser un chien ou grimper et marcher en équilibre sur un muret en ciment ou une clôture basse. Dans une cour d'école comme au terrain de jeu, ils se bousculaient, s'envoyaient coups de poing, coups de coude et coups de pied, se caressaient, s'étreignaient, se pinçaient, se tiraillaient, se poussaient, criaient, riaient, braillaient et chantaient et, à les regarder, je me disais que grandir signifie en réalité ralentir.

Bill était mort avant que ces enfants n'atteignissent la puberté. Chez quelques fillettes, on devinait les premiers signes d'apparition des seins sous les t-shirts ou les blouses des uniformes scolaires mais, dans l'ensemble, les gosses n'avaient même pas commencé à changer. Je supposai que Bill avait eu l'intention de continuer, qu'il voulait filmer toujours plus d'enfants, jusqu'à ce que les personnages sur l'écran ne se distinguent plus des adultes. La vidéo terminée, après avoir éteint la télévision, je me sentais épuisé et un peu sonné par ce défilé de corps et de visages, par la quantité de jeunes vies qui étaient passées devant moi. J'imaginais Bill lancé dans cette aventure itinérante, à la recherche de tant et plus d'enfants pour répondre à quelque désir personnel insatiable. Ce que j'avais vu n'était pas monté, c'était à l'état brut et pourtant l'accumulation des fragments avait suggéré une syntaxe où l'on pouvait tenter de lire un sens. Comme si Bill avait souhaité que les nombreuses vies qu'il avait observées se fondent en une seule entité, fassent apparaître l'unique dans le multiple et le multiple dans l'unique. Tout le monde commence et finit. D'un bout à l'autre des films, j'avais pensé à Matthew, d'abord bébé, et puis bambin joufflu et enfin garçon à jamais figé dans l'enfance.

Icare. Le lien entre les enfants filmés et le mythe demeurait obscur. Mais Bill n'avait pas choisi ce titre sans raison. Je revoyais le tableau de Bruegel avec ses deux personnages – le père et le fils, qui est en train de tomber car ses ailes fondent au soleil. Dédale, le grand architecte et magicien, avait fabriqué ces ailes afin que son fils et lui puissent s'échapper de la tour où ils étaient prisonniers. Il avait averti Icare du danger de voler trop près du soleil, mais le garçon, faute de l'avoir écouté, avait plongé dans la mer. Dédale n'est pas une figure innocente, néanmoins, dans cette légende. Il a risqué trop gros pour sa liberté et, à cause de cela, il a perdu son fils.

Ni Violet, ni moi, ni Erica en Californie, désormais au courant de toute l'histoire, nous ne doutions que la police finirait par retrouver Mark pour l'interroger. Ce n'était qu'une question de temps. Après la visite des inspecteurs Lightner et Mills, j'avais perdu toute notion de ce qui était possible ou impossible pour Mark et, sans cette barrière, je vivais dans la crainte. Le souvenir de l'incident dans le corridor, à Nashville, ne s'estompait pas. Chaque nuit, je retrouvais ce sentiment d'impuissance. Les mains de Giles. Sa voix. Le choc de ma tête heurtant le mur. Et les yeux de Mark, ces yeux vides. Je m'entendais l'appeler, je me voyais tendre les bras vers lui, et puis j'attendais en vain dans le hall. J'avais presque tout raconté à Violet et à Erica, mais je l'avais fait d'un ton égal, froidement descriptif, et je n'avais pas parlé des mains de Giles dans mes cheveux. Avec le temps, il m'était devenu impossible d'évoquer ce geste. Il était bien plus facile de raconter qu'il m'avait cogné la tête contre le mur. Pour une raison ou l'autre, la violence était préférable à ce qui l'avait précédée. Je dormais mal et, parfois, après des heures d'insomnie, j'allais vérifier que ma porte était bien fermée, même si je savais que j'avais poussé les deux verrous et fixé la chaîne.

Le seul fait incontestable qui ressortît des journaux, c'était qu'on avait retrouvé le corps mutilé et décomposé d'un garçon nommé Rafael Hernandez dans une valise qui s'était échouée quelque part près d'un quai de l'Hudson, et qu'on l'avait identifié grâce aux fichiers dentaires. Le reste n'était que commérages imprimés. *Blast* publia un long article accompagné de photographies de Teddy Giles et intitulé "UNE SIMPLE BLAGUE ?". D'après son auteur, Delford Links, il y avait un certain temps que, dans le monde des arts comme dans celui des boîtes, on était au courant de la disparition de Rafael. Le lendemain de cette disparition, Giles avait donné des coups de téléphone à plusieurs amis et connaissances, affirmant qu'il venait "d'en faire un vrai". Ce soir-là, il était arrivé au *Club USA* avec des vêtements couverts de taches qui semblaient être de sang séché et s'était pavané dans toute la boîte en annonçant que la Monstresse avait "commis l'ultime œuvre d'art". Personne ne l'avait pris au sérieux. Même après la découverte du corps, la plupart des gens qui avaient été en rapport avec Giles refusaient d'admettre la possibilité qu'il eût réellement assassiné quelqu'un. On citait un garçon de dix-sept ans nommé Junior : "Il disait tout le temps des trucs comme ça. Il doit m'avoir dit au moins quinze fois qu'il venait de tuer quelqu'un."

On citait également Hasseborg : "Le danger inhérent à l'art de Giles, c'est qu'il s'attaque à chacune de nos vaches sacrées. Son œuvre ne se limite pas à des sculptures, des photographies ou même des mises en scène. Ses différentes individualités aussi sont des manifestations de cet art – un spectacle d'identités multiples comprenant le tueur psychopathe, lequel est, après tout, un personnage mythique célèbre. Allumez votre télé. Allez au cinéma. Il est partout. Mais prendre le spectacle pour une réalité, c'est un outrage. Giles connaissait Rafael Hernandez, c'est vrai, mais cela ne fait pas de lui son assassin."

Le dimanche soir qui suivit mon retour de Nashville, nous étions en train de dîner à l'étage, Violet et moi, quand Lazlo sonna à la porte. Lazlo avait en général une expression sérieuse mais, quand je le fis entrer, je lui trouvai l'air presque triste. "J'ai trouvé ça", dit-il en tendant à Violet une coupure de presse. C'était un article paru dans la page des potins de *Bleep*, une feuille locale. Violet le lut à haute voix : "Les rumeurs s'envolent à propos d'un certain *bad boy* de la scène des arts et du corps de son ex-jouet et *e-dealer* à temps partiel, un garçon de treize ans, qui a refait surface dans l'Hudson. L'une des ex-«petites amies» du BB prétend qu'il y a un témoin – encore un ou une autre des nombreux ex- du BB. L'intrigue pourrait-elle s'épaissir davantage ? Restez en ligne…"

Violet regarda Lazlo. "Qu'est-ce que ça veut dire ?" demanda-t-elle.

Lazlo garda le silence. Au lieu de répondre à la question de Violet, il lui tendit une carte de visite. "C'est le mari de ma cousine, dit-il. Arthur est vraiment un type bien. Un avocat d'assises. Il a travaillé au bureau du *district attorney*." Lazlo fit une pause. "Peut-être que vous n'aurez pas besoin de lui." Lazlo était immobile. Je ne le voyais même pas respirer. Et puis il dit : "Pinky m'attend."

Violet fit un signe de tête et nous regardâmes Lazlo marcher jusqu'à la porte et la refermer très doucement derrière lui.

Nous restâmes plusieurs minutes sans parler. Il faisait sombre dehors et il avait commencé à neiger. Je contemplai cette blancheur en mouvement derrière la fenêtre. Lazlo savait des choses et nous comprenions, Violet et moi, qu'il avait une raison de nous laisser cette carte. Quand je me détournai de la fenêtre pour regarder Violet, elle était si pâle que sa peau paraissait transparente, et je remarquai une rougeur sur son cou. Sous ses yeux baissés, il y avait de vagues ombres mauves. Je savais ce que je voyais : un chagrin sec, un chagrin devenu ancien et familier. Il pénètre les os et c'est là qu'il vit, car il n'a pas besoin de chair, et au bout de quelque temps on a l'impression de n'être plus que des os, durs et desséchés, tel un squelette dans une salle de classe. En tripotant la petite carte, elle leva les yeux vers moi.

"J'ai peur de lui, dit-elle.

— De Giles ? demandai-je d'une voix éteinte.

— Non, dit-elle. C'est de Mark que je parle. J'ai peur de Mark."

Nous étions à l'étage, Violet et moi, assis ensemble sur le canapé, quand sa clé tourna dans la serrure. Avant de l'avoir entendue, Violet riait de quelque chose que j'avais dit, quelque chose que j'ai oublié maintenant, et je me souviens que j'avais encore son rire aux oreilles quand Mark franchit le seuil. Il avait l'air triste, un peu penaud et très doux, mais sa vue me glaça.

"Il faut que je vous parle, dit-il. C'est très important."

Le corps de Violet s'était raidi. "Alors parle", dit-elle. Elle ne quittait pas son visage des yeux.

Il s'avança vers nous, contourna la table et se pencha pour embrasser Violet.

Elle eut un mouvement de recul. "Non, protesta-t-elle. Je ne pourrais pas."

Mark parut surpris, et puis blessé.

D'une voix sourde et posée, Violet reprit : "Tu me mens, tu me voles, tu me trahis, et maintenant tu voudrais qu'on s'embrasse ? Je t'ai dit que je ne voulais pas que tu reviennes."

Incrédule, il la regardait fixement. "Qu'est-ce que je dois faire ? La police veut me parler." Il respira profondément, puis fit un pas en arrière. Ses bras pendaient mollement à ses côtés. "Je sais que Teddy l'a fait", dit-il. Il ferma à demi les yeux. "Je l'ai vu ce soir-là." Il s'assit de l'autre côté de la table. Sa tête s'affala en avant. "Il était plein de sang.

— Tu l'as vu ? s'écria Violet. Qui ? Que veux-tu dire ?

— Je suis allé chez Teddy. On devait sortir. Il m'a ouvert la porte, et il était tout couvert de sang. J'ai d'abord cru que c'était une blague, vous savez, un de ses tours." Mark cligna des yeux et puis nous regarda en face. "Et puis je l'ai vu – Moi – par terre."

J'avais l'impression que mon crâne s'élevait à l'intérieur de ma tête. "Tu as vu qu'il était mort ?"

Mark fit oui de la tête.

La voix de Violet était calme. "Qu'est-ce qui s'est passé ensuite ?

— Il a dit qu'il me tuerait si je disais quoi que ce soit, et je suis parti. J'avais peur, alors j'ai pris le train pour rentrer chez maman.

— Pourquoi n'es-tu pas allé à la police ?

— Je vous ai dit. J'avais trop peur.

— Tu n'avais pas l'air d'avoir peur à Minneapolis, dis-je. Ni à Nashville. Tu paraissais enchanté en compagnie de Giles. Je t'ai attendu, Mark. Tu n'es pas venu."

Sa voix s'éleva. "Il fallait que j'aille avec lui. Je pouvais pas le quitter. Vous voyez pas ? Je devais le faire. C'était pas ma faute. J'avais peur.

— Tu dois parler à la police, maintenant, dit Violet.

— Je peux pas. Teddy me tuera."

Violet se leva. Elle disparut et revint un moment après. "Tu dois parler à la police maintenant, répéta-t-elle. Ou bien ce sont eux qui viendront te chercher. Appelle ce numéro. Les inspecteurs l'ont laissé pour toi.

— Il a besoin d'un avocat, Violet, dis-je. Il ne peut pas y aller sans avocat."

Ce fut moi qui téléphonai au mari de la cousine de Lazlo, Arthur Geller, et il s'avéra qu'il attendait mon appel. Quand Mark se présenterait au poste de police, le lendemain, il aurait un avocat à ses côtés. Violet dit à Mark qu'elle paierait ses honoraires. Et puis elle se reprit. "Non, Bill paiera. C'est l'argent de Bill."

Violet autorisa Mark à passer cette nuit-là dans sa chambre, mais elle lui dit qu'ensuite il devrait se trouver un autre endroit où habiter. Et puis, se tournant vers moi, elle me demanda si je voulais bien dormir sur le canapé. "Je n'ai pas envie de rester seule avec Mark", dit-elle.

Mark parut abasourdi. "C'est idiot, protesta-t-il. Leo peut dormir chez lui."

Violet lui fit face. Elle leva les mains, paumes tournées vers lui, comme pour détourner un coup. "Non, fit-elle sèchement. Non. Je ne resterai pas seule avec toi. Je n'ai pas confiance en toi."

En me postant pour la nuit en sentinelle sur le canapé, Violet souhaitait manifester que la vie n'allait pas reprendre comme avant, mais ma présence ne suffit pas à rompre le charme du quotidien. Les heures qui suivirent l'arrivée de Mark me parurent inquiétantes, non parce qu'il se passait quelque chose – mais parce qu'il ne se passait rien. Je l'entendis se brosser les dents et puis nous souhaiter bonne nuit, à Violet et à moi, d'une voix curieusement joyeuse, et enfin traîner savates jusqu'à sa chambre où il se mit au lit. C'étaient des bruits ordinaires et, parce qu'ils étaient ordinaires, je les trouvais terribles. La simple présence de Mark dans l'appartement semblait tout y modifier, métamorphoser la table et les chaises, la veilleuse dans le couloir et le canapé rouge sur lequel je m'étais dressé un lit provisoire. Plus troublant encore était le fait que, ce changement, on pouvait le sentir mais pas le voir. C'était comme si un vernis s'était déposé sur toutes choses, un masque banal si étroitement adapté à la forme hideuse qu'il recouvrait qu'on ne pouvait pas l'en détacher.

Longtemps après que le sommeil eut plongé l'immeuble dans le silence, je restai éveillé, attentif aux bruits du dehors. “Il a bon cœur, mon fils.” Bill se tenait debout devant la fenêtre et regardait d'en haut le Bowery quand il avait prononcé ces mots, et je sais qu'il les pensait – mais, des années auparavant, dans le conte qu'il avait intitulé *L'Enfant des fées*, il avait raconté une histoire de substitution. Je revoyais l'enfant volé étendu dans son cercueil de verre. Bill savait, me dis-je. Quelque part, au fond de lui, il savait.

Au matin, accompagné par Arthur Geller, Mark alla parler à la police. Le lendemain, Teddy Giles fut arrêté et mis en détention ferme à Riker's Island en attendant d'être jugé pour le meurtre de Rafael Hernandez. On aurait pu croire que l'arrivée spectaculaire d'un témoin allait clore l'affaire. Mais Mark n'avait pas assisté au crime. Il avait vu un Giles ensanglanté et le cadavre de Rafael. C'était important, mais le DA en voulait davantage. La loi doit débrouiller des faits, et il y en avait peu. L'affaire consistait surtout en paroles : commérages, rumeurs et le récit de Mark. Le corps ne pouvait guère fournir d'indices, car la police ne l'avait pas trouvé entier dans la valise. Le garçon avait été découpé en morceaux et, après s'être désintégrés pendant plusieurs mois au fond de l'eau, ces fragments d'os, de tissus imprégnés et de dents avaient révélé son identité, rien de plus. Ce que nous apprirent les journaux, c'est que Rafael n'était pas mexicain, et qu'il n'avait pas été acheté par Giles. Quand il avait quatre ans, ses parents, tous deux drogués, l'avaient abandonné ainsi que sa petite sœur. A deux ans, la fillette était morte du sida. Rafael avait fui sa troisième famille d'accueil, quelque part dans le Bronx, et s'était mis à fréquenter les boîtes, où il avait rencontré Giles. Il avait fait des passes. Il avait vendu de l'ecstasy à des acheteurs complaisants et, à treize ans, il gagnait bien sa vie. A part cela, ce garçon était une énigme.

L'arrestation de Giles modifia du tout au tout l'accueil fait à son œuvre. Ce que l'on avait perçu comme un commentaire intelligent de l'horreur en tant que genre s'était mis à ressembler aux fantasmes sadiques d'un meurtrier. L'insularité propre à la scène artistique new-yorkaise avait souvent fait passer pour subtiles des œuvres plates, pour profondes des œuvres ineptes et pour subversif un art à sensation. C'était une question de “diapason”. Parce que Giles était devenu une sorte de célébrité mineure, adoptée par les critiques et par les collectionneurs, sa désignation nouvelle en tant que criminel possible embarrassait et intriguait à la fois le monde qu'il avait quitté si brusquement. Durant le premier mois suivant son arrestation, les revues d'art, les journaux et même les informations télévisées reprirent l'histoire du "meurtre artistique". Larry Finder fit paraître une déclaration dans laquelle il rappelait qu'en Amérique tout individu est innocent jusqu'à preuve du contraire, mais que si Giles était jugé coupable du crime il condamnerait son acte avec la plus extrême rigueur et cesserait de le représenter. En attendant, la cote de l'œuvre ne cessait de monter et Finder fit d'excellentes affaires en vendant du Teddy Giles. Les acheteurs voulaient posséder une œuvre qui semblait désormais copier la réalité mais Giles qui, de Riker's, donnait de fréquentes interviews, se montait une défense exactement à l'opposé. Dans un entretien paru dans *Dash*, il soutenait que tout cela n'était qu'un canular. Il avait mis un meurtre en scène dans son appartement au bénéfice de ses amis, en se servant de sang artificiel et d'un Rafael réaliste mais factice. Sachant que Rafael partait chez une tante en Californie, il avait profité de son absence pour perpétrer une "plaisanterie artistique" élaborée. Si Rafael Hernandez avait été assassiné, Giles affirmait que ce n'était pas par lui. Il assurait que ses "calomniateurs" avaient connu ses intentions. Peut-être l'un d'entre eux avait-il commis le meurtre afin de l'en faire accuser. Giles semblait savoir que le dossier de la police reposait sur les épaules d'un ami anonyme, un ami qui était arrivé ce jour-là et avait regardé par la porte de son appartement. Cet ami pouvait-il jurer que le sang qu'il avait vu était du vrai sang, que le corps étendu sur le sol n'était pas un artefact ? L'aspect le plus curieux de l'affaire fut sans doute que Giles pût produire un faux corps de Rafael. Pierre Lange déclara au journaliste qu'il avait moulé une copie du garçon le mardi précédant sa disparition. Giles lui avait donné ses instructions concernant les mutilations du corps, ainsi qu'il le faisait toujours, et il avait travaillé à l'aide de photographies provenant de la police et de la morgue, afin de donner au corps une apparence vraisemblable. Bien entendu, ajoutait-il, les corps étaient toujours creux. Du sang et des organes internes étaient parfois ajoutés pour l'effet, mais il ne reproduisait ni les tissus, ni les muscles, ni les os. Selon cet article, la police aurait saisi le faux cadavre.

L'affaire dura huit longs mois. Mark campait “chez une amie”, une certaine Anya, que nous ne rencontrâmes jamais. Violet avait de fréquentes conversations téléphoniques avec Arthur Geller, qui paraissait raisonnablement assuré que le témoignage de Mark au procès entraînerait la condamnation. Elle parlait à Mark une fois par semaine, mais elle disait que leurs échanges étaient forcés et mécaniques. “Je ne crois pas un mot sorti de sa bouche, disait-elle. Je me demande parfois pourquoi je parle avec lui.” Certains soirs, Violet se confiait à moi tout en regardant par la fenêtre. Et puis elle se taisait et ses lèvres s'entrouvraient en une expression d'incrédulité. Elle ne pleurait plus jamais. La peur semblait l'avoir figée. Elle s'immobilisait pendant des secondes entières, devenant inerte comme une statue. A d'autres moments, par contre, elle paraissait sur les nerfs. Le moindre bruit la faisait sursauter ou s'étrangler. Sitôt remise du choc momentané, elle se frottait longuement les bras, comme si elle avait froid. Les soirs où elle se sentait agitée, elle me demandait de passer la nuit sur le canapé, et je couchais dans le living-room avec les oreillers de Bill et la couette du lit de Mark.

Je ne saurais dire si l'angoisse de Violet était la même que la mienne. Comme la plupart des émotions, cette sorte de peur indéfinie est une masse brute de sensations qui compte sur les mots pour se définir. Mais cet état interne affecte bientôt ce qui se trouve théoriquement en dehors de nous et j'avais l'impression de sentir dans les pièces de mon appartement et de celui de Violet, dans les rues de la ville et jusque dans l'air que je respirais la puanteur d'une menace diffuse et générale. A plusieurs reprises, je crus avoir aperçu Mark dans Greene Street et chaque fois mon cœur battit la chamade jusqu'à ce que je constate qu'il s'agissait d'un autre grand jeune homme en pantalons trop larges. Je ne me croyais pas en danger du fait de Mark. Mon agitation semblait provenir de quelque chose de beaucoup plus vaste que lui ou que Teddy Giles. Aucun individu ne pouvait la contenir. Le danger était invisible, multiforme, envahissant. La peur que m'inspirait une chose aussi obscure peut donner à penser que j'étais fou, aussi déséquilibré que Dan dont les accès de paranoïa pouvaient transformer en tentative de meurtre une innocente tape sur le bras, mais la démence n'est qu'affaire de degré. La plupart d'entre nous en sommes atteints de temps en temps d'une manière ou d'une autre, nous en sentons les insidieux assauts et le vertige. Mais je ne flirtais pas avec la folie, à l'époque. Tout en reconnaissant que l'anxiété qui me prenait à la gorge n'était pas rationnelle, je savais que ce que je craignais se trouvait au-delà de toute raison, et que l'absurde aussi peut être réel.

En avril, Arthur raconta à Violet l'histoire de la lampe. Pendant quelque temps, l'affaire tourna autour de cette lampe, et pourtant la signification que je lui trouvais n'avait que peu de chose à voir avec le travail de la police, ni avec les conclusions qu'en tirerait l'accusation. Après avoir passé au peigne fin les environs de l'appartement de Giles, les policiers avaient interrogé la propriétaire d'un magasin de décoration de Franklin Street. Arthur ne pouvait expliquer pourquoi il leur avait fallu aussi longtemps pour la trouver, mais Roberta Alexander avait reconnu en Giles et Mark les deux jeunes gens qui étaient venus dans sa boutique en début de soirée, le jour du meurtre. Selon Mrs Alexander, ils étaient entrés chez elle *après* l'heure où Mark prétendait s'être enfui de l'appartement de Giles et précipité à la gare, où il aurait passé plusieurs heures assis sur un banc dans un désarroi stupéfié avant de prendre enfin le train pour Princeton. Mark et Teddy avaient acheté une lampe de table. Mrs Alexander détenait le double de la facture, qui était daté, et elle était sûre de l'heure parce qu'elle avait été sur le point de fermer boutique à sept heures. Elle n'avait rien remarqué de spécial en ce qui concernait Giles ou Mark. A vrai dire, elle les avait trouvés l'un et l'autre d'une politesse et d'une amabilité peu courantes, et ils n'avaient pas discuté le prix. Ils avaient payé les douze cents dollars en espèces.

D'après Arthur, le DA avait commencé à douter de l'histoire de Mark bien avant qu'il fût question de l'achat de la lampe. Au cours de ses entretiens avec d'autres membres de l'entourage de Giles, il s'était aperçu que Mark avait menti à la plupart d'entre eux sur l'un ou l'autre sujet. Un avocat de la défense n'aurait guère de difficulté à démontrer que Mark était un menteur invétéré. Arthur savait que si la réalité d'un fait était contestée, le reste suivrait vraisemblablement, et que la réalité de l'un après l'autre risquait de devenir fiction, et son témoin suspect. Mark jurait que son histoire était d'une fidélité parfaite, à la seule exception de la lampe. Teddy était sorti avec lui, et il l'avait accompagné parce qu'il avait peur. Il se rendait compte que cela faisait mauvais effet, c'est pourquoi il n'en avait pas parlé. Oui, il avait attendu que Teddy se change et, oui, ils étaient remontés à l'appartement pour déposer la lampe, mais tout le reste était vrai. Lucille avait déjà confirmé que Mark était arrivé chez elle le soir même – vers minuit.

Mark comprenait que la peur et la lâcheté, chez quelqu'un qui découvre un meurtre, pouvaient être perçues avec sympathie. L'achat désinvolte d'une lampe avec le meurtrier juste après avoir vu le corps de sa victime ne le pouvait pas. Il n'y avait personne pour témoigner de l'heure d'arrivée de Mark au loft de Franklin Street et, ainsi qu'Arthur l'avait craint, le DA commença à se demander s'il n'avait pas interrogé un complice plutôt qu'un témoin. C'était ce que nous nous demandions tous. Arthur entreprit de préparer Violet à la possible arrestation de Mark mais, à mon avis, ce n'était pas nécessaire. Il y avait longtemps que Violet soupçonnait Mark de n'avoir pas dit toute la vérité sur le meurtre et, loin de donner des signes de choc, elle me confia qu'elle plaignait Arthur. Mark l'avait berné, comme nous tous. "Je l'avais averti, me dit-elle, mais il a cru Mark tout de même." Que Mark eût aidé Giles à tuer Rafael ou qu'il fût simplement arrivé sur les lieux après le meurtre, sa présence dans la boutique de Franklin Street et l'achat de cette lampe coûteuse anéantirent le peu de sympathie qui me restait à son égard. Je compris qu'à un titre ou à un autre Teddy Giles et Mark Wechsler étaient fous – exemples d'une indifférence que beaucoup considèrent comme monstrueuse et contraire à la nature – mais qu'en réalité ils n'étaient pas des cas uniques et que l'on pouvait reconnaître ce que leurs agissements avaient d'humain. L'assimilation de l'horreur à l'inhumain m'a toujours paru commode mais fausse, ne serait-ce que parce que je suis né dans un siècle qui aurait dû infirmer à jamais ce discours. Pour moi, la lampe ne devint pas la manifestation de l'inhumain mais du trop humain : la défaillance ou la rupture qui se produit chez certains individus quand l'empathie a disparu, quand les autres ne font plus partie de nous mais sont transformés en objets. Il y a une ironie authentique dans le fait que mon empathie pour Mark a cessé d'exister à l'instant où j'ai compris qu'il ne possédait pas en lui la moindre parcelle de cette qualité.

Nous attendions tous deux, Violet et moi, qu'il se passe quelque chose et, en attendant, nous travaillions. J'écrivais sur Bill et puis je récrivais ce que j'avais écrit. Ce que je produisais ne valait rien, mais la qualité de ma réflexion et de ma prose me paraissait secondaire par rapport à ma capacité de poursuivre une telle activité. Violet lisait à l'atelier. Elle en revenait souvent avec des maux de tête et les yeux irrités, et elle toussait à cause de toutes les cigarettes qu'elle avait fumées. Je me mis à lui préparer des sandwiches à emporter au Bowery et je lui fis promettre de les manger. Je pense qu'elle le faisait, car elle cessa de maigrir.

Les mois passaient, et Arthur n'avait rien de nouveau à nous raconter, sinon que le DA cherchait toujours quelqu'un ou quelque chose qui pût renforcer l'accusation. Violet et moi, nous passâmes ensemble presque tout cet été. Un petit restaurant s'était ouvert dans Church Street, un peu plus bas que Canal, et nous nous y retrouvions pour dîner deux ou trois fois par semaine. Un soir, quelques minutes après être arrivée, Violet quitta la table pour se rendre aux toilettes et le garçon me demanda si je voulais commander un apéritif pour ma femme. Quand Violet passa quinze jours dans le Minnesota en juillet, je lui téléphonai tous les jours. Pendant la nuit, des inquiétudes me prenaient à l'idée qu'elle pût tomber gravement malade ou décider de rester dans le Middle West et ne jamais en revenir. Mais quand elle revint nous continuâmes à vivre en suspens, en nous demandant si l'instruction aboutirait jamais. Mark avait quitté Anya et vivait avec une autre jeune femme nommée Rita. Il fit savoir à Violet qu'il travaillait chez un fleuriste dont il lui donna le nom, mais Violet ne prit jamais la peine de téléphoner pour vérifier si c'était vrai ou non. Cela ne paraissait pas bien important.

Et puis, à la fin du mois d'août, un certain Indigo West entra en scène. Tel un *deus ex machina*, ce garçon tomba du ciel pour délivrer Mark des soupçons qui pesaient sur lui. Il affirmait qu'il avait été témoin du meurtre par la porte du couloir de l'appartement de Giles. Apparemment, Indigo était l'un des nombreux détenteurs d'une clé de cet appartement. Il y était arrivé vers cinq heures du matin et avait abouti dans l'une des chambres à coucher. Après avoir dormi presque tout le jour, il avait été réveillé par un bruit de verre cassé dans le salon. Quand il était allé voir ce qui se passait, il disait avoir vu Giles avec une hache dans une main et un vase brisé dans l'autre, debout au-dessus de Rafael, qui avait déjà perdu un bras. Il y avait par terre une grande bâche en plastique couverte de sang. D'après Indigo, Rafael était ligoté et avait du ruban adhésif sur la bouche. S'il n'était pas mort, il n'en était pas loin. Avant que Giles ne l'eût aperçu ou entendu, Indigo était retourné dans sa chambre et s'était caché sous le lit, où il avait vomi. Il était resté complètement immobile pendant au moins une heure. Il racontait qu'il avait entendu Giles aller et venir et même, une fois, juste devant sa porte. Le téléphone avait sonné, Giles avait répondu et, peu après, Indigo avait entendu Giles parler à quelqu'un dans l'entrée et reconnu la voix de Mark. Il avait nettement entendu Mark dire qu'il avait faim, mais le reste de la conversation s'était passé à voix trop basse pour lui parvenir. Quand la porte avait claqué et que tous les bruits s'étaient tus, il avait attendu pendant plusieurs minutes avant de sortir de dessous le lit et de s'enfuir de l'immeuble. Il affirmait qu'il était allé chez Puffy, et qu'il y avait commandé un café à une serveuse dont les cheveux étaient bleus.

A dix-sept ans, Indigo était héroïnomane, mais Arthur nous disait qu'il avait répété son histoire à plusieurs reprises sans en dévier et que, si les policiers n'avaient pas trouvé chez Giles la moindre tache de sang, ils avaient remarqué une tache sur le tapis sous le lit où Indigo avait passé la nuit, et que la serveuse de chez Puffy, qui avait les cheveux bleus à l'époque, se souvenait de lui. Elle avait eu l'attention attirée par lui parce qu'il tremblait et pleurait devant son expresso. Confronté avec Indigo West, Teddy Giles accepta un compromis. Le chef d'accusation fut ramené à "coups et blessures ayant entraîné la mort" et Giles fut condamné à quinze ans de prison. On accorda l'impunité à Indigo West en échange de son témoignage et aucune charge ne fut retenue, ni contre lui, ni contre Mark. Pendant une semaine, les journaux publièrent des articles sur la fin de l'affaire, et puis elle disparut du feu des projecteurs. Arthur devinait que le DA n'avait pas voulu courir le risque de présenter devant un tribunal deux témoins d'une moralité aussi douteuse. Indigo West avait déjà été condamné pour détention de drogue et placé en maison de correction. Ce gosse était une épave mais, à mon avis, une épave honnête.

En tout cas, son apparition avait eu quelque chose de magique. Quand je découvris que c'était Lazlo qui avait déniché Indigo, mon étonnement diminua un peu. Avec la bénédiction d'Arthur, Lazlo avait continué à suivre ses propres pistes, lesquelles l'avaient amené à interroger un échotier qui, dans un de ses articles, avait parlé d'un témoin. L'échotier ne connaissait pas Indigo, mais la fille de sa compagne avait entendu une amie raconter qu'un garçon qui passait tous les jeudis soir au *Tunnel* avait entendu dire par quelqu'un d'autre qu'il existait un troisième témoin du meurtre. La chaîne des rumeurs avait abouti à Indigo West, qui s'appelait en réalité Nathan Furbank. La question était : pourquoi Lazlo avait-il réussi à localiser un témoin que la police ne trouvait pas ? Je ne pouvais m'empêcher d'attribuer ce succès aux qualités prodigieuses des yeux, des oreilles et du nez Finkelman.

Pendant toute la durée de l'affaire, Violet avait téléphoné régulièrement à Lucille afin de la tenir au courant. Leurs dialogues étaient parfois aimables mais, le plus souvent, Violet attendait de Lucille quelque chose que Lucille ne voulait ou ne pouvait pas lui donner. Violet aurait voulu que Lucille admît la nature extrême de ce qui était arrivé à Mark. Elle aurait voulu une réaction animale, de l'angoisse, du désespoir, mais Lucille disait seulement qu'elle était "inquiète" ou "très soucieuse" au sujet de son fils. Après la condamnation de Giles, Lucille parut encore plus tranquille. Au cours de ses conversations avec Violet, elle attribuait à la drogue la responsabilité des problèmes de Mark. C'était la drogue qui avait amorti ses sentiments et ses réactions. Le plus important, pour lui, c'était de ne plus y toucher. Une telle façon de défendre Mark n'était pas déraisonnable. Nous n'avions jamais vu très clair dans les rapports de Mark avec la drogue mais, tandis que Lucille s'efforçait de parler avec modération et politesse, Violet devenait inévitablement de plus en plus agitée.

Un soir, à la fin novembre, le téléphone sonna quelques minutes après que Violet et moi avions fini de dîner. Au ton contraint de la voix de Violet, je devinai aussitôt que c'était Lucille qui appelait. Mark avait fait un bref séjour chez sa mère et son beau-père après la fin du procès. Il s'était ensuite installé dans une maison occupée par des amis et avait trouvé un emploi dans une clinique vétérinaire. Lucille raconta posément à Violet que Mark avait volé de l'argent et puis sa voiture à l'un des colocataires de la maison. Il ne s'était pas rendu au travail et on ne l'avait plus revu depuis trois jours. Violet garda son calme. Elle répondit à Lucille qu'elles n'y pouvaient rien, ni l'une, ni l'autre mais, quand elle raccrocha, elle avait le visage congestionné et sa main tremblait.

"Je crois que Lucille veut bien faire", dis-je.

Violet me regarda pendant plusieurs secondes et puis elle se mit à crier : "Tu ne sais pas qu'elle n'est qu'à moitié vivante ? Une partie d'elle est morte !" Choqué par sa pâleur soudaine et par le sanglot qui lui brisait la voix, je ne trouvai rien à répondre. Elle me saisit l'avant-bras et reprit, en me secouant et en grondant entre ses dents : "Tu ne sais pas qu'elle tuait Bill à petit feu ? Je l'avais vu tout de suite. Et Mark, mon gamin. Il était mon gamin, à moi aussi. Je les aimais. Je les aimais. Elle, pas. Elle ne peut pas." Ses yeux s'ouvrirent comme si, tout à coup, elle avait peur. "Tu te souviens ? Je t'avais chargé de prendre soin de Bill." Elle me secoua plus fort, les yeux pleins de larmes. "Je croyais que tu comprenais ! Je croyais que tu savais !"

Je la regardais. Ses doigts s'étaient desserrés mais elle s'accrochait encore à moi et je sentis le poids de son corps suspendu à mes bras pendant un instant, avant qu'elle ne les lâche. Elle haletait d'une rage qui se transforma bientôt en sanglots. Je l'écoutai pleurer et ce bruit me contractait le cœur, comme si ç'avait été mon propre chagrin que j'entendais ou comme si le sien et le mien n'en faisaient qu'un. Elle se plia en deux, les mains à plat sur le visage. Je tendis les bras et l'attirai à moi. Dans mes poumons, la pression me paraissait intolérable. Elle nicha son visage dans mon cou et je sentis ses seins contre mon torse et ses bras qui me serraient fort. Ma main descendit vers sa hanche et je laissai mes doigts appuyer sur l'os, au-dessous, tandis que je l'étreignais de plus belle.

"Je t'aime, dis-je. Ne comprends-tu pas que je t'aime ? Je prendrai soin de toi, je serai toujours à tes côtés. Je ferais n'importe quoi pour toi." J'essayai de l'embrasser. Je saisis son visage et le pressai contre le mien, en faisant valser mes lunettes. Avec un petit cri, elle me repoussa.

Violet me contemplait avec des yeux étonnés. Elle éleva les mains, telle une suppliante, et puis les laissa retomber. En la voyant là, debout près de la table turquoise, avec une mèche de cheveux qui lui tombait sur le front, je compris que je n'avais jamais rien vu d'aussi beau. Elle était mon rapport au monde, ma souffrance et mon bonheur, et je savais qu'en cet instant j'étais en train de la perdre, et ce savoir me glaça. Je m'assis devant la table, croisai les mains et les fixai sans rien dire. Je sentais son regard posé sur moi du centre de la pièce, où elle restait immobile. Je l'entendis respirer et, deux secondes plus tard, je l'entendis marcher vers moi. Quand je sentis ses doigts sur ma tête, je ne levai pas les yeux vers elle. Elle répéta "Leo", plusieurs fois, et puis sa voix se brisa. "Je suis désolée. Je suis vraiment désolée. Je ne voulais pas te repousser, je…" Elle s'agenouilla par terre à côté de moi et reprit : "Parle-moi, je t'en prie. Regarde-moi. Je me sens si moche."

Je m'adressai à la table. "Je crois qu'il vaut mieux ne rien dire. J'ai été ridicule de croire que tu pourrais éprouver ce que j'éprouve, alors que je sais mieux que personne ce que, Bill et toi, vous étiez l'un pour l'autre.

— Tourne ta chaise, me dit-elle, pour que je puisse te voir. Tu dois me parler. Tu dois."

Je résistai à sa demande mais au bout de quelques secondes mon entêtement me parut si enfantin que j'obéis. Sans me lever, je modifiai l'orientation de ma chaise, et lorsque je lui fis face je vis qu'elle avait les joues inondées de larmes et qu'elle appuyait le poing sur sa bouche afin de se contenir. Elle déglutit, écarta sa main de son visage et dit : "C'est si compliqué, Leo, bien plus compliqué que tu ne crois. Il n'y a personne comme toi. Tu es bon, tu es généreux…"

Je baissai les yeux et me mis à secouer la tête.

"Je t'en prie, je voudrais que tu comprennes que sans toi…

— Non, Violet, dis-je. Tout va bien. Tu n'as pas besoin de me chercher des excuses.

— Ce n'est pas ce que je fais. Je voudrais que tu comprennes que, même avant la mort de Bill, j'avais besoin de toi." Ses lèvres tremblaient. "Il y avait chez Bill un côté obtus – un fond caché, inconscient, inconnaissable, qu'il exprimait dans son œuvre. Il était obsédé. Il y avait des moments où je me sentais négligée, et ça me faisait mal.

— Il t'adorait. Tu aurais dû entendre la façon dont il parlait de toi.

— Et je l'adorais, moi aussi." Elle serrait les mains si fort que ses bras se mirent à trembler, mais sa voix paraissait un peu plus assurée. "Le fait est que mon mari était moins accessible pour moi que pour beaucoup d'autres. Il y avait toujours en lui quelque chose qui m'échappait, quelque chose de distant, et je désirais cette chose que je ne pouvais avoir. Ça me maintenait en vie, et ça me faisait rester amoureuse car, quoi que ce fût, je n'ai jamais pu le trouver.

— Mais vous étiez si bons amis, dis-je.

— Les meilleurs des amis", fit-elle, et elle me prit les deux mains. Je sentis qu'elle les serrait. "Nous parlions de tout, tout le temps. Après sa mort, je n'arrêtais pas de me répéter : Nous étions l'un, l'autre. Mais savoir et être, ce sont deux choses différentes.

— Toujours philosophe", dis-je. Ma remarque était teintée d'ironie et Violet réagit à ce soupçon de cruauté en retirant ses mains.

"Tu as raison d'être fâché. J'ai profité de toi. Tu m'as préparé à manger, tu t'es occupé de moi, tu es resté à mes côtés, et je me suis contentée de prendre, de prendre et de prendre…" Elle parlait plus fort, et ses yeux se remplirent à nouveau de larmes.

Sa détresse me donna des remords. "Ce n'est pas vrai", dis-je.

Elle me regardait en hochant la tête. "Oh, si, c'est vrai. Je suis égoïste, Leo, il y a quelque chose de dur et de froid en moi. Je suis remplie de haine. Je hais Mark. Avant, je l'aimais. Bien sûr, je ne l'ai pas aimé tout de suite, mais j'avais lentement appris à l'aimer, et puis plus tard à le haïr, et je me demande : Est-ce que je le haïrais si je l'avais mis au monde, s'il était mon fils ? Mais la question vraiment terrible, c'est celle-ci : C'était quoi, ce que j'aimais ?"

Violet se tut pendant quelques secondes et je contemplai mes mains, posées sur mes genoux. Elles me parurent vieilles, veineuses, décolorées. Comme les mains de ma mère dans son grand âge, pensai-je.

"Tu te rappelles quand Lucille a emmené Mark au Texas avec elle, et puis elle a décidé qu'elle ne s'en sortait pas avec lui et elle nous l'a renvoyé ?"

Je hochai la tête.

"Il était vraiment difficile, toujours en train de faire des caprices, mais après qu'elle est venue nous voir à Noël et puis qu'elle est repartie, il a craqué complètement. Il me poussait, il me frappait, il hurlait quand je l'approchais. Il ne voulait pas dormir. Tous les soirs, il piquait une crise. J'étais gentille avec lui, mais c'est difficile d'aimer quelqu'un qui se montre odieux envers toi – même s'il ne s'agit que d'un gamin de six ans. Bill a décidé que Mark avait besoin de sa mère, qu'il devait retourner auprès d'elle, et ils sont partis à Houston. Je crois que c'était une erreur fatale, Leo. Il n'y a pas longtemps que je l'ai compris. Au bout d'une semaine, Lucille a téléphoné à Bill pour lui dire que Mark était «parfait». C'est le mot qu'elle a employé. Ça voulait dire : obéissant, complaisant, sage. Quelques semaines plus tard, Mark a mordu jusqu'au sang le bras d'une petite fille, à l'école, mais, à la maison, il n'y avait pas de problème. Quand il est revenu à New York, le petit sauvage furieux avait disparu pour de bon. C'était comme si on lui avait jeté un sort, comme si on l'avait métamorphosé en une réplique docile et aimable de lui-même. C'est ça que j'ai appris à aimer : cet automate." Les yeux secs et les mâchoires serrées, Violet me regardait.

J'observai son visage crispé et lui dis : "Mais je croyais que tu ne comprenais pas ce qui est arrivé à Mark.

— Je ne comprends *pas* ce qui lui est arrivé. Tout ce que je sais, c'est que l'enfant qui était parti n'est pas celui qui est revenu. Il m'a fallu très, très longtemps pour commencer à y voir un peu clair. Il a fallu qu'il démontre sa fausseté pendant des années avant que je puisse vraiment regarder sous le masque. Bill refusait de le voir mais, lui et moi, nous y avons tous les deux joué un rôle. Est-ce notre faute ? Je ne sais pas. Avons-nous détruit Mark ? Je ne sais pas, mais je crois qu'il doit avoir eu l'impression que nous le rejetions. Je vais te dire une chose, je déteste Lucille, aussi, même si elle ne peut pas s'empêcher d'être ce qu'elle est – complètement fermée, aveuglée, comme une maison condamnée. C'est l'idée que je me fais d'elle. J'étais triste pour elle, au début, après que Bill l'avait quittée, mais toute cette pitié a disparu. Et je déteste Bill, aussi, parce qu'il m'a fait le coup de mourir. Il n'allait jamais chez le docteur. Il fumait, il buvait, il marinait dans sa mélancolie, et je n'arrête pas de penser qu'il aurait dû être plus dur, plus solide, plus méchant, plus en colère, au lieu de se sentir tout le temps coupable de tout, qu'il aurait dû être plus fort, pour moi !" Elle se tut pendant plusieurs secondes. Ses cils étaient d'un noir brillant de larmes et je voyais dans ses yeux de petites veinules rouges. Elle déglutit. "J'avais besoin de quelqu'un, Leo. J'étais si seule avec ma haine. Tu as été tellement gentil avec moi, et j'ai profité de ta gentillesse."

Je me mis à sourire, alors. Au début, je n'avais aucune idée de ce qui m'amusait. C'était un peu comme lorsqu'on est pris de fou rire à un enterrement ou pendant que quelqu'un vous donne des nouvelles d'un terrible accident de voiture, et puis je me rendis compte que c'était son honnêteté qui me faisait sourire. Elle se donnait tant de mal pour me dire la vérité sur elle-même telle qu'elle la connaissait et, après tout ce que nous avions vécu ensemble, les innombrables mensonges, et les vols, et le meurtre, son autocritique me paraissait comique. Elle me faisait penser à une nonne dans un confessionnal, chuchotant ses péchés minuscules à un prêtre qui en a commis de bien pires.

En voyant mon sourire, elle dit : "Ce n'est pas drôle, Leo.

— Si, répliquai-je, c'est drôle. On ne peut rien contre ses sentiments. Ce sont les actes qui comptent et, pour autant que je sache, tu n'as rien fait de mal. Quand vous avez renvoyé Mark chez Lucille, Bill et toi, vous pensiez faire ce qu'il fallait. On ne peut pas faire plus. Maintenant, à ton tour de m'écouter. Il se trouve que je n'ai aucun pouvoir sur mes sentiments, moi non plus, mais t'en parler était une erreur. J'aimerais pouvoir retirer ce que j'ai dit – pour moi aussi bien que pour toi. J'ai perdu la tête. C'est aussi simple que ça, mais je ne peux plus rien y faire à présent."

En me fixant longuement de ses yeux verts, Violet posa ses mains sur mes épaules et se mit à me caresser les bras. J'éprouvai un saisissement momentané à son contact, mais je ne pus résister au bonheur qu'il m'apportait et je sentis mes muscles se détendre. Il y avait longtemps que je n'avais plus senti comme cela les mains de quelqu'un sur moi, et j'essayai même de me remémorer la dernière fois. Quand Erica est venue à l'enterrement de Bill, pensai-je.

"J'ai décidé de partir, reprit Violet. Je ne peux pas rester ici. Ce n'est pas Bill. J'aime être près de ses affaires. C'est Mark. Je ne peux plus vivre près de lui, habiter la même la ville que lui. Je ne veux plus le revoir. Un de mes amis à Paris m'a invitée à diriger un séminaire à l'université américaine et j'ai décidé d'accepter, ne serait-ce que pour quelques mois. Je pars dans quinze jours. J'allais te le dire pendant le dîner, mais le téléphone a sonné et…" Son visage se crispa un instant et puis elle reprit. "J'ai de la chance que tu m'aimes. J'ai vraiment de la chance."

Je commençai une réponse mais Violet posa les doigts sur mes lèvres.

"Ne parle pas. J'ai autre chose à te dire. Je ne crois pas que ça pourrait durer, parce que je suis trop perdue. Je suis brisée, tu vois, pas entière." Elle remonta les mains jusqu'à ma nuque et la caressa. "Mais nous pouvons passer la nuit ensemble, si tu veux. Je t'aime beaucoup, sans doute pas exactement comme tu voudrais, mais…"

Elle s'arrêta parce que je lui prenais les mains et les écartais doucement de ma nuque. En les gardant dans les miennes, je contemplai son visage. Je savais que j'avais d'elle un désir fou. J'avais oublié ce que c'était que de ne pas la désirer, mais je ne voulais pas de son sacrifice – cette tendre offrande qu'elle me présentait – car j'imaginais ma soif avide acceptée, mais non partagée, et cette image de mon désir me faisait frémir. Je lui répondis non d'un signe de tête tandis que deux grosses larmes roulaient sur ses joues. Elle était restée agenouillée pendant toute notre conversation et elle appuya le front une seconde sur une de mes cuisses avant de se lever, de m'entraîner vers le canapé, de s'y asseoir à côté de moi et de poser la tête sur mon épaule. Je l'entourai de mon bras et nous restâmes un long moment assis ensemble sans rien dire.

Je revis alors Bill, dans le Vermont, émergeant de Bowery II juste avant le dîner. Je le voyais par la fenêtre de la cuisine, dans la maison du Vermont et, bien que ce fût un souvenir d'une lucidité peu commune, je ne ressentais ni émotion ni nostalgie. Je n'étais qu'un voyeur de ma propre vie, un spectateur froid regardant d'autres gens vaquer à leurs occupations quotidiennes. Du haut des marches, Bill levait la main pour saluer Matthew et Mark, et puis il s'arrêtait pour allumer une cigarette. Je le voyais traverser le pré à grands pas vers la maison, avec Matt suspendu à son bras et le regardant à travers ses lunettes à monture de corne. Mark titubait derrière eux en grimaçant, en imitant un handicapé moteur – un bras tendu de travers et l'autre désespérément agité devant lui. Mentalement, je parcourus des yeux la grande cuisine et je vis Erica et Violet, assises à la table, en train de dénoyauter des olives. J'entendis claquer la porte grillagée et, à ce bruit, les deux femmes levèrent les yeux vers Bill. De la fumée s'élevait du mégot entre ses doigts tachés de peinture verte et bleue et, tandis qu'il tirait sur sa cigarette, je voyais que ses pensées étaient encore dans l'atelier, qu'il n'était prêt à parler à personne. Derrière lui, les garçons s'étaient accroupis pour tenter d'apercevoir la couleuvre qui habitait sous le seuil. Personne ne parlait et, dans le silence, j'entendais le tic-tac de l'horloge accrochée à droite de la porte – une vieille horloge d'école avec un grand cadran et des chiffres noirs bien lisibles – et je me retrouvai en train d'essayer de comprendre comment le temps peut être mesuré sur un disque, un cercle muni d'aiguilles qui reviennent éternellement aux mêmes positions. Cette révolution logique me paraissait une erreur. Le temps n'est pas circulaire, pensai-je. C'est faux. Mais le souvenir ne me lâchait pas. Il continuait, véhément, précis, inexorable. Violet jetait un coup d'œil à l'horloge et tendait un doigt vers Bill. "Tu es dégoûtant, mon amour. Va te laver. Tu as exactement vingt minutes."

Violet quitta New York le 9 décembre en fin d'après-midi. Le ciel bas s'assombrissait et quelques minuscules flocons de neige avaient commencé à tomber. Je descendis sa lourde valise au bas de l'escalier et la laissai sur le trottoir le temps de faire signe à un taxi. Violet avait mis son long manteau bleu marine à ceinture nouée et une toque de fourrure blanche que j'avais toujours aimée. Le chauffeur ouvrit la malle et nous soulevâmes ensemble la valise pour l'y poser. Pendant que nous nous disions au revoir, je m'accrochai à ce qu'il y avait là – le visage de Violet tendu vers le mien, son odeur dans l'air froid, l'étreinte, et puis le baiser rapide sur ma bouche, pas sur ma joue, les bruits de la portière ouverte et puis claquée, sa main à la fenêtre et l'expression tendre et désolée de ses yeux sous la frange de son chapeau. Je suivis le taxi jaune dans Greene Street, et Violet tendait le cou et agitait encore la main. Au bout de la rue, je regardai le taxi tourner dans Canal Street. Je ne le quittai des yeux qu'après qu'il se fut éloigné à une certaine distance – petit objet jaune disparaissant dans le fouillis de la circulation. Quand il me sembla avoir à peu près la taille du taxi de mon tableau, je revins sur mes pas jusqu'à ma porte.

Mes yeux ont commencé à me lâcher l'année suivante. Je pensais que le flou de ma vision était dû à la tension de mon travail ou peut-être à de la cataracte. Quand l'ophtalmologue m'a dit qu'il n'y avait rien à faire parce que la forme de dégénérescence maculaire dont je souffrais était de l'espèce sèche plutôt que de l'espèce humide, j'ai hoché la tête, je l'ai remercié et je me suis levé avec l'intention de m'en aller. Ma réaction doit lui avoir paru perverse, car il m'a considéré en fronçant les sourcils. Je lui ai dit que, jusque-là, je n'avais jamais eu à me plaindre de ma santé et que l'existence de maux incurables ne m'étonnait pas. Il a répliqué que ce n'était pas là le langage d'un Américain, et je lui ai donné raison. En quelques années, le flou s'est transformé en brouillard et puis en nuages épais qui m'empêchent de voir. Je n'ai pas perdu la vision périphérique, ce qui me permet de circuler sans canne, et j'arrive encore à me débrouiller dans le métro. L'effort nécessaire au rasage quotidien est devenu trop grand, par contre, et j'ai laissé pousser ma barbe. Je la fais entretenir une fois par mois par un coiffeur du Village qui s'obstine à m'appeler Léon. Je ne me donne plus la peine de le reprendre.

Erica reste une demi-présence dans ma vie. Nous nous téléphonons plus souvent et nous nous écrivons moins de lettres et, chaque juillet, nous passons quinze jours ensemble dans le Vermont. Cet été a été notre troisième et je suis certain que nous allons poursuivre cette tradition. Quinze jours sur trois cent soixante-cinq semblent nous suffire. Nous n'occupons plus l'ancienne ferme, mais nous n'en sommes pas loin et, l'an dernier, nous avons pris la route qui grimpe sur la colline, nous avons garé la voiture, contourné le pré et regardé par les fenêtres de la maison déserte. Erica n'est pas bien vaillante. Les maux de tête continuent à interrompre son existence en faisant d'elle une quasi-invalide pendant des jours, voire des semaines, mais elle enseigne encore avec ferveur et elle écrit beaucoup. En avril 1998, Erica a publié *Les Larmes de Nanda : inhibition et libération dans l'œuvre de Henry James*. Chez elle, à Berkeley, elle passe souvent le week-end avec Daisy, qui est maintenant une petite boulotte de huit ans folle de musique rap.

Au printemps prochain, je prendrai enfin ma retraite. Mon univers se réduira et mes étudiants me manqueront, ainsi que la bibliothèque Avery, mon bureau, et Jack. Parce qu'ils savent ce que j'ai perdu – Matthew, Erica et mes yeux – mes collègues et mes étudiants ont fait de moi un personnage vénérable. Je suppose qu'un professeur d'histoire de l'art presque aveugle est une figure assez romantique. Mais personne à Columbia ne sait que j'ai aussi perdu Violet. Il se trouve qu'elle et Erica vivent à peu près à égale distance de moi, ces temps-ci, l'une à Paris, l'autre à Berkeley, et moi, qui n'ai jamais bougé, j'occupe à New York la position intermédiaire. Violet habite un petit appartement dans le Marais, non loin de la Bastille. Chaque décembre, elle revient pour quelques jours à New York avant de s'envoler vers le Minnesota où elle fête Noël en famille. Elle passe toujours une journée dans le New Jersey avec Dan qui, dit-elle, va un petit peu mieux. Il continue à aller et venir, à fumer cigarette sur cigarette, à faire le signe O avec ses doigts et à parler d'une voix plus sonore de plusieurs décibels que celle de la plupart des gens, et il ne maîtrise pas encore la simple tâche de vivre au quotidien. Tout lui est pénible – le ménage, les courses, la préparation des repas – et pourtant Violet a l'impression que tout ce qui concerne Dan est un peu moins Dan qu'avant – comme si son être entier avait baissé d'un cran ou avait pâli légèrement. Il écrit encore des vers et, de temps à autre, une scène pour le théâtre, mais il est moins prolifique qu'autrefois et les bouts de papier et pages de manuscrits éparpillés dans son studio sont couverts de poèmes et de fragments de dialogues suivis d'ellipses. L'âge et les drogues ont un peu amorti Dan, mais cela semble lui avoir rendu la vie moins difficile.

Il y a quatre ans, la sœur de Violet, Alice, a épousé Edward. Un an après, à quarante ans, elle a mis au monde une fillette appelée Rose. Violet est folle de Rose et chaque année elle arrive à New York avec une valise bourrée de poupées et de robes parisiennes pour le petit ange de Minneapolis. Je reçois de ses nouvelles tous les deux ou trois mois. Elle m'envoie une cassette audio au lieu d'une lettre, et je l'écoute se raconter un peu et parler longuement de son travail. Son livre, *Les Automates du capitalisme contemporain*, comporte des chapitres intitulés "La fureur d'acheter", "La publicité et le corps artificiel", "Mensonges et Internet" et "Le psychopathe parasite, consommateur idéal". Ses recherches l'ont emmenée du XVIIIe siècle à notre époque, du médecin français Pinel à un psychiatre actuel, un certain Kernberg. Les termes et l'étiologie de la maladie qu'elle étudie ont changé au cours des âges, mais Violet l'a traquée sous ses multiples incarnations : *folie lucide**, aliénation morale, arriération morale, inadaptation sociale, psychopathie et comportement antisocial. Aujourd'hui, les psychiatres ont établi des différents aspects de ce mal une liste que des commissions révisent et mettent à jour ; au nombre des symptômes les plus fréquemment cités, on trouve : la parole facile et le charme, le recours pathologique au mensonge, l'absence d'empathie et de remords, l'impulsivité, la ruse et la manipulation, des problèmes de comportement dès l'enfance et l'incapacité de tirer la leçon de ses erreurs ou de réagir au châtiment. Chacune des idées générales sera illustrée, dans le livre, par des exemples individuels – les histoires innombrables que, depuis des années, Violet a recueillies auprès de toutes sortes de gens.

Nous ne faisons jamais allusion, ni elle, ni moi, au soir où j'ai dit à Violet que je l'aimais, et pourtant mon aveu demeure entre nous comme une meurtrissure partagée. Il a fait naître dans nos rapports une délicatesse et une inhibition que je déplore, mais pas d'inconfort réel. Elle passe toujours une soirée avec moi pendant son séjour annuel et, pendant que je lui prépare à dîner, je remarque que je tente de contenir les signes les plus évidents de ma joie ; au bout d'une heure ou deux, je perds cette

* En français dans le texte. *(N.d.T.)*

réserve et nous retombons dans une intimité familière qui est presque, quoique pas tout à fait, ce qu'elle était autrefois. Erica me dit qu'il y a un homme dans la vie de Violet, un certain Yves, et qu'ils ont un "arrangement" – une liaison limitée, qui suppose des chambres d'hôtel – mais Violet ne m'en parle pas. Nous parlons des gens que nous avons en commun : Erica, Lazlo, Pinky, Bernie, Bill, Matthew et Mark.

Mark apparaît une fois de temps en temps, et puis il redisparaît. Avec l'argent que Bill avait mis de côté pour lui, il s'est inscrit à la School of Visual Arts et, lorsqu'ils sont arrivés par la poste, les résultats de son premier trimestre – rien que des A et des B – ont impressionné sa mère et même Violet (qui suivait de Paris sa carrière scolaire). Mais quand Lucille a téléphoné au secrétariat au cours de son deuxième semestre pour demander un renseignement, elle a découvert que Mark ne figurait pas sur les listes. Ses notes avaient été habilement forgées sur un ordinateur. Après une semaine et demie de cours à l'automne, il avait récupéré le montant de son inscription, qui lui avait été remboursé directement, pour filer avec une certaine Mickey. Au printemps, il s'était de nouveau inscrit, avait de nouveau récupéré l'argent et avait redisparu. Il téléphone de temps en temps à sa mère et lui dit qu'il se trouve à La Nouvelle-Orléans, ou en Californie, ou au Michigan ; personne n'a de certitude. Teenie Gold, qui a aujourd'hui vingt-deux ans et est étudiante au Fashion Institute of Technology, m'envoie chaque année une carte de Noël. Il y a deux ans, elle m'a écrit qu'un de ses amis croyait avoir vu Mark sortir d'un magasin de disques avec une pile de CD, mais qu'il n'en était pas tout à fait sûr.

Je n'ai aucune envie de revoir Mark ni de lui parler, ce qui ne signifie pas que je suis libéré de lui. La nuit, quand le moindre bruit est amplifié par le silence relatif de l'immeuble, mes nerfs s'affolent et je me sens aveugle dans l'obscurité. Je l'entends sur le palier devant ma porte ou sur l'échelle de secours.

Je l'entends dans la chambre de Matt, bien que je sache qu'il n'y est pas. Je le vois, aussi, dans des visions qui sont mi-souvenir, mi-invention. Je le vois dans les bras de Bill, sa petite tête posée sur l'épaule de son père. Je vois Violet l'envelopper d'une serviette après son bain et l'embrasser dans le cou. Je le vois avec Matt devant la maison du Vermont, ils marchent vers la forêt en se tenant par les épaules. Je le vois envelopper une boîte à cigares de ruban adhésif. Je le vois en Harpo Marx, soufflant comme un fou dans sa trompette, et je le vois devant la porte de la chambre d'hôtel, à Nashville, en train de regarder Teddy Giles qui m'écrase la tête contre le mur.

Lazlo me raconte que Teddy Giles est un prisonnier modèle. Au début, il y avait ceux qui spéculaient sur la possibilité que Giles fût tué en prison pour un crime impopulaire même chez les criminels mais, apparemment, tout le monde l'aime bien, en particulier les gardiens. Peu après son arrestation, le *New Yorker* a fait paraître un article sur Giles. Le journaliste avait bien fait ses devoirs et résolu certains mystères. J'ai appris que la mère de Giles n'avait jamais été ni prostituée, ni serveuse. Elle n'était pas morte mais vivait à Tucson, Arizona, et refusait de parler à la presse. Teddy Giles (de son nom de baptême Allan Johnson) avait grandi dans un faubourg petit-bourgeois de Cleveland. Son père, qui travaillait comme comptable, avait quitté sa femme quand Teddy avait un an et demi et s'était installé en Floride, d'où il avait continué à subvenir aux besoins de sa femme et de son fils. Selon l'une des tantes de Giles, Mrs Johnson sombra dans une dépression profonde et fut hospitalisée un mois après le départ de son mari. Giles fut alors confié à une grand-mère et passa la plus grande partie de son enfance entre sa mère et différents autres membres de la famille. A quatorze ans, il fut chassé de l'école et se mit à voyager. Ensuite, le journaliste avait perdu la trace d'Allan Johnson pour ne la retrouver qu'après qu'il avait fait surface à New York sous le nom de Teddy

Giles. L'auteur faisait les commentaires habituels sur la violence, la pornographie et la culture américaine. Il s'interrogeait sur le contenu odieux de l'œuvre de Giles, sur sa brève et sensationnelle ascension dans le monde des arts, sur les dangers de la censure et sur ce que tout cela avait de sinistre. Il écrivait bien, avec sobriété mais, en lisant son article, j'ai eu l'irrésistible impression qu'il disait ce que ses lecteurs attendaient de lui, que cet article, avec son langage lisse et ses idées reçues, ne dérangerait personne. Sur l'une des pages, il y avait une photographie d'Allan Johnson à sept ans – une de ces mauvaises photos de classe primaire, avec un faux ciel en toile de fond. Il avait un jour été un gentil gamin aux cheveux blonds et aux oreilles décollées.

Lazlo travaille pour moi les après-midi. Il voit bien ce que je vois mal et, à nous deux, nous formons une équipe efficace. Je lui paie un bon salaire et je crois que, dans l'ensemble, ce travail lui plaît. Trois soirs par semaine, il vient me faire la lecture juste pour le plaisir. Quand Pinky peut persuader la baby-sitter de passer la soirée chez eux, elle vient aussi mais elle s'endort souvent sur le canapé avant la fin de la lecture. Will, également appelé Willy, Wee Willy, Winky et the Winker, a eu deux ans et demi le mois dernier. Le jeune Finkelman est un vrai diable pour ce qui est de courir, sauter et escalader. Quand ses parents me l'amènent en visite, il me prend d'assaut comme si j'étais son *jungle gym* personnel et ne fait grâce à aucune partie de mon vieux corps. J'ai de l'affection pour ce petit derviche rouquin, néanmoins, et parfois, quand il grimpe sur moi et pose les doigts sur mon visage ou sur ma tête, je sens dans ses mains une légère vibration qui me fait me demander s'il n'a pas hérité de l'extraordinaire sensibilité de son père

Will n'est pas prêt, toutefois, pour une soirée de *L'Homme sans qualités*, que son père me lit depuis deux mois. Pour un être aussi laconique, Lazlo lit rudement bien. Il est attentif à la ponctuation et trébuche rarement sur un mot. De temps à autre, il s'arrête après un passage et produit un son – une sorte de renâclement qui monte de sa gorge à son nez. Je me réjouis d'entendre ces renâclements, que j'ai intitulés "le rire finkelmanien", parce que, en les rapprochant des phrases qui les provoquent, j'ai fini par avoir accès aux profondeurs comiques dont j'ai toujours soupçonné l'existence en Lazlo. Son humour est sec, contenu, souvent noir, bien assorti à Musil. A trente-cinq ans, Laz n'est plus un jeune homme. Je n'ai pas l'impression qu'il ait vieilli physiquement le moins du monde, mais c'est sans doute parce qu'il n'a jamais modifié sa coiffure, ses lunettes ou ses pantalons aux couleurs fluo, et que mes yeux sont ce qu'ils sont. Lazlo a un marchand, désormais, mais il vend trop peu pour faire le bonheur de ce marchand. Il continue néanmoins à élaborer ses jeux de construction cinétiques, qui comprennent maintenant de petits objets et des drapeaux sur lesquels sont écrits des bouts de phrase. Je sais qu'il lit Musil avec un œil à l'affût des citations possibles. A l'instar de son mentor, Bill, Lazlo a la tentation de la pureté. Il y a en lui quelque chose d'ascétique. Mais Laz fait partie d'une autre génération et son regard observateur a été fixé trop longtemps sur les vanités, les corruptions, les cruautés, les faiblesses, les fortunes et les infortunes du monde des arts new-yorkais pour qu'il en soit sorti intact. Sa voix se teinte d'un certain cynisme lorsqu'il commente des expositions.

Ce printemps, nous avons commencé ensemble à écouter à la radio les matchs des Mets. Nous arrivons à la fin août et on entend évoquer avec passion une possible *Subway Series**. Nous n'avons jamais été, ni l'un, ni l'autre, des fans enragés. Nous écoutons pour deux fans qui sont morts, et c'est leur plaisir que nous prenons à entendre décrire des coups de circuit irrésistibles, des frappes étourdissantes, des glissades

* Matchs locaux (auxquels le public peut se rendre en métro). *(N.d.T.)*

grandioses en troisième base ou une échauffourée en première à cause d'un retrait contesté. Le langage du base-ball m'amuse – glissantes, rapides, balles papillons – et j'aime écouter les matchs à la radio et entendre Bob Murphy nous inviter à "rester en ligne pour le *happy recap* – le résumé heureux". Les commentaires en direct me passionnent depuis peu plus que je ne l'aurais cru possible. La semaine dernière, j'ai bel et bien bondi de mon siège en criant de joie.

Lazlo aime à ressortir les cartons contenant les dessins de Matt afin de les regarder. Quand mes yeux se fatiguent, il m'en décrit parfois les scènes. Je m'enfonce dans mon fauteuil et je l'écoute me raconter ce que font les petits personnages du New York de Matthew. La semaine dernière, il m'a décrit un portrait de Dave : "Dave prend le frais dans son fauteuil. Il semble plutôt à plat, mais il a les yeux ouverts. J'aime bien la façon dont Matt a dessiné la barbe du vieux bonhomme, avec ces petits gribouillis au crayon et le pastel blanc par-dessus. Cher vieux Dave. Il rêve à une ancienne petite amie, sans doute. Il se repasse toute la lamentable comédie dans sa tête. Je le sais, parce que Matt lui a fait une petite ride entre les sourcils."

Lazlo a été mon bras droit pour ce qui concerne le livre sur Bill. Depuis plusieurs années, ce livre grossit, se réduit et puis grossit de nouveau. Je voudrais qu'il soit fini avant la rétrospective de Bill en 2002 au Whitney. Au début de l'été, j'ai abandonné afin d'écrire ces pages les révisions que je dictais à Lazlo. Je lui ai dit que j'avais un projet personnel à mener à bien avant que nous puissions continuer. Il soupçonne la vérité. Il sait que j'ai dépoussiéré pour l'occasion ma vieille machine à écrire et que je tape dessus, en transe, plusieurs heures par jour. J'ai repris ma vieille Olympia parce que mes doigts ne se trompent pas de touche aussi facilement que sur un clavier d'ordinateur. "Tu te fatigues les yeux, Leo, me dit-il. Tu devrais me laisser t'aider à faire ça, quoi que ce soit." Mais il ne peut pas m'aider à raconter cette histoire.

Avant de partir à Paris, Violet m'a dit qu'elle avait laissé pour moi une caisse de livres de Bill dans l'atelier du Bowery. Elle avait mis de côté les livres qu'elle savait que j'aimerais et ceux qui pourraient m'être utiles dans mon travail. "Ils sont tous marqués, m'a-t-elle dit, et certains ont de longues notes dans les marges." Plus de deux mois ont passé avant que j'aille chercher ces livres. Quand je m'y suis enfin décidé, Mr Bob s'est accroché à moi, balayant sur mes talons tout en proférant sa harangue : Je volais le fantôme de Bill, je profanais le territoire sacré du mort, je dépossédais Beauté de son héritage. Comme je lui montrais du doigt sur un carton mon nom écrit de la main de Violet, Bob est resté un instant sans voix, pour rebondir aussitôt avec une histoire de crédence possédée dont il avait suivi la piste jusqu'à Flushing vingt ans auparavant. Quand je suis sorti de l'immeuble les bras chargés de la petite caisse, il m'a puni en ne m'accordant qu'une bénédiction sommaire.

Violet n'a pas renoncé à l'atelier du Bowery. Elle continue à payer son loyer et celui de Mr Bob. Un jour ou l'autre, Mr Aiello ou ses héritiers finiront bien par faire quelque chose de cet immeuble, mais pour l'instant c'est une construction affaissée et oubliée, habitée par un vieillard fou mais d'une grande éloquence. Bob subsiste principalement grâce aux soupes populaires, ces temps-ci. A peu près une fois par mois, je vais le voir ou j'y envoie Lazlo quand je ne me sens pas de taille à affronter les monologues du vieux. Chaque fois que j'y vais, j'apporte un sac de provisions et je suis obligé de supporter les jérémiades de Bob à propos de mes choix. Un jour, il m'a accusé de n'avoir "aucun palais". J'ai néanmoins l'impression que son attitude envers moi s'adoucit. Ses vitupérations sont moins hostiles et ses bénédictions sont redevenues plus longues et plus fleuries. Ce n'est pas l'altruisme qui me pousse à rendre visite à Mr Bob, mais le désir d'écouter ses adieux emphatiques, de l'entendre invoquer la lumière radieuse de la Divinité, des séraphins, du Saint-Esprit et de l'Agneau. Je me réjouis à l'avance de ses interprétations créatives des Psaumes. Celui qu'il préfère est le psaume 38, qu'il modifie à son gré, en appelant à Dieu afin qu'Il épargne à mes reins le mal infect et qu'Il protège la santé de ma chair. "Seigneur, ne permets pas qu'il soit courbé à l'excès", me lançait-il d'une voix tonnante la dernière fois que je suis allé au Bowery. "Qu'il ne marche pas tout le jour dans le deuil."

Ce n'est qu'en mai dernier que j'ai trouvé les lettres de Violet. J'avais ouvert quelques-uns des livres, mais jamais le volume de dessins de Vinci. Je le gardais pour le moment où je commencerais mes recherches sur *Icare*. J'avais la certitude que l'œuvre inachevée de Bill avait été influencée par ces dessins, non point de manière directe, mais parce que l'artiste avait fait des croquis pour une machine-oiseau volante. J'avais évité *Icare*. Il me semblait impossible d'écrire à ce sujet sans parler de Mark. A l'instant où j'ouvrais ce volume, les lettres en sont tombées. Il ne m'a fallu que quelques secondes pour comprendre ce que j'avais trouvé et me mettre à lire. J'ai lu et je me suis reposé, j'ai repris ma lecture et me suis à nouveau reposé, haletant presque dans l'effort mais avide du mot suivant. Il est heureux que personne ne m'ait vu déchiffrer ces lettres d'amour. En ahanant, pris de vertiges, en clignant des yeux pour me forcer à voir, j'ai fini par réussir à les parcourir toutes en l'espace de deux heures, et puis j'ai baissé les paupières et je les ai gardées baissées un long moment.

"Te rappelles-tu que tu m'as dit que j'avais de beaux genoux ? Je n'avais jamais aimé mes genoux. En fait, je les trouvais laids. Mais tes yeux les ont réhabilités. Que je te revoie ou non, je vais vivre toute ma vie avec ces deux beaux genoux." Les lettres étaient remplies de petites réflexions comme celle-là, mais elle écrivait aussi : "C'est important maintenant de te dire que je t'aime. Je me suis tue, parce que j'étais lâche. Mais maintenant je te le crie. Et même si je te perds, je me dirai toujours : J'ai eu ça… Je l'ai eu, lui, et c'était délirant et sacré et doux. Si tu me le permets, j'aimerai toujours à la folie toute la personne étrange et sauvage du peintre que tu es."

Avant d'envoyer ces lettres à Violet à Paris, j'en ai fait des photocopies que j'ai rangées dans mon tiroir. J'aimerais avoir été plus noble. Résister à l'envie de les lire était sans doute au-dessus de mes forces mais, si mes yeux avaient été meilleurs, je n'aurais peut-être pas fait ces copies. Je ne les conserve pas pour en étudier le contenu. C'est trop difficile. Je conserve ces lettres en tant qu'objets, charmé par leurs diverses métonymies. Quand je sors mes trésors, désormais, je sépare rarement les lettres de Violet à Bill de la petite photo qui les représente tous les deux, mais je garde le bout de carton et le couteau de Matthew bien à l'écart du reste. Les beignets mangés en cachette et le cadeau volé pèsent du poids de Mark et de ma peur. La peur date d'avant le meurtre de Rafael Hernandez et, quand je joue à mon jeu des objets mobiles, je suis souvent tenté de rapprocher du couteau et du fragment de boîte les photographies de ma tante, de mon oncle, de ma grand-mère et des jumelles. Le jeu, alors, flirte avec la terreur. Il m'entraîne si près de la folie que j'ai la sensation de tomber, comme si je m'étais lancé de la corniche d'un immeuble. Je plonge et dans la vitesse de la chute je me perds en une chose informe mais assourdissante. C'est comme si j'entrais dans un cri – comme si je devenais un cri.

Alors je recule, je m'éloigne du bord, tel un être atteint de phobie. Je modifie l'arrangement. Talismans, icônes, incantations, ces fragments sont mes frêles boucliers de sens. Le jeu doit rester rationnel. Je m'oblige à concevoir un argument cohérent pour chaque association mais, fondamentalement, le jeu est magique. J'en suis le nécromancien qui appelle les esprits des morts, les disparus et l'imaginaire. Comme O qui dessine un saucisson parce qu'il a faim, j'invoque des fantômes qui ne peuvent pas me satisfaire. Mais l'invocation possède en soi un pouvoir. Les objets deviennent des muses de la mémoire.

Une histoire que nous racontons sur nous-mêmes ne peut être racontée qu'au passé. Elle se déroule à l'envers à partir du lieu où nous nous trouvons, non plus acteurs dans l'histoire mais spectateurs qui ont choisi de parler. Notre trace est parfois marquée de cailloux, comme ceux que Hänsel et Gretel avaient d'abord semés derrière eux. D'autres fois, la piste a disparu car les oiseaux sont venus manger toutes les miettes au lever du soleil. L'histoire survole les blancs, les comble en rattachant les propositions à l'aide de "et" ou de "et alors". C'est ce que j'ai fait au long de ces pages afin de rester sur un chemin que je sais interrompu par de légers creux et plusieurs trous profonds. L'écriture est un moyen de remonter la piste de ma faim, et la faim n'est pas autre chose qu'un vide.

Dans une version de l'histoire, le fragment brûlé de la boîte de beignets pourrait représenter la faim. Je crois que Mark avait toujours faim de quelque chose. Mais de quoi ? Il voulait que je le croie, que je l'admire. Il le voulait intensément, aussi longtemps du moins qu'il me regardait dans les yeux. Peut-être ce besoin était-il la seule chose entière et vraie en lui, et il en devenait rayonnant. Peu importait qu'il ne ressentît rien ou peu de chose à mon égard, ni qu'il dût simuler pour obtenir mon admiration. Ce qui importait, c'est qu'il sentait ma foi en lui. Mais le plaisir qu'il prenait à plaire ne durait jamais. Insatiable, il se gorgeait de biscuits et de beignets, d'objets ou d'argent volés, de médicaments et de la poursuite elle-même.

Je n'ai aucun objet pour Lucille dans mon tiroir. Il eût été facile de conserver quelque bribe d'elle. Bill l'a longtemps poursuivie, cette créature qui occupait son esprit et qu'il n'a jamais pu situer. Peut-être que Mark la cherchait, lui aussi. Je ne sais pas. Même moi, je l'ai poursuivie un moment, jusqu'à ce que j'arrive à un cul-de-sac. L'idée de Lucille était forte, mais je ne sais pas ce qu'était cette idée sinon peut-être l'évasion, dont la meilleure expression est l'absence.

Bill transformait ce qui lui échappait en objets réels chargés du poids de ses besoins, de ses doutes et de ses souhaits : tableaux, boîtes, portes, et tous ces enfants en vidéo. Père de milliers d'enfants. Saleté, peinture, vin, cigarettes et espoir. Bill. Père de Mark. Je le vois encore balancer son petit garçon dans le berceau bleu qu'il lui avait construit au Bowery, et je l'entends chanter d'une voix rauque et basse : *Take a Walk on the Wild Side*. Bill aimait cet enfant des fées, son fils absent, son garçon fantôme. Il aimait cet homme-enfant qui erre encore de ville en ville en cherchant sans cesse au fond de son sac de voyage un visage à porter et une voix pour parler.

Violet recherche toujours le malaise qui est dans l'air, le *Zeigeist* qui murmure à ses victimes : hurle, laisse-toi mourir de faim, mange, tue. Elle cherche les idées-brises qui passent par la tête des gens et puis deviennent des cicatrices dans le paysage. Mais la façon dont les contagions passent du dehors au dedans n'est pas claire. Elles passent par le langage, par les images, par les sentiments, et par autre chose que je ne peux pas nommer, une chose qui se trouve entre et parmi nous. Il y a des jours où je me retrouve en train de parcourir les chambres d'un appartement de Berlin – Mommsenstrasse 11. Le mobilier est un peu estompé et tout le monde a disparu, mais je devine l'espace des pièces vides et la lumière qui entre par les fenêtres. Un amer nulle-part. Je me détourne de cet endroit comme l'a fait mon père et je pense au jour où il a cessé de chercher leurs noms sur les listes, au jour où il a su. Il est pénible de vivre dans le non-sens – un non-sens atroce, inexprimable. Il n'a pas pu. Avant de mourir, ma mère a rétréci. Elle paraissait toute petite dans son lit d'hôpital et sur le drap son bras couvert de taches de rousseur ressemblait à un bâton sous une peau pâle et mal ajustée. Tout était Berlin et la fuite et Hampstead, alors, tout était en allemand et dans la confusion. Quarante ans avaient disparu de sa conscience et elle appelait mon père. *Mutti* dans les ténèbres.

Violet a emballé les vêtements de travail de Bill et les a emmenés à Paris. J'imagine qu'elle les porte encore de temps à autre pour se réconforter. Quand je pense à Violet dans la chemise dépenaillée de Bill et dans son pantalon taché de peinture, je lui donne une Camel à fumer et j'intitule mentalement l'image *Autoportrait*. Je ne me la représente plus jamais au piano. La leçon s'est enfin terminée avec un baiser réel qui a envoyé Violet loin de moi. Etrange, la façon dont la vie fonctionne, dont elle change de forme et de cap, dont une chose en devient une autre. Matthew a dessiné à maintes reprises un vieil homme qu'il avait appelé Dave. Les années passent, et il s'avère qu'il dessinait son propre père. Je suis Dave à présent, Dave avec des caches sur les yeux.

Une autre famille s'est installée en haut. Il y a deux ans, Violet a vendu le loft un bon prix aux Wakefield. Tous les soirs, j'entends leurs deux enfants, Jacob et Chloe. Leurs danses guerrières rituelles ébranlent les éclairages à mon plafond lorsqu'ils vont se coucher. Jacob a cinq ans et Chloe en a trois, et le bruit, c'est leur affaire. Je suppose que s'ils piétinaient des heures durant j'en serais agacé, mais je me suis accoutumé à leurs explosions quotidiennes autour de sept heures du soir. Jacob dort dans l'ancienne chambre de Mark et Chloé dans ce qui était le bureau de Violet. Dans le salon, un toboggan en plastique a pris la place du canapé rouge. Toute histoire vraie a plusieurs fins possibles. Voici la mienne : les enfants doivent dormir, là-haut, car les chambres au-dessus de moi sont silencieuses. Il est huit heures et demie, le soir du 30 août 2000. J'ai dîné et j'ai rangé la vaisselle. Je vais maintenant arrêter de taper, m'installer dans mon fauteuil et me reposer les yeux. Dans une demi-heure, Lazlo vient me faire la lecture.

REMERCIEMENTS

Bien que ce livre soit un ouvrage de fiction et que ses personnages soient imaginaires, les nombreuses références à l'hystérie, aux désordres nutritionnels et à la psychopathie ont été empruntées à des sources multiples. Entre autres, *L'Invention de l'hystérie*, de Georges Didi-Huberman (Macula) ; *A History of Private Life : From the Fires of Revolution to the Great War*, vol. 4, dir. Georges Duby et Michelle Perrot (Harvard University Press), où j'ai trouvé les aboyeuses de Josselin ; *Eating Disorders : Obesity, Anorexia Nervosa and the Person Within*, de Hilde Bruch (Basic Books), où est racontée l'histoire du petit garçon qui croyait que l'intérieur de son corps était en gelée ; et *Holy Anorexia*, de Rudolph M. Bell (The University of Chicago Press), qui analyse le jeûne extrême de Catherine Benincasa. L'évolution de la terminologie, des énumérations, des descriptions générales et des possibles étiologies de ce qu'on appelle aujourd'hui psychopathie ou comportement antisocial provient de plusieurs ouvrages : *The Roots of Crime*, d'Edward Glover (International Universities Press) ; les troisième et quatrième éditions du *Diagnostic and Statistical Manual* de l'American Psychiatric Association (DSM III et DSM IV) ; *Abnormalities of the Personality : Within and Beyond the Realm of Treatment*, du Dr Michael H. Stone (W. W. Norton and Cie) ; *Impulsivity : Theory, Assessment and Treatment*, dir. Christopher D. Webster et Margaret A. Jackson (The Guilford Press) ; *Severe Personality Disorders : Psychotherapic Strategies* ainsi que *Aggression in Personality Disorders and Perversions*, d'Otto F. Kernberg (Yale University Press) ; les trois volumes de *Attachment and Loss*, de John Bowlby (Basic Books) ; *The Mask of Sanity*, de Hervey Cleckley (cinquième édition, Emily S. Cleckley) ; et les ouvrages suivants de D. W. Winnicott : *Deprivation and Delinquency* (Routledge), *The Maturational Process and the Facilitating Environment* (Maresfield Library), *The Family and Individual Development* (Routledge), *Holding and Interpretation* (Grove Press) et *Playing and Reality* (Routledge).

Je tiens à remercier Ricky Jay pour *Jay's Journal of Anomalies*, auquel j'ai emprunté Sacco, l'artiste de la faim qui a jeûné devant les foules de Londres ainsi que l'histoire apocryphe de l'automate de Descartes. Il a également eu l'amabilité de m'autoriser à consulter plusieurs livres précieux de sa bibliothèque personnelle contenant des comptes rendus médicaux sur l'état de personnes qui prétendaient ne subsister que d'air et d'odeurs.

Je remercie également le Dr Finn Skårderud, tant pour ses livres que pour ses conversations avec moi à propos de la culture contemporaine et des désordres de la nutrition. C'est à lui que je dois les références faites dans le roman à J. M. Barrie et à Lord Byron, de même que l'histoire de la boulimique qui vomissait dans des sacs en plastique et cachait ceux-ci dans la maison de sa mère. Ses livres comprennent : *Sultekunsternere (Artistes de la faim), Sterk Svak : Håndboken om spise forstyrrelser (Fort faible : manuel sur les désordres de la nutrition)* et *Uro : en reise i det moderne selvet (Inquiétude : un voyage dans la personnalité moderne)*.

Enfin, je suis profondément reconnaissante à ma sœur, Asti Hustvedt, pour ses recherches et ses réflexions originales sur l'hystérie. Les idées exprimées dans la thèse de Violet ressemblent beaucoup à celles d'Asti dans sa thèse de doctorat (non publiée) : *Science Fictions : Villiers de L'Isle-Adam's "L'Eve future" and Late Nineteenth Century Medical Constructions of Feminity* (NYU, 1996). J'ai profité également des recherches qu'elle a effectuées dans les archives de la Salpêtrière pour son prochain livre, *Living Dolls*, à paraître chez Norton. Je tiens aussi à la remercier pour sa lecture attentive du roman et des références qui y sont faites à l'hystérie, et pour nos innombrables conversations à propos des mystères de la culture, de la médecine et de la maladie.

BABEL

Extrait du catalogue

643. YÔKO OGAWA
Parfum de glace

644. SONALLAH IBRAHIM
Charaf ou l'Honneur

645. TIM PARKS
Comment peut-on aimer Roger !

646. CLAUDE PUJADE-RENAUD
Le Jardin forteresse

647. HENRY BAUCHAU
Le Régiment noir

648. VÉRONIQUE OLMI
Numéro six

649. ANNE BRAGANCE
Les Soleils rajeunis

650. NANCY HUSTON
Une adoration

651. HELLA S. HAASSE
Des nouvelles de la maison bleue

652. STIG DAGERMAN
Automne allemand

653. SEBASTIAN HAFFNER
Histoire d'un Allemand

654. MILJENKO JERGOVIĆ
Le Jardinier de Sarajevo

655. INTERNATIONALE DE L'IMAGINAIRE N° 18
Islande de glace et de feu

656. RUSSELL BANKS
Survivants

657. PATRÍCIA MELO
Enfer

658. LIEVE JORIS
Danse du léopard

659. BALTASAR PORCEL
Méditerranée

660. MAJID RAHNEMA
Quand la misère chasse la pauvreté

661. KHALIL GIBRAN
Le Prophète

662. PAUL AUSTER et GÉRARD DE CORTANZE
La Solitude du labyrinthe

663. YOURI RYTKHÈOU
Unna

664. HUBERT NYSSEN
La Leçon d'apiculture

665. RUBEN GONZALEZ GALLEGO
Blanc sur noir

666. NINA BERBEROVA
Tchaïkovski

667. LAURENT GAUDÉ
La Mort du roi Tsongor

668. GUILLAUME LE TOUZE
Tu rêves encore

669. JOSÉ CARLOS SOMOZA
Clara et la pénombre

670. PAUL NIZON
Chien

671. VÉRONIQUE OLMI
Un si bel avenir

672. SYLVAIN ESTIBAL
Le Dernier Vol de Lancaster

673. BRIGITTE SMADJA
Des cœurs découpés

674. DON DELILLO
Cosmopolis

675. JEAN AMÉRY
Par-delà le crime et le châtiment

676. V. KHOURY-GHATA
Une maison au bord des larmes

677. VÉRONIQUE TADJO
L'Ombre d'Imana

678. NINA BERBEROVA
Le Cap des Tempêtes

679. JOHANNA SINISALO
Jamais avant le coucher du soleil

680. YÔKO OGAWA
Le Musée du silence

681. ALFRED DÖBLIN
L'Empoisonnement

682. ALBERTO MANGUEL
Stevenson sous les palmiers

683. ALBERTO MANGUEL
Chez Borges

684. HENRY BAUCHAU
La Grande Muraille

685. JEAN-PAUL GOUX
La Commémoration

Ouvrage réalisé
par l'Atelier graphique Actes Sud.
Achevé d'imprimer
en septembre 2019
par Normandie Roto Impression s.a.s.
à Lonrai
pour le compte
d'ACTES SUD
Le Méjan
Place Nina-Berberova
13200 Arles.

Dépôt légal
2e édition : août 2013
N° impression : 1904399
(Imprimé en France)